La Garde Impériale à Pied

Splendeur des Uniformes de Napoléon

Du même auteur, dans la série
Splendeur des Uniformes de Napoléon

« LA CAVALERIE »
Chasseurs – Hussards – Chevau-légers – Carabiniers – Dragons – Cuirassiers

© 2003 – Éditions Charles Hérissey
15, rue Saint-Thomas – 27000 Évreux
N° ISBN : 2-914417-09-8
Tous droits réservés

CHARMY

La Garde Impériale à Pied

Préface de Jean Tulard
de l'Institut

Splendeur des Uniformes de Napoléon

ÉDITIONS CHARLES HÉRISSEY

PRÉFACE

de Jean Tulard
de l'Institut

Qui ne s'est pas exalté à la description de la parade militaire que décrit Balzac dans *La femme de trente ans*, évoquant « *ces troupes bariolées d'argent, d'azur, de pourpre et d'or.* »

Ce chatoiement de couleurs frappe également Sainte-Beuve racontant une scène identique dans *Volupté*.

Que serait la Grande Armée sans la splendeur de ses uniformes ?

Nulle anarchie dans cette forêt de plumets, ce scintillement de boutons et de cliquetis d'armes, mais des règlements précis qui permettent aujourd'hui encore de reconstituer les défilés des troupes napoléoniennes.

C'est à cette tâche que s'était consacré Charmy dont les gouaches sont enfin publiées par les éditions Charles Hérissey. Charmy prend place parmi les grands spécialistes, Vernet, Bellangé ou Detaille, combinant l'exactitude du détail à la finesse du trait. Dans un premier volume avait été évoquée la cavalerie. Dragons, cuirassiers, chasseurs, hussards et carabiniers, au bivouac ou au combat, animaient une magnifique épopée visuelle.

Voici, avec ce nouvel album, la Garde à pied, à l'origine forte de deux bataillons de grenadiers à pied et d'une compagnie légère. Ses effectifs ne vont cesser d'augmenter, enlevant leurs meilleurs éléments aux troupes de ligne.

Quelques années plus tard, la Garde à pied est forte de deux régiments de grenadiers, de deux régiments de chasseurs et d'un bataillon de marins. Il existe aussi un régiment de fusiliers-grenadiers et un autre de fusiliers-chasseurs.

Vers la fin de l'Empire, on distingue la Vieille Garde avec ses deux régiments de grenadiers à pied et ses deux régiments de chasseurs à pied auxquels se sont ajoutés les vélites de Turin (un bataillon) et ceux de Florence (un bataillon), et la Jeune Garde forte d'un régiment de fusiliers-chasseurs, d'un régiment de flanqueurs-grenadiers, d'un régiment de flanqueurs-chasseurs, de douze régiments de tirailleurs, rien que pour les forces à pied.

« *La Garde, espoir suprême et suprême pensée* » n'a pas fini de faire rêver. Ses uniformes sont somptueux. Mais comme le rappelle le colonel Willing : « *à l'égard de l'habillement, la Garde n'a jamais eu de règles positives et écrites ; elle ne se conforme jamais à celles que le ministre Clarke prescrit au reste de l'armée ; elle lui impose même l'obligation de souscrire à ses propres modes et coutumes.* »

Ainsi la Garde, qui avait le pas et la « droite » sur tous les autres corps, fait-elle son entrée dans les albums consacrés à Charmy, dont toute reconstitution historique ne pourra désormais ignorer l'œuvre.

Admirons les « Immortels », cette infanterie de la Garde dont les bonnets à poil ont fait trembler l'Europe.

État-Major

de la

Garde Impériale

de 1804 à 1815

HISTORIQUE

L'état-major de la Garde fut créé en même temps que la Garde Impériale par le décret du 29 juillet 1804. Il était composé comme celui de l'armée, c'est-à-dire : les maréchaux, les généraux de division et de brigade faisant fonction de Chefs d'état-major ou d'aides de camp, les adjudants commandants ou adjudants généraux, les adjoints à l'état-major, les inspecteurs aux revues et leurs sous-ordres, les commissaires de guerre et leurs sous-ordres, le service d'administration, les services de santé aux armées et à l'hôpital du Gros Caillou (Hôpital de la Garde) et les vétérinaires.

Notes

Les titres de major général, aide-major général, chefs d'état-major, aides de camp de l'Empereur ainsi que les autres aides de camp, étaient des fonctions et non des grades ; ainsi le major général était un maréchal et les aides de camp des généraux de division ou de brigade, étaient des officiers supérieurs : colonels, etc.

État-major de la Garde

1804 à 1806

- Les aides de camp de l'Empereur comprenant :
  trois généraux de division, deux généraux de brigade, un colonel.
- Quatre colonels généraux, soit :
  Un colonel général commandant les grenadiers à pied : Davout
  Un colonel général commandant les chasseurs à pied : Soult
  Un colonel général commandant l'artillerie et les marins : Mortier
  Un colonel général commandant toute la cavalerie : Bessière
  Après le sacre il y eut en plus :
  Un colonel général des chasseurs à cheval : Marmont puis Grouchy
  Un colonel général des cuirassiers : Gouvion St Cyr puis Belliard
  Un colonel général des hussards : Junot puis Lebrun
  Un colonel général des dragons : Baraguey d'Hilliers puis Nansouty.
  Mais ils ne faisaient par partie de la Garde.
- Un inspecteur aux revues
- Un commissaire des guerres de 1ère classe
- Un chirurgien en chef (Larrey)
- Un chef de bataillon du génie
- Un capitaine du génie
- Un bibliothécaire
- Les aides de camp des colonels généraux :
  soit cinq chefs d'escadron, deux capitaines, trois lieutenants.

1806

Un décret du 15 avril réorganise la Garde :
- Les aides de camp de l'Empereur comprenant dix généraux de brigade.
- Les quatre colonels généraux (maréchaux) commandant les grenadiers à pied, les chasseurs à pied, l'artillerie et les six marins, la cavalerie.

- Un inspecteur aux revues, un commissaire des guerres de 1ère classe, un chirurgien en chef, un chef de bataillon et un capitaine du génie, des adjudants généraux.
- Les aides de camp des colonels généraux, soit un général de brigade, deux adjudants-majors (commandants), deux colonels, cinq chefs d'escadron, deux chefs de bataillon, cinq capitaines, un lieutenant.
- Des aides de camp adjoints à l'état-major général de la Garde, soit un chef d'escadron, deux chefs de bataillon, trois capitaines, un lieutenant.

Un décret du 19 septembre crée douze officiers d'ordonnance de l'Empereur mais ils n'existèrent qu'en janvier 1809.

1807

Même chose.

1808

Même chose.

1809

Décret du 11 janvier. Les douze officiers d'ordonnance de l'Empereur entrent en fonction, à partir du 1er janvier 1809.
D'après le même décret, les aides de camp des maréchaux, des colonels généraux, des généraux aides de camp de l'Empereur et des généraux chefs de corps ne feront plus partie de la Garde.

1810

Maison militaire de l'Empereur et État-major général.
- Les aides de camp de l'Empereur, ne faisant plus partie de la Garde, soit huit généraux de division et deux généraux de brigade.
- Les douze officiers d'ordonnance de l'Empereur.
- Les quatre colonels généraux (ayant le grade de maréchal)
- Les aides de camp des colonels généraux ne faisant plus partie de la Garde, soit :
  - deux adjudants-majors (commandants)
  - quatre colonels
  - quatre chefs d'escadron
- Un chef de bataillon du génie
- Sept capitaines,
- Deux lieutenants
- Les aides de camp adjoints à l'état major général, soit :
  - un chef d'escadron
  - deux chefs de bataillon
  - trois capitaines
  - un bibliothécaire

1811

Même chose

1812

Même chose

Général de division
faisant fonction de Chef d'état-major en grand uniforme avant 1812

1813

Le décret du 15 février porte le nombre des adjudants généraux à sept. Maison militaire de l'Empereur et État-major général :
• Les aides de camp de l'Empereur, soit sept généraux de division, cinq généraux de brigade, douze officiers d'ordonnance.
• Les quatre colonels généraux (maréchaux)
• Les aides de camp des colonels généraux.
• Un colonel de génie.
• Un général de division commandant le dépôt de la guerre.

•Les aides de camp adjoints à l'état-major général, soit un chef d'escadron, un capitaine, un colonel, un bibliothécaire.

1814 - 1815

Même chose.

UNIFORMES

Pour tout l'état-major de la Garde, l'uniforme est le même que celui de l'armée, la seule distinction sont les aiguillettes or ou argent portées à droite.

Tous les officiers de l'état-major étaient montés, sauf le bibliothécaire.

Les housses et les chaperons des chevaux sont en drap bleu pour les officiers généraux, d'après Marbot, de l'état-major.

Les panaches et plumes d'autruche sont supprimés en 1812 pour tous les grades et remplacés par des plumes noires ou blanches cousues sur les bords du chapeau.

Colonels généraux

Tous les quatre colonels généraux de la Garde ont le même uniforme que celui des grenadiers, seulement au lieu du bonnet à poil, que porte celui des grenadiers dans les revues et les défilés de parade, tous ont le chapeau de général, plus tard de maréchal et à la place du sabre de cavalerie légère, le colonel général des marins et de l'artillerie avait une épée à garde dorée et ciselée et le bout du fourreau également en cuivre doré et ciselé. Pour tous dragonne or à grosses torsades.

Officiers du génie

Uniforme pareil à celui de l'armée, aiguillettes or à droite pour tous les grades.

Aides de camp

Même uniforme que celui de l'armée avec aiguillettes à droite, mais il y avait beaucoup de fantaisie dans les uniformes.

Notes

Il y avait un uniforme réglementaire à l'exposition de 1889 dont il n'est fait mention nulle part (planche VI, n° V).

Adjudant commandant ou adjudant général de 1804 à 1812 en grande tenue

Dans toutes les tenues de 1804 à 1815, les adjudants commandants suivent la règle de l'uniforme de ceux de l'armée.

Ils avaient en plus les aiguillettes d'or à droite et un plumet blanc. Le plumet disparaît en 1812 (planche IV).

La plaque de ceinturon de la garde est différente de celle de l'armée.

Décret du 15 février 1813. Les adjudants généraux furent portés au nombre de sept.

Adjoints à l'état-major de la Garde

Même chose que pour les adjudants commandants avec l'uniforme des adjoints.

Aides de camp des maréchaux et généraux

Même uniforme que les aides de camp de l'armée mais avec les aiguillettes or à droite. Même règlement et ornement que les adjudants commandants avec ces différences : Ceinturon : une baguette dentelée.

Les housses et les chaperons auront un galon d'or de 5,4 centimètres pour les aides de camp de grade supérieur, de 4,5 centimètres pour les aides de camp de grade de capitaine, de 3,8 centimètres pour les aides de camp de grade de lieutenants.

Beaucoup de fantaisie dans l'uniforme et dans le harnachement.

Pourtant à l'exposition de Paris en 1889, on exposa un uniforme soi-disant réglementaire (planche VI, n° V).

PLANCHE II

État-major — *Aide de camp de l'Empereur après 1812*

Général de division en petit uniforme

Planche III

État-major

Adjudant commandant ou adjudant général de 1804 à 1812 en grande tenue

PLANCHE IV

État-major

Adjudant commandant ou adjudant général en grande tenue de 1812 à 1815

PLANCHE V

Etat-major

Major général — Maréchal Berthier
Né à Versailles en 1753, mort en 1815
Maréchal de France, major général de la Grande Armée, Grand Veneur, Vice Connétable.
Prince de Wagram, Prince de Neufchâtel.
Il fut nommé Prince de Neufchâtel (Suisse) le 30 mars 1806.
Il avait obtenu de conserver, auprès de sa personne son bataillon de Neufchâtel. Il abdiqua le 3 juin 1814.
Berthier fut remplacé après le retour de l'Empereur en 1815,
par le maréchal Soult, Duc de Dalmatie, jusqu'à la fin de l'Empire, comme Major général de l'Armée.
Uniforme : celui de Maréchal, avec les aiguillettes à droite.

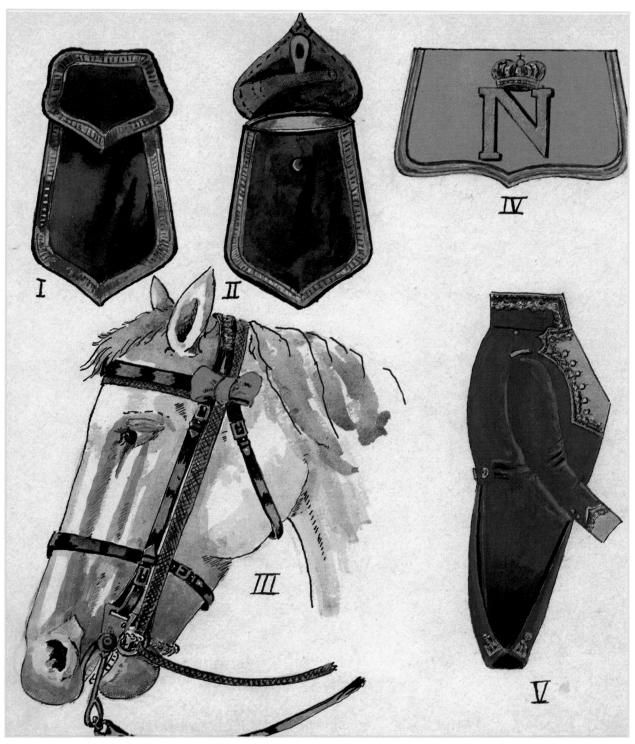

LÉGENDE PLANCHE VI, PAGE 15

I. Chaperon de selle d'adjudant commandant et d'adjoint.
Même chose pour l'adjudant commandant et adjoint de l'état-major de
l'armée.
Même modèle pour différents officiers
de la Garde et de l'armée ainsi que
pour les soldats. Les galons changent,
ainsi que la couleur du drap, suivant
les corps et les grades.

II. Même chaperon avec le dessus ouvert.

III. Tête de cheval des officiers d'état-
major (harnachement de grande
tenue, avec bride de mors, bride de filet
et cocarde). Mêmes bride pour certains officiers supérieurs des régiments
de ligne, pour les officiers de grosse
cavalerie de ligne, pour tous les officiers généraux, pour certains officiers
d'état-major et pour les officiers de la
Garde à cheval et pour les officiers
supérieurs de la Garde à pied.
Les soldats de la Garde à cheval, ainsi que les sous-officiers, brigadiers
trompettes et musiciens avaient ce
même harnachement en grande tenue
mais la bride de filet était, soit en
galon or, argent, ou de couleur selon
le corps et les grades.

IV. Giberne d'officier d'état-major. Drap
rouge, ornement doré, galon or en bordure, coffret en cuivre doré.

V. Uniforme réglementaire des aides de
camps de la Garde à l'exposition de 1889.
Les boutons en argent sont ceux de la
Garde, plats avec l'aigle.

L'uniforme devait avoir les épaulettes
du grade et les aiguillettes à droite, le
bouton en argent. Le chapeau devait
être celui des aides de camp de l'armée
avec les garnitures en argent. Les broderies sont des feuilles de chêne en
argent, au collet, aux revers et aux parements. Habit, collet, retroussis, sans passepoil, et doublure bleu national (bleu
foncé). Aigles couronnées en argent
aux retroussis. Revus et parements, en
pointe, bleu ciel, peut être pour un aide
de camp de général de brigade. Le reste de cet uniforme devait être pareil
aux aides de camp de l'armée avec les
garnitures en argent.

PLANCHE VII

État-major (Garde Impériale) 1809 à 1815

Officier d'ordonnance de l'Empereur en grande tenue de 1809 à 1815

HISTORIQUE

Napoléon eût depuis longtemps l'idée de former un corps spécial pour son état-major.

La première fois le 27 vendémiaire AN XIV (1805) ce fut un corps de guides servant d'aides de camp ; les hommes devaient connaître la langue allemande.

Ce corps fut désigné sous le nom de « Guides interprètes de l'Armée d'Allemagne ». Il se composait de deux escadrons de deux compagnies, chacun de 100 hommes (119 avec les officiers, sous-officiers, brigadiers et trompettes).

Ce corps fut licencié au bout de quelques semaines. C'étaient les anciens Garde d'Honneur Volontaires de l'AN XIV.

L'uniforme était de la coupe générale des dragons avec habit blanc à aiguillettes jaunes, contre-épaulettes sans franges, culotte de peau jaune, casque de dragons.

Harnachement à la dragonne. Ce corps ne fut jamais organisé.

Décret du 19 septembre 1806

D'après Frédérick Masson.

Napoléon crée des officiers d'ordonnance, mais l'idée ne fut pas mise à exécution et ne fut reprise qu'en 1809 avec l'uniforme bleu barbeau. Les officiers devaient être sous les ordres du Grand Ecuyer. Il devait y avoir douze officiers. L'uniforme vert à aiguillettes d'or : nulle part on ne voit cet uniforme qui ne fut sans doute qu'un projet.

Enfin le 2 octobre 1806 on crée les « Gendarmes d'ordonnance à cheval et à pied ».

Ce corps fut licencié à Cassel le 12 juillet 1807.

Le 31 janvier 1809 fut créé le corps des « Officiers d'ordonnance de l'Empereur ». Il y avait douze officiers, capitaines, lieutenants et sous-lieutenants, sous les ordres du Grand Ecuyer.

Règlement du 11 juillet 1811

Le nombre des officiers varie. Ils sont chefs d'escadron ou capitaines.

État des dépenses d'un officier d'ordonnance établi pour l'Empereur en juin 1811 par le Grand Ecuyer :

Une chabraque en peau de tigre : 450 frs

Deux habits brodés en argent, 500 frs pièce : 1000 frs

Deux épaulettes en petites torsades d'argent, 125 frs pièce : 250 frs.

Deux aiguillettes en argent, 190 frs pièce : 380 frs.

Deux dragonnes en or, 30 frs pièce : 60 frs

Un sabre uniforme, à la hussarde, garni en argent et son ceinturon en marocain rouge, brodé argent : 72 frs.

Un baudrier de giberne en marocain rouge, brodé argent et la garniture argent : 125 frs.

Deux gilets d'uniforme tressés en argent, 140 frs pièce : 280 frs.

Deux pantalons hongrois tressés en argent, 72 frs pièce : 144 frs.

Un charivari garni d'un galon argent : 104 frs.

Un manteau (capote) à collet : 160 frs.

Quatre paires de bottes garnies en gland et tresse d'argent et éperons, 72 frs la paire : 288 frs.

Deux culottes blanches, 42 frs la culotte : 84 frs.

Une épée et son ceinturon : 75 frs.

Un chapeau garni d'un plumet noir et garnitures argent : 100 frs.

Un schako noir uni avec garnitures en argent et plumet rouge : 240 frs.

Décision de l'Empereur le 7 avril 1810

A LA GUERRE

Les officiers d'ordonnance de service montent à cheval et suivent Sa Majesté toutes les fois qu'elle sort, soit à cheval, soit en voiture.

DANS LES GRANDES CÉRÉMONIES

Où LL.MM sont en voiture, ils accompagnent à cheval et se placent en avant des premiers chevaux de la voiture de l'Empereur.

A LA COUR

Lorsque l'on va à la messe, où dans les marches en cortège, ils se placent après les aides de cérémonies et immédiatement avant les officiers de la Maison.

Il y a toujours un officier d'ordonnance au Palais. Dans les palais impériaux, l'officier d'ordonnance n'a l'honneur d'accompagner l'Empereur que lorsqu'il passe les revues, il est à cheval et se tient à portée de la voix, du même côté que l'aide de camp de service.

AUX GRANDES PARADES

Les officiers d'ordonnance montent à cheval et précèdent Sa Majesté de quarante pas, lorsqu'elle passe devant les rangs.

Si l'Empereur est à pied, les officiers d'ordonnance restent à cheval pour porter les ordres.

Dans les voyages avec l'Empereur, ils suivent Sa Majesté dans leurs voitures.

Dans les cérémonies ils ont l'honneur d'être à cheval et par quatre à trente pas en avant de la voiture de Sa Majesté.

Dans les cortèges intérieurs, ils marchent entre les pages et les maîtres de cérémonies et se placent à droite et à gauche au bas du trône, en arrière des maîtres de cérémonies.

UNIFORMES

L'uniforme ne change pas sous l'Empire.

HABIT

En drap bleu barbeau, revers et parements en pointe, retroussis accrochés, poches à la soubise avec trois boutons, écusson au bas de la taille.
Boutons argent, aigles couronnées argent sur les retroussis. Collet très ouvert. Le collet, les revers, les parements et les retroussis bordés de deux baguettes et de broderies d'argent, mélange de feuilles de palmier en argent brodé.
(Planche IX) Broderies à la taille.
Deux boutons au dessus des parements.
Doublure en drap bleu barbeau.
Sur les épaules un passant d'épaulette argent sur drap bleu barbeau et un petit bouton.
Boutons sphériques à la hussarde, argentés et sans ornement.
Les aigles des retroussis sont brodés en argent avec paillettes argent, le tout brodé à même l'étoffe (planche IX, n° 2, page 21).
Les épaulettes en argent du grade.

GILET

En drap écarlate, à la hussarde. Soutaches, galons, tresses et petite boutons en argent.

PANTALON

A la hussarde bleu barbeau avec soutaches sur les coutures tressées en argent et trèfles en fer de lance, selon les grades, en argent, entourés d'une soutache pareille à celle qui se trouve sur la couture (planche IX, nᵒˢ 3 et 4, page 21).

CHAPEAU

A cornes, porté en colonne, garni intérieurement d'une plume noire, ganse et glands dans les cornes, argent. Sur les bords : des galons dentelés noirs et cocarde impériale.

Notes

Dans l'état des dépenses, établi par le Grand Écuyer, figure un schako avec plumet rouge. Nulle part on ne voit cette coiffure qui ne fut probablement jamais portée.

BOTTES

A la hussarde, galons et glands argent.
Éperons vissés en argent.

SABRE

De cavalerie légère, garni en argent, une poignée à la turque.
Dragonne en or selon le grade.

CEINTURON

De cavalerie légère en marocain rouge, bordé argent et ornement argent. De même pour les bélières.

PISTOLETS

Dans les fontes.

PORTE GIBERNE

En marocain rouge, bordé d'argent, ornements devant et derrière en argent.

GIBERNE

En marocain rouge.

GANTS

A crispin, noirs.

CHEVEUX RAS

HARNACHEMENT

A la hussarde, avec chabraque en peau de tigre, galonnée de deux galons d'argent et bordée en drap festonné écarlate.
Sangle et surfaix. Pas de portemanteau.
Étriers plaqués en argent avec étrivières noires, boucles argent. deux brides à la hussarde (planche IX), boucles et chaînettes argent, bossettes, frontal, croisières ornés de chaînettes et de soleil argent.
Licol avec dentelles écarlates.
Poitrail et croupière garnis de chaînette, avec un soleil entourant une aigle couronnée sur le devant du poitrail (planche IX).

Petite tenue

HABIT

Bleu barbeau, avec galons et broderies au collet et parements seulement, poches en long, sans garniture, aigles aux retroussis.
Parements en rond. D'après Fallou l'habit est le même qu'en grande tenue. Même gilet.
Pantalon charivari se portant par dessus la botte, bleu barbeau. Sur la couture un galon argent avec boutons demi-sphériques argentés.

Chapeau sans plumes, galon noir, ganse argent, cocarde impériale.
Sabre fourreau acier et argent, avec ceinturon et bélières comme en grande tenue.
Pas de giberne. Gants ordinaires en peau jaune ou blanche. Dragonne en or suivant le grade. Aiguillettes et épaulettes argent, comme en grande tenue.

HARNACHEMENT

A la hussarde avec selle à palette. Chabraque bleu barbeau, en drap à double galon argent, le plus large à l'intérieur. Ornement brodé dans les coins postérieurs. On voit aussi parfois le haut de la chabraque, sur les fontes, surmonté et recouvert par une peau d'ours noir. Sangle et surfaix.
Petit portemanteau rond, bleu barbeau garni d'un double galon argent et d'ornements, dans le centre, en broderie d'argent (planche IX). Cuirs noirs sans ornements.
Un soleil sur le devant du poitrail. Une seule chaînette sur la têtière de la bride.

Notes

Il devait y avoir beaucoup de fantaisie dans les tenues. Il y a un uniforme de petite tenue avec un habit frac et une chabraque toute différente (planche 4) et pour les cours une tenue où le cheval n'a pas de chabraque.
Le manteau est du modèle des généraux, à rotonde, collet et manche, en drap bleu barbeau.
Le bonnet de police.

Tenue de ville (été et hiver)

Suit la règle générale des officiers et il y avait aussi une tenue de soirée avec un chapeau comme en grande tenue, un habit de grande tenue ou un habit frac bleu barbeau.
Un gilet de grande tenue ou blanc à deux rangs de boutons.
Culottes de drap blanc à jarretières et boucles d'argent. Bas de soie blancs.
Souliers à boucles d'argent.
Épée à fourreau noir et argent, poignée argent, dragonne or du grade.

PLANCHE VIII

État-major (Garde Impériale) de 1809 à 1815

Officier d'ordonnance de l'Empereur en petite tenue (1809 à 1815)

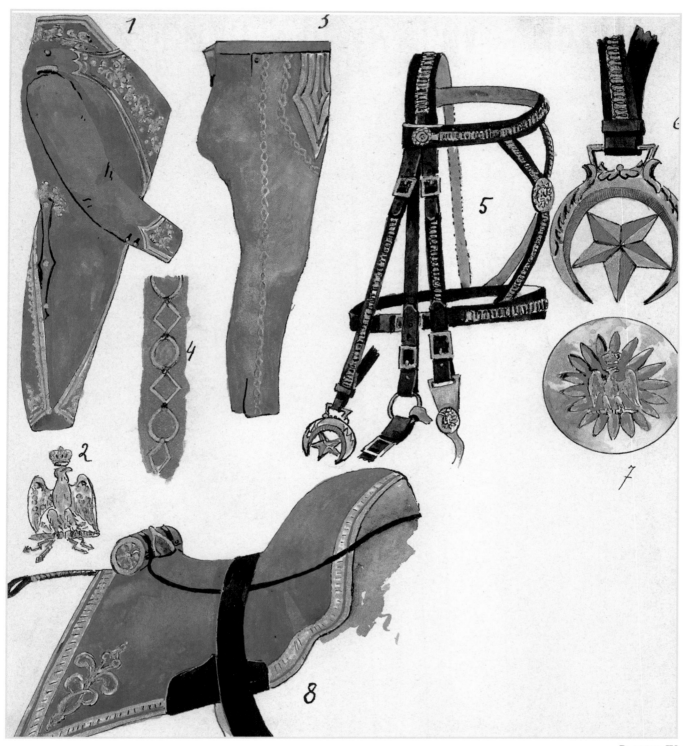

PLANCHE IX

État-major de 1809 à 1815
Officier d'ordonnance de l'Empereur

1. Habit d'officier d'ordonnance (broderies en argent représentant des feuilles de palme).

2. Motif des retroussis de l'habit : aigle brodée en argent avec paillettes sur l'étoffe bleu barbeau.

3. Culotte, à la hussarde avec broderies et galons argent.

4. Motif des broderies de la culotte (chaînettes en argent).

5. Harnachement de la grande tenue (chaînettes en argent).

6. Croissant de sous-gorge (métal argenté).

7. Motif du poitrail et du croisillon de la tête du cheval sur le chanfrein (une aigle couronnée entourée de rayons).

8. Chabraque de la petite tenue.

Planche X

État-major (Garde Impériale) de 1809 à 1815
Officier d'ordonnance de l'Empereur en tenue de campagne en 1813

En habit frac, charivari bleu foncé, le chapeau recouvert d'un couvre-chapeau en taffetas jaune, gommé.

NOTES

Beaucoup d'officiers portaient ce couvre-chapeau les jours de pluie.

Chabraque de fantaisie avec une aigle couronnée, avec foudres, brodée sur la chabraque. Le harnachement est également de fantaisie, licol ordinaire.

Garde Impériale de 1804 à 1815 — Administration et Service de santé

Chirurgien en chef de la garde de 1812 à 1815
Vétérinaire de la garde, cavalerie légère
Inspecteur aux revues de la garde en grande tenue de paix
Commissaire ordinaire des guerres de la garde en grande tenue de paix

Administration

Historique

Le service de l'administration de la garde faisait partie de l'état-major de celle-ci et se composait ainsi :

Année 1804 à 1806
Un inspecteur aux revues.
Un commissaire des guerres de 1ère classe.
Un bibliothécaire.

Année 1806 à 1810
Décret du 15 avril
Un inspecteur aux revues.
Un commissaire ordonnateur des guerres.
Un sous-inspecteur aux revues.
Un commissaire des guerres pour l'infanterie.
Un commissaire des guerres pour la cavalerie.
Deux commissaires des guerres pour le service extraordinaire, dont un spécialement chargé de l'ambulance.
Deux adjoints aux commissaires des guerres.
Un quartier-maître trésorier.
Un adjudant pour l'habillement.
Un adjudant pour les fourrages.
Un adjudant pour l'hôpital.
(Ce sont quatre adjudants-majors du grade de lieutenant et de sous-lieutenant).

Année 1810
Deux inspecteurs aux revues.
Un commissaire ordonnateur des guerres.
Un sous-inspecteur aux revues.
Trois commissaires des guerres de 1ère classe
Trois commissaires des guerres de 2e classe
Deux adjoints aux commissaires des guerres.
Six lieutenants adjudants-majors d'administration dont un quartier maître.
Un bibliothécaire.

Année 1811
Même chose.

Année 1812
Même chose. On ajoute deux commissaires des guerres et trois adjoints aux commissaires des guerres plus douze adjoints (adjudants-majors d'administration).

Année 1813
Décret du 15 février
Supprime les adjudants aux vivres et ceux de l'habillement.
Décret du 26 décembre
L'état-major de l'administration se composait de :

Un inspecteur aux revues.
Cinq sous-inspecteurs aux revues
Deux adjoints aux inspecteurs aux revues.
Un commissaire ordonnateur des guerres
Quatre commissaires des guerres de 1ère classe
Quatre commissaires des guerres de 2e classe
Six adjoints aux commissaires des guerres.

Année 1814 - 1815
Même chose.
Décret du 8 avril 1815
Un lieutenant général faisant fonction d'aide adjudant-major.
Un adjudant-major de la garde faisant fonction de sous aide adjudant major.
Un secrétaire archiviste.
Un inspecteur aux revues.
Un adjoint à l'état-major (chef de bataillon).
Quatre adjoints à l'état-major (capitaines).
Sept sous-inspecteurs aux revues ou adjoints.

Uniforme

Comme dans l'armée avec les aiguillettes à droite
Les inspecteurs aux revues et les commissaires de guerres ont mes aiguillettes en argent.
Les inspecteurs aux revues réformés ont le collet et les parements cramoisis et l'habit sans broderie.

Service de santé

Historique

Même organisation que dans l'armée.
Les chirurgiens et majors attachés aux régiments de la garde, les médecins chirurgiens et pharmaciens attachés à l'hôpital de la garde. Cet hôpital existait déjà pour la Garde Consulaire, il se trouvait au Gros Caillou à Paris. En temps de guerre l'hôpital devenait l'ambulance et suivait la garde en campagne.

Année 1804
L'hôpital était dirigé par :
Un médecin chef , Monsieur Sue
Un chirurgien chef, Monsieur Larrey
Un pharmacien chef, Monsieur Sureau
Un chirurgien de 1ère classe, deux chirurgiens de 2e classe, deux chirurgiens de 3e classe,
Un pharmacien de 1ère classe, un pharmacien de 2e classe, deux pharmaciens de 3e classe,
Un corps d'infirmiers qui étaient ceux de l'armée.

Notes

Cette organisation ne change presque pas jusqu'en 1811.
Décret du 1er août 1811. On ajoute au service de santé :
Deux chirurgiens de 1ère classe
Cinq chirurgiens de 2e classe
Treize chirurgiens de 3e classe
Un pharmacien de 2e classe, quatre pharmaciens de 3e classe.
Ambulance et hôpital du Gros Caillou pendant les cent jours
Un médecin en chef
Vingt-six chirurgiens de 3e classe
Deux médecins ordinaires
Un chirurgien en chef
Quatre chirurgiens de 1ère classe
Onze chirurgiens de 2e classe
Un pharmacien en chef
Six pharmaciens de 2e classe
Neuf pharmaciens de 3e classe
et des infirmiers.

Uniformes

Mêmes uniformes que dans l'armée avec les aiguillettes d'or, portées à droite et les boutons de la garde avec l'aigle. En 1812 l'uniforme a les revers droits en velours noir, écarlate ou vert foncé, avec boutonnières d'or selon le grade.
Les broderies or remplacent les galons.
Les chirurgiens employés dans les corps de troupe de la garde ont le même uniforme que les autres chirurgiens, mais avec le bouton du corps.
Quelquefois aussi ils portent l'uniforme du corps avec le collet, les revers et parements en velours, l'aiguillette or à droite.

Vétérinaires

Uniforme Cavalerie légère

Une ganse argent au chapeau, neuf gros boutons sur la poitrine. Sur le cheval, chabraque en peau de mouton blanche à dents de loup de couleur distinctive, orange pour les chasseurs, vert pour les gardes d'honneur.
Boutonnières aux manches et au collet d'après les grades, artistes vétérinaires, aides vétérinaires.
Pas de bouton au collet.

Uniforme Grosse cavalerie

Grenadiers, dragons, gendarmes d'élite
Housse et chaperons de la couleur de l'habit.

Vieille Garde Impériale à pied

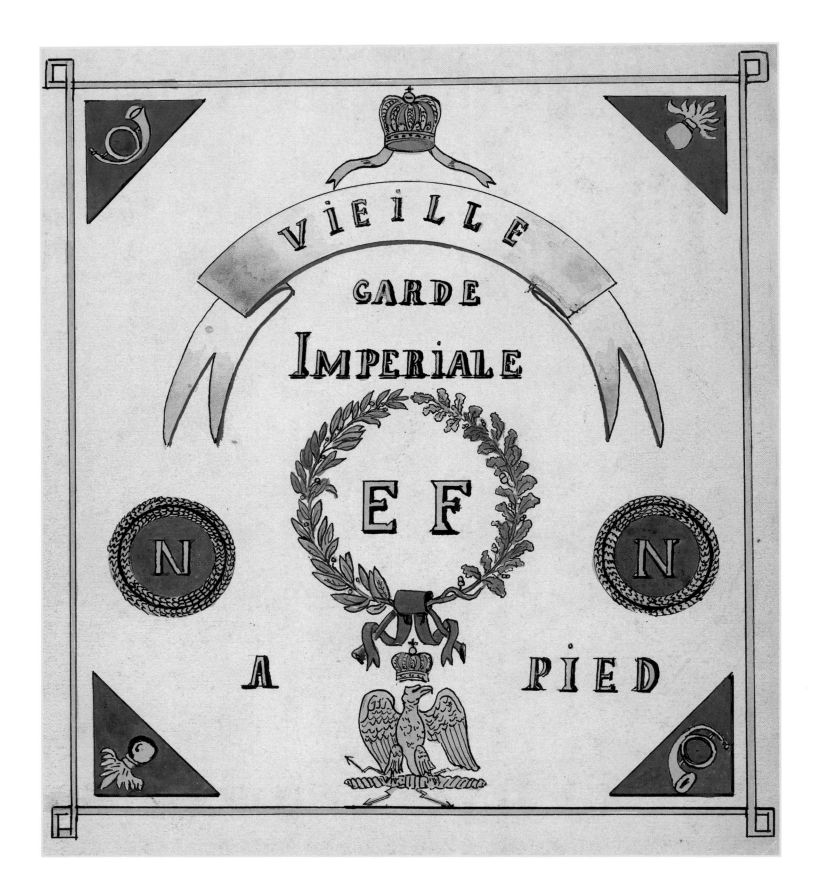

NOTES GÉNÉRALES

Coiffure – Moustaches – Favoris

La Garde, à part quelques corps, conserve jusqu'à la fin de l'Empire les cheveux coiffés en queue, mais d'une forme et d'une longueur réglementaire et sans poudre. Sous le Consulat et jusqu'à la fin de l'année 1804 les cheveux étaient poudrés pour la grande tenue, déjà les cadenettes portées tombantes des deux côtés du visage, sont relevées et passent par dessus les oreilles pour se rattacher à la queue.

(Planche 17, n° 5 page 66 et planche 20 page 71).

Ensuite les cadenettes sont supprimées, les cheveux relevés et tirés en arrière du front, assez longs pour former sur la nuque une queue de 6 pouces de longueur.

Les cheveux retenus par un ruban de laine noire ou de soie noire attaché par une épingle.

(Planche 17, n° 6 et planche 20).

Un règlement daté du Pont de brique (Boulogne) du 26 août 1804 ordonne que six corps porteraient seuls la queue : Grenadiers à pied, Chasseurs à pied, Grenadiers à cheval, Chasseurs à cheval, Gendarmes d'élite, Artillerie à cheval et Train d'artillerie.

Plus tard, l'Artillerie à pied de la Garde, les Fusiliers grenadiers et les Gendarmes d'ordonnance portèrent aussi la queue ainsi que les Invalides et les Vélites.

Les officiers ne portaient la queue que les jours de bataille et en grande tenue de parade : c'était alors de fausses queues puisqu'elles n'étaient pas obligatoires pour les officiers en tenue ordinaire, mais bien pour les sous-officiers, caporaux et soldats.

Les Grenadiers portaient la moustache et les favoris en crosse de pistolet.

Les Chasseurs portaient la moustache et les favoris en crosse de pistolet.

Les Fusiliers (grenadiers et chasseurs) portaient la moustache et les favoris en crosse de pistolet.

Les Marins portaient des favoris , pas de moustache ni de queue.

Les Invalides portaient des favoris et des moustaches.

Les Vétérans portaient des favoris et des moustaches, pas de queue en 1812.

L'Artillerie à pied portaient des favoris, pas de moustache.

Les Gendarmes d'élite à pied portaient des favoris.

Les Vélites étaient imberbes.

Les Mameluks pouvaient porter la moustache, pas de favoris, pas de queue.

Presque tous les Grenadiers et Chasseurs à pied portaient des anneaux aux oreilles.

Casernement

Les soldats de la Garde, infanterie et cavalerie de service près de l'Empereur à Paris, habitaient la caserne ou quartier Bonaparte au quai d'Orsay.

La caserne des Grenadiers à pied de la Garde, dès la fin de 1804 jusqu'au commencement de 1814, se trouvait à Courbevoie. Celle des Chasseurs à pied à Rueil ; celles des Grenadiers blancs (Hollandais), des Vétérans, des Flanqueurs et des Pupilles à Versailles ; les Sapeurs du Génie à Paris, rue du Mont-blanc ; les marins à l'École Militaire ; les Fusiliers, les Tirailleurs, les Voltigeurs et les Flanqueurs furent toujours en campagne, mais leur dépôt était aux casernes de Courbevoie, de Panthémont, de Rueil et à l'École Militaire ; l'Artillerie à pied au Château de Vincennes ; la Gendarmerie à pied aux Célestins.

La caserne de Panthémont se trouvait en bordure du jardin des Tuileries près de la place Vendôme.

Tenue des officiers, sous-officiers, caporaux, etc.

Une grande tenue de parade avec cheveux poudrés
Une grande tenue (d'hiver et d'été)
Une tenue de route et de campagne
Une tenue de ville (hiver et été)
Une tenue de soirée
Une tenue de caserne ou de corvée
Une tenue d'exercice.

Garde de l'aigle

Elle était formée de cinq hommes placés sur deux rangs :
- 1er rang : deux sergents (faisant fonction de 2e et 3e porte-aigles), placés à droite et à gauche de l'officier porte-aigle et chevronnés.
- 2e rang : trois hommes derrière le 1er rang (anciens soldats chevronnés.

La garde de l'aigle ne portait pas la baïonnette au fusil et portait l'arme à droite.

Musique

Les régiments de grenadiers, de chasseurs avaient une musique. Cette musique servait également celle des grenadiers pour tous les corps de grenadiers (Jeune et Vieille Garde et Fusiliers), celle des Chasseurs pour tous les corps de Chasseurs (Jeune et Vieille Garde et Fusiliers).

Chef de musique

Même uniforme que les musiciens avec les galons de sergent-major.

Tambour-major

Un seul tambour-major pour les quatre régiments de Grenadiers, les Vélites et les Fusiliers grenadiers. Même chose pour le corps des Chasseurs. Le régiment des Grenadiers blancs (Hollandais) a un tambour-major.

Les tambour-majors étaient des hommes de haute taille et avaient le grade de sergent-major. Il y avait aussi des sergent-tambours. Le capitaine Coignet en parle dans son livre.

Régiments

Chaque régiment de la Garde avait son uniforme, pour tous les hommes pareil. Le régiment n'était pas divisé en grenadiers, voltigeurs, fusiliers comme dans l'infanterie de ligne.

Grades

Ils sont les mêmes que dans l'Infanterie de ligne, mais chaque grade est d'un rang hiérarchique supérieur au grade correspondant dans l'armée.

Les soldats et vélites ont le rang de sergent dans l'armée et en touchent la solde.

Les caporaux ont le rang de sergent major dans l'armée et en touchent la solde.

Les sergents et fourriers ont le rang d'adjudant sous-officier dans l'armée et en touchent la solde.

Les sergents-majors ont le rang de sous-lieutenant dans l'armée et en touchent la solde, et ainsi de suite pour tous les grades.

Enfants de troupe

Dans tous les régiments de la Garde il y avait des enfants de corps à demi-solde, deux par compagnie. Ils étaient presque toujours élève-tambour ou fifre.

Quand ils avaient atteint un certain âge, on les envoyait au Bataillon de Fontainebleau.

Cantinières et vivandières

Comme dans l'infanterie de ligne.

Colonel général

Un seul colonel ayant le grade de général pour tout le corps de Grenadiers (Jeune et Vieille Garde). Depuis la création de la Garde Impériale jusqu'à la chute de l'Empire.

Même chose pour les chasseurs.

Un colonel général commandant les Marins et l'Artillerie à pied de la Garde.

Un colonel (général de brigade) commandant tout le corps de Gendarmerie à pied et à cheval.

Décret du 15 avril 1806

Le 1er régiment de grenadiers avait un tambour-major, un tambour-maître (sergent), des caporaux tambours, un sergent-sapeur, des caporaux sapeurs.

Les autres régiments de grenadiers (Jeune et Vieille Garde, excepté les Grenadiers blancs), les Vélites et Fusiliers grenadiers, n'avaient qu'un tambour-maître et des caporaux tambours.

Les Grenadiers à pied se poudraient les cheveux pour les grandes cérémonies de gala jusqu'à la fin de l'Empire.

Uniformes

Armes

Le même fusil pour toute la garde, ornements cuivre avec bretelles de buffle blanc (cuir noir pour les marins) avec un bouton qui retient la bretelle à l'anneau de la grenadière, le bouton en cuivre.

Sabre briquet modèle de la garde. Les marins ont un sabre spécial.

Baïonnette, la même pour toute la garde et les régiments de ligne.

Les officiers ont un sabre avec une dragonne or ou argent.

Boutons

Un seul modèle pour toute la garde, soit en cuivre, cuivre doré pour les officiers, soit en métal blanc, métal argenté pour les officiers. (planche 15, n°6 page 63).

Les marins ont un bouton spécial en cuivre.

Il y avait comme dans l'Infanterie de ligne, des gros et des petits boutons (planche 15, n° 6 et planche 17, n° 1).

Les tambours et musiciens ont les boutons des revers cousus sur le galon or ou argent qui borde le revers, quand il y a un galon, mais les deux boutons qui se trouvent dans le haut du revers ne sont pas cousus sur le galon.

En 1814, les boutons sont les mêmes, mais à la place de l'aigle il y a une fleur de lys.

Sac ou havresac

Le même pour toute la garde (planche 18, n° V page 67). En peau de veau avec poils, largeur 38 centimètres.

Galons et chevrons ou brisques

Les galons sont placés comme dans l'armée, soit en or soit en argent pour les sous-officiers, soit en laine pour les caporaux.

Les tambours, fifres et musiciens ont aussi des galons or ou argent, placés comme dans l'armée. Quand une partie du vêtement se termine par un galon et un passepoil, le passepoil est toujours du côté extérieur (planche 16, n°s 5 et 6 et planche 17, n°s 11, 12 et 13).

Les galons d'ancienneté ou brisques suivent les règles comme dans l'armée. Jamais plus de trois chevrons, qui indiquaient vingt ou vingt-cinq ans de service.

Buffleteries

Comme dans l'armée, en buffle blanc, mais il y a une rainure sur chaque côté de la banderole de giberne et du baudrier du sabre (Grenadiers, planche 15). Le sabre briquet est retenu au baudrier par un bouton ou tenon de cuivre (planche 15, n° 1 bas).

Les marins ont les buffleteries en cuir noirci.

Giberne

Pareille à celle de l'Infanterie de ligne, (planche 3 bis), en cuir noir avec les ornements du corps en cuivre.

La giberne contenait cinquante cartouches.

Guêtres

Les guêtres sont au dessus du genou, avec vingt-deux boutons par guêtre. Elles étaient plus hautes par devant que par derrière.

Hauteur devant : 58 centimètres,

Derrière : 51 centimètres (planche 17, n° 7).

Elles étaient attachées sous le genou par une jarretière avec une boucle de cuivre placée à l'extérieur du côté des boutons. En été, la guêtre est en toile blanche au début, puis en basin blanc avec boutons d'os ou de bois recouvert d'étoffe ou fils blancs. On les représente aussi en tenue de parade avec des petits boutons d'uniforme en cuivre.

En hiver la guêtre est en étamine noire à petits boutons d'uniforme, en cuivre. Il y avait aussi des guêtres grises en tenue d'exercice.

Avec le long pantalon, en tenue de campagne, des petites guêtres blanches à boutons d'os.

Habit et surtout

Coupe de l'Infanterie.

Gilet ou veste

Coupe de l'Infanterie. Les marins ont le gilet à la hussarde.

Culotte et pantalon

Toute la garde, excepté les marins, portait la culotte et un pantalon en tenue de campagne, en toile blanche en été, en drap bleu en hiver. Ces pantalons étaient ouverts dans le bas sur chaque cheville, sans bouton pour cette ouverture, les pantalons étaient à grands ponts. Sous le pantalon l'homme portait la petite guêtre blanche. Les culottes étaient en drap blanc avec grand pont.

Les officiers portaient la culotte de drap ou de casimir, parfois la culotte et les bas de soie noirs en tenue de ville, à petit pont.

Surtout

Il fut porté jusqu'en 1809 pour tous les corps de l'armée et pour tous les grades. Il était en drap de la couleur de l'habit boutonnant droit sur la poitrine avec sept, huit ou neuf gros boutons d'uniforme sans revers. Collet de même couleur que le surtout avec ou sans passepoil. Parements en rond également de même couleur et de même drap que le surtout avec deux petits boutons. Retroussis, doublure et poches comme l'habit. Les retroussis agrafés suivent la règle de l'armée.

Capote

Couleur de l'habit pour toute la garde, excepté les fusiliers et fusiliers chasseurs qui avaient la capote grise, à deux rangs de grands boutons uniformes. Huit boutons de chaque côté de la poitrine, martingales derrière avec deux gros boutons à la taille (planche 12 bis) ou bien des poches simulées dans les plis, sans passepoil. Sur la capote les épaulettes avec passants et les galons du grade (sous-officiers et caporaux). Sur le haut du bras gauche les galons d'ancienneté en chevrons.

La capote existait dans la garde depuis 1804. Elle se relevait pour la marche, comme de nos jours, les pans attachés à deux boutons de la martingale ou des poches.

Chaussures

Des brodequins ordinaires, sans boucle, recouverts par la guêtre et retenus par le sous-pied de la guêtre.

En tenue de ville, le soulier avec boucle d'argent pour les soldats. Pour les officiers et les sous-officiers en argent ou en cuivre doré. Les boucles étaient ovales ou carrées selon la mode de 1804 à 1815.

Des bottes à la souvarow dans certaines tenues avec ou sans ornement.

Des bottes à revers pour les officiers en certaines tenues. Des sabots en tenue de corvée.

Chapeau

Le chapeau était porté de différentes manières par les officiers, en bataille pour les soldats, excepté les chasseurs qui le portaient en colonne, en tenue de ville ou de route.

En tenue de route, la garde portait aussi comme les officiers de la ligne, un couvre-chapeau en toile cirée noire ou verte.

Colback ou bonnet à poil.

D'après Fallou le bonnet à poil a une hauteur devant de 35 centimètres de haut et derrière de 25 centimètres de haut

Diamètre du calot ou plate-forme : 16,2 centimètres.

Longueur de la cordelière : devant 40 centimètres, derrière 25 centimètres.

La cordelière se termine par une raquette à gland pour les grenadiers et deux raquettes avec deux glands pour les classeurs.

Le plumet a 35 centimètres pour les grenadiers et chasseurs.

Sur le côté gauche, dissimulé sous le poil, un gousset de cuir servait à tenir le bout inférieur du plumet et la cocarde. Les fusiliers et les marins portaient un schako.

Cols et cravates

Dans la Garde, les hommes portaient deux cravates, une blanche et une noire. On posait d'abord la cravate blanche sur le cou et par dessus on posait la cravate noire en laissant dépasser un peu dans le haut la cravate blanche.

Mais on portait aussi simplement, la cravate blanche ou la cravate noir (blanche en tenue de gala et noire dans les autres tenues).

En général pour les officiers, sous-officiers et soldats, la cravate ou col noir avec la guêtre noire (en hiver) et la cravate blanche avec la guêtre blanche (en été) en tenue de gala.

Pour les officiers en grande tenue de gala ou habit de ville de gala rien que la cravate blanche. Même chose pour les soldats.

Les officiers portèrent aussi le col de la chemise blanche, dépassant la cravate et encadrant le menton vers la fin de l'Empire.

Bonnet de police

Le bonnet de police ne change pas de forme dans la garde pendant tout l'Empire, à la dragonne.

Gants

Pour les officiers, en peau de daim ou en peau blanche simples.

Même chose pour les sous-officiers.

Pour les soldats, en peau blanche. Il y avait aussi des gants à crispin.

Bas

En coton blanc uni pour les soldats, en été.

En soie blanche avec la culotte blanche, ou en soie noire avec la culotte noire, pour les officiers.

En soie blanche pour les sous-officiers.

Les soldats portaient aussi des bas de laine en hiver.

Epaulettes

Voir les différents corps de la Garde, officiers, sous-officiers et soldats.

Décorations

Beaucoup de soldats et presque tous les officiers portaient la croix de la Légion d'honneur sur la poitrine. Elle était posée à gauche, le ruban à la hauteur du deuxième bouton du revers et tombait sur le baudrier du sabre pour les soldats.

Les officiers supérieurs avaient aussi d'autres décorations.

Les officiers, sous-officiers et soldats ne portaient pas toujours la croix en petite tenue ou en civil. Elle était alors remplacée par le ruban simple ou bien avec une agrafe d'or. Sur l'agrafe il y a un motif de feuilles de laurier.

HISTORIQUE DE LA GARDE À PIED

Au début de l'Empire la Garde Consulaire devient Garde Impériale par décret en 1804.
La distribution des croix de la Légion d'honneur avait été faite pour la garde le 14 juillet 1804.
Du 29 juillet 1804 au décret du 15 avril 1806, la Garde à pied comprenait :
   • Un régiment de grenadiers à pied composé de deux bataillons plus un bataillon de vélites
   • Un régiment de chasseur à pied composé de deux bataillons plus un bataillon de vélites
   • Un bataillon de marins
   • Une compagnie de vétérans
   • Deux compagnies de Gendarmerie d'élite.

Année 1805
Décret du 29 janvier qui prescrit l'admission des militaires de la garde à l'hôtel des Invalides.

Année 1806
Le décret du 15 avril réorganise la garde.
Elle se compose de :
   • Deux régiments de grenadiers à pied, de deux bataillons chaque, plus deux bataillons de vélites (un bataillon par régiment).
   • Deux régiments de chasseurs à pied, de deux bataillons chaque, plus deux bataillons de vélites.
   • Un bataillon de marins.
   • Une compagnie de vétérans.
   • Les deux compagnies de Gendarmerie d'élite à pied sont supprimées.

Décret du 19 septembre
Crée un régiment de Vélites avec les bataillons de Vélites mais ce ne fut qu'un projet car les Vélites des grenadiers deviennent le régiment des Fusiliers grenadiers, on le classe comme moyenne garde.

Décret du 24 septembre
Crée les Soldats d'admission de la garde (trois compagnies).

Décret du 2 octobre
Crée les Gendarmes d'ordonnance : deux compagnies à cheval, une compagnie à pied.

Décret du 15 décembre
Crée un second régiment de fusiliers avec les bataillons de vélites de chasseurs. Ce régiment prend le nom de Fusiliers chasseurs et se classe comme moyenne garde.

Année 1807
Décret du 12 avril
Porte à deux cents hommes la compagnie de vétérans.

Décret du 29 juillet
L'École Impériale d'artillerie de la Fère est affectée à l'Artillerie de la Garde.
La Gendarmerie d'élite à pied n'existe plus.
Le 12 juillet on licencie les Gendarmes d'ordonnance à pied et à cheval.

Année 1808
Décret du 17 avril
Crée l'Artillerie à pied de la garde à deux bataillons de six compagnies chaque.

Décret du 1er octobre
Les deux régiments de grenadiers n'en forment plus qu'un de deux bataillons de quatre compagnies chaque.
L'état-major était composé de :
Un major faisant fonction de colonel, deux chefs de bataillon, deux capitaines adjudants-majors, deux sous-adjudants-majors, deux porte-drapeaux (lieutenant en deuxième), un chirurgien major, un aide major. Le reste comme en 1804 et 1806 et par compagnie, d'un capitaine, un lieutenant en premier, un lieutenant en deuxième, le reste comme en 1804 et 1806.

Année 1809
La garde de 1808 devient la Vieille Garde et on forme la Jeune Garde. Le 9 juin on crée un deuxie régiment d'artillerie à pied, Jeune Garde.

Année 1810
Décret du 13 septembre
On crée le régiment des Grenadiers Hollandais où grenadiers blancs qui prend le numéro de 2e Régiment des Grenadiers de la garde mais il faisait partie de la Jeune Garde.

Année 1811
Décret du 18 mai
On forme un deuxième régiment de grenadiers à pied de la Vieille Garde qui prend le N° 2. Le régiment des Grenadiers Hollandais prend le N° 3, Jeune Garde.

Année 1812
L'Artillerie à pied forme un régiment de quatre bataillons de deux compagnies chaque.

Année 1813
Décret du 26 décembre
Les régiments de fusiliers ont six compagnies par bataillon.
Un second régiment d'artillerie à pied est attaché à la Jeune Garde : vingt-six batteries à pied et à cheval.

Année 1814
Au début comme en 1813

Année 1814 et début de 1815 (à l'île d'Elbe).
La partie de la Garde qui rejoignit l'Empereur à l'île d'El-be comprenait :
- Un bataillon de six compagnies de grenadiers et de chasseurs à pied. Il arriva dans l'île le 28 mai 1814.
- Un état-major général
- Une compagnie de marins et canonniers

ETAT-MAJOR GÉNÉRAL
Général Drouot (gouverneur de l'île)
Général Cambronne (commandant la ville de Portoferraio)
Maréchal Bertrand (grand maréchal du palais)
Peyrusse (trésorier général de l'île)
Un inspecteur aux revues
Un fournisseur des vivres
Le chef de bataillon Mallet, faisant fonction de colonel
Un capitaine adjudant-major, un sous-adjudant major (lieutenant en premier), un lieutenant en premier, un chirurgien de 2ᵉ classe, un sous aide major, un tambour-maître(sergent), un chef de musique, un sous-chef de musique (1ᵉʳᵉ clarinette) et une partie de la musique des grenadiers de la garde, soit 16 musiciens.

1ᵉʳᵉ COMPAGNIE
Un capitaine, un lieutenant en premier, un lieutenant en second, un sergent major, un fourrier, quatre sergents, huit caporaux, huit tambours, soixante-douze hommes.

2ᵉ COMPAGNIE
Même chose, mais six caporaux, deux tambours, soixante-neuf hommes.

3ᵉ COMPAGNIE
Un capitaine, deux lieutenants en premier, un lieutenant en second, un sergent-major, un fourrier, quatre sergents, quatre caporaux, deux tambours, soixante-quatorze hommes.

4ᵉ COMPAGNIE
Un capitaine, deux lieutenants en second, un sergent-major, un fourrier, quatre sergents, six caporaux, deux tambours, soixante-douze hommes.

5ᵉ COMPAGNIE
Un capitaine, deux lieutenants en second, un sergent-major, un fourrier, quatre sergents, huit caporaux, deux tambours, soixante-quatorze hommes.

6ᵉ COMPAGNIE
Un capitaine, deux lieutenants en second, un sergent-major, un fourrier, quatre sergents, huit caporaux, deux tambours, soixante-huit hommes.

COMPAGNIE DE MARINS ET CANONNIERS
Quarante-trois canonniers et vingt-et-un marins avec les gradés, soit :
Un sergent-major, trois caporaux, dix marins de 1ᵉʳᵉ classe, six marins de 2ᵉ classe.

Année 1814 et début de 1815 (en France)
La garde à pied, restée en France pendant la 1ᵉʳᵉ Restauration fut fort diminuée et exilée de Paris.
Les Fusiliers grenadiers furent incorporés dans les Grenadiers à pied et envoyés à Metz ainsi que les grenadiers ne formant plus qu'un corps, nommé « Corps royal des grenadiers de France ».
Même chose pour les chasseurs à pied et fusiliers chasseurs qui furent appelés « Corps royal des chasseurs à pied de France » et envoyé en garnison à Nancy.
Ces deux corps furent commandés par un commandant en chef, le général Oudinot.
L'artillerie à pied fut versée dans l'artillerie de la ligne.
Les autres régiments ainsi que la Jeune Garde furent, ou licenciés, ou versés dans les régiments de la ligne.

Notes
L'uniforme ne change pas pendant la 1ᵉʳᵉ Restauration mais les boutons portent une fleur de lys à la place de l'aigle. Les armes de France substituées aux aigles dans les plaques en cuivre des bonnets de grenadiers et sur toutes les gibernes. La cocarde blanche remplace la cocarde tricolore et les drapeaux sont blancs, aux armes de France et surmontés d'une pique avec fleur de lys.
Le chef de bataillon et les capitaines adjudants-majors portèrent les aiguillettes (à droite).

Année 1815 (Cent jours)
La garde impériale fut rétablie le 21 mars 1815 et réorganisée le 8 avril suivant.

Garde à pied
Trois régiments de grenadiers à pied (Vieille Garde) de deux bataillons de quatre compagnies.
Six régiments de tirailleurs (Jeune Garde) de deux bataillons de quatre compagnies.
Un état-major pour ces neuf régiments.
Trois régiments de chasseurs à pied (Vieille Garde) de deux bataillons de quatre compagnies.
Six régiments de voltigeurs (Jeune Garde) de deux bataillons de quatre compagnies.
Un état-major pour ces neuf régiments.

Notes
Un quatrième régiment de grenadiers et un quatrième régiment de chasseurs furent organisés, mais ils n'étaient pas complètement habillés ni équipés à Waterloo, mais le 4ᵉ Régiment de Grenadiers fit la campagne quand même.
Six compagnies d'artillerie à pied (Vieille Garde).
Une compagnie d'ouvriers d'artillerie.
Des compagnies du train d'artillerie tirées de l'escadron du train.
Deux batteries à pied attachées aux deux corps d'infanterie, soit seize pièces.
Quatre batteries de douze, servies par l'artillerie de la Vieille Garde et formant la réserve, soit trente-deux pièces.

Grenadiers à pied (Vieille Garde)

Caporal – soldat – sergent chevronné – soldat chevronné – sergent major chevronné en grande tenue de 1804 à 1812

Une compagnie de Sapeurs du génie comprenant une escouade de mineurs (Vieille Garde). Même chose qu'au décret de 1806.

Des ouvriers d'administration et un état-major général. En temps de guerre on augmente les hommes dans tous les régiments de la garde, ainsi que le nombre des batteries d'artillerie.

Pour être admis dans la garde :
- Grenadiers et chasseurs à pied : douze ans de service, y compris les campagnes.
- Artillerie et génie : huit ans de service, y compris les campagnes.

Dans la Jeune Garde : quatre ans de service, y compris les campagnes.

Tailles
- Grenadiers à pied, génie et artillerie : 1,75 m
- Chasseurs à pied : 1,70 m

Notes
D'après l'article 45 du titre IV de la réformation de la Garde, dans l'infanterie les officiers généraux seuls porteront l'aiguillette.

Historique

Par le décret du 18 mai 1804, la Garde Consulaire devient la Garde Impériale.

Elle fut organisée en juillet 1804.

Il y a un régiment de grenadiers, composé de deux bataillons de grenadiers et d'un bataillon de vélites. Chaque bataillon de grenadiers a huit compagnies. Le bataillon de vélites a cinq compagnies.

Le régiment avait un état-major composé de :
 Un colonel (grade de général de brigade) Hulin
 Un major faisant fonction de colonel
 Trois chefs de bataillon, deux pour les grenadiers, un pour les vélites
 Trois adjudants-majors, deux pour les grenadiers, un pour les vélites
 Trois sous-adjudants-majors :
 deux pour les grenadiers, un pour les vélites
 Deux porte-drapeaux, un par bataillon de grenadiers, les vélites n'en avaient pas
 Sous le consulat les porte-drapeaux étaient capitaines, sous l'empire les porte-aigles sont lieutenants
 Trois officiers de santé, deux pour les grenadiers, un pour les vélites
 Un élève chirurgien
 Un vaguemestre (sergent-major)
 Un sergent tambour-maître
 Trois caporaux tambours, deux pour les grenadiers, un pour les vélites
 Un tambour major
 Un chef de musique (grade de sergent-major)
 Quarante-six musiciens
 Un maître tailleur, un maître cordonnier, un maître guêtrier
 Deux armuriers, dont un pour les vélites
 Un quartier-maître trésorier

Chaque compagnie de grenadiers était composée de :
 Un capitaine
 Un lieutenant en premier
 Deux lieutenants en second
 Un sergent-major
 Quatre sergents
 Un fourrier
 Huit caporaux
 Deux sapeurs
 Deux tambours, un fifre (puis deux fifres)
 Quatre-vingt grenadiers

Chaque compagnie de vélites était composée de :
 Un capitaine
 Un lieutenant en premier
 Un lieutenant en second
 Un sergent-major
 Quatre sergents
 Un fourrier
 Huit caporaux
 Deux tambours
 Cent soixante-douze vélites

1806

Décret du 15 avril
Le régiment est changé en un corps de grenadiers, comprenant deux régiments de grenadiers, de deux bataillons chacun. Chaque bataillon de quatre compagnies de cent vingt hommes. Plus un bataillon de vélites par régiment.

Décret du 19 septembre
Forme les deux bataillons de vélites en un régiment de vélites mais il n'a pas existé. Le régiment de vélites est supprimé et devient le régiment des Fusiliers Grenadiers (planche 19 bis).

1807

Il y a deux régiments de grenadiers et un régiment de fusiliers grenadiers.

1808

Même chose, mais les deux régiments de grenadiers furent réunis en un seul régiment, de deux bataillons de quatre compagnies chacun.

1809

Le régiment de grenadiers et celui de fusiliers deviennent Vieille Garde.
Décret du 13 septembre 1810
On crée avec le régiment de la garde Hollandaise du roi Louis de Hollande un deuxième régiment de grenadiers qui fait partie de la Jeune Garde et qu'on nomme Grenadiers blancs ou Hollandais. Ce qui fait deux régiments de grenadiers et un de fusiliers grenadiers.

Décret du 18 mai 1811
On crée un troisième régiment de grenadiers français, de deux bataillons de quatre compagnies chacun. En tout trois régiments de grenadiers et un de fusiliers grenadiers.

1812

Même chose.
Les Grenadiers blancs sont anéantis en Russie.

1813 et 1814

Deux régiments de grenadiers et un de fusiliers.
Trois cent cinq grenadiers accompagnent l'Empereur à l'île d'Elbe, sans compter les officiers.

1814

Les Grenadiers de la Garde Impériale deviennent « Corps royal des grenadiers de France ».
Deux régiments de grenadiers dans lesquels sont incorporés les fusiliers grenadiers.

1815

Les grenadiers reprennent le nom de Garde Impériale.
Le 8 avril, Napoléon crée un troisie et un quatrie régiment de grenadiers.

Notes
Les quatre régiments furent à Waterloo mais le 4e régiment n'était pas complètement habillé ni équipé.

1815

La garde prend le nom de « Garde Royale des Grenadiers de France ».

Notes Générales

Dans la Garde, depuis le soldat jusqu'au colonel le grade était supérieur à celui correspondant des régiments de ligne, par exemple : un soldat grenadier avait le même rang qu'un sergent de la ligne et en touchait la solde.

Le colonel avait le grade de général et ainsi de suite.

Dans chaque régiment, tous les soldats grenadiers portaient le même uniforme. Il n'y avait ni voltigeurs, ni fusiliers.

La caserne des grenadiers était à Courbevoie.

Presque tous les grenadiers portaient des anneaux aux oreilles et étaient décorés de la légion d'honneur.

Pour entrer dans les grenadiers il fallait au moins cinq ans de service dans les régiments de ligne et deux campagnes. La taille exigée était de 1,75 m.

Les grenadiers étaient âgés entre trente et quarante-cinq ans, quelques uns avaient moins de trente ans.

Les deux plus anciens capitaines de l'arme ont droit à un cheval chacun, tant dans l'intérieur qu'aux armées. Tous les autres capitaines ne sont pas montés. Les officiers supérieurs, à partir de chef de bataillon sont montés. Les officiers de santé sont également montés.

Comme dans la ligne, le surtout fut porté jusqu'en 1809. Il se portait en campagne, en tenue de ville et en tenue d'exercice selon la décision de l'officier commandant.

C'est en surtout, avec le bonnet à poil de grande tenue, culotte blanche et guêtres noires au dessus du genou, bottes à retroussis pour les officiers non montés, que les grenadiers de la garde ont fait la campagne de 1806 à 1807.

En grande tenue, le chapeau pouvait se porter derrière le sac, il était placé dans un étui en coutil à raies blanches et bleues (planche 16, n° 1 page 65).

Avant 1809, quand les grenadiers portaient le chapeau en campagne, le bonnet à poil était placé sur le haut du sac, également dans un étui de coutil à raies blanches et bleues (planche 12 bis page 58).

Le chapeau, adopté depuis le 14 juillet 1802 fut abandonné par les grenadiers à l'île de Lobau, un peu avant la bataille de Wagram en 1809. Seuls les officiers le gardèrent toujours en tenue de route. Le chapeau fut remplacé à partir de cette époque, en tenue de campagne par le bonnet à poil sans ornements, mais le chapeau fut porté par les grenadiers jusqu'à la fin de l'Empire et pour tous les grades en tenue de ville.

C'est après novembre 1807, au retour de la campagne, que la grenade du calot du bonnet à poil des grenadiers remplaça la croix de galon blanc.

Tous les grenadiers, à part les officiers, portèrent la queue pendant tout l'Empire. Elle était poudrée en tenue de gala et en grande tenue jusqu'à la fin. Ils portaient aussi la moustache et les favoris en crosse de pistolet.

La banderole de giberne et le baudrier du sabre ont une rainure sur le côté (planche 19, n°s I et IX page 68).

Il y avait une musique commune pour tous les régiments de grenadiers de la Garde (excepté les grenadiers hollandais qui avaient la leur), pour les vélites, les fusiliers grenadiers et pour les régiments de grenadiers de la Jeune Garde.

Le 1er bataillon avait l'aigle avec le drapeau tricolore.

Le 2e bataillon avait un drapeau tricolore sans ornement.

En 1812 le 2e bataillon avait un fanion en laine rouge, bordé d'un galon de laine de même couleur, sans frange, ni cravate, orné au centre et à chaque angle d'une grenade noire, bâton noir posé dans le canon du fusil et porté par un sous-officier.

UNIFORMES

Soldats en grande tenue

HABIT

En drap bleu impérial, collet de même agrafé, sans passepoil. Revers carrés en drap blanc, sans passepoil (s'attachant sur le devant de la poitrine par des agrafes et des portes). A chaque revers sept petits boutons (modèle de la garde) placés comme dans l'infanterie de ligne.

Parements écarlates sans passepoil.

Pattes de parement à trois pointes, en drap blanc.

Doublure écarlate. Poches en long, à trois pointes, passepoil écarlate.

Retroussis écarlates, retroussés et agrafés. En 1806 les retroussis sont cousus au lieu d'être agrafés, garnis de grenade en laine aurore (orange) sur fond de drap blanc, lequel est cousu sur les retroussis.

Chevrons d'ancienneté, rien que sur le bras gauche, en galon aurore.

BOUTONS

Tous les boutons sont du modèle de la Garde (planche 15, n° 6) en cuivre jaune au début, rouge à partir de 1811.

Trois gros boutons sous le revers droit.

Deux gros boutons à la taille.

Trois gros boutons à chaque poche, dans les pointes. Le gros bouton avait 27 millimètres de diamètre.

Un petit bouton à chaque épaule, pour tenir les épaulettes.

Sept petits boutons à chaque revers, soit quatorze.

Trois petits boutons à chaque patte de parement. Le petit bouton avait 15 millimètres de diamètre.

GILET (NOMMÉ VESTE)

En drap blanc, collet de même ouvert, parements de même en rond avec deux petits boutons uniformes sur le parement, deux poches à trois pointes sans bouton, et sur le devant une rangée de boutons en cuivre (petit modèle de la garde), douze boutons. En été on représente aussi le gilet en basin blanc, avec une rangée de petits boutons en bois, recouverts de basin blanc ou aussi un gilet croisé en basin avec deux rangées de ces mêmes boutons.

CULOTTE

En drap blanc, ou basin blanc en été, attachée sous le genou par une jarretière en drap blanc, cousue sur le bas de la culotte. Cette jarretière est munie d'une boucle d'argent à ardillon, grand pont.

A partir de 1812 la culotte est remplacée par un long pantalon de drap bleu, ouvert en bas des deux côtés des chevilles sur de petites guêtres blanches (planches 11 et 12) mais dans les grandes cérémonies les grenadiers portent toujours la culotte blanche avec les grandes guêtres et les cheveux poudrés.

GUÊTRES

Jusqu'en 1802, les guêtres étaient en toute saison en étoffe noire à boutons de cuivre, genre boutons de la garde sans aigle, elles étaient au dessus du genou.

A partir de 1802, elles sont noires en hiver, et en toile blanche en été, avec des boutons de bois recouverts de fil blanc.

A partir de l'Empire, même chose, mais les boutons de cuivre des guêtres noires sont du modèle des petits boutons de la garde. Les guêtres de toile sont parfois remplacées par des guêtres de basin avec boutons de même. On représente aussi les guêtres blanches avec les mêmes boutons de cuivre que ceux des guêtres noires.

Il y avait vingt-deux boutons par guêtre. Les guêtres sont du même modèle que celles de l'infanterie de ligne.

Il y avait aussi des guêtres grises avec boutons de corne pour l'exercice depuis 1803, 1804.

BONNET À POIL OU BONNET D'OURSON OU D'OURSIN ET SOUVENT À TORT : COLBACK

En peau d'ours noir munie de ses poils. Garni sur le devant d'une plaque de cuivre, avec en relief, l'aigle couronnée et deux petites grenades à chaque angle du bas (planches 15 et 18).

Sur le sommet, derrière : une plaque un peu bombée nommé calot ou plate-forme, avec une croix verticale en galon de fil blanc (planche 15, n° 1) qui fut changée en 1807 par une grenade en drap blanc (planche 15, n° 2). Au sommet et par devant tombe un gland blanc. Les accessoires du bonnet étaient un plumet écarlate en plumes, placé à gauche, sous le plumet une cocarde impé-

riale en laine, attachée comme les pompons, par une tige de cuivre recourbée, placée dans un gousset de cuir, dans lequel se trouve aussi le bas du plumet. Le gousset est dissimulé par les poils de la coiffure et par la cocarde (planche 18, n° IX). Une cordelière ou tresse à trois brins, se terminant par une raquette et un gland. Au dessus de la raquette il y a un second gland (planche 18, nᵒˢ II et IV).

ÉPAULETTES

Pareilles à celles de l'infanterie de ligne, rouges, à franges (planche 18, n° I) surdoublure de drap bleu. Passants d'épaulette : galon rouge sur drap bleu. Un petit filet blanc entoure le corps et les passants.

ARMEMENT

Fusil à garnitures de cuivre à partir du 14 juillet 1802, une baïonnette placée à côté du sabre .

Sabre briquet, modèle de la Garde avec une dragonne en galon de fil blanc, terminée par un gland écarlate en effilé de laine écarlate.

GIBERNE

En cuir noir, ornée sur la patelette d'un grand aigle en cuivre, couronné et à chaque angle d'une petite grenade en cuivre, la flamme tournée vers le dehors. Sous la giberne, le bonnet de police roulé, le gland tombant à gauche de l'homme.

BUFFLETERIES

Une banderole de giberne et un baudrier pour le sabre, le tout en buffle blanc, les bords ayant une rainure, la partie visible passée au blanc d'Espagne. Le baudrier du sabre a aussi une attache pour la baïonnette, comme dans l'infanterie de ligne (planche 19, n° IX).

SAC

Comme dans l'infanterie de ligne, en peau de veau, bretelles et courroies en buffle blanc (planche 18, n° V).

GANTS

Simples en peau blanche. Col noir sur un col blanc qui forme liseré blanc.

Cheveux

Poudrés, en queue. En 1804 ils restent poudrés même en campagne et ensuite en tenue de parade et parfois en tenue de ville.

Petite tenue, ou tenue de campagne ou de route

1804 à 1809.

Le surtout, porté jusqu'en 1809 comme dans toute l'armée, avec le chapeau.

Le surtout, nommé aussi frac, de grenadiers était un habit à pans longs et agrafés, sans revers et sans patte de parement, en drap bleu impérial, se boutonnant sur la poitrine au moyen de sept, huit ou neuf boutons, gros boutons d'uniforme , sans passepoil. Collet droit et agrafé en drap pareil à l'habit, sans passepoil.

Les parements ronds, sans patte et sans passepoil, en drap comme le surtout, avec sur le côté un petit bouton d'uniforme sur le parement et un autre au dessus. Les retroussis, la doublure et les poches comme dans l'habit de grande tenue, sur les retroussis, les grenades comme en grande tenue. Col noir.

Après 1809

L'habit usagé de grande tenue, ainsi que le gilet blanc. Gilet de 1804 à 1809, non visible sous le surtout.

Pantalon en tricot bleu, collant à petit pont, tombant en hiver, dans des bottes à la souvarow, sans ornement de 1804 à 1812 (planche 9), et en été, long pantalon de toile blanche ou de coutil rayé blanc et bleu, sur petites guêtres blanches (planche 12 bis).

De 1812 à 1815

En hiver, long pantalon de drap bleu comme l'habit, large à grand pont et échancré sur la cheville , sur petites guêtres blanches ou grises (planche 12). En été, comme avant 1812.

Pas de gant. Cheveux en queue, non poudrés. Le chapeau fut porté en campagne depuis 1802 jusqu'en 1809.

Après 1809, le chapeau est remplacé en tenue de campagne par le bonnet à poil, sans autre ornement que le gland devant et la plaque de cuivre. Il est parfois recouvert d'un couvre bonnet en taffetas noir ciré.

En tenue de route

Le plumet du bonnet à poil était dans un étui, ficelé autour du sabre et le bonnet placé dans un étui de coutil rayé blanc et bleu, posé sur le haut du sac, à la place occupée ordinairement par la capote (planche 12 bis). Ceci avant la disparition du chapeau, donc avant 1809.

Par les temps de pluie ou de froid, les hommes portaient la capote, avec les épaulettes, la giberne renfermée dans un étui, couvre-giberne, de toile noire cirée sur lequel était peint en jaune : l'aigle couronnée et les quatre grenades, la flamme tournée vers l'intérieur, ceci d'après Fallou. Et d'après Rousselot le couvre-giberne était en toile blanche écrue avec les mêmes ornements peints en noir. Le couvre-giberne blanc fut porté à partir de 1805. On décrit aussi ce couvre-giberne en peau de chèvre avec ses poils sur lesquels étaient peints les mêmes ornements en noir (planche 16, n° 2).

Les buffleteries, le sac, le fusil, sabre avec sa dragonne comme en grande tenue.

En tenue de route, les hommes portaient parfois le bonnet de police et la tenue était complétée par une musette comme dans l'infanterie de ligne et une gourde (réglementairement une bouteille entourée d'osier) en forme de bidon mise en usage à partie de 1806, portée en écharpe sur l'épaule gauche avec une lanière de cuir très mince, au début en fil blanc.

La capote de même drap et couleur que l'habit, collet droit et agrafé, bleu, sans passepoil, parements en botte sans bouton, devant deux rangs de huit gros boutons d'uniforme, derrière deux gros boutons à la taille, grandes poches à trois pointes, simulées dans les plis, longues de 29 centimètres, sans passepoil avec trois gros boutons dans les pointes.

Les épaulettes avec brides en drap bleu comme la capote. Les sous-officiers et les caporaux ont les galons placés comme sur l'habit, ainsi que la légion d'honneur et les épaulettes du grade (planche 16, n° 2 et planche 12 bis).

Le bonnet de police est en drap comme l'habit, modèle dragon. Devant une grenade aurore cousue sur drap blanc, sur le turban un galon aurore. La flamme passepoilée de quatre passepoils blancs et se terminant par un gland aurore (planche 18, n° VIII).

Soldats en tenue de ville

Le chapeau comme en petite tenue jusqu'à la fin de l'Empire, il fut un peu transformé en 1811.

Le surtout jusqu'en 1809 et l'habit et le gilet blanc après. Les épaulettes sur le surtout et sur l'habit. La culotte en drap blanc, à petit pont, avec deux boutons recouverts d'étoffe blanche aux genoux, jarretières avec boucle de cuivre. Les culottes sont en nankin en été.

Des bas de coton blanc unis.

Une veste (gilet) en drap blanc en hiver, en basin blanc en été. Elle peut être à un rang de boutons, ou croisée, à deux rangs de boutons de moule.

Des souliers à boucles d'argent (planche 8). Gants en peau de daim.

Queue poudrée ou non poudrée jusque fin 1804.

Le sabre briquet avec sa dragonne et son baudrier, sans autre arme ni buffleterie.

En 1812, ils pouvaient avoir en hiver le long pantalon bleu, même la capote, et en été le long pantalon de toile blanche ou à rayures blanches et bleues.

Soldats en tenue de corvée

Bonnet de police, veste de drap blanc à neuf gros boutons d'uniforme, collet et parements sans patte de même drap blanc, le collet ouvert, col noir. Les parements ont deux petits boutons de cuivre sur le parement. Pantalon long en drap bleu, à grand pont, en hiver. Pantalon long en treillis blanc, en été. Pieds nus dans des sabots, ou bas et souliers (planche 10), ou bien un sarrant blanc avec pantalon bleu en toile ou blanc de treillis.

Tenue d'exercice

Selon la décision de l'officier commandant.

Notes

Ils portaient aussi le sarrau de toile blanche (planche 10).

Notes supplémentaires

CHAPEAUX

Il y eut deux modèles de chapeaux des Grenadiers sous l'Empire se portant en bataille. Le premier fut porté en campagne jusqu'à la veille de la bataille de Wagram en 1809, et en tenue de ville jusqu'en 1811. Le deuxie fut porté en tenue de ville et petite tenue depuis 1811 jusqu'à la fin de l'Empire.

Le premier modèle est en feutre noir uni, avec ganse de cocarde et son petit bouton d'uniforme, la cocarde à gauche et au dessus un pompon écarlate en forme de carotte, on voit aussi parfois le pompon surmonté d'une petite houppette de laine écarlate (planche 12 bis). Devant, trois petites ganses de galon aurore de six lignes de large : deux sur le côté droit du chapeau et une sur le côté gauche et à gauche de la cocarde. Derrière le chapeau on voit deux petites ganses.

Dans les cornes, des marrons, nommés aussi macarons, en laine écarlate, avec ou sans franges.

Les sous-officiers ont les ganses de cocarde en or et les petites ganses, or et écarlate dans les proportions données, même chose pour les macarons. Les officiers ont toutes les ganses et la macarons en or.

Les tambours et les sapeurs ont les ganses et la macarons comme les sous-officiers.

Les musiciens ont toutes les ganses en or ainsi que les macarons.

Le deuxie modèle, dit demi-claque, était plus grand que le premier, bordé d'un galon de poils de chèvre. La ganse de cocarde, aurore descend plus bas que l'ancienne et il y a devant, quatre petites ganses aurore qui n'ont pas la même hauteur, à droite du chapeau, à gauche quatre petites ganses dont deux sont à gauche de la cocarde et deux à droite. Le reste du chapeau ne change pas (planche 20, n° 3).

Les officiers, sous-officiers, tambours et sapeurs comme avant.

Les musiciens n'ont plus de petites ganses.

BONNET À POIL

Sous le Directoire et le Consulat, la croix du calot est faite d'un galon de fil de couleur aurore, cette croix devient blanche en juillet 1802 et est remplacée par une grenade en fil blanc, brodée sur le calot, à la fin de 1807.

Le bonnet à poil a exactement 33 centimètres de hauteur devant mais avec les poils il a 35 centimètres. Le gland blanc du devant est fixé à demeure sur le bonnet.

La cordelière blanche est représentée avec une raquette et un gland, mais on trouve des modèles avec deux raquettes et deux glands. La plaque de métal de devant était en cuivre jaune (laiton) avant 1804. Sous l'Empire avec les ornements impériaux elle est en cuivre rouge.

BOUTONS D'UNIFORME

Ils sont sous le Consulat en cuivre jaune, et sous l'Empire jusqu'en 1811 ils restent du même métal. Après 1811 ils sont en cuivre rouge, mais toujours du même modèle. Il en est de même pour les ornements de la giberne. Les sous-officiers ont les boutons dorés.

COLS

Le col blanc n'était porté qu'en grande tenue de parade. En grande tenue et tenue de sortie, le col blanc et par dessus le col noir laissent passer le haut du col blanc. Le col noir dans toutes les autres tenues.

PANTALONS

Le large pantalon de drap bleu, porté sur les guêtres, date de la fin novembre 1805. En 1811 il existait des pantalons de toile bleue.

HABITS

Les retroussis sont agrafés jusqu'en 1808, puis fictifs et cousus en laissant dans le bas un petit triangle de drap de l'habit jusqu'en 1810 ; après ils sont cousus jusqu'en bas, comme dans tous les corps de l'armée. Au début les basques sont plus longues et descendent jusqu'aux mollets. En 1810, elles ne descendent pas plus bas que le haut des guêtres. Proportion de l'or et de l'écarlate dans tous les ornements des sous-officiers, sapeurs et tambours.

Pour les sergents, sapeurs et tambours : un tiers or, deux tiers écarlate.

Pour les sergents majors : deux tiers or, un tiers écarlate.

SURTOUT

Il fut porté par les soldats jusqu'en 1808-1809, mais les sous-officiers le portèrent jusqu'à la fin de l'Empire.

Au début, il a sept gros boutons sur la poitrine, huit en 1806 et neuf après 1807, il était en même temps plus long sur le devant.

ÉPAULETTES

Celles des soldats sont pareilles à celles de l'infanterie de ligne, rouges à franges (planche 18, n° I) sur doublure de drap bleu. Passants ou brides d'épaulette, galon rouge sur drap bleu. Un petit filet blanc entoure le corps et les brides.

Les épaulettes, pour tous, sont un peu plus grandes et les franges plus longues et plus épaisses après 1809.

Celles des sergents sont comme les soldats et les sergents d'infanterie de ligne mais le corps est bordé d'un petit galon or et la doublure est écarlate. Jusqu'à la fin de 1804, un petit galon or entoure la boutonnière et les brides sont en galon écarlate bordé d'un petit galon or. Après 1804 le petit galon de la boutonnière disparaît et les brides sont en galon or sur drap écarlate formant passepoil. Elles restent ainsi jusqu'en 1806 où on ajoute aux franges rouges une rangée extérieure de franges en or en filé, jusqu'en 1815.

Celles des fourriers ont les mêmes épaulettes que les sergents.

Celles des sergents-majors ont les mêmes épaulettes que les sergents, mais la petite cordelière de la tournante est en or et les franges ont une rangée extérieure en or, comme dans la ligne.

L'épaulette suit les mêmes transformations que celle de sergents et en 1806 on ajoute une seconde rangée de franges en or.

Adjudants : comme dans l'infanterie de ligne.
Tambours (planches 3 et 4).
Sapeurs (planche 7).

De 1804 à 1810, mariage de l'Empereur, les épaulettes sont celles de sergent de l'infanterie de ligne (planche 7).

De 1810 à 1815 en tenue de gala (planche 7 et planche 7 bis).

Fifres : comme les tambours.
Musiciens : trèfle, galon or sur drap écarlate.
Tambour-major : épaulettes or à franges à gros bouillons sur drap écarlate.
Sergents-tambour : comme les sergents.
Tambour-maître : comme les caporaux.

Officiers en grande tenue de 1804 à 1815

Même uniforme que les soldats avec des étoffes plus fines.

HABIT

Comme les soldats. Sur les retroussis, des grenades brodées en or. Mêmes boutons en cuivre doré (planche 15, n° 6).

Epaulettes en or, suivant les grades comme dans l'infanterie de ligne, sur doublure de drap écarlate. Passants d'épaulette de même (planche 19, n°s VII et VIII).

Le corps de l'épaulette en chevrons à paillettes. Dans le demi-cercle une grenade en relief, brodée en paillettes or.

Le col était en général blanc en grande tenue, avec les guêtres blanches, tenue de parade, et noir avec les bottes.

Hausse-col, en cuivre doré avec l'aigle couronnée, entourée de lauriers, l'aigle et les lauriers en argent (planche 19, n°IV).

GILET

Comme les soldats, petits boutons dorés.

CULOTTE

Comme les soldats, à grand pont, mais on le représente presque toujours à petit pont, peut-être ce petit pont est simulé par des coutures.

La veste (gilet), la culotte et les guêtres étaient en basin blanc en grande tenue d'été.

La veste était aussi parfois croisée à deux rangs de boutons en bois, recouverts de fil blanc ou de basin blanc, boutons à moule.

COIFFURE

Bonnet d'ourson comme les soldats avec plaque de devant dorée, cordelière à une raquette en torsades d'or à trois brins, un gland or tombant devant.

Sur le calot, comme pour les soldats, une croix en galon d'or jusqu'en 1807, une grenade à partir de 1807 (planche 15, n°s 3 et 4).

Les officiers ne portaient pas la queue, mais ils l'avaient en grand uniforme de gala et poudrée au début (planche 2).

GUÊTRES

Blanches comme les soldats en été, des bottes à retroussis en hiver.

GANTS

Blancs en peau blanche ou en daim jaunâtre. L'officier porte-aigle est parfois représenté avec des gants à crispin, blancs.

ARMES

Le sabre, fourreau cuir et cuivre, poignée dorée avec dragonne or, cordon et gland ronds (planche 18, n°s VII et X).

CEINTURON

En buffle blanc à plaque rectangulaire en cuivre doré, avec en relief une aigle couronnée, sur foudres avec la croix de la légion d'honneur, avec une guirlande de feuilles de chêne à gauche et de feuilles de laurier à droite (planche 19, n° VI).

Le ceinturon se portait sur le gilet, avec un porte sabre.

L'épée avec sa dragonne en tenue de ville (planche 18, n° VII).

Officiers montés

Comme les autres officiers avec le plumet du grade, les bottes à l'écuyère avec manchette. Ils portaient l'épée à dragonne avec porte épée (planche 19, n° V) ou bien un sabre de cavalerie légère avec son ceinturon de buffle blanc et deux boucles d'attache devant en cuivre doré, deux bélières. Ce ceinturon se portait sous le gilet. Éperons en métal argenté. Housse et chaperons de drap bleu, galonnés d'or.

En 1812, les officiers portèrent comme les soldats, le long pantalon de drap bleu couvrant la botte, mais non échancré dans le bas (planche 11). Le col de la chemise dépasse la cravate et le collet de l'habit (planches 13 et 14).

Officiers en tenue de route ou petite tenue de 1804 à 1815

Comme les soldats, avec les bottes à retroussis, bottes à l'écuyère pour les officiers montés. Les épaulettes du grade avec le hausse-col, les gants simples en peau de daim, la redingote ou bien la pèlerine comme dans l'infanterie de ligne. Ils portaient souvent le chapeau, porté en colonne, avec un pompon comme les soldats en laine écarlate, cocarde avec sa ganse et son bouton dorés plus quatre petites ganses or, également visibles sur le derrière du chapeau. Les franges des macarons en or, ne dépassent presque pas les cornes du chapeau. Il pouvait aussi être recouvert d'un couvre-chapeau. Les officiers gardèrent le chapeau jusqu'à la fin de l'Empire.

BONNET DE POLICE

Comme les soldats, avec un galon or sur le turban, passepoilé écarlate, passepoils et gland or. La grenade devant brodée en or sur drap rouge.

Notes

Les officiers portèrent aussi jusqu'en 1809 le surtout et les bottes à la hussarde avec galon et gland or (planche 9).

Officiers en tenue de ville ou hors service

En 1806 il y avait deux tenues, une tenue d'été et une tenue d'hiver. En plus une tenue pour les bals et fêtes, dite tenue de soirée, ces tenues existaient depuis 1804.

Les officiers dans toutes les tenues hors service ne portaient jamais de hausse-col.

TENUE DE SOIRÉE (HIVER ET ÉTÉ)

Planche 9.

Habit de grande tenue, veste de même. Culotte de drap blanc, avec jarretières à boucles dorées, petit pont. Bas de soie blanc. Chapeau comme en petite tenue. Épaulettes et ornements du grade. Col blanc. Souliers à boucle dorée, soit carrée, soit ovale selon la mode. Épée avec sa dragonne or, ceinturon sous le pont. Gants simples en peau blanche.

TENUE DE VILLE (HIVER)

Planche 9.

Le surtout jusqu'en 1809. Ensuite l'habit. Gilet et culotte bleus (culotte à petit pont). Bottes à la souvarow, galon et gland or. Col noir. Sabre avec sa dragonne, ceinturon sous le pont. Chapeau de petite tenue. Épaulettes et ornements du grade.

Ils peuvent aussi porter des culottes de casimir ou de drap noirs à petit pont, bas de même couleur et souliers à boucles. Épée avec sa dragonne, ceinturon sous le pont.

TENUE DE VILLE (ÉTÉ)

Planche 9.

Le surtout jusqu'en 1809, ensuite l'habit. La culotte de drap blanc, bas blancs et souliers à boucle, or ou argent. Col noir ou bottes à retroussis. Chapeau de petite tenue. Épaulettes du grade. Épée avec sa dragonne, ceinturon sous le pont. Ou bien un gilet et culotte de nankin.

Les officiers portaient aussi, selon le temps, la redingote à boutons d'uniforme en cuivre doré.

Grenadiers à pied (Vieille Garde)

Capitaine en grande tenue d'été (1804)
Porte-aigle (lieutenant) en grande tenue d'été
Lieutenant en grande tenue d'hiver (1807 à 1812)

Sous-officiers en grande tenue de 1804 à 1815

Comme les soldats, avec les attributs et les galons du grade en or, placés comme dans l'infanterie de ligne.

Épaulettes du grade, comme dans la ligne (planches 15 et 20). Il y eut une petite transformation des épaulettes après 1804. Grenades brodées or aux retroussis. Les épaulettes sur drap écarlate . Sur le bonnet à poil une croix en or jusqu'en 1807, ensuite une grenade brodée or. La cordelière en or et laine écarlate ainsi que la raquette et le gland. Dragonne de même que l'infanterie. Les chevrons d'ancienneté en or sur le bras gauche. Queue comme les soldats. Les boutons et les ornements en cuivre doré.

Les adjudants sous-officiers ont les ornements or et soie écarlate, suivent la règle de la ligne. Ils ne portaient pas de fusil mais une canne. Ils pouvaient aussi porter la redingote ou la pèlerine.

Petite tenue ou tenue de route

Comme les soldats, capote et bonnet de police (planche 16, n° 7, en bas) avec galon or passepoilé écarlate , devant, une grenade brodée or sur drap écarlate, les passepoils et le gland or et laine écarlate. Le chapeau a les petites ganses et les macarons or et écarlate . La ganse de cocarde en or. Ils portaient tous le fusil et le sac.

Tenue de ville

Comme les soldats, les bas de soie blancs, les souliers avec boucles d'argent et boucles d'argent à la culotte.

Fourriers

Comme les caporaux, avec les galons sur le haut des bras, en or et en biais. Les épaulettes comme les sergents, ainsi que la dragonne du sabre.

Caporaux

Dans toutes les tenues comme les soldats avec les galons d'infanterie en laine aurore, ainsi que les chevrons d'ancienneté (planches 1, 10, 12 bis). Les galons sur les avant-bras sont passepoilés écarlate.

Garde de l'aigle

Un officier porte-aigle, avec à sa droite et à sa gauche un sergent chevronné. Au deuxie rang trois grenadiers chevronnés.

Tambour-major en grande tenue de gala

Habit

De grenadier en drap d'officier, galons d'or à lames et à crètes de 15 lignes de largeur (3 centimètres) sur toutes les coutures, ainsi qu'au collet, revers, parements, tour des poches et formant écusson autour des boutons de la taille. Sur les retroussis, de grandes grenades d'or, brodées à même le drap écarlate du retroussis (planche 16, n° 1, en bas). Brandebourgs, boutonnières, en galons or, à franges en gros bouillons à chaque bouton des revers, ainsi qu'aux boutons des poches en long.

Galons de sergent major en or sur les deux bras, placés comme dans l'infanterie de ligne. Épaulettes en or, à franges, à gros bouillons, le corps en galons à bâtons, la bride d'épaulette de même, le tout sur drap écarlate. Un galon plus petit que celui des parements, sur la patte de parement.

Veste

En drap blanc, petites poches à pattes en trois pointes, galons à crètes en or, entourant la veste par devant. Petits boutons d'uniforme.

Pantalon

De peau blanche à la hongroise, galonné d'or du même galon à crètes que l'habit sur les côtés et sur la hongroise qui est en plus ornée de passementeries en or. On voit aussi sur certains documents des gros boutons placés sur le pantalon près des galons de côté des jambes.

Chaussures

De petites bottes en cuir rouge, ne dépassant pas la cheville, avec un galon or et des franges or à gros bouillons. Cette chaussure ne se portait qu'en grande tenue de gala et, dans la grande tenue ordinaire, elle était remplacée par des bottes noires.

Bottes à retroussis ou à la souvarow, avec galon et gland or en petite tenue.

Chapeau

Bordé d'un galon or de 18 lignes (3 centimètres) à lames et à crètes, des ganses pareilles à celles des chapeaux grenadiers en galons de 10 lignes en or (2 centimètres), ganse de cocarde, avec son bouton, en galon d'or plus large que les autres ganses, mais sans crètes. Une cocarde tricolore.

Dans les cornes, des marrons avec franges à gros bouillons, le tout en or.

Panache de plumes blanches, orné en bas de trois plumes follettes blanches, ces plumes sont aussi représentées blanche et bleu ciel, ou bien une plume blanche, une rouge et une bleue (planches 3 et 15). En plus les bords du chapeau sont recouverts de petites plumes blanches, alternant avec des plumes cramoisies comme les musiciens.

Collier ou baudrier

En velours cramoisi, brodé devant en feuilles de chêne d'or, entrelacées avec des faisceaux, partant du bas jusqu'à la plaque en cuivre doré, carrée, portant deux petites baguettes de tambour en ébène, avec le dessus en ivoire et jointes par une chaînette d'argent. Au dessus de la plaque, une grande grenade brodée, avec paillettes en or. Le derrière du collier orné de mêmes grenades or à paillettes. Le collier est bordé devant et derrière par un galon d'or à crètes et par une frange en or à gros bouillons (planche 16, n° 3). Il se termine dans le bas, à gauche par un porte sabre, orné de même que le collier.

Sabre

D'officier de grenadiers, avec dragonne or à franges à gros bouillon. Le sabre s'attache dans le porte sabre du baudrier.

Ceinturon

Ce ceinturon n'est qu'un ornement. En velours cramoisi, brodé en or de grenades et de feuilles de chêne (planche 16, n° 4). Plaque de ceinturon rectangulaire en cuivre doré, avec une grenade en relief.

Canne

A pomme d'argent, ornée de faisceaux et d'étoiles en or. Une chaînette d'argent tournant autour de la canne du haut en bas et terminée par deux glands en argent à gros bouillons. Le bout inférieur de la canne en argent.

Gants

En peau blanche à la crispin avec torsades d'or à bouillons.

Cheveux

Avec cadenettes, queue, le tout poudré.

Notes

Les cadenettes furent supprimées peu après.

Grenadiers à pied (Vieille Garde)

Musicien avant 1810
Tambour-major en grande tenue de gala de 1804 à 1810
Tambour en grande tenue d'été de 1808 à 1812
Le ceinturon noir est une erreur, il était toujours blanc.

Tambour-major en petite tenue ou tenue de route ou de campagne

1804 à 1809

Même tenue que les sous-officiers : le surtout avec collet et parements bordés d'un double galon or de 12 lignes, ainsi que le tour des poches, doublure et retroussis écarlates, avec grenades or, brodées sur les retroussis (planche 8).

Épaulettes or à franges simples, dragonne or à franges simples. Galons de sergent major. Les épaulettes sur drap écarlate. Chapeau uni avec la ganse de cocarde or et ganses en or, marrons des cornes en or à franges simples, un panache de plumes rouges. Gants simples de peau de daim. Culotte de peau blanche, à petit pont. Bottes à la souvarow avec gland et passepoil or. Sabre d'officier attaché par un baudrier de buffle blanc sans ornement, dragonne d'officier à franges simples. Cheveux poudrés à queue et cadenettes, ou non poudrés sans cadenettes.

BONNET DE POLICE

Comme les officiers.

CAPOTE

Comme les sous-officiers avec les galons de sergent-major et les épaulettes or.

1809 à 1815

L'habit avec les galons au collet et aux parements. Bottes à retroussis. Le sabre attaché par un ceinturon (planche 4) avec porte sabre et plaque de cuivre. Probablement les cheveux courts comme à la planche 4.

Après 1810 le plumet ainsi que les petites ganses du chapeau sont sans doute supprimées. Même chose pour les gants à crispin. Ils pouvaient aussi porter le long pantalon de drap bleu en hiver et le long pantalon de toile blanche en été.

Tambour-major en tenue de ville (hiver et été)

A toutes les époques comme les sous-officiers, avec les épaulettes or à franges simples sur les deux épaules. Tous les ornements du chapeau (ganses) en or et le plumet rouge au dessus de la cocarde.

Les cheveux en cadenettes jusqu'en 1809 poudrés ou non poudrés.

Sergent tambour

Dans toutes les tenues et à toutes les époques comme les tambours maîtres, mais les galons, épaulettes et dragonne des sergents.

Notes

Il y a un autre uniforme de tambour-major du 1er Régiment des Grenadiers de la Garde de 1810 à 1815, qui diffère beaucoup du premier (planche 4) d'après Charlet. Mais il faut se méfier des uniformes dessinés par Charlet.

Il est représenté sans baudrier, le sabre attaché à un ceinturon comme les officiers, les cheveux courts.

La botte molle, à l'écuyère. D'après Charlet cette botte est historique de 1810 à 1814 et n'a existé qu'au 1er régiment des grenadiers de la garde ou Messieurs les tambours-majors et tambours-maîtres en avait fait un objet de fort belle tenue.

La plaque du ceinturon est dorée avec aigle et ornements. Un large galon or et un plus petit en dessous du premier au collet et parements.

Plumet blanc, sans follettes.

Gants à crispin blancs, sans ornement.

Le tambour-major du 2e régiment avait 1,97 m de taille.

Tambours en grande tenue

1804 à 1808

Comme les soldats, avec galons de 10 lignes de large (2 centimètres) mélangés d'or et de laine écarlate dans les proportions de deux-tiers écarlate, un tiers or aux collets, revers, parements et retroussis, les pattes de parement bordées de trois côtés d'un même galon de 6 lignes (1,2 centimètre).

Notes

D'après certains documents ces galons sont en or (planche 17, n° 11) sans mélange d'écarlate comme dans les régiments de la ligne et ce ne serait qu'en 1808 qu'il y aurait des galons mélangés or et écarlate sur les revers, les petits boutons sont cousus sur les galons, excepté les deux petits boutons supérieurs, trois gros boutons sous le revers droit. D'après Marbot ils n'ont pas ces trois boutons.

Grenades en or brodées sur les retroussis.

La croix blanche sur le calot écarlate du bonnet à poil comme les soldats (planche 15, n° 1), même cordelière que les grenadiers, même plumet et même plaque de cuivre devant.

Épaulettes à franges or et écarlate, le corps rouge coupé en travers de raies de six lignes, le croissant en or, la bride or sur drap rouge. Sous les épaulettes des nids d'hirondelles, écarlates, galonnés d'un galon or de dix lignes (planche 15, n° 5).

Sabre et dragonne de soldat.

Collier de tambour comme dans l'infanterie de ligne (planche 7).

Au dessus de la plaque porte baguette en cuivre, une grenade en cuivre.

Caisse avec fût en cuivre avec quatre grenades en cuivre en relief. D'après Marco de St Hilaire, deux à droite, deux à gauche de l'aigle, la flamme tournée vers l'extérieur.

D'après un article du carnet de la sabretache il y avait sur le fût en plus des quatre grenades, une aigle couronnée (planche 14, Détails, n° IX). Les grenades sur le fût auraient existé depuis 1804 jusqu'en 1815, les cercles bleu roi, sur lesquels sont peintes des grenades jaunes.

Les autres accessoires des tambours comme dans l'infanterie de ligne.

Baguettes en bois d'ébène à bouts de cuivre comme dans l'infanterie de ligne.

Grenadiers à pied (Vieille Garde)

Tambour en grande tenue d'hiver (1810 à 1812)
Tambour-major en grande tenue du 1ᵉʳ Régiment des Grenadiers de la Garde (1810 à 1815), d'après Charlet

1808 à 1810

Même chose, mais la croix du calot du bonnet à poil est remplacé par une grenade blanche depuis 1807, (planche 15, n° 2).
Les nids d'hirondelles sont supprimés, mais l'épaulette reste pareille.
On ajoute à l'uniforme :
• Un galon large de dix lignes, mélangé d'or et d'écarlate aux poches,
• Au dessus des boutons de la taille un galon or formant losange,
• Des boutonnières sans frange aux boutons des revers et aux boutons des poches en galon laine écarlate et or, d'après Fallou. D'après d'autres documents les boutonnières des boutons ne furent mises qu'en 1810 pour le mariage de l'Empereur.

1810 à 1812

Même chose pour le mariage de l'Empereur avec Marie-Louise.

Notes

D'après Fallou il n'y a que l'uniforme des sapeurs et des musiciens qui change à cette époque.
Les boutonnières sont toujours placées parallèlement aux bas des revers.
Dix lignes représentent 2 centimètres.
Six lignes représentent 1,3 centimètre.

1812 à 1815

Même chose, mais les boutonnières des boutons et les galons des retroussis sont supprimés.
Les épaulettes sont pareilles à celles des soldats. Le pantalon est long, en drap bleu comme les soldats (planche 11), mais la culotte de drap blanc est toujours portée soit avec les guêtres blanches, soit avec les bas blancs et souliers à boucle pour la tenue de gala et pour la tenue de ville.

Tambour en tenue de route, de campagne ou petite tenue

Comme les soldats. Surtout avec les épaulettes de soldat et les nids d'hirondelle de 1804 à 1808.
Surtout avec les épaulettes de soldats, sans nids d'hirondelles de 1808 à 1809.
A partir de 1809 l'habit remplace le surtout jusqu'en 1815.
Sur les retroussis de surtout et de l'habit, il y a des grenades brodées or sur le drap écarlate des retroussis.
Le surtout et ensuite l'habit sont galonnés en galons or de dix lignes mélangées d'écarlate, au collet et parements.
Les nids d'hirondelles ont un galon or comme en grande tenue.
Chapeau de grenadier avec ganses or mélangé de laine écarlate. De même pour les macarons dans les cornes, ganse de cocarde en galon or, pompon comme les grenadiers, cocarde.
Sac et capote comme les soldats.
Tambour avec son collier de grande tenue.
Sabre avec sa dragonne.
En 1809 le bonnet à poil sans plumet ni cordelière remplace le chapeau.
Bonnet de police comme les soldats.

Tambour en tenue de ville

En été et en hiver, ainsi qu'à toutes les époques, comme les grenadiers avec les attributs de tambour, c'est-à-dire les grenades brodées sur les retroussis, surtout et habit, les nids d'hirondelles et les galons suivant les époques comme dans la tenue de route. Avec l'habit, remplaçant le surtout en 1809, les galons comme en grande tenue, or et écarlate. Les galons avec le surtout ou l'habit sont placés au collet et aux parements.
Le chapeau avec ses petites ganses or et écarlate, le reste comme les grenadiers. La ganse de cocarde en galon or. Le sabre avec sa banderole et sa dragonne.

Tambour maître (caporal tambour)

A toutes les époques et dans toutes les tenues, comme les tambours avec les galons et attributs du grade de caporal.
Canne à pomme de cuivre, cordon et glands écarlates.
Sur le baudrier du sabre, une grenade en cuivre.

Sergent tambour

Comme le tambour-maître avec les galons de sergent ainsi que tous les attributs des sergents.

Fifre

Au début il y avait un fifre par compagnie, ensuite deux.
Dans toutes les tenues et à toutes les époques, même uniforme que les tambours avec le porte fifre.

Grenadiers à pied (Vieille Garde)

Musiciens en grande tenue avant 1810 (en 1804)

PLANCHE 5 BIS

Grenadiers à pied (Vieille Garde)
Cymbalier de la Garde Consulaire (1800 à 1804)
Cymbalier de la Garde Impériale (1804 à 1815)
D'après le tableau de Bellangé au Musée du Louvre

Notes sur la musique des Grenadiers de la Garde

Lors de la création de la Garde Consulaire, la musique était composée de quarante-six musiciens dont un cymbalier nègre. Ce cymbalier n'a porté l'uniforme (planche 5 bis) que de 1800 à 1804.

Sous l'Empire, à partir de 1804, le cymbalier nègre a un costume à la mameluk (planche 5 bis) avec turban blanc et or, veste et ceinture écarlates, boléro bleu galonné or ; fez rouge, culotte large, blanche tombant sous le genou sur des bottes rouges, sans retroussis, sabre à la turque.

(D'après le tableau de Bellangé au Musée du Louvre).

Le 1er Régiment de Grenadiers a seul une musique, servant aux autres régiments de la Vieille Garde et Jeune Garde qui ont la dénomination de Grenadiers — exception pour les Grenadiers blancs hollandais qui ont leur musique propre.

Composition de la musique

En tête du régiment marchaient les sapeurs.
Ensuite les tambours avec le tambour-major en tête.
Puis les fifres, quand il y en avait.
Puis la musique dont le chef, du grade sergent-major, se tenait à gauche en regardant la colonne suivant le sens de la marche. Derrière le chef, qui avait pour instrument le fifre ou le flageolet, marchait un enfant portant un triangle. Les premiers musiciens

étaient placés en un rang. De gauche à droite : un tambour, un chapeau chinois, un cymbalier nègre et la grosse caisse, puis d'un cymbalier blanc, d'un chapeau chinois et un tambour. Ensuite venaient les autres musiciens, douze clarinettes en ut, deux petites clarinettes en fa, deux petites flûtes en fa, quatre hautbois, quatre bassons, quatre cors, deux trompettes, deux trombones, deux serpents, une caisse roulante. La grosse cuivre est placée horizontalement, elle est très large et recouverte d'un tapis orné des armes impériales et de galons d'or. Le musicien portant la grosse caisse, a un tableau de buffle blanc, comme les sapeurs, mais couvrant la poitrine et attaché derrière le cou.

Marches et musiques militaires de la Garde

A Marengo, on joua l'air
« La victoire est à nous ».
Il y avait une batterie spéciale de tambours nommée « Batterie d'Austerlitz ».
Seuls les régiments ayant pris part à cette bataille avaient le droit de l'exécuter.
« La Farandole impériale » était jouée dans les camps pour distraire les troupes.
« La Boiteuse » ou « Marche des éclopés » se jouait sur les routes pour faire avancer les traînards et les blessés.
« La Charge de la Grande Épopée », charge spéciale pour la Garde.
« La Grenadière », marche des grenadiers.
« La Marche au drapeau »,
marche spéciale pour rendre les honneurs.
« La Marche d'honneur »,
marche spéciale pour l'Empereur.

Musiciens en grande tenue

Il y eut deux tenues : la première qui fut celle des la Garde Consulaire jusqu'au mariage de l'Empereur en 1810, la seconde de 1810 à 1815.

PREMIÈRE TENUE

Planches 3 et 5.

Même habit que les grenadiers, revers, parements, pattes de parement, doublure, collet et passepoils cramoisis.

Pas de boutons sur le revers droit.

Le collet, les revers, les parements, les pattes de parement, les poches, bordés d'un galon or de dix lignes, à bâtons simples lisérés cramoisi, doublure des basques bordée de même. Sur les revers, à chaque bouton des boutonnières en galon or à franges simples d'effilés. Même chose aux boutons des poches. Grenades brodées or sur les retroussis. Trèfles en galon or sur drap cramoisi en place d'épaulettes. Passants or sur drap cramoisi.

Veste, comme les grenadiers.

Culotte de même, à petit pont.

Gants de peau simples, blancs.

Queue poudrée. Bottes à retroussis.

Épée à fourreau cuir et cuivre, poignée cuivre dorée, avec ceinturon blanc passant sous le pont. Dragonne or et écarlate.

Chapeau bordé d'un large galon à bâtons et à crêtes de six lignes or, orné de quatre petites ganses en or, cocarde tricolore et ganse de cocarde en or, macarons en or avec franges de même en effilés, les bords du chapeau garnis de plumes cramoisies et blanches. Plumet blanc avec à la base du plumet des plumes d'autruche écarlates et blanches (follettes).

Les deux porteurs de chapeaux chinois ont les gants à crispin blancs.

DEUXIÈME TENUE

Mariage de l'Empereur en 1810 (planche 6). L'uniforme ne change pas, mais on change quelques détails. Cheveux en queue et poudrés. Le chapeau n'a plus de petites ganses, on supprime les plumes d'autruche à la base du plumet. Le plumet a un tiers du bas cramoisi et deux-tiers du haut blanc.

Toutes les parties de l'habit, jusque-là cramoisies, sont écarlates. Les pattes de parement ne sont plus à trois pointes.

Un pantalon de tricot blanc, sans bouton ni boucle au genou, tombant dans des bottes à la souvarow, remplace la culotte de drap et les bottes à retroussis. Les bottes à la souvarow sont unies, c'est-à-dire sans ornement.

Grenadiers à pied (Vieille Garde)
Musicien en petit uniforme (habit) tenue d'été après 1809
Musicien en petit uniforme (surtout) tenue d'hiver de 1804 à 1809
Musicien en grande tenue (mariage de l'Empereur) en 1810. Cheveux en queue, poudrés.

D'après un dessin colorié de Job, le musicien en 1812 aurait les basques courtes, les pattes de parement blanches en pointes, sans galon, un galon or aux parements et les bottes à retroussis.

Le chef de musique est comme les musiciens à toutes les époques avec les galons de sergent major.

Musiciens en petite tenue ou tenue de route de 1804 à 1809

Jusqu'en 1809, le surtout de grenadier, galonné en or au collet, parements, aux retroussis et autour des poches qui sont passepoilées cramoisi. Galons d'or lozangés aux boutons de la taille.

Grenades d'or brodée sur les retroussis.

Trèfles or sur drap écarlate sur les épaules. En hiver, pantalon bleu collant comme les soldats avec bottes à la souvarow sans ornement (planche 6).

En été, culotte blanche de nankin avec bas et souliers. Chapeau uni, avec la ganse de cocarde, la cocarde et les macarons dans les cornes, plumet rouge. Épée à ceinturon blanc sous le pont. La queue non poudrée. En 1809, les mêmes attributs avec l'habit et le gilet usagés de grande tenue.

Musiciens en tenue de ville de 1804 à 1809

Même chose, mais en toute saison la culotte de drap blanc à boucle, bas blancs et souliers à boucle comme les grenadiers.

La queue est poudrée jusque fin 1804 et dans les grandes cérémonies jusqu'à la fin de l'Empire.

Notes

Sur la planche 3, il y a un musicien, d'après une gravure, qui a le ceinturon en cuir noir verni avant 1810 ; c'est une erreur.

PLANCHE 7

Grenadiers à pied (Vieille Garde)
Sapeurs en grande tenue d'hiver (1804 à 1807)
Les cheveux sont poudrés jusqu'à la fin de 1804, ensuite dans les grandes cérémonies.

Sapeurs en grande tenue de 1804 à 1807

HABIT
Comme les grenadiers, avec des épaulettes de sergent. Sur le haut de chaque bras, deux haches en croix, brodées or sur drap rouge. Grenades des retroussis brodées or à même le retroussis. Les retroussis sont agrafés jusqu'en 1806, puis suivent les mêmes transformations que les grenadiers.

CULOTTE
Gilet et guêtres, comme les grenadiers;

BONNET À POIL
Un peu plus large que celui des grenadiers, sans plaque de cuivre devant, avec cordelière, raquette et gland : or et laine écarlate, un gland de même au sommet et par devant.

Derrière un calot un peu bombé en drap écarlate avec une croix verticale en galon or. Plumet et cocarde comme les grenadiers (planche 15, n° 5).

GANTS
A crispin, blancs (seule la manchette est blanchie).

SABRE
Briquet de grenadier avec dragonne de sergent.

TABLIER
Comme dans l'infanterie, blanchi devant. Placé sous l'habit et retenu à la taille par un ceinturon de buffle blanc avec plaque en cuivre ayant une grenade en relief. (Planche 15, n° 8 et planche 19, n° II).

BUFFLETERIE
Baudrier du sabre, comme celui des grenadiers, en buffle blanc sans ornement, mais à rainures sur les côtés, la baïonnette attachée près du sabre comme pour les grenadiers, la douille de la baïonnette est toujours posée collée au corps de l'homme.

Sur l'épaule gauche, le baudrier porte-hache en buffle blanc, posé comme la banderole de giberne sur le baudrier du sabre.

Il comprend un étui pour la lame de la hache et une petite giberne cousue sur l'étui. Le baudrier s'attachait par devant par une boucle de cuivre à deux ardillons, de la même façon que la banderole de giberne de cavalerie s'attachait dans le dos (planche 19, n° I). Au-dessus de la boucle il y avait une grenade de cuivre surmontant deux haches croisées en cuivre, ces ornements cousus sur drap rouge formant passepoil. Dans le dos du baudrier à la hauteur de l'omoplate de l'homme il y avait un petit cylindre creux en buffle blanc cousu sur le baudrier qui servait à maintenir le manche de la hache, lorsque celle-ci était dans son étui. L'étui était en cuir noir, fermant par trois petites lanières de buffle blanc, qui passaient dans des boucles de cuivre pour retenir la hache. Sur le côté gauche de l'étui était cousue une petite giberne également en cuir noir, avec sur la patelette deux haches croisées et aux quatre coins, quatre grenades, la flamme vers l'intérieur, ces ornements en cuivre.

ARMES
Sabre briquet, modèle des grenadiers (planche 15, n° 1).

Hache (planche 15, n° 3).

Mousqueton avec sa baïonnette (modèle de cavalerie 1786) avec tous les ornements en cuivre et une bretelle en buffle blanc.

Havresac de grenadier.

Guêtres comme les grenadiers, noires avec boutons cuivre d'uniforme, en hiver, blanches en été avec boutons blancs.

Ils portaient la queue, poudrée jusque vers la fin 1804, et la queue, la moustache et la barbe toutes les époques.

Grenadiers à pied (Vieille Garde)

Sapeurs en grande tenue de gala pour le mariage de l'Empereur en 1810

Sapeurs en grande tenue de 1807 à 1810

L'uniforme est le même, mais à la fin de l'année 1807, la croix du calot du bonnet à poil est remplacée par une grenade en or et le sabre briquet est remplacé par un sabre à tête de coq, sans dragonne, fourreau cuir et cuivre, lame large (planche 15, n° 6).

Sapeurs en grande tenue de 1810 à 1812

Mariage de l'Empereur. Le 2 avril 1810, à cette occasion, les sapeurs reçurent un nouvel habit, pareil à celui de 1807, mais galonné sur toutes les coutures en galon or et laine écarlate de dix lignes de large (2 centimètres).

Le collet, les revers, les parements et les retroussis sont bordés du même galon, ainsi que le tour des poches. Les pattes de parement sont bordées d'un même galon, mais de six lignes de large. Les boutons de la taille sont entourés de ce même galon, en forme d'écusson de six lignes, soit 1,2 centimètre.

Des brandebourgs (boutonnières) du même galon de six lignes doublé, sans frange ,sont placés à tous les boutons des revers et des poches (planche 16, n° 2 en bas, planche 15, nᵒˢ 5 et 9 en bas, et planche 7 bis).

Cheveux en queue poudrés.

Épaulettes : passants or sur drap écarlate, l'épaulette sur drap bleu. Corps de l'épaulette rouge, coupé de raies d'or en travers, croissant or, franges rouges et le premier rang en effilé d'or (planche 15, n° 5).

Les reste de l'uniforme ne change pas. Cet habit reste l'habit de parade des Sapeurs jusqu'à la fin de l'Empire.

Sapeurs en grande tenue de 1812 à 1815

Le long pantalon bleu, comme les grenadiers.

Sapeurs en tenue de route ou de campagne

A toutes les époques, comme les grenadiers, avec les attribut de sapeur, mais ils portèrent toujours le bonnet à poil sans ornement.

Avec le surtout, le tablier se portait comme avec l'habit, c'est-à-dire sur le gilet et sous le surtout. Le surtout avait comme l'habit les haches sur les deux bras.

Capote comme les grenadiers avec les haches sur les bras.

Bonnet de police comme les sergents, avec sur le devant deux haches croisées, brodées en or sur drap écarlate.

Sapeurs en tenue de ville

Même tenue que les sergents à toutes les époques sans tablier.

Le surtout jusqu'en 1809, avec les haches croisées cousues sur les bras. Ensuite l'habit avec les haches croisées sur les bras.

A partir de 1807, le sabre à tête de coq.

La perruque poudrée jusque fin 1804 et non poudrée après 1804.

Sur le surtout, collet et parements bordés d'un galon or de dix lignes. Avec l'habit les galons or et écarlate. Bas et souliers à boucle d'argent.

Chapeau et épaulettes de sergent, ainsi que la dragonne du sabre briquet.

Sergent sapeur de 1804 à 1815

Dans toutes les tenues et à toutes les époques, comme les sapeurs avec les galons de sergent. Ils n'avaient ni hache, ni mousqueton, mais un sabre et deux pistolets passés à la ceinture.

Épaulettes et dragonnes de sergent major.

Caporal sapeur de 1804 à 1815

Dans toutes les tenues et à toutes les époques comme les sapeurs avec les galons de caporal de grenadiers.

Notes

Dans les défilés, les sapeurs portaient la hache, la lame dirigée vers l'épaule gauche à plat, la main droite tenant la poignée à hauteur de la poitrine. Ils portaient aussi la hache sur l'épaule droite, la lame reposant sur la capote roulée du sac.

Le mousqueton porté à la bretelle soit sur le bras droit, soit sur le bras gauche, avec ou sans baïonnette au canon.

Grenadiers à pied (Vieille Garde)

Tambour en tenue de ville (1804 à 1808)
Tambour-major en tenue de ville (1804 à 1809)
Sergent en tenue de ville (après 1809)
Soldat en tenue de ville (1804 à 1809)

PLANCHE 9

Grenadiers à pied (Vieille Garde)
Officier en surtout,
en petite tenue et tenue de ville en hiver
de 1804 à 1809

Officier en habit en tenue de ville en été
de 1809 à 1815

Grenadier en surtout en petite tenue ou
tenue de campagne en hiver
de 1804 à 1809

Grenadiers à pied (Vieille Garde)
Soldat en tenue de corvée,
en surtout et pantalon de toile bleue.
Le pantalon peut être aussi en treillis blanc

Caporal, en surtout et bonnet de police
en tenue d'hiver

Grenadiers à pied (Vieille Garde)

Soldats, officier et tambour en grande tenue de 1812 à 1815
Cette tenue fut celle qui fut portée aux « Adieux de Fontainebleau ».

Planche 12

Planche 12
Grenadiers à pied (Vieille Garde)
Soldat en capote, soldats, sergent en tenue de campagne, 1812 à 1815.

Notes :

Cette tenue fut portée pendant la campagne de France en 1814, pendant les
Cent jours et à Waterloo. Au moment des derniers carrés les grenadiers ont
la capote roulée sur le sac, d'après Bellanger.

Planche 12 bis
Grenadiers à pied (Vieille Garde)
Caporal en capote et chapeau 1814 et 1815.
Le chapeau est du deuxième modèle.
*Soldat en tenue de route, avec le bonnet à poil sur le sac avec son étui, de
1804 à 1809, d'après une aquarelle de Job.*

Notes :

Dans le dos de la capote on ne voit pas de poches. La capote du caporal n'est
pas réglementaire et ne fut pas portée avant 1814 et pas dans tous les régiments de Grenadiers, mais elle fut portée par les Chasseurs à pied de la Garde à partir de 1813.

Grenadiers à pied (Vieille Garde)

Colonel en grande tenue après 1812

Colonel

Le colonel, commandant tous les régiments de grenadiers, Vieille et Jeune Garde, était général, et il en portait les attributs. Il avait le grade de Colonel général des grenadiers.

De 1804 à 1809, il était Général de brigade.

De 1809 à 1815, il était Général de division.

De 1811 à 1815, les autres régiments de grenadiers (Vieille et Jeune Garde) étaient commandés par un major.

Grande tenue

Il portait l'uniforme des grenadiers de la Vieille Garde avec les épaulettes de général, ornées d'étoiles en argent, selon le grade, le grand cordon de la Légion d'honneur en sautoir sur l'habit avec des aiguillettes en or à droite, l'écharpe de général, du grade, à la taille sur l'habit.

Boutons de la Garde (planche 15) dorés, trois gros boutons au dessous du revers droit, cousus sur la broderie, deux aux hanches, trois aux poches, en long. Petits boutons aux revers, aux pattes de parement et aux épaules pour tenir les épaulettes.

Des broderies, soit doubles, soit simples, de général, en or, avec galons or à crêtes au collet, parements, poches et retroussis.

Au bas des retroussis, grosses grenades, brodée or en relief à même l'étoffe des retroussis avec paillettes.

Les revers et les pattes de parement sont en soie blanche.

Bonnet à poil des officiers , avec aigrette blanche, les glands et la cordelière en grosses torsades.

Veste en drap blanc, avec sur le devant, le collet, la patte des poches et le contour de la poche une broderie une broderie de feuilles de chêne en or (double broderie de même pour le général de division).

Bottes à l'écuyère, avec manchettes et éperons plaqués argent.

Gants à crispin blancs. Dragonne de général selon le grade.

Ceinturon blanc avec plaques de cavalerie légère et deux bélières.

Sabre de cavalerie légère, avec garde à une branche dorée, le fourreau en cuir noir, presque entièrement couvert de cuivre doré et ciselé.

Harnachement de général, selle à la française, housse et chaperons en velours écarlate, galonnés or et ornés de franges (torsades et cordelières en or).

Notes

Cet équipement suit la règle de celui des généraux, les cordelières, torsades et franges disparaissent en 1812.

Petite tenue

Le même que celle des généraux avec le chapeau bordé d'un large galon or, cocarde en soie et un panache composé de trois plumes d'autruche rouge (follettes) surmontés d'une aigrette blanche. En 1812, comme pour les généraux, l'aigrette et les plumes sont supprimées.

Bonnet de police, comme les colonels, avec devant, entourant la grenade or à paillettes, des étoiles de général selon le grade en argent massif (planche 14, n° VI).

Chef de bataillon

Comme les officiers, avec les épaulettes du grade, bottes à l'écuyère, éperons argentés, plumet de plumes blanc.

Housse et chaperons en drap bleu impérial, galonnés or. Sabre et ceinturon blancs de cavalerie légère à deux bélières.

Même chose pour tous les officiers montés.

Grenadiers à pied (Vieille Garde)

I.   Poches et retroussis du colonel général.

II.   Parement et patte de parement du colonel général.

III.   Collet du colonel général.

IV.   Habit avec les aiguillettes du colonel général.

V.   Ferret de l'aiguillette.

VI.   Bonnet de police du colonel général, avec les étoiles de général de brigade. Ces étoiles sont en argent massif.

Notes

Le bonnet doit être un peu plus haut que le dessin. Lorsque le colonel était général de division, il a trois étoiles, la troisie placée au dessus de la grenade.

VII.   Galon à crêtes des retroussis et parements.

VIII.   Galon à crête du collet et des poches. Les crêtes se trouvent toujours du côté extérieur.

IX.   Tambour de grenadiers, d'après la collection alsacienne.

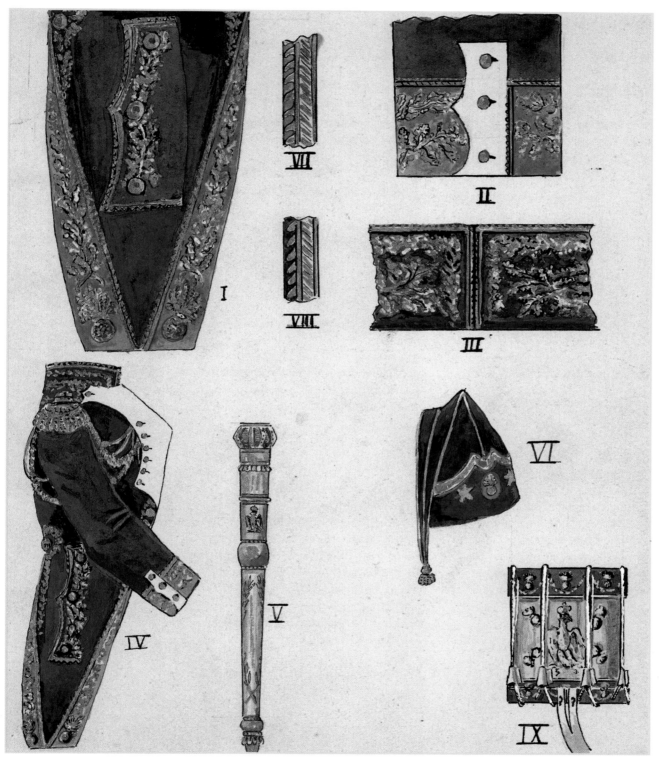

Légende Planche 15, page 63

Grenadiers à pied (Vieille Garde)

1. Bonnet à poil de grenadier et de tambour de 1804 à fin 1807 (planche 18 n° II)

2. Bonnet à poil de grenadier et de tambour de 1807 à fin 1815 (planche 18 n° IV)

3. Bonnet à poil d'officier de 1804 à fin 1807

4. Bonnet à poil d'officier de 1807 à fin 1815

5. Bonnet à poil de sapeur de 1807 à fin 1815

    Mêmes ornements pour les sous-officiers

6. Bouton d'uniforme des grenadiers

    Même modèle, grands et petits boutons, pour toute la Garde, infanterie et cavalerie en cuivre, et doré pour les officiers ou en métal blanc et argent pour les officiers. Il y a un petit bouton semblable et ce sont les deux modèles de boutons de la Garde.
    Les boutons de soldats grenadiers sont en cuivre rouge à partir de 1811.

1. Chapeau de tambour-major

2. Chapeau de musicien de 1804 à 1810

3. Chapeau de musicien pour le mariage de l'Empereur de 1810 à 1815

4. Chapeau de grenadier en tenue de campagne, petite tenue de 1804 à 1809 et tenue de ville

    En tenue de ville après 1809 (planche 1)

5. Épaulette de tambour de 1804 à 1808. Mêmes épaulettes pour les sapeurs au mariage de l'Empereur en 1810 mais sans nid d'hirondelle, un rang de franges en or.

6. Épaulette de sergent et de sapeur en 1804, avec les brides en drap écarlate bordées d'un petit galon or.

7. Épaulette de sergent-major en 1804.

Notes :
    Plus tard, peu après 1804, les brides d'épaulette de sous-officiers et fourriers changent comme dans les régiments de la ligne, c'est-à-dire un galon or de sous-officier, cousu sur drap écarlate (planche 15, n° 9 et Notes supplémentaires planche 1).

8. Trèfle d'épaule de musicien de 1804 à 1815 sur drap écarlate.

9. Passant d'épaulette de sous-officier peu après 1804 sur drap écarlate.

1. Sabre sans sa dragonne, de grenadier, de caporal, de tambour et de sous-officier de 1804 à 1815.

2. Giberne avec sa martingale et le bonnet de police roulé en dessous, des grenadiers, caporaux et sous-officiers de 1804 à 1815.

3. Hache de sapeur de 1804 à 1815.

4. Boutonnière (brandebourg) avec gland à gros bouillons en or de tambour-major.

5. Boutonnière (brandebourg) avec gland à franges simples (effilés) de musicien.

6. Sabre de sapeur après 1807 à tête de coq (planche I ter).

7. Plaque de ceinturon d'officier en cuivre doré.

8. Plaque de ceinturon de sapeur en cuivre, grenade en relief.

9. Boutonnière à galon de laine écarlate et or des tambours de 1808 à 1815 et des sapeurs à partir de 1810 (mariage de l'Empereur).

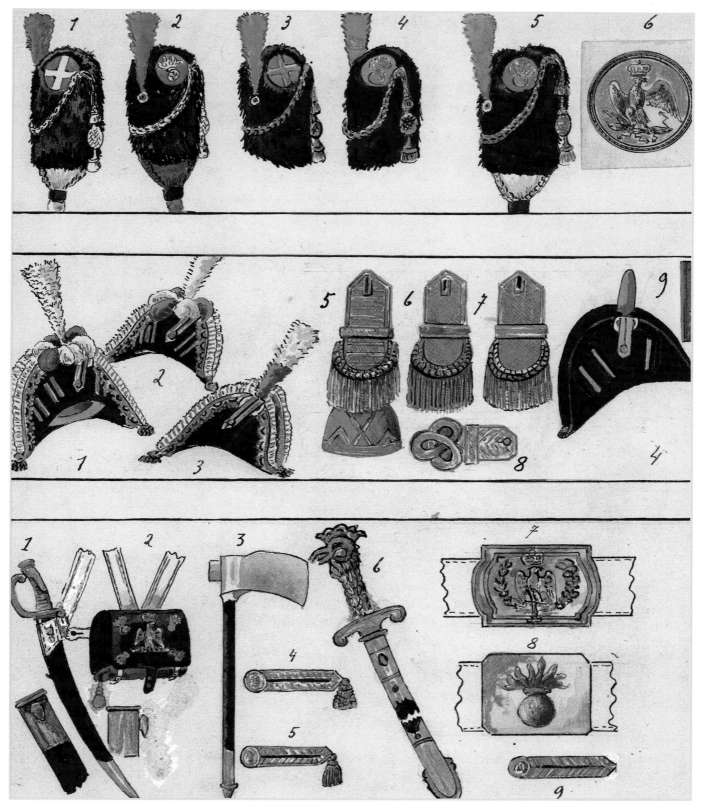

LÉGENDE PLANCHE 16, PAGE 65

Grenadiers à pied (Vieille Garde)

1. Habit de grenadier avec le fourniment (vu de dos) après 1806, avec les retroussis cousus. Sur le sac, se trouve l'étui de serge rayé, contenant le chapeau de la tenue de ville ou de route.

2. Capote (vu de dos). Les poches ont 29 centimètres de long (11 pouces), la longueur de la jupe depuis le bouton de la taille est de 65 centimètres.

3. Collier de tambour-major (de face et de dos).

4. Ceinturon de tambour-major avec sa plaque.

5. Revers des tambours et des sapeurs à partir de 1808 pour le mariage de l'Empereur.

6. Revers des tambours de 1804 à 1808.

1. Basque d'habit de tambour-major grande tenue en 1810.

2. Basque d'habit de tambour grande tenue en 1810.

3. Basque d'habit d'officier en 1810.

4. Baudrier de porte aigle.

5. Grenade des retroussis des grenadiers (aurore sur drap blanc).

6. Bonnet de police d'officier.

7. Bonnet de police de sous-officier.

8. Bonnet de police de major.

LÉGENDE PLANCHE 17, PAGE 66

Grenadiers à pied (Vieille Garde)

1. Petit bouton d'uniforme, 15 millimètres de diamètre.

2. Poignée du sabre briquet et dragonne.

3. Veste et culotte à grand pont-levis.

Notes

Le gilet descend plus bas et recouvre tous les boutons de la culotte, l'habit recouvre aussi le pont-levis sur le côté.

4. Capote roulée en carré sur le sac.

5. Coiffure des grenadiers, sous le Directoire et l'Empire, jusqu'à la fin de 1804.

6. Même chose de 1804 à la fin de l'Empire.

7. Bas de la guêtre des grenadiers.

8. Ruban de la Légion d'honneur, avec son agrafe.

9. Dragonnes de grenadiers (d'après Rousselot) en buffle blanc, gland et franges de laine rouge.

10. Chapeau de musicien avant le mariage de 1810. D'après Orange, Lienhart et Humbert, il n'y a pas de plumes d'autruche (plumes follettes) au bas du plumet.

11. Parement et patte de parement de tambour, de 1804 à 1808.

12. Même chose de 1808 à 1815.

13. Collet de tambour de 1804 à 1808.

14. Collet de tambour de 1808 à 1815.

LÉGENDE PLANCHE 18, PAGE 67

Grenadiers à pied (Vieille Garde)

I. Épaulette de grenadier avec la bride d'épaulette sur drap bleu avec un petit filet blanc.

II. Bonnet à poil de grenadier sans le plumet, (d'après Fallou).

III. Hongroise de la culotte du tambour-major.

IV. Derrière du bonnet à poil de grenadier avec le calot et la grenade brodée en fil blanc de 1807 à 1815.

V. Havresac de grenadiers.

VI. Soulier de grenadiers en tenue de ville.

VII. Dragonne d'épée d'officier en tenue de ville. Cordelière, gland rond, le tout en or, de capitaine. La même dragonne or et écarlate pour les sous-officiers avec la proportion : deux-tiers or et un tiers écarlate pour les sergents-majors, un tiers or et deux-tiers écarlate pour les sergents. Même dragonne que les sergents pour les musiciens.

VIII. Bonnet de police de grenadiers et de fusiliers grenadiers .

IX. Pompon en laine formant cocarde, placé sous le plumet dans un gousset en cuir dissimulé par les poils du bonnet. Sur la cocarde, une aigle couronnée sur foudres, brodée en laine aurore (vu de profil et de face).

X. Dragonne de capitaine (sabre) en galon or et franges de même. La dragonne des autres grades suit les mêmes règles que la dragonne des officiers de la ligne suivant les grades.

Notes

L'aigle aurore de la cocarde date de 1806.

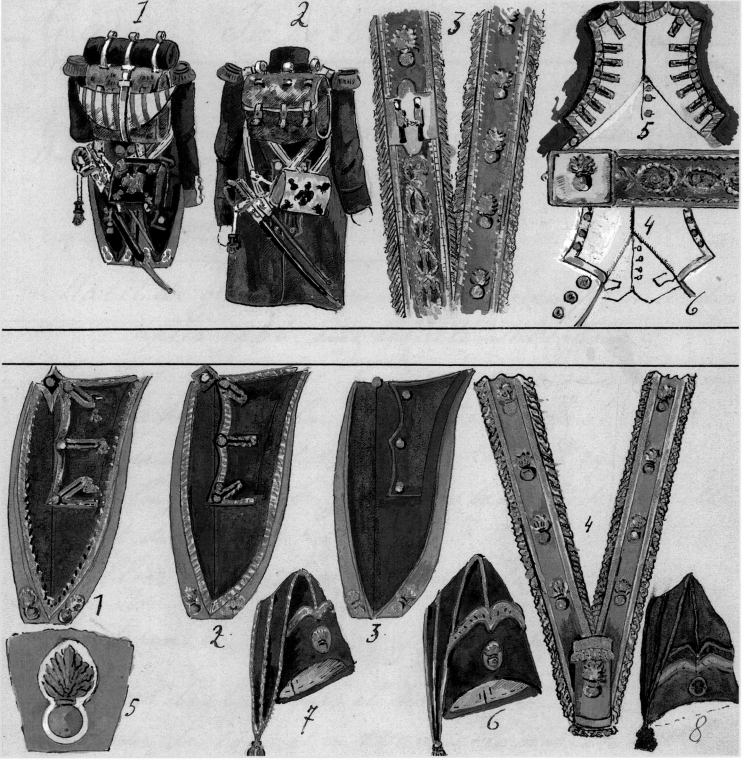

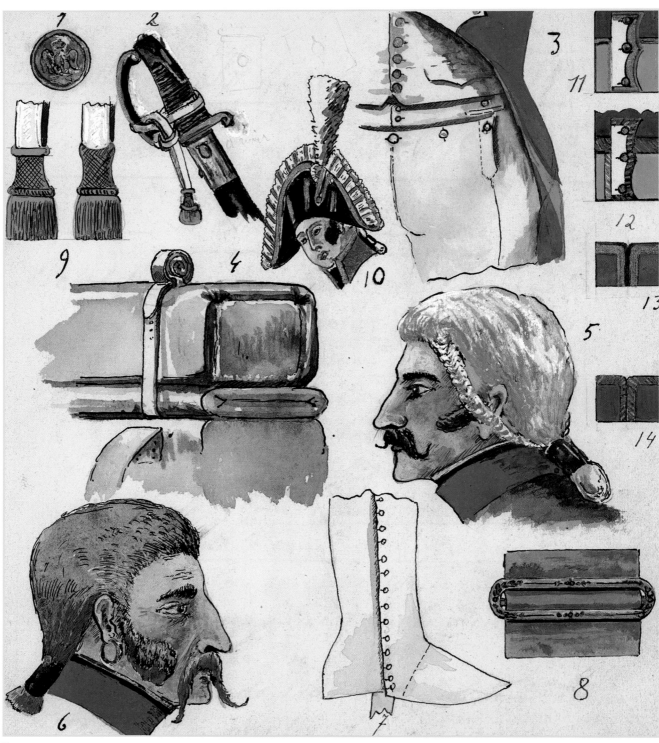

Planche 17

I

VIII

II

X

III

IV

V

VII

VI

IX

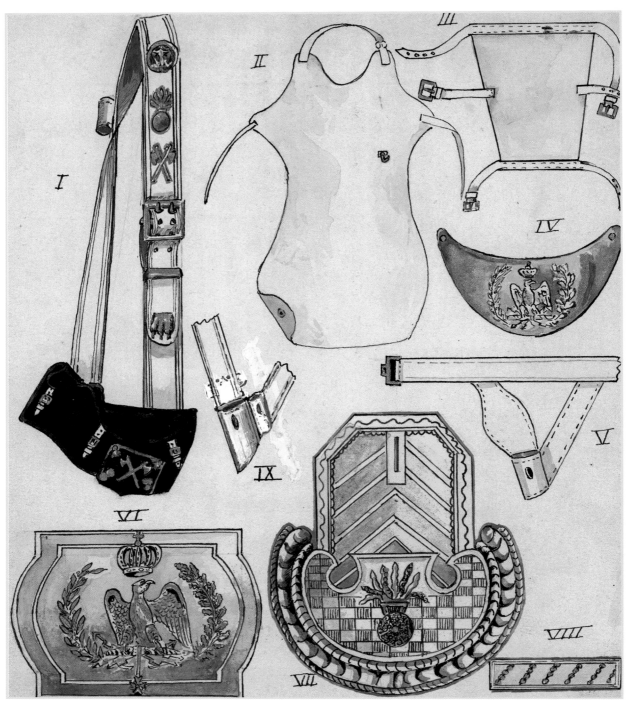

PLANCHE 19

Grenadiers à pied (Vieille Garde)

I. Baudrier porte hache et giberne de sapeur.

II. Tablier de sapeur. Il se portait sous l'habit sur la veste.
Longueur : 1,25 mètre,
Largeur au milieu : 37 centimètres,
Largeur en bas : 90 centimètres.
Il n'était blanchi qu'à l'extérieur.

III. Cuissard ou tablier de tambour de la Garde. Il s'attachait à la ceinture sous le gilet, à la jambe gauche.

IV. Hausse-col d'officier, en cuivre doré avec les ornements argent.

V. Côté gauche du ceinturon d'officier.

VI. Plaque de ceinturon d'officier avec aigle couronnée, en bas la Légion d'honneur.

VII. Contre épaulette d'officier, l'épaulette avec franges portée à gauche sur drap écarlate. L'effilé en torsades d'or. Grenade en relief à paillettes. Sans doute les lieutenants, les sous-lieutenants ont les mêmes ornements des grades que ceux de l'armée, mais ces galons écarlates sont placés sous la grenade en relief.

VIII. Bride d'épaulette d'officier, galon or, avec paillettes sur drap écarlate.

IX. Baudrier du sabre briquet avec le porte-baïonnette (sapeurs et soldats).

Vélites de la Garde

Vélite de grenadiers à pied en grande tenue de parade d'hiver
Vélite de chasseurs à pied en tenue ordinaire d'été

Historique des Vélites à pied et à cheval

Il y avait des vélites attachés aux régiments de la Garde, suivants :

Grenadiers à pied, Chasseurs à pied, Grenadiers à cheval, Chasseurs à cheval, Artillerie à cheval et Dragons.

Les vélites des Grenadiers à pied et des Chasseurs à pied furent créés le 21 janvier 1804 et furent supprimés en 1806.

Les vélites de la Cavalerie furent créés en 1806 et supprimés en 1811, le 1ᵉʳ août.

Les vélites étaient composés de jeunes gens, appartenant à des familles aisées et destinés à devenir une pépinière d'officiers.

La taille exigée était de 5 pieds, 4 pouces (1,728 mètre).

Chaque vélite devait avoir par lui-même ou par ses parents un revenu annuel de 300 francs.

En temps de guerre les compagnies (Infanterie et Cavalerie) se fondaient avec celles des Vieux soldats qui recevaient quarante-cinq vélites par compagnie et se trouvaient ainsi portées au nombre de cent vingt cinq hommes. Chacune d'elles laissait en dépôt à Paris, vingt vieux soldats et quinze vélites.

En 1809, l'Empereur détacha du régiment des Fusiliers grenadiers (anciens vélites des grenadiers), un bataillon qui reprit le nom de Vélites pour servir de garde à la Grande Duchesse de Toscane à Florence. Ce bataillon continua à compter dans la Garde Impériale (Jeune Garde). Il fit les campagnes de Russie (1812) et de Saxe (1813) et fut incorporé au 14ᵉ de ligne en 1814 (Première Restauration).

D'autres vélites tirés des Fusiliers grenadiers furent aussi attachés au service du prince Borghèse à Turin et du prince Eugène à Milan sous le nom de Vélites de Turin et de Milan.

Vélites grenadiers

1804

Le régiment de Grenadiers avait un bataillon de vélites de cinq compagnies, avec un chef de bataillon, un adjudant-major, un officier de santé, un tambour-maître et un armurier.

Chaque compagnie était composée d'un capitaine, un lieutenant en premier, un lieutenant en deuxie, un sergent-major, quatre sergents, un fourrier, huit caporaux, deux tambours et cent soixante douze vélites.

Il y avait des sergents et des caporaux vélites avec l'uniforme des vélites, les autres sergents et caporaux, ainsi que tous les gradés, étaient des grenadiers dont ils portaient l'uniforme.

1805

Même chose

1806

Le 15 avril, les vélites sont formés en deux bataillons. On lève deux mille nouveaux vélites. Ces deux bataillons devaient former un régiment de Vélites, mais ce ne fut qu'un projet. Une partie des hommes fut envoyée comme officiers dans les corps de troupe, ils en prirent l'uniforme ; une autre partie aux écoles militaires et avec le reste on créa le régiment des Fusiliers grenadiers avec un uniforme spécial le 19 septembre 1806. Les Vélites des grenadiers cessèrent d'exister.

Vélites Chasseurs à pied

Les Vélites chasseurs étaient formés comme les Vélites grenadiers et suivent les mêmes changements aux mêmes dates. Le 15 décembre, les Vélites chasseurs deviennent le régiment de Fusiliers chasseurs.

Vélites à cheval

Les Grenadiers à cheval, les Chasseurs à cheval, l'Artillerie à cheval et les Dragons, n'eurent chacun qu'un escadron de vélites, jusqu'en 1811, de deux compagnies de cent vingt cinq hommes, en temps de paix. En 1811, les vélites de ces corps furent versés comme officiers, dans les corps de troupe de cavalerie.

Vélites des grenadiers à pied

Même uniforme et armement que les grenadiers, avec ces différences : l'épaulette à franges est remplacée par une patte d'épaule de drap bleu, passepoilé écarlate.

Mêmes boutons et même buffleteries que les grenadiers.

Au lieu du bonnet à poil, le chapeau de grenadiers, uni, à pompon (carotte) rouge, une seule ganse, tenant la cocarde, cette ganse est rouge ainsi que les macarons dans les cornes.

En grande tenue de parade : les cheveux poudrés en queue et le plumet en plumes rouges, remplaçant le pompon. Les cheveux poudrés jusque fin 1804.

Les autres tenues comme les grenadiers.

Vélites des chasseurs à pied

Même uniforme et ornement que les chasseurs, avec ces différences : pattes d'épaule de drap bleu, sans passepoil.

Le chapeau comme les vélites grenadiers, avec pompon vert, ganse et macarons verts. D'après certains documents ces ornements seraient jaune.

En grande tenue de parade : les cheveux poudrés et le plumet des chasseurs.

Vélites de la cavalerie

Voir les régiments : Grenadiers à cheval, Chasseurs à cheval, Dragons et Artillerie à cheval.

LÉGENDE PLANCHE 20, PAGE 71

Grenadiers à pied (Vieille Garde)
Coiffure de tous les régiments de la Garde portant la queue

I. Cheveux poudrés portés en cadenettes avec la queue (République et Consulat).

II. Cheveux simples en oreilles de chien, avec la queue (République et Consulat).

III. Épaulettes de sergent de 1805 à 1806.

IV. Épaulettes de sergent de 1806 à 1815. En 1805 les petits galons du corps de l'épaulette sont supprimés

V. Épaulettes de sergent avant la fin de 1804.

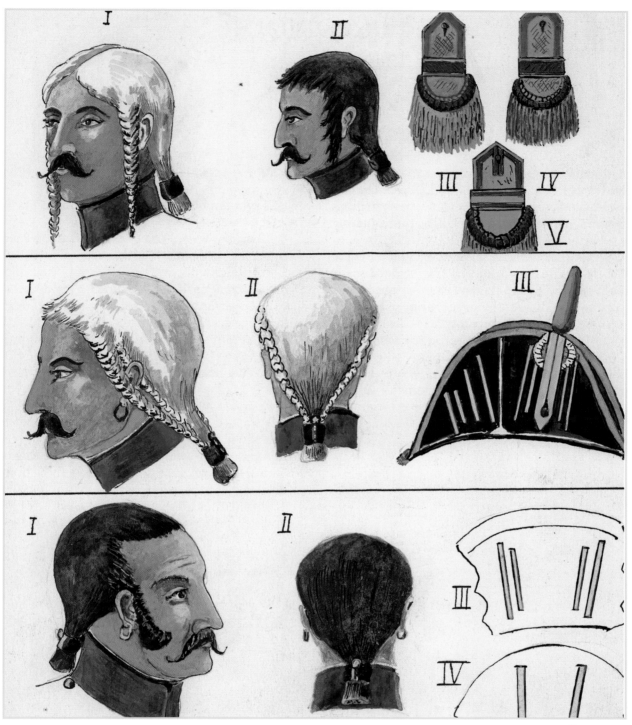

PLANCHE 20

I. Cadenettes ramenées en arrière avec la queue vers 1800 et jusqu'à la fin de 1804.

II. Cadenettes ramenées en arrière avec la queue (vu de dos) vers 1800 et jusqu'à la fin de 1804.

III. Deuxie modèle du chapeau des grenadiers (soldats) porté de 1811 à 1815.

I. Cheveux avec la queue, sans cadenettes (Empire).

II. Cheveux avec la queue, sans cadenettes (vu de dos).
La bande d'étoffe ou de soie noire qui entoure la queue est attachée par une épingle à tête de cuivre portant une aigle.

III. Ganses se trouvant sur le derrière du chapeau, deuxie modèle.

IV. Ganses se trouvant sur le derrière du chapeau, premier modèle.

Historique

Un régiment est crée le 19 septembre 1806 avec les Vélites des Grenadiers de la Garde. Le régiment est de quatre bataillons, de quatre compagnies par bataillon ; chaque compagnie de quatre escouades de cinquante hommes.

En 1809, l'Empereur détacha du régiment, un bataillon pour servir de Garde à la Grande duchesse de Toscane à Florence et des Fusiliers grenadiers près du prince Borghèse qui prirent le nom de Vélites de Turin.

Le 26 décembre 1813, il y eût six compagnies par bataillon.

En 1814 à la Première Restauration, le régiment entra dans le Corps royal des Grenadiers à pied de France.

En 1815, le régiment ne fut pas reformé, les hommes entrèrent dans la formation des quatre régiments de Grenadiers de la Garde impériale, surtout dans le 3e Régiment.

Notes générales

Le régiment était commandé par un major (commandant).

Le colonel général des Grenadiers de la Vieille Garde commandait également les Fusiliers.

Le régiment n'avait pas de tambour-major, pas de musique, pas de fifres ni de sapeurs. Par décret du 16 mars 1813 on accorde quatre sapeurs à chacun des bataillons de fusiliers, soit seize sapeurs pour le régiment. Il n'y avait que des tambours commandés par un caporal tambour.

Le dépôt du régiment était à la caserne de Courbevoie.

Dans chaque compagnie, la 1ère escouade avait des haches (outils), la 2e escouade des pioches, la 3e des pelles et la 4e des pics à hoyau.

Les sous-officiers et les tambours portaient également une hache.

Les Fusiliers n'avaient pas de drapeau (aigle) mais un fanion bleu ciel avec une hampe de bois noirci, à talon de métal et surmonté d'une pique en métal. Le fanion était porté par un sergent-major, avec une garde.

Tous les fusiliers grenadiers portaient la queue (au début poudrée en grande tenue).

Le fusil est le fusil d'infanterie de ligne à capucines de fer.

Les culottes et pantalons à petits ponts.

Fusiliers grenadiers (Vieille Garde)
Nommés aussi Moyenne Garde

Soldats en grande tenue (été et hiver)
Sergent en grande tenue (été)
Soldat en tenue de route (été)

UNIFORMES

Soldats en grande tenue

Comme les grenadiers de la Vieille Garde, sauf ce qui suit :

Le bonnet à poil est remplacé par un schako orné par devant d'une aigle de cuivre, sur les côtés, des chevrons en galon de fil blanc de douze lignes de large (2,4 centimètres), d'une cordelière avec deux raquettes et glands, le tout blanc, d'un plumet rouge en plumes. Les galons en chevron, ainsi que la cordelière, raquettes et glands furent supprimés au début de l'année 1813 comme dans la Jeune Garde ; de même pour le plumet qui fut remplacé par un pompon sphérique rouge. Le plumet était sans pompon, sous le plumet : une cocarde tricolore avec ganse aurore et petit bouton d'uniforme. La ganse et le bouton sont supprimés après le décret du 9 novembre 1810, une visière en cuir noir et cercle de cuivre, une jugulaire en cuir noir avec écailles de cuivre, le bouton de la jugulaire en cuivre avec une grenade en relief (planche VI, nᵒˢ III et XI).

Épaulettes en laine blanche à franges sur doublure de drap bleu, le corps coupé dans sa longueur par deux bandes écarlates. Passants d'épaulette en galon de fil blanc sur drap bleu (planche VI, n° I).

Les galons d'ancienneté en galons aurores.

Capote gris de fer. Buffleterie comme les grenadiers.

Sabre briquet, d'infanterie avec dragonne en galon de fil blanc à gland et franges rouges. Giberne comme les grenadiers, mais avec un étui à outils. Attache du sabre au baudrier, comme les grenadiers.

Le reste comme les grenadiers y compris les boutons.

Soldats en tenue de route

Comme les grenadiers, avec long pantalon de drap bleu en hiver et pantalon de toile en été.

Le surtout jusqu'en 1804 et le chapeau pareil à celui des grenadiers premier modèle, ensuite l'habit et le schako sans aucun ornement, recouvert d'un couvre schako en toile cirée noire par les temps de pluie. Le schako pouvait avoir un pompon rouge sphérique. La capote grise selon le temps (planches I et IV) avec les épaulettes.

Bonnet de police.

Soldats en tenue de ville

Suit la même règle que les grenadiers, mais avec le épaulettes blanches (planche V). Les autres tenues comme les grenadiers.

Caporal

Dans toutes les tenues et à toutes les époques, comme les soldats avec les galons de caporal d'infanterie en galon de laine noire.

Sous-officiers

Dans toutes les tenues et à toutes les époques comme les soldats avec les attributs de sous-officiers.

Galons du grade en or et les ornements or aux épaulettes et dragonne du sabre, aigles couronnées en or sur les retroussis, brodés à même l'étoffe (planche VI, n° IX).

Le schako comme celui des soldats, mais avec les ornements dorés. Les galons en chevron sont blancs. Un galon or sur le haut du schako. La cordelière et ses accessoires : or et écarlate en proportion d'après le grade. La petite ganse de cocarde en galon or. Épaulettes. D'après certains documents elles étaient blanches comme les soldats avec raies dorées sur le corps, sur drap écarlate, les franges et la tournante suivent les règles des sous-officiers. La bride en galon or sur drap écarlate. Mais il est probable que les sous-officiers, étant Grenadiers de la Vieille Garde, avaient les mêmes épaulettes, c'est-à-dire rouges avec les ornements or du grade, sur doublure de drap bleu, ou peut-être écarlate, brides en galon or sur drap bleu ou écarlate (planche VI, n° IV).

Tambour en grande tenue

Comme les soldats, des nids d'hirondelle écarlates, galonnés or, avec les épaulettes de soldat, sans ornement.

Un galon or aux revers, collet, parements et pattes de parement.

Sur les retroussis, des grenades or brodées à même le retroussis.

Collier de tambour en buffle blanc, avec une grenade en cuivre au dessus du porte-baguette en cuivre.

Tambour sans aucun ornement.

Baguettes comme dans l'infanterie de ligne.

Notes

Dans les autres tenues, les tambours suivent la règle des grenadiers tambours de la Vieille Garde.

Tambour-maître

Dans toutes les tenues et à toutes les époques, comme les tambours, mais le schako est remplacé par un colback de chasseurs à cheval, à plumet écarlate, flamme sans passepoil et gland écarlates. Baudrier du sabre en buffle blanc avec une grenade de cuivre sur le devant.

Canne ordinaire des caporaux tambours.

Probablement des nids d'hirondelle, comme les tambours jusqu'en 1808. Galons de caporal en laine aurore.

Sapeurs

Probablement comme les sapeurs des Grenadiers de la Vieille Garde, avant le mariage de l'Empereur.

Épaulettes.

Bonnet de police.

Comme les soldats avec les attributs des sapeurs.

Officiers

La tenue est pareille à celle des officiers des Grenadiers de la Garde, pour toutes les tenues, avec la différence d'un schako qui remplace le bonnet à poil.

Les officiers montés ont une grenade or sur les coins postérieurs de la housse et galon or. Une bossette argent, avec une grenade or au frontal. Même chose pour la bossette de mors. Harnachement des officiers montés d'infanterie et sabre de même.

Notes

Le schako des Fusiliers grenadiers est le même pour tous les officiers de Grenadiers de la Jeune Garde : conscrits, tirailleurs et flanqueurs grenadiers.

Fusiliers grenadiers (Vieille Garde)
Nommés aussi Moyenne Garde
Caporal tambour et tambour
en grande tenue d'été de 1806 à 1808
Après 1808 les nids d'hirondelle
sont supprimés.

PLANCHE II

PLANCHE III

Fusiliers grenadiers (Vieille Garde)
Nommés aussi Moyenne Garde
Officier capitaine
Sous-officier porte fanion
Major en grande tenue de 1806 à 1813
Le major a le plumet prescrit par le décret
du 9 novembre 1810, avant il était en
plumes blanches.

Planche IV

Fusiliers grenadiers (Vieille Garde)
Nommés aussi Moyenne Garde

Sergent et soldats en tenue de campagne et en capote (hiver)

Description du schako des officiers de Fusiliers grenadiers

Modèle de celui de l'infanterie de ligne avec cette différence : une bande de velours noir entoure la partie supérieure du schako, elle est bordée par deux petits galons d'or à crêtes, des étoiles dorées en cuivre plein, placées à dix lignes de distance les unes des autres, une bande de cuir noir verni, cousue par des fils d'or sur le feutre du schako entoure la partie inférieure (bourdalou).

Visière en cuir noir, bordée d'un cercle en cuivre doré. Jugulaires à écailles de cuivre doré, rangée de quatre écailles allant en rapetissant vers le menton sur cuir noir.

A la partie inférieure des jugulaires des cordons en or pour les attacher sous le menton, ou au-dessus du schako quand les jugulaires sont relevées, au-dessus de la jugulaire, cousu plus haut que le bourdalou, le bouton en rosace, en cuivre doré représentant, soit une tête de lion, soit une aigle couronnée sur foudres.

Sur le devant du schako, une petite aigle couronnée sur foudres, en cuivre doré. Cette aigle ne descend pas jusqu'au bourdalou et sa couronne est placée sur le bas de la cocarde (planche VI, n° VI).

Au-dessus de l'aigle, la cocarde, retenue par un petit bouton d'uniforme placé au milieu de la cocarde, et une ganse en double torsades or.

Sur le schako un pompon sphérique et une tulipe, brodés or sur drap ou cuir noirs, sortant de la tulipe, un plumet en plumes, écarlate pour tous les officiers sauf le major qui a le plumet blanc jusqu'au décret du 9 novembre 1810, époque où le plumet de major est un tiers du haut écarlate , deux-tiers du bas blanc. D'après ce même décret la ganse de cocarde et son bouton sont supprimés pour tous les officiers, sous-officiers et soldats.

Une cordelière or à deux raquettes et deux glands est placée sur le schako, devant et derrière. (planche VI, n° V, VI, VII, VIII et X).

Notes

Après 1813 le schako reste le même, mais la cordelière et ses accessoires sont supprimés (planche VI, n° VI).

PLANCHE V

Fusiliers grenadiers (Vieille Garde)

Soldat en tenue de ville d'été de 1809 à 1814
Avant 1809, ils avaient le surtout pareil à celui des grenadiers.
La culotte est à petit pont.
La tenue d'hiver est aussi pareille à celle des grenadiers.

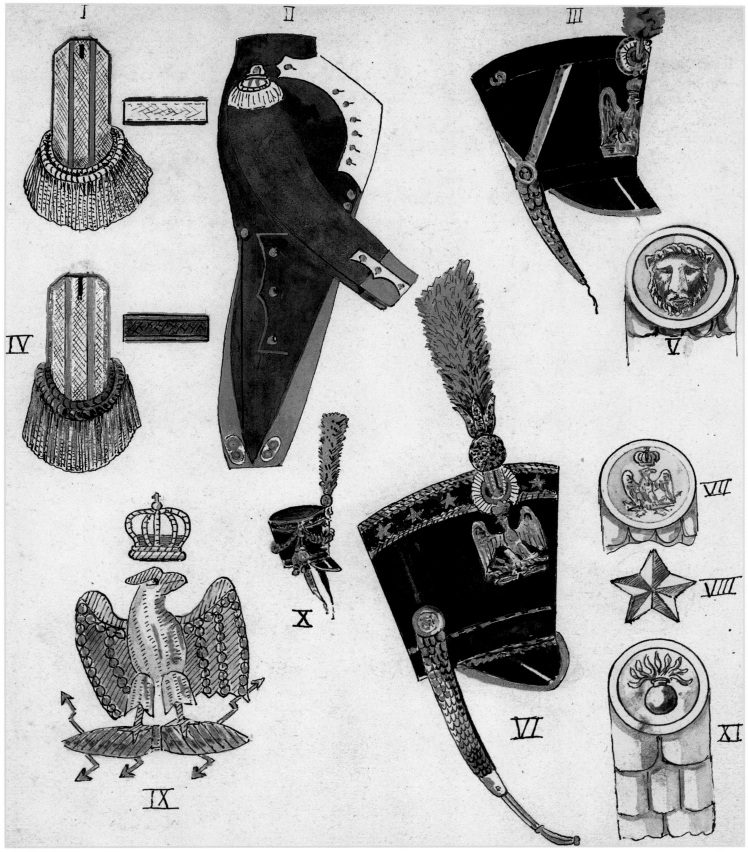

Planche I bis

Fusiliers Chasseurs (Vieille Garde)
Nommés aussi Moyenne Garde

Soldats en grande tenue d'été
Tambour en grande tenue d'été (1808 à 1814)

Historique

Un régiment crée le 15 décembre 1806 avec les deux bataillons de Vélites chasseurs de la Garde.
Le régiment est de quatre bataillons, de quatre compagnies par bataillon.
Chaque compagnie est composée de quatre escouades de cinquante hommes.
Le 26 décembre 1813, le régiment est de six compagnies par bataillon.
Le 1er juillet 1814, à la Première Restauration, le régiment est supprimé et les hommes furent versés dans le Corps royal des Chasseurs à pied de France. Au retour de Napoléon le régiment ne fut pas reformé, les hommes entrèrent dans la formation des quatre régiments de Chasseurs de la Garde.

Notes générales

Le régiment était commandé par un major (commandant).
Le colonel général des Chasseurs de la Garde commandait également les Fusiliers chasseurs.
Le régiment n'avait pas de tambour-major, ni fifres, ni musique ; il n'y avait que des tambours commandés par un caporal tambour. D'après le journal « Le Passepoil » il y avait des sapeurs, sans doute après le décret du 16 mars 1813.
Le dépôt du régiment était à Rueil.
Les Fusiliers chasseurs avaient les cheveux courts.
Même organisation que les Fusiliers grenadiers.
Le fusil est celui de l'Infanterie de ligne à capucines de fer.
Dans toutes les tenues : culotte à petit pont, ainsi que les pantalons.
Drapeau : comme les Fusiliers grenadiers.
La couleur du fanion était bleu clair (planche 19).
Les sous-officiers étaient les sous-officiers de Chasseurs. Ils en avaient l'uniforme, sauf le bonnet à poil, remplacé par le schako.

Uniforme

Soldats

Grande tenue

Comme les Chasseurs à pied de la Vieille Garde, sauf ce qui suit :

Le bonnet à poil est remplacé par un schako (modèle Jeune Garde) sans ganses en chevron sur les côtés, cercle de cuivre à la visière, aigle de cuivre devant, une cordelière blanche avec deux raquettes et glands, une ganse blanche à la cocarde avec un petit bouton cuivre, la cordelière, les raquettes, les glands et la ganse de la cocarde furent supprimés entre le 9 novembre 1810 et le début de 1813. Jugulaire en cuir noir recouvert d'écailles de cuivre, le bouton de la jugulaire a un cor en relief (planche 3 bis, page 84, n° 1), plumet en plumes par devant, deux-tiers du bas vert, un tiers du haut écarlate. On représente aussi le plumet et la cocarde sur le côté gauche du schako, au début.

Épaulettes comme les Chasseurs à pied de la Garde, ainsi que la dragonne du sabre briquet d'infanterie, avec attache au baudrier comme les Chasseurs de la Garde. Boutons en cuivre de la Garde. Buffleteries comme les Chasseurs.

Notes

D'après Marco de St Hilaire, les épaulettes de soldats seraient pareilles à celles des Fusiliers grenadiers, c'est-à-dire blanches mais avec des raies vertes sur le corps de l'épaulette. On voit aussi ces épaulettes sur des planches de la collection Alsacienne.

Tenue de route ou de campagne

Comme les Chasseurs (planche 2 bis). Le schako pouvait avoir un pompon vert sphérique et un couvre schako en toile cirée.
Capote comme les Chasseurs.
Bonnet de police comme les Chasseurs.

Tenue de ville

Comme les Chasseurs (planche 12).
Les autres tenues comme les chasseurs.

Caporal

Dans toutes les tenues et à toutes les époques comme les soldats, avec les galons de caporal en chevron en galon de laine aurore.

Sous-officiers

Dans toutes les tenues et de 1806 à 1814 comme les soldats, avec les galons du grade en or et en chevron.
Les ornements or aux épaulettes et gland de la dragonne suivent les grades.
Cordelière, raquette et glands du schako : vert et or, le galon du dessus du schako en or, la petite ganse de cocarde en or, ornements des retroussis brodés or (cors et grenades) comme les sous-officiers des Chasseurs de la Garde.

Tambour

Grande tenue de 1806 à 1808

Comme les soldats avec galon or au collet, revers et parements. Des nids d'hirondelle sous les épaulettes comme les Chasseurs. Les ornements des retroussis brodés or.

Grande tenue de 1808 à 1814

Même chose, mais sans nids d'hirondelle.
Tambour sans ornement depuis 1806.

Caporal-tambour

Dans toutes les tenues et à toutes les époques, comme les tambours, avec les galons de caporal.

Officiers

La tenue est pareille à celle des officiers des Chasseurs de la Garde pour toutes les tenues, avec la différence d'un schako à la place du bonnet à poil.
Les officiers montés ont un cor brodé or sur les coins postérieurs de la housse, qui est bleue ainsi que les chaperons et galonnée comme les officiers montés de l'Infanterie de ligne, une bossette argent avec cor en or et en relief des deux côtés du frontal et même chose pour la bossette du mors.
Harnachement des officiers montés d'Infanterie de ligne et sabre de même.
L'uniforme des officiers est le même pour tous les officiers de la Jeune Garde ayant le titre de Chasseurs.
Le bonnet de police est pareil à ceux des officiers des Chasseurs à pied de la Vieille Garde.

Description du schako
des officiers de Chasseurs de la Moyenne et de la Jeune Garde

De 1806 à 1813

Pareil à celui des officiers de Fusiliers grenadiers, mais sur la bande de velours du haut du schako, il y a une garniture de feuilles de laurier, brodée en or (planche n° 3 bis, n° 3, page 84).
Le plumet, sortant d'une tulipe, comme celle des officiers de fusiliers grenadiers, a le tiers du haut du plumet, écarlate et les deux-tiers du bas vert.
Sur le bouton de la jugulaire : un cor en relief ou une tête de méduse (planche 3, n° 2).
De 1813 à 1814 le schako reste le même, mais la cordelière, avec ses raquettes et glands ainsi que la ganse de la cocarde sont supprimées.

Uniforme des sapeurs
de 1809 à 1810
d'après le journal « Le Passepoil ».

Uniforme des Chasseurs à pied de la Garde (soldats) :
Même bonnet à poil avec plumet rouge.
Même épaulettes.
Haches blanches croisées sur les bras, à gauche, galons d'ancienneté rouges en plus des haches.
Banderole de giberne de sapeur avec ornements de cuivre : dans le haut une grenade, vers le milieu deux haches croisées, plus bas, les ornements comme dans les banderoles de cavalerie.
Banderole de sabre sans ornement.
Le sabre à tête de coq suspendu par la banderole.
Gants à crispin blancs.
Ceinturon de buffle blanc, avec plaque de cuivre ayant un cor en relief.
Fusil et hache de sapeur.

PLANCHE 2BIS

Fusiliers chasseurs (Vieille Garde)
Nommés aussi Moyenne Garde

Soldat en tenue de ville (été)
Soldat en tenue de route ou de campagne (hiver)
Sur le sac est roulé l'étui de linge sale à la place de la capote.

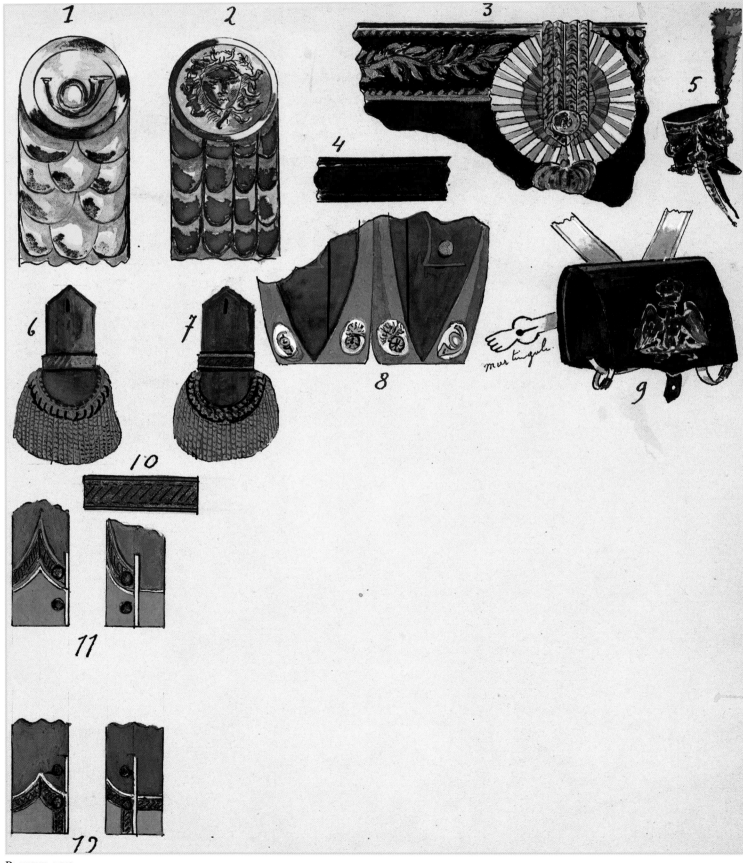

Marins

Vieille Garde

HISTORIQUE

Un bataillon de « Marins de la Garde des Consuls » fut créé le 30 fructidor, AN XI (17 septembre 1803) à Boulogne.

Le maréchal Mortier, Duc de Trévise, est colonel général, commandant les Marins et l'Artillerie de la Garde pendant l'Empire.

A sa création le bataillon était composé de cinq équipages.

Chaque équipage de cinq escadrons. Il comprenait 737 hommes en tout, officiers compris et cinq trompettes, un par équipage. Il était commandé par le vice amiral Genteaume et en 1804 par un capitaine de vaisseau, colonel commandant.

- 1 lieutenant de vaisseau (capitaine adjudant-major)
- 5 capitaines de frégate (chef de bataillon) ou lieutenant de vaisseau (capitaines) commandaient chaque équipage (un par équipage)
- 25 lieutenants ou enseignes, commandaient les escouades (5 par escouade)
- 25 maîtres (sergents-majors), commandaient les escouades (5 par escouade)
- 25 contremaîtres (sergents), commandaient les escouades (5 par escouade)
- 25 quartiers-maîtres (caporaux), commandaient les escouades (5 par escouade)
- 625 matelots et 5 trompettes (1 par équipage)
- Un porte-étendard, un chirurgien-major et des chirurgiens.

Chaque équipage a 125 matelots et 1 trompette.
Chaque escouade a 25 matelots.
Le 1er tiers des hommes du bataillon était armé de sabres.
Le 2e tiers des hommes du bataillon était armé de piques.
Le 3e tiers des hommes du bataillon était armé de haches.
Tous avaient un pistolet accroché au ceinturon.
En 1805 tous sont armés du fusil à baïonnette et du sabre.

1804

Un état-major, cinq équipages et un dépôt à Courbevoie.

1805

Il y a un tambour-major, un tambour-maître, un trompette ou un tambour par équipage.

Un équipage sur les cinq part aux campagnes de 1805, 1806 et début de 1807. En mai 1807 les cinq équipages en entier sont au siège de Datzig.

1808

Quatre équipages sont à l'armée d'Espagne, où ils furent presque entièrement détruits en Andalousie.

1809

Le corps est réorganisé (décret du 27 mars). Les marins ne forment plus qu'un seul équipage de cinq escouades, soit 148 hommes, un trompette, plus le chirurgien-major et trois maîtres-ouvriers.

Une partie de l'équipage reformé était encore en Espagne. En juin 1809 un détachement d'environ 130 hommes part rejoindre la Grande armée ; le 17 juillet il était à Vienne.

1810

Il y a toujours des marins en Espagne, qui sont augmentés d'évadés venant des pontons espagnols.

Le 16 septembre, le corps des marins fut formé en un bataillon de huit compagnies, 1136 hommes dont huit trompettes et tambours.

Le 1er octobre, le bataillon reçoit une musique, 19 musiciens et un chef de musique.

1811

Les 1ère et 5e Compagnies étaient à Toulon, embarquées sur quatre vaisseaux de haut bord. Il y en avait une à Brest et une à Anvers. La 3e Compagnie était devant Cadix.

Le 27 février il n'y a plus que six compagnies, puis on en ajoute deux, ce qui fait de nouveau huit compagnies, commandées chacune par un capitaine de frégate, ayant des lieutenants de vaisseau et des enseignes pour lieutenants en premier et en second.

1812

Deux compagnies furent encore envoyées à Toulon et deux ont fait la campagne de Russie.

1813

Après la campagne de Russie le bataillon fut encore réorganisé et deux compagnies furent envoyées en Saxe.

1814

Une compagnie fit la campagne de France et à la 1ère Restauration, les marins furent licenciés dans la cour de Fontainebleau le 30 juin 1814. Il y avait quatorze officiers et trois cent trente six hommes.

Vingt et un marins et un enseigne suivirent l'Empereur à l'île d'Elbe et revinrent avec lui.

1815

Le 19 mai, l'Empereur rétablit un seul équipage de quatre-vingt quatorze matelots qui furent assimilés à l'artillerie à pied de la Garde.

Puis l'équipage fut porté à cent cinquante hommes, officiers compris.

Les marins furent à Ligny, puis à la défense de Paris et enfin licenciés le 15 août 1815.

Marins de la Garde (Vieille Garde)

Officier, marins et trompette de 1803 à 1805

Notes générales sur les marins

Les marins portèrent les cheveux naturels en queue jusqu'en 1805 et les officiers les cheveux en queue, poudrés (mode Louis XVI).

Après 1805, officiers et marins ont les cheveux courts, mais les marins portèrent presque tous, les anneaux aux oreilles.

Le dépôt du bataillon était en temps de paix à Paris, à l'École Militaire. On lit dans le Journal Officiel du 16 juin 1808 : « Les Marins de la Garde sont de retour à Paris ».

Il y eut toujours quatre classes de marins :

Marins de 1ère classe, de 2e classe, de 3e classe et de 4e classe.

La garde de l'aigle (étendard) était composée de deux marins.

Les marins avaient comme marche (musique) « Branle-bas général des marins », « La victoire est à nous » et « Veillons au salut de l'Empire ».

Pour être admis dans le corps des Marins de la Garde, il fallait les mêmes conditions que dans l'Artillerie à pied de la Garde.

Les six compagnies d'Ouvriers de la marine qui existaient en 1812 sous le nom de « Génie maritime », furent réunies en un bataillon de six compagnies, qui entre dans la Garde à la suite des marins, ils gardèrent leur uniforme .

Les marins portaient en grande tenue, la petite botte sur laquelle tombait le pantalon. En petite tenue des souliers simples avec petites guêtres en toile blanche à boutons d'os blancs en été, en étoffe noire à petits boutons de cuivre en hiver.

Toutes les buffleteries étaient en cuir noir verni en grande tenue, en cuir noir ciré en petite tenue, la partie non visible en cuir naturel pour les marins, caporaux, sous-officiers, tambours, trompettes et musiciens.

Le gilet a toujours trois rangées de boutons horizontalement. Il ne change pas pendant tout l'Empire.

Le dolman se portait soit fermé, soit ouvert attaché en haut par les trois premiers boutons.

Jusqu'en 1811 les sous-officiers et caporaux gardent les nominations comme dans la marine : maîtres, contre-maîtres, etc., ensuite on les nomme comme dans l'infanterie : sergents, caporaux, etc.

De 1803 à 1804

Les marins n'avaient ni sac ni capote. Au début de l'Empire on leur donne le sac, modèle de la Garde avec courroies et bretelles blanches et la capote.

En 1806

Ils ont encore les courroies et les bretelles blanches. Ensuite toutes les courroies et bretelles sont noires avec la partie non visible en cuir naturel. Il en est de même pour la bretelle de fusil.

De 1803 au début de 1805

Les équipages sont armés : premier tiers du sabre briquet sans dragonne de la marine (sabre d'abordage) porté au moyen d'un baudrier noir avec boucle en cuivre sans ardillon.

Le deuxième tiers, de piques harpons, le troisième tiers de haches d'abordage.

Tous avaient un pistolet attaché au ceinturon (planches I et I bis).

En 1805

Tous sont armés du fusil et en 1806 d'un sabre spécial avec dragonne retenu par le ceinturon placé en sautoir et muni d'un porte baïonnette qu'ils gardèrent jusqu'en 1815 ; pourtant les anciennes armes, piques, haches, sabres et pistolets supprimés dans la tenue, restent comme armes de combat.

Les marins sont représentés sans gants, mais les sous-officiers portaient en grande tenue des gants simples de peau blanche.

Le pantalon avait des sous pied de cuir noir, retenus par des petits boutons de corne, à l'intérieur du pantalon, non visibles de l'extérieur.

En plus de l'uniforme, les marins avaient des bas de coton bleu ou blanc en été et des bas de laine en hiver.

De 1805 à 1808 ils ont aussi des gilets et des pantalons de toile.

Au début il n'y avait que des trompettes, puis en 1805 on ajoute des tambours, un tambour maître et un tambour major.

Jusqu'en 1809 les tambours et trompettes ont des trèfles d'épaule (planche XIII, n° XIV) puis les épaulettes comme les marins.

Il y a des doutes sur la couleur de l'uniforme des tambours et des trompettes en 1812 ; peut-être à cette époque avaient-ils le même uniforme que les marins.

Officiers

Tous les officiers étaient montés, avec harnachement de grosse cavalerie à la française : housses et chaperons bleu marine, galonnés or.

La selle, housse et chaperons sont aussi indiqués : cramoisis et or (selle de général) pour le capitaine de vaisseau commandant le corps des marins (c'est possible).

Les officiers portaient souvent une canne. Les officiers ne portèrent jamais de hausse-col. Pourtant on représente en tenue de campagne avec un hausse-col.

Gants de peau blanc jaunâtre. Éperons aux bottes.

Les officiers supérieurs, capitaines de vaisseau et de frégate, ont au collet, aux revers, aux parements, aux poches et sous les boutons du dos, des broderies spéciales.

(Planche XIV, nos I, II, III, IV et V).

UNIFORMES

Marins en Grande tenue de 1803 à 1805

DOLMAN

Modèle Hussards en drap bleu marine avec ganses (brandebourgs) aurore. Collet ouvert bleu marine avec galon de 1 centimètre placé comme dans les Hussards, avec soutache aurore.

Poches horizontales avec galon et soutache aurores.

Le dos du dolman comme les Hussards, galons et soutaches aurores (planche XI, n° II).

Parements en pointe, écarlates de la forme des hussards (planche XI, n° IX) surmontés d'un galon et d'une soutache aurore, le galon a 1 centimètre de large.

Trois rangs de boutons horizontalement, quinze rangs placés verticalement.

Les boutons sont en cuivre, plats et légèrement bombés, ils sont tous de la même dimension, 1,5 centimètre, faisceau de licteur sur une ancre de marine avec les lettres T.F. et en exergue, « Garde des Consuls » (planche XI, n° XII).

Sur les épaules des contre-épaulettes : écailles de cuivre sur drap écarlate, avec un bouton à l'encolure. Elles sont attachées, sans passant par un petit cordonnet qui se trouve sous l'épaulette à l'emmanchure et qu'on ne voit pas (planche XII, n° 4).

GILET

En drap écarlate à la hussarde, petit collet ouvert écarlate galon aurore. Le gilet a des galons, ganses et soutaches aurores. Mêmes boutons que pour le dolman et du même diamètre, trois rangs horizontalement. Le gilet ne change pas jusqu'en 1815 (planche XII, nᵒˢ 10 et 11).

PANTALON

Long, en drap bleu marine, à sous-pied de cuir, l'attache à l'intérieur du pantalon, sans ouverture dans le bas, tombant sur la botte, avec sur les côtés un galon aurore d'un centimètre de large, placé comme les Hussards, une hongroise d'un centimètre de large de forme droite sur les cuisses (planche XIII, n° XIII bis a).

Notes

D'après certains documents, les marins de 1803 à 1805 avaient le pantalon dans de grandes bottes à la hussarde, très hautes, galon et gland rouges.

CHEVEUX

Naturels en queue et presque tous les marins ont des anneaux aux oreilles.

BUFFLETERIE

En grande tenue toutes les buffleteries sont en cuir noir verni, la partie non visible en cuir naturel. Un ceinturon à la taille, sous le dolman, se fermant au moyen d'une boucle en cuivre rectangulaire, sans ardillon (planche I et planche XIII, n° XVI).

Une petite giberne en cuir noir verni sans autre ornement, sur la patelette une ancre en cuivre, la giberne coulissait sur le ceinturon (planche XIII, nᵒˢ IV et V) et se plaçait à droite de la boucle du ceinturon.

Pour les hommes armés du sabre, il se portait an bandoulière au moyen d'une banderole avec porte sabre, sur le devant de la poitrine une boucle en cuivre pareille à celle du ceinturon (planche I).

Petites bottes sous le pantalon. Col noir liseré blanc. Pas de gants.

ARMES

Un tiers du bataillon était armé d'un sabre qui était le sabre briquet d'abordage de marine, sans dragonne.

Un tiers d'une pique en forme de harpon (planche I bis).

Un tiers d'une hache d'abordage qui s'attachait par un crochet de suspension au ceinturon de la taille (planches I et XIII, n° XV).

Tous avaient un pistolet qui s'accrochait au ceinturon de la taille également par un crochet et à gauche de la boucle du ceinturon (planche XIII, n° XVI).

Marins en petite tenue de 1803 à 1805

SCHAKO

Même schako, mais avec un pompon, forme carotte, en laine aurore. Souvent les cordelières sont supprimées. En campagne le plumet retiré du schako est placé dans un

étui de toile à rayures tricolores jusqu'en 1810, ensuite l'étui est en toile cirée noire.

DOLMAN

Le dolman est remplacé par une veste, nommée « caracot » en drap bleu marine, croisant sur la poitrine par deux rangées de huit boutons. Ces boutons sont plus grands que ceux du dolman, mais ils ont la même forme et le même dessin (planche XI, n° XII). Collet ouvert bleu marine, entouré d'un galon aurore. Parements bleu marine, en pointe avec un galon aurore, un petit bouton à l'encolure pour tenir l'épaulette, et un passant en galon aurore à l'emmanchure (planche XIII, n° I).

Le « caracot » se portait soit avec les épaulettes, soit sans épaulette.

PANTALON

Long, en drap bleu marine, à petit pont, sans ornement ni sous-pied, non ouvert en dessous et se portait souvent le bas du pantalon retroussé. Le pantalon se portait sur des guêtres, en toile blanche, avec boutons d'os en été et en drap noir avec boutons d'os noir, ou petits boutons de cuivre en hiver. Souliers sous la guêtre.

GILET

Comme en grande tenue. Col noir.

BUFFLETERIE

Pareille à celle de la grande tenue, mais en cuir ciré noir, sur cuir naturel.

ARMES

Comme en grande tenue.

BONNET DE POLICE

A la dragonne en drap bleu marine, ornements aurore, et devant, une ancre aurore en drap découpé (planche XIII, n° II).

Trompettes de 1803 à 1805

Les trompettes ont le même uniforme que les marins, dans toutes les tenues, mais le dolman et le pantalon sont bleu ciel, ainsi que le caracot. Le gilet comme les marins. Le sabre comme les marins, porté en bandoulière (planche I), pas de pistolet, ni giberne. Le dolman a cinq rangées de boutons horizontalement avec tous les ornements : galons, tresses et soutaches or et écarlate, ou or et cramoisi d'après certaines données. Le pantalon a de même les galons or et écarlate (ou or et cramoisi) en grande tenue. Sans ornement en petite tenue.

Sur les épaules, des trèfles, galons or sur écarlate, ou or et cramoisi portés jusqu'en 1809, (planche I et planche XIII, n° XIV). Le schako, en grande tenue a les bandes du haut et du bas en galon or, la cordelière, raquettes et glands : or et écarlate ou or et cramoisi. En petite tenue les galons du haut et du bas peuvent être en galons aurores, ainsi que le pompon et les cordelières or et écarlate ou or et cramoisi, ou bien sans cordelière ni pompon. Bonnet de police bleu ciel, ornements aurore.

Quartier maître (caporal) de 1803 à 1805

Comme les marins, avec les deux galons de caporal en laine aurore en chevron sur chaque manche.

Sous-officiers en Grande tenue de 1803 à 1805

Comme les marins, avec les mêmes ornements et distinctions que les sous-officiers de cavalerie de la Garde en laine écarlate et or (planche II) dans les proportions deux-tiers écarlate, un tiers or (planche XIII, nᵒˢ XII et XIII).

Il y avait toujours cinq rangs horizontaux de boutons sur le dolman et trois rangs horizontaux sur le gilet. Boutons en cuivre doré.

GANTS

Blancs simples en peau. Ils étaient armés du sabre, porté comme les marins. Épaulettes comme les marins.

SCHAKO

Comme les marins mais le haut et le bas du schako en galons or, la cordelière, raquettes et glands or et écarlate, ainsi que la ganse de cocarde.

CULOTTE

Comme les marins, avec les ornements or et écarlate.

Sous-officiers en Petite tenue

Comme les marins : les galons du caracot or et écarlate.

BONNET DE POLICE

Comme les marins, avec le galon et l'ancre devant en or, passepoils et gland or et écarlate.

Officiers en Grande tenue de 1803 à 1805

Ne portaient jamais de hausse-col.
Les cheveux en queue, poudrés.
Gants blancs simples en peau.
Épaulettes or du grade.
Des aiguillettes or à droite.
Boutons comme les marins, dorés.
Le surtout en drap bleu marine, à sept boutons devant et deux derrière à la taille, collet de même, entouré d'un galon or, parements en pointe, bleu marine, avec un galon or, un bouton sur le parement et un au dessus du parement, doublure et retroussis bleu marine, une ancre sur chaque retroussis, pas de poche visible (planches I et VI). Gilet de drap blanc à petits boutons d'uniforme et poches. Culotte collante, bleu marine avec hongroise simple en galon or et galon or sur les côtés. Bottes à la hussarde avec passepoil et gland or.
Chapeau simple, porté en bataille, sans macaron ni galon, cocarde nationale, avec une ganse en galon or et son bouton, petites ganses or, plumet en plumes, écarlate.
Sur le gilet un ceinturon blanc avec porte-épée de même avec boucle de cuivre doré, rectangulaire, ayant une ancre en relief ou boucle dorée et argentée avec « Garde des Consuls » (planche XIV, n° VI).
Épée à poignée et bout dorés, dragonne or du grade.

Officiers en Petite tenue

Chapeau simple comme en grande tenue, mais sans plumet. Même surtout, même gilet.
Pantalon charivari, sans basane, tombant sur la botte, bleu marine avec boutons cuivre doré sur le côté et poches sur les cuisses, avec un bouton en cuivre doré.
Épée et ceinturon comme en grande tenue.
Cheveux naturels en queue.

Notes

On indique aussi une tenue d'été, peut-être pour les officiers et sous-officiers, un uniforme en nankin, brodé de soie blanche.

Description du schako de marin de 1803 à 1815

De 1803 à 1808

Comme dans presque tous les corps, le schako subit des transformations.

A la création du bataillon des marins de la garde, le 17 septembre 1803, le schako était en feutre noir, souple, sans visière, ni plaque de cuivre, ni jugulaire.

Une cocarde aux couleurs nationales, placée devant sous le plumet, qui est sans pompon, en plumes écarlates, sur la cocarde une ganse en chevron en galon aurore, retenue sous la cocarde par un petit bouton de cuivre.

Un galon aurore, cousu sur le haut du schako de dix-huit lignes de haut (36 millimètres). Un second galon de même, de quinze lignes de haut (30 millimètres) est cousu sur le bourdalou.

Une cordelière aurore simple, ne couvrant que le devant du schako.

Une cordelière aurore, tressée à deux brins est placée sous la première.

Un gland aurore à droite, un gland et deux raquettes aurores, avec leur gland tombent du côté gauche du schako.

Ce schako est resté en service jusqu'au début de 1808, mais on y avait ajouté une visière mobile, en cuir noir verni retenue au schako par trois agrafes, placées au dessus de la bande aurore du bas du schako.
(Planche XII, n° 1).

De 1808 à 1809

Même schako, mais une seule cordelière, nattée à deux brins, placée devant et derrière, les raquettes et glands à droite, le petit gland à gauche. Devant : une aigle couronnée sur une ancre de marine, le tout en cuivre. La cocarde impériale est placée dans le bas du schako, à gauche, au-dessus de la bande aurore du bas. Elle est maintenue par une grande ganse qui traverse la cocarde et qui est fixée sur la bande du bas par un petit bouton de cuivre.

De 1809 à 1815

Même schako qu'en 1808, mais plus haut et plus évasé, on y ajoute une visière fixe, en cuir noir verni au dessus et vert en dessous, cousue au schako, et une jugulaire en cuir noir verni, la partie intérieure en cuir naturel. Sur le côté droit de la jugulaire, il y a une boucle en cuivre avec un ardillon et un passant de cuir noir verni (planche XII, n° 2). Ce schako resta le même pendant l'Empire de 1809 à 1815.

En 1811 on ajoute un pompon sphérique en laine écarlate sous le plumet (planche XII, n° 3).

D'après le décret du 7 mars 1810 et jusqu'en 1815, on représente sur presque tous les dessins le même schako, mais avec la cocarde devant sous le plumet avec une ganse droite, en galon aurore, retenue sous la cocarde par un petit bouton de cuivre et une jugulaire en écaille de cuivre avec un bouton de cuivre orné d'une ancre. Cette ganse et ce bouton furent supprimés le 9 novembre 1810.

Marins en Grande tenue de 1805 à 1815

DOLMAN

Ne change pas jusqu'en 1809, époque où les dolmans ont cinq boutons placés horizontalement, à la place des trois rangs de l'ancien dolman. La rangée de boutons placée verticalement sur le devant et servant à attacher le dolman est composée de quinze boutons d'un plus grand diamètre que les autres (planche XI, n°ˢ I, II, III et VIII). Les boutons sont toujours légèrement bombés, mais à partir de 1805 ils sont timbrés à l'aigle impériale.

D'après Rousselet, les épaulettes sont attachées sur l'épaule par un passant en galon aurore. Dans d'autres documents, le passant serait une petite chaînette de cuivre, cousue sur l'épaule, très mince et sans étoffe (planche XII, n° 4).

Sur le devant de la poitrine du dolman, on voit une chaînette en cuivre, servant à tenir le débouchoir du fusil, épinglette, (planche XI, n° VI).

PANTALON

Ne change pas, mais en 1809, le trèfle du pantalon est à la hongroise (planche XIII, n° XIII bis B). Plus de sous-pied.

En 1811 le trèfle change encore, il est plus simple (planche XIII, n° XIII bis C).

GILET

Ne change pas, sauf les boutons qui sont timbrés comme ceux du dolman.

SCHAKO

Change en 1808 puis en 1809.

ARMES

Un fusil à baïonnette fut distribué au début de l'année 1805 (modèle AN IX) pareil au fusil des Grenadiers de la Garde mais sans grenade au talon de la crosse. Bretelles noires après 1806. Le fourreau de la baïonnette en cuir noir avec le haut en cuivre et le bout du bas en cuivre avec un petit bouton.

Un sabre d'un modèle spécial fut mis en service en 1806 aux Marins de la Garde. Ce sabre avait une dragonne aurore formée d'une cordelière et d'un gland. (Planche XIII, n°ˢ X et XI).

BUFFLETERIE

Un ceinturon nouveau modèle fut distribué en même temps que le fusil. Il était porté en bandoulière sur l'épaule droite, il était en cuir noir verni en grande tenue, la partie visible en cuir naturel. Il avait deux bélières de même cuir placées comme dans la cavalerie et attachées au ceinturon par des tenants en cuivre. Sur le tenant de la deuxième bélière il y avait un crochet en cuivre pour accrocher le sabre. Sur le devant du ceinturon sur la poitrine, la boucle en cuivre plein, avec une ancre en cuivre en relief attachait le ceinturon. Cette boucle pouvait aussi avoir une aigle sur ancre de marine identique à celui de la giberne. (Planche XIII, n°ˢ IX et X et planches XI, et VII).

GIBERNE

De 1805 à 1811 elle a la même forme qu'avant, mais sur la patelette une aigle couronnée en cuivre sur une ancre de même. Elle était attachée à une banderole de giberne, comme dans la cavalerie (planche XIII, n° VI).

De 1811 à 1815, la patelette est en accolade, avec une ancre de cuivre. Même attache que de 1805 à 1811 (planche XIII, n° VII). Il y avait aussi un couvre-giberne.

BANDEROLE DE GIBERNE

En cuir noir verni, la partie non visible en cuir naturel, modèle de la cavalerie. Dans le dos, une boucle en cuivre avec deux ardillons, un passant de cuivre et une plaque de cuivre terminant la banderole (planche XIII, n° VIII). Elle se portait sur l'épaule gauche, passant sur le ceinturon (planche XI, n° VII).

Après 1811 on ajoute une ancre en cuivre sur le devant de la banderole (planche XI, n°ˢ VI et X).

BOTTES

Sous le pantalon.

Cheveux courts.

Les chevrons d'ancienneté en galon aurore. En 1805 on donne aux marins un havresac, modèle de la Garde avec les cuirs et bretelles en buffle blanc, mais à partir du 26 avril 1806 tous les cuirs sont noirs et vernis.

A la même époque (1806) on donne aussi aux marins une capote de drap bleu marine, modèle des Grenadiers de la Garde, avec les boutons de la marine, un peu bombés. Les épaulettes se portaient aussi sur la capote avec brides en galon aurore.

Marins en petite tenue de 1805 à 1815

Même chose que de 1803 à 1805, avec le schako de l'époque, les buffleteries en cuir noir ciré, la partie non visible en cuir naturel. Les armes suivent les changements comme en grande tenue.

Trompettes et tambours de 1805 à 1815

Dans toutes les tenues même uniforme que les sous-officiers, mais le dolman, le caracot, les pantalons de grande et de petite tenue sont bleu ciel, ainsi que le bonnet de police et la capote. Ils ont toujours cinq rangées de boutons placés horizontalement, parements du dolman écarlate. Trèfles d'épaule à galon or sur écarlate, jusqu'en 1809, où ils sont remplacés par des épaulettes comme les marins. (Planche III).

GILET

Comme les marins.

PANTALON DE GRANDE TENUE

Orné comme les sous-officiers, or et écarlate.

PANTALON DE PETITE TENUE

Sans ornement, sur guêtres noires ou blanches selon la saison. Le caracot a des galons aurores.

SCHAKO

Comme les sous-officiers, en grande tenue. En petite tenue le schako avec ou sans pompon aurore, avec ou sans la cordelière de grande tenue ou bien les galons du schako et les galons du caracot peuvent aussi être aurore, ainsi que la dragonne du sabre qui en grande tenue est or et écarlate.

PLANCHE I BIS

Marins de la Garde (Vieille Garde)
Marins en 1804, ils ont encore la tenue de 1803 mais avec le sabre de 1805
Marins en 1805, tenue de l'Empire

BONNET DE POLICE

Comme les marins, ornements aurores sur drap bleu ciel. Sabre et buffleteries comme les marins, sans giberne.

HAVRESAC

Comme les marins pour les tambours et trompettes. Le cordon de la trompette or et écarlate ainsi que les glands.

Le baudrier, porte-baguettes des tambours ainsi que le cuissard en cuir verni noir avec la partie non visible en cuir naturel. En petite tenue même chose, mais les cuirs cirés.

LE TAMBOUR (INSTRUMENT)

Avait les cercles en bois peints en bleu marine. Sur le fût en cuivre, l'aigle couronnée sur ancre en cuivre en relief, même motif que sur les gibernes. Les cordes blanchies et les tirants en cuir noir (planche III).

Tambour-major

Aucune donnée exacte. Peut-être au début, comme les tambours avec un panache blanc sur le schako, double galon or au collet et galons or de Premier-maître, sergent-major, sur les manches.

Ensuite, sans doute, le même uniforme que les musiciens, avec panache blanc et follettes tricolores. Les bottes avec un galon et gland or.

Tambour-maître

Aucune donnée. Peut-être comme les tambours avec les galons aurore de caporal en laine aurore.

Musiciens

Aucune donnée exacte. Créés en 1810 (planche IV).

Quartier-maître (caporal) de 1805 à 1815

Comme les marins, dans toutes les tenues, avec les galons de caporal sur les deux bras, en laine aurore et en chevron.

Sous-officiers en grande tenue de 1805 à 1815

Comme les marins avec les galons du grade en or et en chevron Les épaulettes comme les marins et tous les boutons de l'uniforme dorés.

SCHAKO

Comme les marins, mais les galons du haut et du bas du schako sont en galon or. Cordelière, raquettes et glands, or et écarlate ainsi que la ganse de cocarde. Plumet comme les marins. En 1811 il y a sous le plumet un pompon sphérique en or.

DOLMAN

Comme les marins. Tous les galons, brandebourgs et soutaches ainsi que les brides des épaulettes sont or et écarlate dans la proportion deux-tiers écarlate, un tiers or (brandebourg et soutache, planche XIII, nos XII et XIII).

GILET

Comme les marins avec trois rangées de boutons horizontalement, galons, brandebourgs et soutaches or et écarlate.

PANTALON

Comme les marins avec hongroises or et écarlate, ainsi que les galons de côté.

SABRE

Comme les marins avec dragonne or et écarlate.

FUSIL ET SAC

Comme les marins, ainsi que la buffleterie et la giberne (planche II).

Sous-officiers en petite tenue de 1805 à 1815

Le caracot avec les galons or du grade en chevron et les boutons dorés, avec ou sans épaulettes, les galons du collet et des parements or et écarlate. Le schako de grande tenue sans la cordelière ni le plumet (peut-être un pompon sphérique ou à partir de 1811). Même pantalon que les marins, sur guêtres. Dragonne du sabre comme en grande tenue.

Sous-officiers en tenue de ville

La grande tenue avec le schako.

En tenue de ville ou de congé, les sous-officiers faisaient souvent de la fantaisie, le dolman et le pantalon étaient ornés de soutaches plus nombreuses. Les sous-officiers pouvaient aussi porter la redingote à deux rangs de boutons d'uniforme.

Les maîtres (sergents-majors) ont à partir de 1808, le chapeau avec ganse de cocarde or et petites ganses or, marons écarlates à centre or dans les cornes. Le reste de l'uniforme comme en grande tenue.

Officiers en grande tenue de 1805 à 1815

A partir de 1805, les officiers prirent le même uniforme que les officiers de chasseurs à cheval de la Garde en tenue de ville, mais l'habit bleu marine, à collet, revers, parements, retroussis et doublure, le tout bleu marine, avec des ancres brodés or sur les retroussis, poches non apparentes.

ÉPAULETTES

En or, du grade sur drap bleu marine ainsi que les brides d'épaulette (planches II, V et VIII).

BOUTONS

Dorés.

GILET

Écarlate à la hussarde, à trois rangs de boutons dorés, tous les ornements or.

PANTALON

Collant dans la botte, avec des hongroises droite en or selon le grade et galon or sur les côtés, le pantalon en drap bleu marine.

CHAPEAU

Porté en colonne, à plumet écarlate pour les officiers subalternes, à plumet blanc pour les officiers supérieurs, ganse de cocarde or et huit petites ganses or, macarons or à franges dans les cornes, selon le grade, deux boutonnières brodées or au collet (ancre et feuilles de chêne et de laurier).

BOTTES

À la hussarde sur le pantalon, gland et passepoil or, éperons à la hussarde en toutes tenues en fer.

GANTS

De peau jaunâtre, simples.

Marins de la Garde (Vieille Garde)
Contre-maître (sergent) en grande tenue après 1804 (en 1809)
Capitaine de vaisseau en grande tenue après 1804 (le plumet est probablement blanc)
Marin en tenue de campagne après 1804 (en 1809) en caracot avec les épaulettes

SABRE

Au début de l'Empire le fourreau est en cuir noir avec trois garnitures dorées. Ensuite en fer bronzé avec trois garnitures dorées. Dragonne or suivant le grade (planche XIV, n°ˢ VIII et IX).

CEINTURON

En cuir noir verni de 62 millimètres de large avec baguettes dentelées brodées or. Les officiers supérieurs ont deux baguettes, une extérieure dentelée et une intérieure simple ; les officiers subalternes n'ont qu'une baguette. De 1804 à 1809, la plaque de ceinturon est en cuivre doré avec l'aigle (planche XII, n° 5) ; de 1809 à 1811 en cuivre doré avec aigle le plus simple, et de forme rectangulaire (planche XIV, n° VII et planche XII, n°ˢ 7 et 8).

Officiers en petite tenue de 1805 à 1815

Suit la règle des officiers de marine en campagne. Épaulettes et dragonnes du grade, bottes sans gland ni cordonnet.

CHAPEAU

Simple, porté en colonne, sans plumet ni macarons, avec ganses de cocarde or et huit petites ganses.

SURTOUT

Bleu marine à sept gros boutons avec ancre brodée or sur les retroussis, gilet visible, ensuite à neuf gros boutons, gilet non visible. L'uniforme porté de 1803 à 1805 était encore en service en 1807, il servait peut-être de petite tenue, avec cheveux courts, chapeau porté en colonne, sans plumet, ceinturon noir du grade, sabre à deux bélières, pantalon charivari, sans basane, à sous-pied, à boutons sphériques de cuivre et une poche sur chaque cuisse, fermée par un bouton (planche VII)

et souvent des moustaches. Bonnet de police ornement or.
En campagne on voit aussi un hausse-col doré avec une ancre en relief.

Notes

D'après certains documents de 1812 à 1815, même chose avec un habit modèle 1812, gilet non visible. Le chapeau porté en colonne n'a que la ganse de cocarde et des macarons or sans frange. Pantalon de peau blanche dans la botte à revers (planche VII bis).

Officiers en tenue de ville, été et hiver, de 1805 à 1815

Comme les officiers de marine. Ceinturon noir ou blanc, à la taille, avec plaque de ceinturon et porte-épée de même et l'épée, dragonne or du grade. Épée à lame plate, avec poignée, garde en métal doré, fourreau de cuir noir, bouton métal doré. En été, culotte blanche ou de nankin avec bottes, ornements or (à la hussarde) ou la culotte de drap blanc avec les bas blancs et les souliers à boucles. Ils portaient aussi la redingote et le manteau à rotonde.

Capitaine de vaisseau

faisant fonction de major-commandant en grande tenue de 1805 à 1815

HABIT

Bleu marine avec sur le collet, de chaque côté, deux boutons sur deux broderies or (ancre, feuilles de chêne et de laurier). Mêmes broderies sur les revers, parements, poches et sous les boutons de la taille, derrière l'habit (planche XIV), ancres sur les retroussis. Épaulettes or de colonel et dragonne or du sabre à grosses torsades.

GILET

Comme les officiers.

PANTALON

Comme les officiers avec cinq galons sur les cuisses (modèle Hussards).

CHAPEAU

Avec petites ganses comme les officiers, macarons à grosses torsades dans les cornes. Plumet blanc.

BOTTES

A la hussarde avec galon et gland à grosse torsade en or. Éperons acier. Le reste comme les autres officiers.

HARNACHEMENT DE LA GROSSE CAVALERIE

Toutes les boucles du cheval dorées. Chaînette de têtière dorée. Selle à la française en drap bleu marine. Housse en drap bleu marine galonnée or, grand galon à l'extérieur, petit galon à l'intérieur, dans les coins postérieurs une aigle sur ancre, brodée or, trois chaperons de même (planche VIII). Sous la selle, du cuir noir contre le frottement de la botte.

Capitaine de frégate

Même chose, avec la différence des épaulettes (épaulettes or de chef de bataillon) ainsi que la dragonne du sabre, quatre galons or sur les cuisses (modèle Hussards).

Petite tenue des officiers supérieurs

Comme les autres officiers avec les épaulettes du grade et la dragonne.
Deux boutonnières brodées or au collet et aux parements. Harnachement de petite tenue des officiers.

Marins de la Garde (Vieille Garde)

Tambour en grande tenue en 1810

Planche IV

Marins de la Garde (Vieille Garde)

Musicien en grande tenue en 1810

Il n'y a aucune donnée exacte concernant l'uniforme.
L'habit devait avoir les revers écarlates en pointe retroussis et doublure écarlate, ancres brodés or aux retroussis.
Le gilet peut-être à la hussarde, rouge ou bleu avec les tresses et galons or.

Le pantalon dans la botte à la souvarow sans ornement.
Épée à poignée et bout de cuivre sans dragonne.
Ceinturon et porte-épée en cuir noir verni.
Poches en travers sur l'habit, galonnées or avec trois gros boutons.

PLANCHE V

Marins de la Garde (Vieille Garde)

Lieutenant de vaisseau en 1810 en grande tenue d'après Valmont
Huit petites ganses au chapeau, deux boutonnières brodées au collet.

Planche VI

Planche VII

Planche VI

Marins de la Garde (Vieille Garde)
Capitaine de frégate en grande tenue (1803 à 1805)
Enseigne de 2ᵉ classe en grande tenue (1803 à 1805)

Planche VII

Marins de la Garde (Vieille Garde)
Enseigne de vaisseau en campagne en 1807
Petite tenue (surtout). Surtout à sept gros boutons sur la poitrine, ancres sur les retroussis.

Planche VII bis

Marins de la Garde (Vieille Garde)
Capitaine de vaisseau en 1812
Il est à remarquer que le ceinturon est blanc avec un porte-épée et une épée.
De 1808 à 1810 les officiers ont le pantalon de peau blanche.

Planche VII bis

PLANCHE VIII

PLANCHE IX

PLANCHE VIII

Marins de la Garde (Vieille Garde)
Capitaine de vaisseau (1810 à 1814) faisant fonction de major commandant

D'après Bucquoy le capitaine de vaisseau à cheval a la housse de général avec les trois chaperons ronds, en drap rouge, galons or, le petit galon à l'intérieur. Les bottes à l'écuyère avec éperons d'acier. Le pantalon peut être blanc en peau sans hongroise ni galon. Le capitaine de frégate, à cheval a la housse de drap bleu avec deux galons or, le petit galon à l'intérieur, deux chaperons, modèle de l'infanterie, avec les galons pareils à ceux de la housse. Les bottes à retroussis, éperons d'acier. Le pantalon peut être blanc comme celui du capitaine de vaisseau.

PLANCHE IX

Marins de la Garde (Vieille Garde)
Trompette et marins en petite tenue (1810) en caracot (D'après une aquarelle de Job)

PLANCHE X

Marins de la Garde (Vieille Garde)
Porte-étendard en tenue de campagne (1812 à 1815) tenue d'hiver

Le porte-étendard était un contremaître (sergent) chevronné, il était escorté de deux marins formant la garde de l'étendard. D'après Fallou la draperie de l'étendard serait violette.

PLANCHE X

Marins de la Garde (Vieille Garde)

I. Dolman de marin de 1809 à 1815 vu de face. Sous le dolman on voit le gilet et le haut du pantalon avec le trèfle (En 1811, ce trèfle est plus simple).

II. Dolman de marin de 1803 à 1815 vu de dos.

III. Dolman de marin de 1803 à 1815 vu de côté.

IV. Petit bouton du dolman et du gilet de 1805 à 1815 vu de face et de profil (1,5 centimètre).

V. Cocarde et ganse du schako, avec jugulaires en écailles de cuivre, de 1809 jusqu'en 1810, époque où la ganse et son bouton sont supprimés.

VI. Banderoles du sabre et de la giberne vu de face avec la chaînette servant à tenir le débouchoir (épinglette) du fusil, après 1811.

VII. Équipement vu de dos, banderole du sabre avec bélières, et banderole de giberne avec la giberne de 1805 à 1811.

VIII. Collet et haut du dolman de 1809 à 1815.

IX. Parement du dolman (modèle des Hussards, sans bouton).

X. Ancre en cuivre de la banderole de la giberne. Cette ancre ne fut portée qu'à partir de 1811 ; elle était un peu plus haute que sur le dessin.

XI. Gros bouton, légèrement bombé, en cuivre, modèle de la Garde, sans ancre. C'est le bouton du caracot, depuis 1805 jusqu'en 1815 et le même modèle pour les petits boutons du dolman et du gilet de 1805 à 1815.

XII. Bouton en cuivre de 1803 à 1805 (Garde Consulaire). Même chose pour les petits boutons du dolman et du gilet.

Marins de la Garde (Vieille Garde)

1. Schako de 1803 à 1808, sans la visière mobile.

2. Schako en 1809 (visière fixe) porté jusqu'en 1815.

3. Schako porté aussi jusqu'en 1815. La ganse de cocarde et son bouton sont supprimés le 9 novembre 1810.

4. Épaulettes de marin avec son passant, treize rangs d'écailles de cuivre : le premier rang de cinq écailles, le deuxième de quatre écailles, le troisième de cinq écailles et ainsi alternativement jusqu'au bout. Les épaulettes sur drap écarlate. Le passant, d'après Rousselot, serait en galon aurore.

5. Plaque de ceinturon d'officier de 1804 à 1809, motif de feuilles de laurier.

6. Haut du pantalon de marin en 1811. Les boutons sont en drap de la couleur du pantalon.

7. Ceinturon d'officier (enseigne).

8. Ceinturon d'officier (capitaine de vaisseau et capitaine de frégate).

9 Plaque de schako de marin, porté de 1809 à 1815.

10. Gilet de marin (ouvert) 1803 à 1815.

11. Gilet de marin (fermé) 1803 à 1815. Le gilet ne change pas depuis la création du Corps. Il a toujours trois rangs de boutons placés horizontalement.

Marins de la Garde (Vieille Garde)

I. Caracot (ou veste) de marin. Pas de bouton derrière.

II. Bonnet de police de marin pendant tout l'Empire.

III. Couvre schako.

IV. Giberne, se plaçant à la ceinture de 1803 à 1805.

V. Même giberne, vu de profil.

VI. Giberne, avec l'attache au porte-giberne de 1805 à 1811.

VII. Giberne, avec l'attache au porte-giberne de 1811 à 1815.

VIII. Porte-giberne vu de dos de 1805 à 1815. Après 1811 on ajoute sur le devant une plaque en cuivre avec ancre en relief.

IX. Plaque du ceinturon porté en bandoulière de 1805 à 1815.

X. Sabre avec le ceinturon porté en bandoulière.

XI. Dragonne du sabre.

XII. Ganse de sous-officier. Elle doit avoir un centimètre. Même chose pour les galons plats du dolman et les tresses de la poitrine.

XIII. Soutache des sous-officiers.

XIIIbis. Hongroises de la culotte des marins :
a : de 1803 à 1809,
b : de 1809 à 1811,
c : de 1811 à 1815

XIV. Trèfle d'épaule des trompettes de 1803 à 1809. On représente aussi le fond en cramoisi. Mêmes trèfles pour les musiciens.

XV. Hache d'abordage portée par un tiers des marins de 1803 à 1805.

XVI. Ceinturon porté à la taille, avec la giberne et le pistolet de 1803 à 1805.

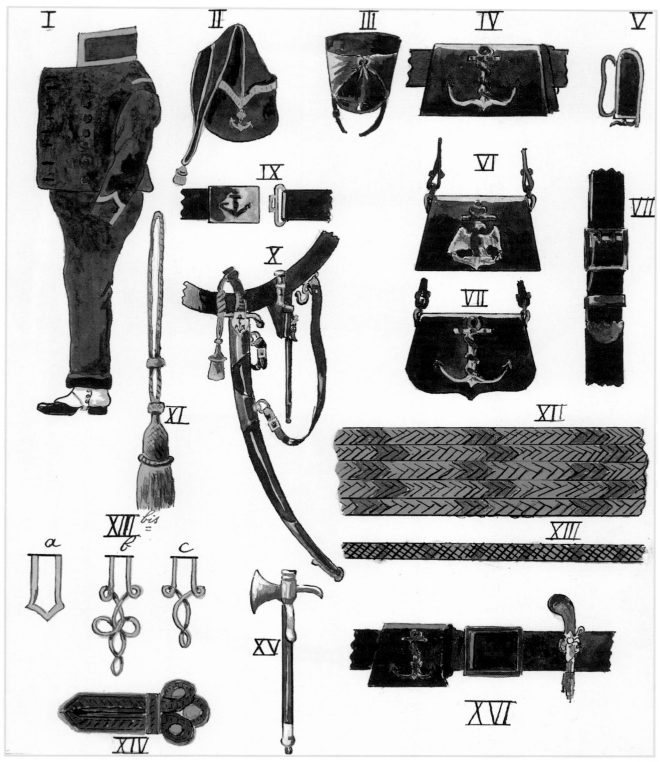

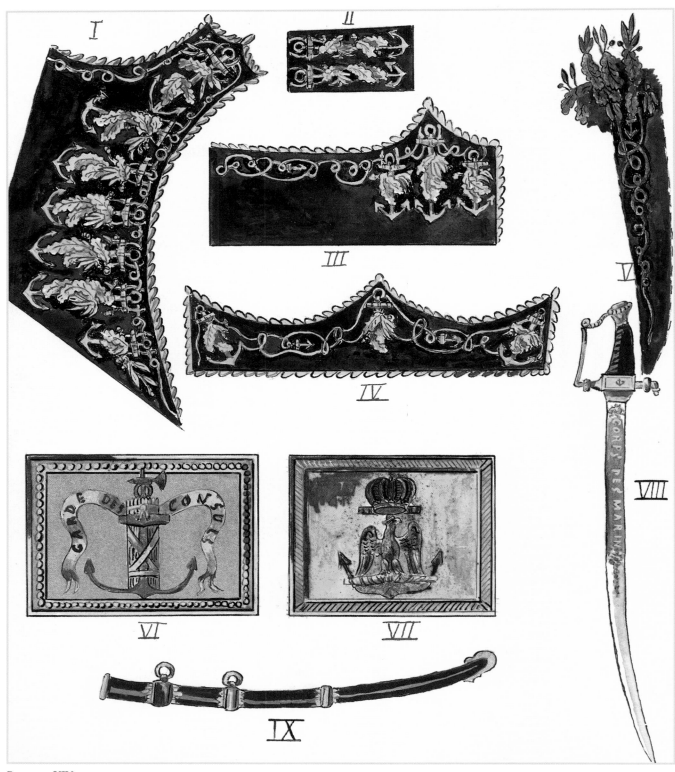

PLANCHE XIV

Marins de la Garde (Vieille Garde)

I. Broderie en or du revers (gauche) des officiers supérieurs.

II. Broderie en or du collet (gauche) des officiers supérieurs.

III. Broderie en or du parement (gauche) des officiers supérieurs.

IV. Broderie en or des poches des officiers supérieurs.

V. Broderie en or du haut des retroussis des officiers supérieurs. Sur toutes ces broderies sont cousus les boutons.

VI. Plaque de ceinturon des officiers de 1803 à 1804.

VII. Plaque de ceinturon des officiers de 1809 à 1814 (cuivre doré).

VIII. Sabre des officies à la fin de l'Empire

IX. Fourreau du même sabre en fer bronzé, bagues dorées.

Chasseurs à pied
Vieille Garde

Historique

Le 29 juillet 1804 (10 thermidor AN XII) on créa un régiment de Chasseurs à pied de la Garde, de deux bataillons, plus un bataillon de vélites, attaché au régiment (voir Grenadiers, Vélites, planche 19 bis, page 69).

1806

Le 15 avril, le régiment est changé en un corps de Chasseurs, comprenant :
• deux régiments de Chasseurs de deux bataillons chacun
• un régiment de Vélites de deux bataillons
Le 15 décembre, le régiment de Vélites ne fut jamais formé et on créa à sa place le régiment des Fusiliers chasseurs.

1807

Deux régiments de Chasseurs et un régiment de Fusiliers chasseurs.

1808

1er octobre, les deux régiments de Chasseurs furent réunis en un seul régiment de deux bataillons.

1809

Le régiment de Chasseurs et celui de Fusiliers chasseurs prirent le nom de Vieille Garde.

1810

Même chose.

1811

Le 30 août on crée un second régiment de Chasseurs de deux bataillons.

1812-1813-1814

Même chose. Beaucoup de Chasseurs accompagnent l'Empereur à l'île d'Elbe.

1814

Les deux régiments de Chasseurs deviennent « Le Corps royal des Chasseurs à pied de France », en garnison à Nancy, comprenant les deux régiments de Chasseurs dans lesquels sont incorporés les Fusiliers chasseurs.

1815

Le 8 avril l'Empereur rétablit quatre régiments de Chasseurs de la Garde Impériale. Le premier de ces quatre régiments fut formé avec les chasseurs revenant de l'île d'Elbe et du corps royal des Chasseurs.
Après Waterloo les Chasseurs sont licenciés.

Notes générales

Tout ce qui concerne les Chasseurs à pied de la Garde, la formation du régiment, les tenues, etc., suit la même règle que pour les Grenadiers de la Garde.
Même état-major que les grenadiers comme formation. De 1804 à 1809 tous les Chasseurs étaient commandés par un colonel ayant le grade de général de brigade, Soulès. De 1809 à 1811 par un colonel ayant le grade de général de division.
De 1811 à 1815, excepté pendant la Première Restauration, tous les Chasseurs, Vieille et Jeune Garde, ont un même état-major général mais le 2e Régiment et la Jeune Garde étaient commandés par un major tandis que le 1er régiment était commandé par un général de division. Pour entrer dans les Chasseurs il fallait cinq ans de service dans l'infanterie légère, les hommes étaient âgés entre 30 et 45 ans, mais quelques-uns avaient moins de 30 ans.
La taille exigée était de 1,70 m.
La caserne des Chasseurs était à Rueil, mais ils faisaient le service de garde près de l'Empereur : un bataillon alternant avec un bataillon de Grenadiers. Les chasseurs étaient alors logés à Paris au quartier Panthémont, rue Grenelle St Germain, jusqu'en 1811, ensuite à l'École Militaire. Tous les Chasseurs portaient la queue, les favoris et la moustache ; beaucoup de Chasseurs avaient aussi des anneaux aux oreilles.
Les cheveux furent poudrés en grande tenue et tenue de gala jusqu'à la fin de l'année 1804, puis dans les grandes cérémonies.
Le colonel général a le même uniforme que le colonel général des grenadiers, avec les attributs des chasseurs.

Drapeaux

Même chose que pour les grenadiers.

Chapeaux

Il fut porté en tenue de route jusqu'à la fin de l'Empire. En grande tenue le chapeau pouvait se porter comme les grenadiers, derrière le sac, dans un étui en coutil. Sur la tête de l'homme il se portait en colonne.

Musique

Une musique commune pour tous les régiments de Chasseurs, les Vélites, les Fusiliers chasseurs et pour les régiments de Chasseurs de la Jeune Garde.
Même composition de la musique que pour les grenadiers mais les haut-bois n'y furent introduits que plus tard. D'après certains documents il y avait des fifres avec les tambours.

Chasseurs à pied (Vieille Garde)

Soldat en grande tenue d'hiver
Officier en grande tenue d'hiver (capitaine)
Soldat en grande tenue d'été

Uniformes

Soldats en grande tenue

L'uniforme est semblable à celui des Grenadiers avec les différences suivantes :

HABIT

Revers et parements en pointe, passepoilés de blanc, sans bouton sous le revers droit. Un petit bouton sur le parement et un au-dessus (planche 6, n°ˢ II et III), retroussis garnis d'une grenade sur celui du milieu et d'un cor sur celui extérieur (planche 7, n° 15). La grenade et le cor en laine aurore sur fond de drap blanc cousu sur le retroussis. Le cor a le pavillon dans le bas, tourné vers l'intérieur, la grenade a la flamme placée au dessus de la grenade.

ÉPAULETTES

A franges et croissant écarlates, le corps vert sur drap bleu, les passants en galon de fil vert sur drap bleu (planche 7, n° 4 bis).

BOUTONS

De la Garde.

BONNET À POIL

(Planche 6, n° 4). Sans plaque devant ni calot derrière, ni jugulaire, orné d'une cordelière blanche à deux raquettes et deux glands. D'après les dessins de Job, il n'y aurait pas de gland au dessus des raquettes. Deux glands tombant devant à la partie supérieure du bonnet.

PLUMET

Un tiers du haut écarlate, deux-tiers du bas vert. Cocarde sous le plumet.

CULOTTE

Comme les grenadiers, mais à petit pont.

GIBERNE

D'infanterie avec, sur la patelette, une aigle couronnée en cuivre, sans grenade ni cor.

GUÊTRES

Comme les grenadiers. Il y avait aussi des guêtres grises.

SABRE

Briquet de grenadiers à dragonne en galon de fil blanc, gland écarlate, franges vertes. L'attache du sabre au baudrier comme pour les grenadiers avec un tenon en cuivre. Même armement et équipement que les grenadiers. Les bords des baudriers du sabre et de la giberne ont une rainure.

Petite tenue, de route ou de campagne

Suit la règle des grenadiers. Surtout jusqu'en 1809, puis l'habit.

SURTOUT

Etait pareil à celui des grenadiers, avec les cors et grenades sur les retroussis placés comme sur l'habit et les épaulettes des chasseurs. Il se portait en campagne, en tenue de ville et en tenue d'exercice selon la décision de l'officier commandant.

PANTALON

Suit la règle des Grenadiers.

CHAPEAU

Porté en colonne, simple, avec à droite quatre petites ganses et à gauche deux petites ganses (planche 6, n° X), toutes en cordonnet orange. Chez les Grenadiers ces ganses sont plus larges, en galon. Sur la gauche une cocarde tricolore avec ganse plus large en galon orange, retenue par un petit bouton d'uniforme. Au-dessus de la cocarde un pompon en carotte en laine verte. On le représente aussi surmonté d'une houppette rouge, probablement après 1812 (planche 4). Macarons verts dans les cornes. En 1812 les macarons sont supprimés. Réglementairement le chapeau en campagne ne doit pas avoir de pompon. Les Chasseurs portaient également le bonnet à poil sans autre ornement que les deux glands du haut qui sont cousus sur le bonnet. En temps de pluie ou de froid le bonnet à poil est recouvert d'un couvre-bonnet de toile noire et les hommes portent la capote. Le reste comme en grande tenue.

CAPOTE

Pareille à celle des Grenadiers. En 1813 il y a un changement, il y a deux rangs de boutons sur la poitrine.

BONNET DE POLICE

Comme les Grenadiers, avec devant un cor aurore sur drap blanc (planche 7, n° 16).

Tenue de ville

Suit la règle des Grenadiers avec les attributs de Chasseurs. Le chapeau avec son pompon porté en colonne.

Tenue de quartier ou de corvée

Comme les Grenadiers.

Tenue d'exercice

Selon la décision de l'officier commandant.

Caporaux

Dans toutes les tenues et à toutes les époques, comme les soldats avec les galons de caporal en chevron en galon de laine aurore.

Officiers en Grande tenue

Comme les soldats avec les attributs et épaulettes d'officiers. Cordelière or au bonnet à poil, raquettes et glands or. Hausse-col en cuivre doré, avec motif argent (planche 7, n° 14). Les ornements des retroussis brodés or à même le retroussis, (planche 7, n° 15) grenade sur le retroussis intérieur, cor sur le retroussis extérieur. Épaulettes comme les officiers de grenadiers avec un cor en paillettes entourant la grenade (planche 7, n° 10) sur doublure de drap bleu.
Bottes à retroussis en tenue d'hiver, grandes guêtres blanches en été.
Ceinturon en buffle blanc à rainures, plaque en cuivre doré avec probablement le même motif en argent que le hausse-col.

Officiers en Petite tenue

Comme les officiers de Grenadiers avec les attributs de Chasseurs. Le chapeau se portant en colonne. Bottes à la souvarow à petit liseré et gland or.
Chapeau avec la ganse de cocarde en or et six petites ganses en cordonnet or (planche 7, n°ˢ 18 et 19).
Pour toutes les autres tenues, comme les Grenadiers avec les attributs de Chasseurs. De même pour le bonnet de police.

Chasseurs à pied (Vieille Garde)

Tambour-major et tambours en grande tenue d'hiver avant 1810

Sous-officiers en Grande tenue

Même uniforme que les soldats avec les insignes du grade.

Sergent

Galons de sergent en chevron or sur drap écarlate. Chevrons d'ancienneté en or.
Bonnet à poil. Cordelière, glands et raquettes en laine verte et or dans les mêmes proportions que les grenadiers.

Notes

Aux Invalides, à l'exposition de Napoléon et de la Grande Armée, il y a un bonnet à poil de sergent de Chasseurs, avec la cordelière, glands et raquettes vert et écarlate.
Ornements des retroussis comme les officiers, brodés or à même le retroussis.
Épaulettes. Corps vert, liseré or. Ces liserés sont supprimés après l'année 1804, passant verts liseré or (planche 7, n° 8 et le texte).
Après l'année 1804 les passants sont en galon or sur drap bleu.
Dragonne blanche, gland or à franges écarlates.

Sergent-major

Même chose avec les galons de sergent-major.
Les franges des épaulettes sont écarlates et or, la tournante or, le cor et les passants comme les sergents (planche 7, n° 9). Dragonne blanche, gland or, franges or et écarlates.

Fourrier

Les galons de caporal en chevron galon or de fourrier sur le haut des bras. Le reste comme les caporaux avec épaulettes de sergents.

Adjudant

Comme dans les grenadiers, avec les attributs de Chasseurs.

Sous-officiers en Petite tenue

Comme les sous-officiers de Grenadiers avec les attributs de Chasseurs.

Chapeau avec petites ganses en cordonnet or et vert, la ganse de cocarde en galon or, macarons or et vert dans les cornes, pompon en carotte comme les soldats.
Bonnet de police comme les sous-officiers de Grenadiers mais le galon or de la bande est liseré de vert, les passepoils et le gland de la flamme sont or et vert, cor de chasse brodé or sur drap vert sur le devant (planche 7, n° 17).

Tambour-major en grande tenue

HABIT

De drap bleu, garni sur toutes les coutures d'un galon d'or, à lames et à crêtes de quinze lignes de large (3 centimètres). Collet, revers, parements, tour des poches, retroussis bordés du même galon, ainsi que les boutons de la taille. Les boutons des revers et ceux des poches avaient des boutonnières en galon or.

ÉPAULETTES

En or à gros bouillons, le cor en galons à bâtons. Les ornements des retroussis (cors et grenades) brodés en or.
Galons de sergent-major en or sur drap écarlate placés en chevron.

VESTE

De drap blanc, galonnée or, poches à trois pointes sans ornement.

PANTALON

Blanc, galonné or et nœud hongrois en galon à crêtes. Même galon sur les coutures extérieures des jambes (galons de quinze lignes).

BRODEQUINS

En cuir noir, en cuir vert les jours de parade ou bien bottes à la souvarow, galon et gland or.

CHAPEAU

Plumes intérieures vertes et blanches. Plumet blanc avec deux plumes d'autruche verte et une écarlate à la base (plumes follettes). Le chapeau est bordé d'un galon or de 18 lignes à lames et à crêtes. Ganse de côté comme les officiers, macarons or à franges à gros bouillons dans les cornes.

BAUDRIER

En velours écarlate, bordé devant et derrière d'un galon or et de franges d'or à gros bouillons.
Sur le devant, des broderies de feuilles de chêne en or, un cor de chasse brodé en paillettes or au dessus du porte baguettes doré, avec petites baguettes en ébène à têtes d'ivoire. Ces petites baguettes sont réunies au dessus par une petite chaînette d'argent. Le derrière du baudrier est orné de cors de chasse, brodés en or (planche 7, n° 2). Il se termine à gauche par un porte-sabre en velours écarlate, galonné or dans le haut et dans le bas.

CEINTURON

En cuir vert, brodé de feuilles de chêne en or, plaque dorée avec un cor en argent en relief (planche 7, n° 1). Ce ceinturon n'est qu'un ornement car le sabre n'y est pas attaché.

SABRE

D'officier d'infanterie, dragonne or à franges à gros bouillons. Le sabre est attaché au porte sabre du baudrier.

CANNE

En bois clair, à pomme et bout argent, chaînette argent, sur la pomme un cor de chasse et des étoiles d'or (planche 7, n° 3 et 4).

GANTS

A crispin blancs, galonnés or.

Tambour-major en petit uniforme

SURTOUT

De Chasseurs, jusqu'en 1809.
Collet, retroussis, parements et le tour des poches bordés d'un double galon or de douze lignes de large. Galons de sergent-major en or sur les manches. Ornements des retroussis brodés or.

Chasseurs à pied (Vieille Garde)
Caporal tambour – Musicien – Tambour – Sapeur en grande tenue avant 1808

ÉPAULETTES

En or à franges simples de filé, même chose pour la dragonne du sabre et les franges du chapeau dans les cornes.

CHAPEAU

Sans ornement si ce n'est la cocarde avec sa ganse et son bouton et un simple plumet écarlate.

VESTE ET PANTALON

Blancs sans ornement.

BOTTES

A la souvarow sans ornement.

GANTS

Blancs simples en peau de daim.

ÉPÉE

Avec sa dragonne, poignée et bout dorés, attachée à un ceinturon de buffle blanc et plaque de cuivre avec cor en relief en cuivre.

Notes

Après la suppression du surtout, ils ont l'habit de Chasseurs avec les mêmes ornements que le surtout .

Autres tenues

Même chose que pour le tambour-major des Grenadiers avec les attributs des Chasseurs.

Tambours

Grande tenue de 1804 à 1808

Comme les Chasseurs, avec galons or au collet, aux revers et aux parements. Épaulettes comme les soldats avec nids d'hirondelle en drap rouge, galonnés or.
Les ornements brodés en or sur l'étoffe des retroussis, grenades et cors de chasse. Sabre avec sa dragonne. Le collier de tambour comme les grenadiers, mais la grenade, au dessus de la plaque est remplacée par un cor. La caisse comme celle des grenadiers, sur les cercles bleus des cors et des grenades alternés, peints en jaune. Rien sur le cuivre de la caisse.

Notes

D'après un dessin de Job, le tambour a sur la caisse une aigle couronnée et quatre cors de chasse, le tout en cuivre et en relief (planche 6, n° XI).
Les autres accessoires du tambour comme ceux des grenadiers.

De 1808 à 1812

Même chose, avec ces différences :
Les nids d'hirondelle sont supprimés.
Les épaulettes à franges rouges, la rangée de franges extérieures en or, le corps vert, croissant rouge et or, les passants ou brides vert liseré or, le corps de l'épaulette a des galons en or en travers.
Collet, parements, revers et retroussis bordés d'un galon d'or, mélangé de laine verte, de dix lignes de large.
Même galon, mais en or, en losanges aux boutons de la taille dans le dos.
Boutonnières sans frange en galon vert et or, aux boutons les revers et à ceux des poches.
Le reste ne change pas (planche 5, et épaulettes planche 7, n° 5).

De 1810 à 1812

Mariage de l'Empereur en 1810.
Même chose. Cheveux en queue, poudrés.

De 1812 à 1815

Suit la règle des grenadiers.

Petit uniforme ou tenue de route et de campagne

Suit la règle des Grenadiers avec les attributs des Chasseurs.

Tenue de ville

Suit la règle des Grenadiers.

Tambour-maître (caporal tambour)

A toutes les époques et dans toutes les tenues, comme les tambours avec les galons du grade de caporal en chevron.
Sur le baudrier du sabre, un cor en cuivre.
Canne à pomme de cuivre avec cordon et glands vert et or.

Musiciens en Grande tenue

L'uniforme reste toujours pareil et ne change pas pour le mariage de l'Empereur.
Chapeau comme les musiciens Grenadiers avant 1810, garni à l'intérieur de plumes blanches et vertes, plumet rouge un tiers du haut, vert deux-tiers du bas sans plumes follettes, ganses or, cocarde, marrons or dans les cornes.
Épaulettes, corps vert, tournante rouge et or, franges rouges, passant vert liseré or; Queue poudrée. Bottes à la souvarow, liserées or avec gland or. Habit bleu, doublure écarlate. Collet bleu, fond de l'habit avec un galon or de dix lignes. Revers blancs bordés du même galon. Retroussis écarlate bordés du même galon. Parements écarlate bordés du même galon. Ornements des retroussis comme les soldats, brodés or, cousus à même l'étoffe des retroussis. Galon or, formant losanges autour des boutons de la taille (planche 6, n° 1).
Gilet et culotte comme les soldats, culotte à petit pont. Épée, poignée et bout dorés, dragonne verte et or, ainsi que le gland. Ceinturon blanc, sous le pont, avec porte épée.

Musiciens en Petit uniforme

Suit la règle des musiciens des Grenadiers avec les épaulettes de musicien et le plumet rouge et vert.

Musiciens en Tenue de ville

Suit la règle des musiciens des Grenadiers, avec les attributs de Chasseurs.
Épée à dragonne or et verte.

Chef de musique

Comme les musiciens avec les galons de sergent-major.

Fifres

Comme les tambours dans toutes les tenues et à toutes les époques.

Chasseurs à pied (Vieille Garde)

Soldats et officier supérieur en tenue de route (1812 à 1815)
En 1813 il y a sur la capote un passepoil rouge au collet et aux parements,
et un écusson rouge bordé de blanc, avec de chaque côté un petit bouton d'uniforme au collet.

Marches militaires des Chasseurs

La marche des Chasseurs et de tous les corps de Chasseurs de la Jeune Garde était « La Carabinière ». Les autres marches : « La Victoire est à nous » et « Veillons au salut de l'Empire ».

Sapeurs en Grande tenue de 1804 à 1810

Même équipement que les sapeurs des grenadiers. Même uniforme que les chasseurs, avec les épaulettes de sergent, le passant de l'épaulette en or. Deux haches croisées, brodées en or, sur drap vert, cousues dans le haut de chaque bras. Sabre briquet, dragonne de sergent avec un baudrier sans ornement. Un étui hache, avec giberne et un baudrier comme les Grenadiers, mais sans grenade ni cor, seulement des haches en cuivre, croisées sur drap rouge formant passepoil (planche 6, n° VIII).

Ceinturon comme les Grenadiers avec un cor entourant une grenade (planche 6, n° VII) sur la plaque. Bonnet à poil un peu plus large que celui des Chasseurs, cordelière, glands et plumet comme ceux des chasseurs (planche 6, n° VI). Ornements brodés sur les retroussis (planche 6, n° IX).

Sapeurs en Grande tenue de gala de 1810 à 1815

Au mariage de l'empereur en 1810, l'uniforme est le même, mais on y ajoute des galons or et laine verte de dix lignes, au collet, revers, parements, sur toutes les coutures et sur les bords des retroussis, en losange autour des boutons de la taille. Des boutonnières de même galon, formant brandebourgs sans frange à tous les boutons des revers et aux poches. Le sabre à tête de coq sans dragonne, comme celui des Grenadiers. Épaulettes : corps vert à galons or en travers, croissant or, franges rouge et or, passant vert, liseré or (planche 7, n° 6).

Le cordon du colback , les raquettes, les glands vert et or (planche 6, n° VI).

Cheveux en queue, poudrés.

Sapeurs en Petite tenue pendant tout l'Empire

Comme les soldats avec haches brodées or sur vert sur chaque bras. Collet et parements bordée d'un galon or de dix lignes. Épaulettes ; chapeau de sergent, sabre briquet, dragonne de sergent. Bonnet de police, suit la règle des Sapeurs. Les autres tenues comme pour les Grenadiers avec les attributs de Chasseurs.

Sergent et caporal sapeurs

Suivent les mêmes règles que pour les Grenadiers avec les attributs de Chasseurs.

Chasseurs à pied (Vieille Garde)

Sergent-major en grande tenue d'été
Tambour en grande tenue à partir de 1808
Sapeur en grande tenue en 1810 au mariage de l'Empereur

LÉGENDE PLANCHE 6, PAGE 116, PAGE 117

Chasseurs à pied (Vieille Garde)

I. Habit de musicien (en 1810).

II. Parement de chasseur (manche droite).

III. Habit de chasseur (en 1810).

IV. Colback de chasseur (vu de dos et sans le plumet).

V. Habit de sapeur (tenue de gala : mariage de l'Empereur en 1810 jusqu'en 1815).

VI. Colback de sapeur (vu de face).

VII. Plaque de ceinturon de sapeur (une grenade au milieu du cor).

VIII. Baudriers de sapeur.

IX. Grenade et cor des retroussis, des officiers, des sous-officiers, des sapeurs, des musiciens et des tambours.

X. Chapeau de soldat, en petite tenue. Les ganses sont en cordonnets orange. Pour les grenadiers ce sont des galons oranges.

XI. Tambour, d'après un dessin de Job. Sur la caisse une aigle non couronnée et quatre cors de chasse, le tout en relief, en cuivre.

LÉGENDE PLANCHE 7, PAGE 118

Chasseurs à pied (Vieille Garde)

I. Ceinturon de tambour-major, en cuir vert, broderies or (feuilles de chêne) avec sa plaque en cuivre doré ornée d'un cor d'argent en relief.

II. Baudrier de tambour-major en velours écarlate brodé or. C'est à ce baudrier que le sabre est attaché.

III. Dessus de la pomme de la canne de tambour-major en argent avec un cor de chasse et quatre étoiles en or.

IV. Même chose, vu de profil.

IVbis. Épaulette de Chasseurs.

V. Épaulette de tambour en 1808.

VI. Épaulette de Sapeur (mariage de l'Empereur en 1810).

VII. Épaulette de musicien.

VIII. Épaulette de sergent en 1804.

IX. Épaulette de sergent-major en 1804.

Notes

Un peu après 1804, les petits galons or qui bordent le corps de l'épaulette sont supprimés, les brides sont en galon or sur drap du fond de l'habit, ensuite l'épaulette suit les mêmes changement que les épaulettes de sous-officiers des Grenadiers.

X. Motif de l'épaulette des officiers (Vieille et Jeune Garde) L'épaulette et le passant sur drap bleu, l'effilé des franges en torsades d'or. Les grades d'adjudant, de sous-lieutenant et de lieutenant comme ceux des grenadiers.

XI. Paillettes des épaulettes cousues ensemble.

XII. Grenade de retroussis d'officiers en cannetille et paillettes or.

XIII. Cor de chasse de retroussis d'officiers en cannetille et paillettes or.

XIV. Motif du hausse-col d'officier (Vieille et Jeune Garde).

XV. Retroussis d'officier en 1810 (Vieille et Jeune Garde).

XVI. Bonnet de police de soldat.

XVII. Bonnet de police de sous-officier.

XVIII. Chapeau d'officier en petite tenue.

XIX. Macaron de corne de chapeau d'officier supérieur. La frange à gros bouillons pour les officiers supérieurs en filé pour les autres officiers.

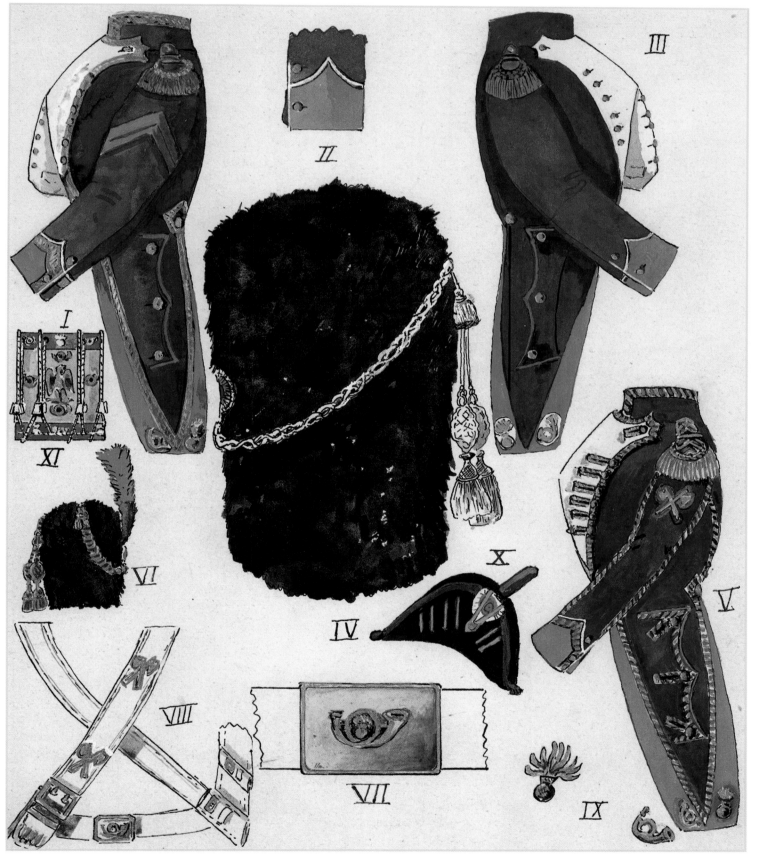

Gendarmerie d'élite

Vieille Garde

Historique

La Légion à pied fut créée en même temps que la Légion à cheval vers le 29 ou 31 juillet 1801 avec des gendarmes des légions départementales. En 1803, la Légion devient Garde Consulaire.

Elle devient Garde Impériale en 1804.

En 1805 elle part pour l'armée.

Elle fut dissoute le 15 avril 1806.

La Légion à pied formait un demi-bataillon de deux compagnies, soit six cent trente-deux hommes, officiers compris.

L'état-major était celui de la Légion à cheval.

En plus, un chef d'escadron pour la Légion à pied, un adjudant-major, un porte-drapeau, un capitaine, deux lieutenants, un maréchal des logis-chef, cinq maréchaux des logis, un fourrier, dix brigadiers, cent gendarmes et deux tambours, cela pour chaque compagnie. La Gendarmerie d'élite à pied, à sa création, fournissait trente, vingt ou seize hommes, suivant le nombre de prisonniers à la prison du Temple, ensuite elle avait pour fonction la garde des palais impériaux. La taille était de 1,76 mètre.

Uniformes

De 1801 à l'Empire

Les premiers Gendarmes d'élite portaient à peu près l'uniforme de la gendarmerie départementale, avec le chapeau de gendarmes orné d'un plumet écarlate, le chapeau bordé d'un galon d'argent et dans les cornes des macarons blancs à franges de même. Ce galon est un galon simple de 24 lignes pour les soldats, il est à crêtes de 27 lignes pour les lieutenants, il est à crêtes de 30 lignes pour les capitaines, il est à crêtes de 34 lignes pour les officiers supérieurs. Le mousqueton est semblable à celui de la Légion à cheval, mais sans tringle sur le côté. Les cheveux en queue poudrés. Il en est de même chose pour les officiers, sous-officiers, tambours etc.

Une grenade de drap bleu sur les retroussis pour les soldats. Les retroussis agrafés. Pas d'aiguillette. Des grandes guêtres noires, avec boutons cuivre en toutes saisons. Ils étaient armés du mousqueton et du sabre briquet à dragonne rouge.

Sac, avec bretelles et cuirs jaunes. Giberne avec une grenade cuivre. Les boutons portaient une grenade entourée des mots « Gendarmerie d'élite ». Buffleterie jaune, bordée de blanc.

Soldats en grande tenue de 1804 à 1806

HABIT

Comme les Grenadiers de la Garde, mais revers et parements écarlates, pattes de parement bleues, passepoil écarlate, retroussis agrafés, écarlates avec grenade de drap blanc, doublure en cadis écarlate, boutons de métal blanc, modèle de la Garde, poches en travers, passepoilées écarlate.

Épaulettes rouges, à franges, le corps de l'épaulette est bordé par un galon argent (planche V, n° II, page 126). Pas d'aiguillette. Les brides d'épaulette écarlate sur drap bleu.

VESTE

En drap jaune, modèle des Grenadiers de la Garde, petits boutons de métal blanc, d'uniforme, poches à trois pointes, sans manche.

CULOTTE

À grand pont, modèle des Grenadiers en drap jaune.

BONNET À POIL

Sans plaque sur le devant, visière arrondie en cuir noir, cerclée de métal blanc, dans le haut derrière, une plate-forme en drap écarlate avec une grenade blanche. Plumet en plumes écarlates, blanches en tenue de parade. Sur le côté gauche une cocarde et surmontant celle-ci deux raquettes avec glands blancs, pas de cordelière, jugulaires à écailles de métal blanc, avec leurs boutons portant une grenade en relief.

GUÊTRES

Au-dessus du genou, noires en hiver avec boutons cuivre, blanches en été avec boutons d'os blanc.

GANTS

Blancs simples.

CHEVEUX

Avec queue et poudrés.

ARMES

Le mousqueton du début fut remplacé par un fusil de dragon à bretelle jaune. Sabre briquet de la garde avec dragonne rouge. La poignée pareille à celle du sabre de la Légion à cheval.

BUFFLETERIE

Jaune bordé de blanc.

GIBERNE

D'Infanterie en cuir noir avec une aigle en cuivre sur la patelette.

SAC

Comme les Grenadiers à pied de la Garde, mais les bretelles et les courroies jaunes.

Soldats en petite tenue de 1804 à 1806

SURTOUT

BONNET À POIL

Sans ornement, ou le chapeau simple, sans ornement. Le chapeau de petite tenue a des macarons blancs dans les cornes, ils sont en boule. Un long pantalon de toile bleue ou en hiver une culotte de drap bleu sans ornement portée avec les guêtres sur le genou.

CAPOTE

Bleue de la couleur de l'habit, boutons d'uniforme à une rangée de boutons.

BONNET DE POLICE

En drap bleu, avec galons et ornements blancs, gland blanc, passepoils écarlate. C'est le même bonnet que celui de la Légion à cheval.
Cheveux en queue, non poudrés.
Sans gant.

Tenue de ville d'été et d'hiver

Comme les Grenadiers à pied de la Garde avec les attributs de la Gendarmerie.
Chapeau avec le pompon de la compagnie.

Autres tenues

Suivent la règle de la Garde à pied.

PLANCHE I

Gendarmerie d'élite (Vieille Garde)
Légion à pied

Soldat en grande tenue (1804 à 1806)

Uniforme

Officiers

Tous les officiers de la Légion à pied étaient montés avec le même harnachement que celui des officiers de la Légion à cheval.

Grande tenue et tenue de gala

Même uniforme que celui des soldats, avec les épaulettes du grade en argent sur doublure écarlate. Même chose pour les brides d'épaulette. L'épaulette à franges portée à gauche, à droite des aiguillettes en argent formant trèfle sur l'épaule avec brides d'épaulette.

Bonnet à poil comme les soldats, avec tous les ornements argent.

Plate-forme écarlate avec grenade brodée en argent, plumet rouge en grande tenue, blanc en tenue de parade.

Grenades brodées en argent sur les retroussis de l'habit.

Pas de hausse-col.

Ceinturon comme les soldats, jaune bordé d'argent, avec plaque en métal argenté avec aigle en cuivre doré en relief ou bien une grenade dorée sur métal blanc, ou encore tout en cuivre doré avec une grenade de même en relief. Un porte-épée comme dans l'Infanterie, jaune bordé de blanc (planche V, n° I).

Bottes à retroussis avec éperons acier de grosse cavalerie.

Gants simples, blancs ou jaunes.

Sabre à fourreau d'officier d'Infanterie de la Garde et poignée pareille à celle des officiers de la Légion à cheval, en métal argenté. Les ornements en métal argenté sur le fourreau, dragonne du grade en argent. Elle peut être aussi en or.

Cheveux en queue et poudrés jusqu'en 1805, ensuite coupés ras.

Petite tenue

Le surtout, le bonnet à poil sans ornement ou bien le chapeau simple. Cheveux courts. Bonnet de police comme la Légion à cheval, bleu, tous les ornements argent.

Tenue de ville

Comme les officiers de Grenadiers à pied de la Garde avec les attributs de la Gendarmerie. Ils avaient aussi la redingote bleue et le long pantalon de drap bleu.

Sous-officiers

Dans toutes les tenues, même uniforme que les soldats avec ces différences :

De 1801 à 1805

Un galon en argent sur chaque avant-bras pour les brigadiers, épaulettes comme les soldats, rouges avec un galon argent.

Deux galons en argent pour les maréchaux de logis, avec épaulettes bleu et argent ; le bleu est en soie, (planche V, n° IV).

Les maréchaux des logis-chef n'ont pas de galon, mais ils ont comme dans la Légion à cheval une contre épaulette sur l'épaule droite.

Peut-être à gauche les aiguillettes, comme dans la Légion à cheval, mais en argent, ou bien à gauche la même épaulette que le maréchal des logis avec beaucoup plus d'argent que de bleu.

Notes

Le règlement indique que les galons soient placés comme dans l'Infanterie de ligne en oblique, mais on en voit souvent en chevron comme dans la Légion à cheval, de 1801 à 1805.

Les sous-officiers, comme les soldats, n'ont pas d'aiguillettes.

De 1805 à 1806

Maréchal des logis : un galon argent placé en oblique.

Maréchal des logis-chef : deux galons argent placés en oblique.

À partir de 1804, toutes les épaulettes sont argent et soie bleue.

Les brigadiers : un tiers argent, deux-tiers bleu.

Les maréchaux des logis : deux-tiers argent, un tiers bleu.

Les maréchaux des logis-chef : il n'y a plus de contre épaulette à droite.

Les adjudants ont les épaulettes d'adjudant : argent et écarlate.

La dragonne du sabre est également argent

et soie bleue dans les mêmes proportions que les épaulettes (planche V, n°ˢ VIII et IX).

Grenades des retroussis brodés en argent. Les raquettes et glands du bonnet à poil sont également en argent et soie bleue dans les mêmes proportions que les dragonnes et épaulettes.

En petite tenue

Comme les soldats avec les attributs des grades. Dans les cornes du chapeau, les macarons sont en boule bleu et argent, sans frange, à partir du 29 juillet 1804.

Tenue de ville, été et hiver

Suit la règle ordinaire (planche IV).

Capote bleue comme les soldats, a une rangée de boutons (sept boutons) au premier, au troisième, au cinquième et au septième des boutonnières en galon argent et soie bleue, toujours dans les mêmes proportions (planche IV). Ces boutonnières disparaissent sans doute avant 1806. Les sous-officiers portaient aussi la redingote bleue.

Notes

Comme dans l'Infanterie tous les sous-officiers, excepté l'adjudant, portent le fusil comme les hommes.

Brigadiers

De 1801 à 1804

Dans toutes les tenues comme les soldats avec le mousqueton.

Un galon argent sur chaque avant bras, placé en oblique ou en chevron.

Chapeau comme les soldats, sabre briquet avec sa dragonne rouge comme les soldats, épaulettes rouges comme les soldats.

Des guêtres noires au-dessus du genou avec boutons cuivre.

Grenades bleues aux retroussis.

De 1804 à 1806

Comme les soldats avec le bonnet à poil qui remplace le chapeau, mêmes ornements que les soldats et le fusil comme les soldats.

À partir de 1805 deux galons de laine blanche, placés en oblique, il n'y a plus de galons en chevron et deux épaulettes argent et soie bleue : un tiers argent, deux-tiers soie bleue.

Guêtres blanches ou noires selon la saison comme dans l'Infanterie de ligne.

Grenades de drap blanc aux retroussis.

Drapeau

Le drapeau était carré de 80 x 80 centimètres, pareil à celui de l'Infanterie de ligne entre 1804 et 1806.

Tambour en grande tenue de 1801 à 1804

Grandes guêtres noires à boutons de cuivre été et hiver.

Grenades argent sur les retroussis.

Une grenade en cuivre au-dessus du porte baguette.

Dragonne rouge.

Nids d'hirondelle.

Tambour en grande tenue de 1804 à 1806

Guêtres blanches en été, noires en hiver.

Le chapeau est remplacé par un bonnet à poil comme les soldats.

Les nids d'hirondelle disparaissent, les trèfles d'épaule ne changent pas (argent sur fond bleu clair), brides d'épaulette de même. Ils portent le sac avec courroies et bretelles jaunes.

Le collet, les revers, les parements, les pattes de parement, les retroussis et la doublure sont bleu clair. Poches en travers.

Les cheveux en queue poudrée.

(planche IV).

PLANCHE II

Gendarmerie d'élite (Vieille Garde)
Légion à pied

Officier en grande tenue de gala (1804 à 1806)

PLANCHE III

Gendarmerie d'élite (Vieille Garde)
Légion à pied

Tambour en grande tenue de 1801 à 1804

LÉGENDE PLANCHE V, PAGE 126

Gendarmerie d'élite (Vieille Garde)
Légion à pied

I. Sabre d'officier avec le porte-épée.

II. Épaulette de soldat de brigadier de 1801 à 1804.

III. Trèfle d'épaule de tambour de 1801 à 1804 et 1806.

IV. Épaulette de maréchal des logis de 1801 à 1806.

V. Épaulette de brigadier de 1804 à 1806.

VI. Contre épaulette de maréchal des logis-chef, de 1801 à 1805. Les losanges bleus peuvent aussi être écarlates comme dans la Gendarmerie départementale.

VII. Manche gauche de maréchal des logis de 1804 à 1806.

VIII. Dragonne du sabre de maréchal des logis de 1801 à 1806.

IX. Dragonne du sabre de maréchal des logis-chef de 1801 à 1806.

X. Poignée du sabre des soldats et attache de la baïonnette au baudrier du sabre.

XI. Parement et patte de parement de la manche gauche de tambour, de 1804 à 1806 et avant 1804.

PLANCHE IV

Gendarmerie d'élite (Vieille Garde)
Légion à pied

Maréchal des logis

En tenue de ville (été) en surtout de 1804 à 1806

La culotte est en nankin.

Les souliers à boucles d'argent.

L'épée n'a pas de dragonne.

Le chapeau de l'époque, sans galon, pompon rouge en carotte, macarons argent et bleu, en boule, sans frange, ganse de cocarde argent avec son grand bouton.

Maréchal des logis

En petite tenue de service (hiver) de 1801 à 1804.

L'épaulette est bleue avec galons argent comme les sous-officiers de la Garde, avec tournante de soie bleu et argent et brides argent sur drap bleu (planche V, n° IV), les franges en argent alternées de soie bleue (1801 à 1806) suivant le grade.

Les boutonnières sur le devant de la capote disparaissent en 1804, et la capote n'a plus sur les bras que les galons argent du grade.

De 1801 à 1804 ils sont armés d'un mousqueton comme les soldats et qui fut remplacé plus tard par le fusil de dragons.

Tambour

En grande tenue d'été de 1804 à 1806

Uniforme comme les soldats, mais l'habit écarlate : collet, revers, parements, pattes de parement, les retroussis et la doublure bleu clair, les poches en travers passepoilées bleu clair.

Trèfles d'épaule sur les deux épaules en argent sur drap bleu clair, pas d'aiguillette.

Galon en argent d'un pouce, au collet, aux revers, sur les retroussis et aux parements, passepoil blanc sur les pattes de parement, grenades brodées en argent sur les retroussis.

Bonnet à poil comme les soldats, avec plumet rouge en grande tenue et blanc en tenue de gala.

Les courroies et bretelles du sac sont jaunes.

Le collier de tambour est jaune bordé de blanc.

Le tambour est sans ornement sur le fût.

Les guêtres comme les soldats, noires à boutons de métal blanc en hiver.

Sabre briquet avec dragonne rouge, poignée comme les soldats.

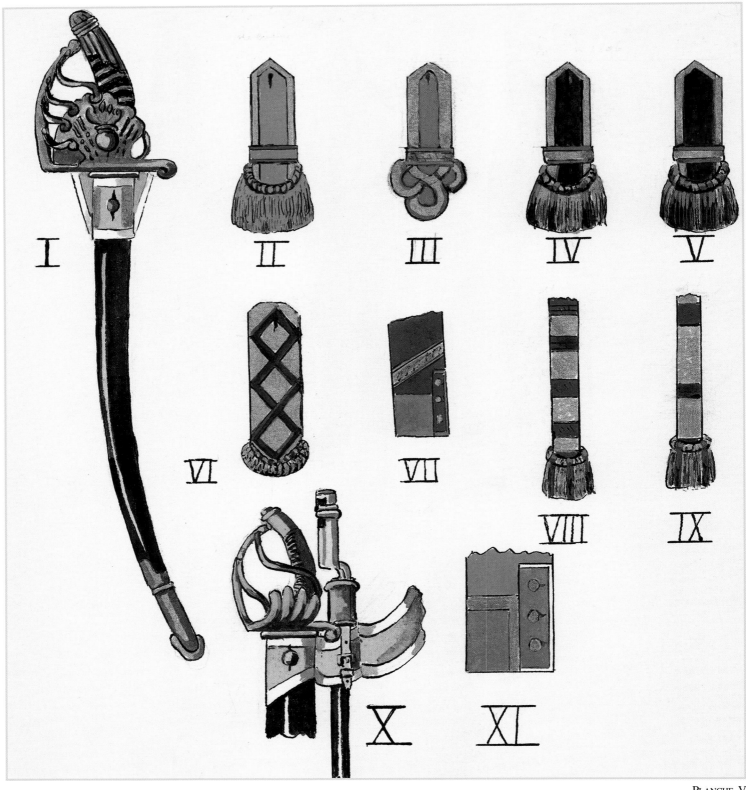

Artillerie à pied

Vieille Garde

HISTORIQUE

Le décret du 17 avril 1808 crée l'Artillerie à pied de la Garde. Le 12 août 1808 le Régiment est formé en deux bataillons de six compagnies : soit trois compagnies par bataillon, et de six batteries, trois batteries par compagnie. Le régiment était commandé par le Général de division Lariboisière, qui commande toute l'artillerie de la Garde à cheval et à pied. Le général Drouot commande l'Artillerie à pied, faisant fonction de major, avec un capitaine adjudant-major et deux chefs de bataillon.

Par compagnie :
- Un capitaine
- Un capitaine en second
- Un lieutenant en premier
- Un lieutenant en deuxième
- Un professeur de mathématiques
- Un major (directeur du parc)
- Deux capitaines à la suite pour tout le régiment.

Le régiment comprend donc :
- deux chefs de bataillon,
- six capitaines,
- six capitaines en second,
- six lieutenants en premier,
- six lieutenants en second,
- un major,
- un professeur de mathématiques et deux capitaines à la suite,
- un tambour-major,
- un tambour-maître,
- des tambours,
- une musique
- et sans doute des sapeurs.

On ajoute au régiment deux bataillons d'Ouvriers pontonniers, soit seize compagnies.

Année 1809

Le régiment devient Vieille Garde. Il se compose de deux bataillons de huit compagnies, plus les seize compagnies de Pontonniers.

Le 9 juin 1809, on crée un deuxième régiment d'artillerie qui fit partie de la Jeune Garde et composé de quinze batteries dont trois sont destinées aux Conscrits, aux Tirailleurs et aux Fusiliers de la Jeune Garde.

On ajoute à l'Artillerie à pied une compagnie de Vétérans et un régiment du Train d'artillerie.

Année 1810

En mars 1810, on donne à l'Artillerie à pied, officiellement une tête de colonne de huit sapeurs et un sergent-sapeur comme dans l'Infanterie de ligne.

Le régiment a toujours quatre compagnies par bataillon.

Année 1811

Le décret du 12 décembre 1811 donne une quatrième compagnie à pied aux Conscrits, Tirailleurs et Fusiliers de la Jeune Garde.

Année 1812

Le régiment se compose de deux bataillons de quatre compagnies par bataillon, plus l'Artillerie de la Jeune Garde, les compagnies de Pontonniers, les Vétérans et le Train d'artillerie.

Année 1813

A la fin de l'année il y a six compagnies à pied, une compagnie de Canonniers vétérans, les compagnies de Pontonniers et quatorze compagnies de Jeune Garde.

Année 1814

Même chose. A la 1ère Restauration les deux régiments Vieille et Jeune Garde sont licenciés.

Année 1815

On réorganise l'Artillerie à pied, les compagnies deviennent des batteries. Il y a trente cinq batteries de huit pièces, artillerie divisionnaire, douze batteries de réserve, plus un bataillon de Pontonniers et le Train d'artillerie.

L'Artillerie à pied de la Garde fut licenciée définitivement à la Seconde Restauration.

L'Artillerie était casernée au Château de Vincennes avec l'Artillerie à cheval.

Il fallait pour entrer dans l'Artillerie à pied (Vieille Garde) six ans de service, deux campagnes et avoir 5 pieds 5 pouces (1,76 m) et sortir de l'Artillerie de la ligne. Ce sont les mêmes conditions pour entrer dans les Marins de la Garde.

Les officiers étaient presque tous montés.

Artillerie à pied (Vieille Garde)

Tambour — Soldat — Caporal — Officier — Soldats — Sergent
En grande tenue d'hiver de 1809 à 1815

Uniformes

Soldats grande tenue

L'uniforme ne change pas sous l'Empire. Il était pareil à celui des Grenadiers de la Garde, mais tout bleu foncé, bleu impérial, avec passepoils écarlates.

Les hommes portèrent d'abord la queue et les cheveux poudrés, ensuite la queue sans poudre et les favoris, pas de moustache, puis sans queue.

La Jeune Garde, 2e Régiment, ne porta jamais la queue.

Au début, jusqu'au 9 juin 1809, la première coiffure fut le schako comme l'Artillerie à pied de la ligne, mais avec un plumet écarlate, même chose pour les officiers et sous-officiers, avec les ornements du grade : or pour les officiers, or et écarlate pour les sous-officiers (planche VIII, n° III). Les tambours comme les soldats.

En campagne, sans plumet et sur le schako, une coiffe en toile cirée noire par mauvais temps.

Le 2e Régiment (Jeune Garde) conserve toujours ce shako avec le plumet, jusqu'à la fin de l'Empire.

Habit

En drap bleu impérial, coupe des Grenadiers de la Garde, revers, collet et pattes de parement : bleu impérial, retroussis, doublure et parements écarlates, poches en long.

Un passepoil écarlate au collet, aux revers, aux pattes de parement et aux poches.

Grenade en drap bleu impérial sur les retroussis.

Boutons cuivre, sans bordure : aigle couronnée sur deux canons croisés et foudres (planche VII).

Épaulettes rouges à franges, comme les Grenadiers.

Chevrons d'ancienneté en galon laine aurore.

Gilet

Bleu impérial en drap, petits boutons d'uniforme, poches à trois pointes sans bouton.

Culotte

En drap bleu impérial, jarretières, boucles de cuivre comme les Grenadiers.

Bonnet à poil

À partir du 9 juin 1809, sans plaque de cuivre devant, plumet, gland, cordelière, raquette et gland, le tout écarlate. Plate forme (calleton impériale) écarlate avec une grenade en drap aurore, jugulaire en cuir noir à écailles de cuivre s'attachant sur le colback par un bouton spécial en cuivre, visière en cuir noir, sans ornement de cuivre, cocarde sous le plumet (planche VII, figures III, IV et V).

Guêtres

Comme les Grenadiers, en toile blanche en été, avec boutons en bois recouvert de toile blanche, ou en os blanc, en étoffe noire en hiver avec petits boutons de cuivre.

Col

Noir.

Gants

Simples blancs en peau.

Armement

Même fusil et baïonnette que les Grenadiers, bretelles à bouton de cuivre.

Sabre briquet avec une dragonne dont le cordon est en galon de fil écarlate avec gland à franges en laine écarlate (planche VII, n° IV). L'attache du sabre au baudrier, pareille à l'Infanterie de ligne.

Giberne

En cuir noir verni avec aigle couronnée sur canons croisés, quatre grenades, une à chaque coin. Tous ces ornements en cuivre. (planche VII, figure VII).

Soldats en tenue de route ou de campagne

Comme en grande tenue, mais le bonnet à poil sans plumet ni cordelière. Guêtres noires à boutons de cuivre (planche IX).

Capote

Bleu impérial comme les grenadiers avec les boutons d'artillerie en cuivre (planche III).

Bonnet de police

Bleu impérial, ornements rouges.

Tenue d'été pour les revues du dimanche

Même chose qu'en grande tenue avec tout le fourniment.

Gilet d'étoffe blanche à poches, boutons cuivre.

Culotte de nankin à jarretières et boucles de cuivre.

Bas de coton blanc.

Souliers à boucle d'acier (planche IV).

Tenue de quartier

Comme pour les Grenadiers avec le bonnet de police.

Tenue de ville (été et hiver)

Comme les grenadiers avec l'habit de canonnier et épaulettes, pas de surtout.

En été, la culotte blanche, bas blancs de coton, souliers à boucle de métal. Sabre briquet (en toutes saisons), dragonne rouge. Gants blancs simples en peau. Chapeau (planche VIII, n° IV). Le chapeau demi-claque en 1812.

Caporal

Dans toutes les tenues et à toutes les époques, comme les soldats avec les galons en laine, aurore d'après Bucquoy, jonquille d'après d'autres documents, placés sur les deux bras comme dans l'Infanterie de ligne.

Premier canonnier

Dans toutes les tenues comme les soldats avec les galons de caporal, placés seulement sur le bras gauche.

Officiers en grande tenue

Comme les soldats, avec tous les ornements du grade en or. En plus, des aiguillettes or à droite. Les grenades des retroussis et celle du calot du bonnet à poil brodées en or sur l'étoffe.

Hausse-col argenté avec aigle couronnée sur deux canons croisés et entourés de feuilles de chêne à droite et de feuilles de laurier à gauche ; tous ces ornements dorés, deux boutons de chaque côté du hausse-col,

Artillerie à pied (Vieille Garde)

Soldat en grande tenue d'été (1809)
Chef de bataillon, officier supérieur, après le décret du 9 novembre 1810
Écuyer d'un officier en culotte de peau blanche, éperons dorés
Soldat vu de dos en 1809

servant d'attache à une chaînette de cuivre doré qui retient le hausse-col aux petits boutons des épaulettes. Tous ces ornements dorés (planche VII, figures II, XII et XIII).

ÉPAULETTES OR DU GRADE

BOUTONS

Comme les soldats en cuivre doré.

CEINTURON

De cuir noir verni sur le gilet, avec plaque de cuivre ayant les mêmes ornements que le hausse-col (planche VII) en relief or.

BOTTES

À revers pour les officiers non montés.

BOTTES

À l'écuyère avec manchettes pour les officiers montés, éperons en cuivre doré.

ÉPÉE

À fourreau de cuir noir, ornements en cuivre doré, dragonne d'épée en or selon les grades.

GANTS

Blancs simples. Les officiers supérieurs pouvaient porter des gants à crispin noirs.

COL

Noir, liseré blanc.

PLUMET

Les officiers supérieurs portèrent le plumet blanc jusqu'au décret de 1810 et les officiers subalternes le plumet rouge qu'ils gardèrent jusqu'en 1815.
Après 1810 les officiers supérieurs portent le plumet réglementaire.

HARNACHEMENT DU CHEVAL

Modèle de la grosse cavalerie, mais les officiers supérieurs faisaient de la fantaisie.
Chaperons à deux ou trois étages en drap bleu impérial, galons or.
Housse en drap bleu impérial, avec galons or.
Quelquefois sur les angles postérieurs un N couronné brodé en or sur drap rouge.
Petit portemanteau bleu à galon or, ou pas de portemanteau.

Selle à la française, soit en cuir naturel, soit en cuir blanc.
Tous les cuirs noirs avec boucles de cuivre, sauf la bride de filet qui est en tissu d'or.

Notes

Les officiers supérieurs, comme tous les officiers supérieurs de cavalerie, étaient accompagnés d'un ou de plusieurs écuyers qui n'étaient pas militaires et qui tenaient des chevaux de rechange (planche II).

Officiers en tenue de campagne

Comme les soldats avec les ornements du grade.
Capote ou redingote, bleues comme l'habit.
Bonnet de police. Bleu impérial ornements or à la dragonne, le devant s'il y a un ornement.

Officiers en tenue de ville (hiver et été)

Suit la règle des officiers, avec le chapeau comme coiffure.
Adjudants sous-officiers
Dans toutes les tenues et à toutes les époques, comme les adjudants de la Garde à pied avec les attributs de l'artillerie.

Sous-officiers et fourriers

Dans toutes les tenues et à toutes les époques, comme les soldats avec les ornements du grade pareils aux sous-officiers des Grenadiers de la Garde. Grenades brodées or aux retroussis, ainsi qu'un calot du colback. Capote comme les soldats avec les galons du grade. Bonnet de police avec les ornements or et rouge.
Il en est de même pour la caporaux qui ont les galons de laine.

Tambour-major en grande tenue

HABIT

Bleu impérial, parements, revers et collet écarlates ainsi que les retroussis et la doublure. Un galon or au collet, revers, retroussis, parements et pattes de parement aux poches et aux boutons du dos. Pattes de

parement en pointes bleu impérial et un passepoil écarlate longeant le galon.
Épaulettes or à grosses torsades, passant d'épaulette, galon or sur drap bleu.
Galons de sergent-major sur les avant-bras, placés comme dans l'infanterie de ligne.

GILET

Bleu impérial, petits boutons d'uniforme, petit galon or, poches à trois pointes sans galon ni bouton.

CULOTTE

Bleu impérial sans ornement.

GUÊTRES

Au-dessus du genou, blanches en été, noires en hiver, comme les soldats.

GANTS

À crispin, noirs brodés or.

BAUDRIER

De drap rouge, galonné or avec grenades et attributs des tambours-majors.
Le baudrier retient le sabre.

SABRE

De tambour-major avec poignée de cuivre, dragonne or à franges à gros bouillons.

CEINTURON

Comme le baudrier, placé sur le gilet, plaque de cuivre doré avec grenade en relief.

CHAPEAU

De tambour-major, ornements or et plumes.

CANNE

De tambour-major
Au début cheveux en queue et poudrés.

Tambour-major en tenue de route

Suit la règle ordinaire des tambours-majors

Tambour-major en tenue de ville, été et hiver

Comme les sous-officiers de la Garde.

Planche III

Artillerie à pied (Vieille Garde)

Soldat en capote, tenue de route.

Tambours en grande tenue

Comme les soldats, avec un galon or liseré d'écarlate au collet, aux revers, aux parements et pattes de parement.

Tambour et buffleteries de tambour.

Pour les autres tenues, comme les soldats avec les insignes de tambour.

Tambour maître en grande tenue

HABIT

Comme le tambour-major, sans galon sur les retroussis qui sont ornés d'une grenade bleue, épaulettes rouges et galons de caporal.

Gilet, culotte et guêtres comme les soldats

Colback de chasseurs à cheval, sans jugulaire, flamme rouge, passepoils et gland jaunes, gros pompon rouge et plumet rouge.

Baudrier en buffle blanc avec une grenade de cuivre.

Sabre briquet et dragonne rouge de caporal.

Canne de tambour-maître.

Dans les autres tenues comme les soldats.

Le sac en tenue de campagne.

Les galons d'ancienneté de la même couleur que ceux de caporal.

Sapeurs en grande tenue

Au début, lorsque les hommes portaient le schako, les Sapeurs avaient un colback pareil à celui de l'Artillerie à cheval de la Garde, des gants à crispin noirs, sans sac ni fusil (planche X).

Ce fut sans doute en mars 1810, lorsqu'on donna officiellement des Sapeurs à l'Artillerie à pied de la Garde, que l'uniforme fut un peu changé.

Même bonnet à poil que les soldats, mais un peu plus haut et plus large et la cordelière plus large, mais elle fut supprimée en 1810.

Les gants à crispin blanc, sac et mousqueton.

Le reste de l'uniforme comme les soldats.

Musique (d'après Fallou)

Le décret d'organisation comporte neuf musiciens.

En 1810 il y en avait vingt-cinq dont deux cymbaliers, l'un étant un jeune nègre. Une caisse roulante et une grosse caisse.

Le 2 juillet 1809 ils reçurent un frac (habit surtout) bleu impérial avec parements en pointe et collet bleu ciel.

Puis le frac fut remplacé par un habit bleu impérial, avec collet, revers, parements, pattes de parement, retroussis et doublure écarlate. Un galon or, au collet, aux revers, aux parements et pattes, aux retroussis, aux boutons de la taille et aux poches qui sont en travers. Certains documents leur donne des boutonnières or aux boutons des revers. Ils ont des trèfles d'épaule en galon or sur drap écarlate, ainsi que les passants d'épaulette.

Bottes à revers. Epée sans dragonne, ceinturon blanc avec plaque de cuivre rectangulaire. Culottes bleues.

En tenue d'été de ville, en culottes courtes avec bas blancs et souliers à boucle d'acier.

Dans toutes les autres tenues, ils suivent la règle.

Le chef de musique a deux galons au collet et aux parements.

PLANCHE IV

Artillerie à pied (Vieille Garde)

*Soldat en tenue d'été pour les revues du Dimanche
Musicien (d'après Knoëtel) cymbalier.*

Planche V

Artillerie à pied (Vieille Garde)

Musicien et tambour en grande tenue d'hiver en 1809.

Artillerie à pied (Vieille Garde)

Tambour-major en grande tenue d'été (1808 à 1815)
Tambour-maître en grande tenue d'hiver (1808 à 1815)

Légende Planche VII, page 139

Artillerie à pied (Vieille Garde)

I. Ceinturon d'officier avec sa plaque.

II. Hausse-col d'officier avec la façon de l'attacher aux boutons de l'épaulette. Hausse-col argenté avec aigle doré en relief.

III. Grenade du calot (impériale) d'officier et de sous-officier, brodée en or.

IV. Grenade du calot de soldat en laine orange.

V. Colback avec sa jugulaire.

VI. Dragonne de soldat.

VII. Giberne avec le bonnet de police roulé, le gland se trouve à gauche.

VIII. Façon de porter l'épinglette.

IX. Gros bouton d'officier et de soldat.

X. Parement et patte de parement.

XI. Ornement des retroussis : officiers et sous-officiers brodés or, soldat en drap bleu.

XII. Ornement en or du hausse-col d'officier.

XIII. Bouton de côté du hausse-col qui servait d'attache.

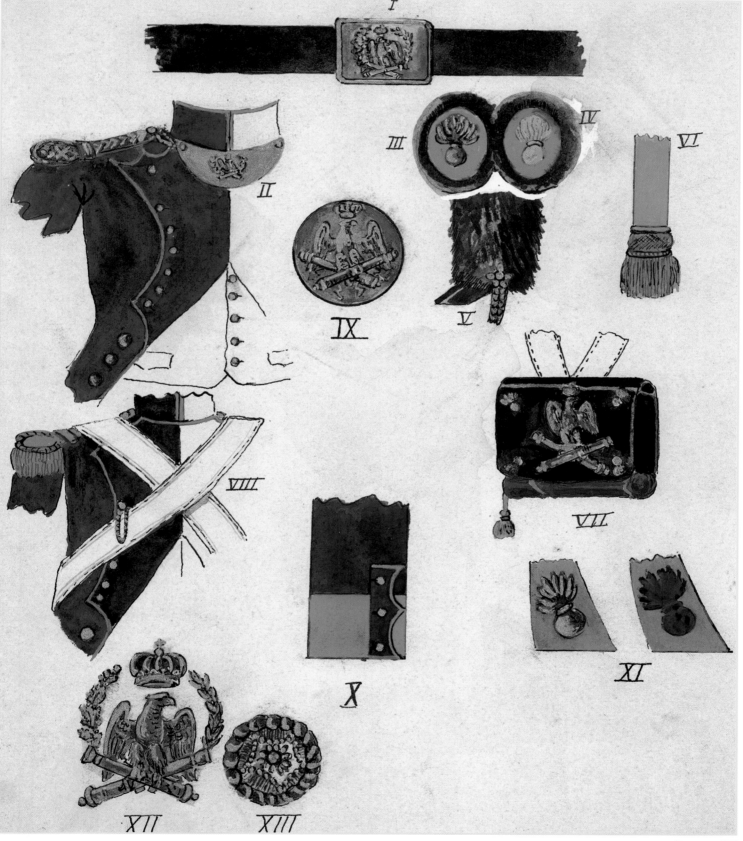

Légende Planche VIII, page 141

Artillerie à pied (Vieille Garde)

I.   Soubassement de la plaque du schako d'artillerie de la Garde à Pied, avant le port du bonnet à poil. L'aigle est couronnée au-dessus. C'est la même plaque pour l'artillerie de la Jeune Garde.

II.   Contre-épaulette d'officier d'artillerie, doublure écarlate. Les lieutenants et les sous-lieutenants ont les épaulettes ornées de raies rouges sur le corps de l'épaulette. Ces raies se trouvent placées sous les ornements (canons croisés et grenade) qui sont en relief sur l'épaulette.

III. Schako des soldats de l'Artillerie de la Garde à pied de 1808 à 1809, au début (avant le port du bonnet à poil) et ensuite du 2ᵉ Régiment d'Artillerie à pied de la Jeune Garde, depuis le décret du 9 juin 1809, jusqu'en 1814.

IV.   Chapeau de canonnier et de caporal, porté en tenue de ville.
      Les officiers ont le même chapeau avec les ornements en or, ainsi que les sous-officiers.
      En 1812 le chapeau change de forme (demi-claque) sans pompon ni macarons dans les cornes.

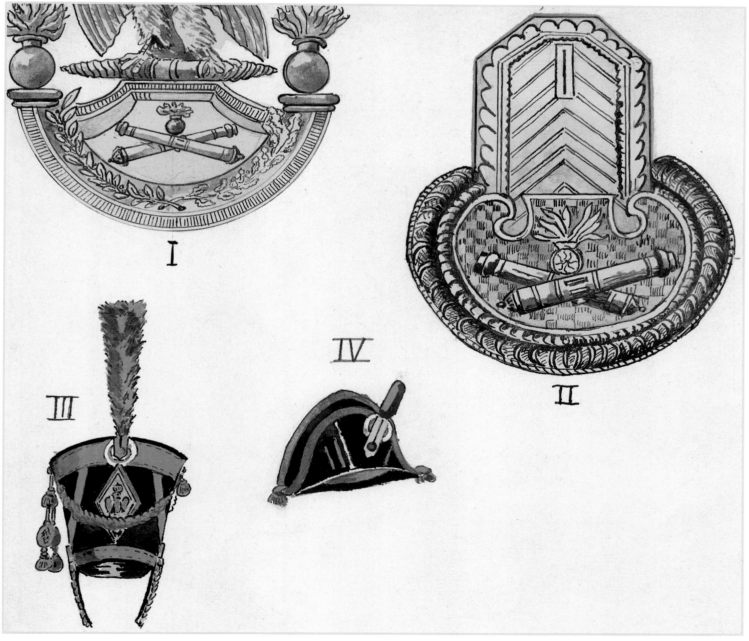

I

II

III

IV

Planche IX

Artillerie à pied (Vieille Garde)

Sergent et Artilleurs en tenue de campagne (hiver) en 1812

Artillerie à pied (Vieille Garde)

Sapeur en grande tenue d'été, d'après Bucquoy
En 1809, la coiffure est changée et les crispins sont blancs.
En 1808, il n'y a ni sac, ni fusil.

Pontonnier en grande tenue, d'après la collection alsacienne. Pas de sac.
Sapeur à partir de 1809 en tenue d'hiver.

Historique

Trois bataillons de Pontonniers furent formés à Strasbourg et en Alsace avec le corps des « Bateliers de Strasbourg » en 1792 et 1793.

En 1794, un seul bataillon.

En 1795, 1796, 1797, il y a des changements.

En 1801, il y a deux bataillons.

En 1804 (Empire) il y a deux bataillons.

Le 13 juillet 1808, le 1ᵉʳ Bataillon a dix compagnies et le 2ᵉᵐᵉ Bataillon a six compagnies.

Le 12 août 1808, les deux bataillons sont attachés à la Garde à la suite de l'artillerie à pied. Chaque Bataillon est commandé par :

Un capitaine en premier, un capitaine en second, un lieutenant en premier, un lieutenant en second.

Le 31 octobre 1810, on ajoute au 1ᵉʳ Bataillon une Compagnie Hollandaise, ce qui fait onze compagnies au 1ᵉʳ Bataillon et six compagnies au 2ᵉ Bataillon.

Le 18 avril 1813, un troisième bataillon est formé à Mayence, de six compagnies.

Du 19 octobre au 13 décembre 1813, le 1ᵉʳ Bataillon a quatorze compagnies (la Compagnie Hollandaise ne comptant plus).

Le 1ᵉʳ janvier 1814, le 1ᵉʳ Bataillon est de quatorze compagnies, le 2ᵉ Bataillon de huit compagnies, le 3ᵉ Bataillon de six compagnies.

Le 12 mai 1814 (Première Restauration) un seul bataillon de huit compagnies.

Le 11 septembre 1814 (sous Louis XVIII) un Bataillon de dix compagnies avec un lieutenant-colonel et deux chefs de Bataillon, à Strasbourg.

En 1815 (Cent jours) un bataillon.

Après Waterloo le Bataillon est licencié.

Notes

Les bataillons de Pontonniers n'ont pas de tête de colonne ni de drapeau.

Uniformes

Soldat en grande tenue de 1808 à 1812

L'uniforme est pareil à celui des Sapeurs du Génie mais sans velours noir ; tout en drap bleu avec ornements écarlates, collet bleu sans passepoil.

Guêtres noires, en toute saison à boutons de cuir.

Schako pareil aux Sapeurs du Génie. Parements écarlates, pattes de parements rectangulaires bleues, passepoil écarlate.

Sabre briquet et dragonne rouge. Havresac et capote bleue. Fusil comme le Génie. Ils ne portaient pas la queue.

Soldats en grande tenue de 1812 à 1815

L'uniforme change de coupe comme dans le Génie, ainsi que le schako.

Les boutons ne changent pas de 1795 à 1828, ce sont ceux de l'Artillerie à pied, mais sans numéro.

Soldats en tenue de campagne

Même chose sans ornement au schako, suit la règle de l'Artillerie à pied de la Garde.

Soldats en tenue de corvée

Comme le Génie avec le bonnet de police qui est pareil à celui de l'Artillerie à pied de la Garde.

Officier en grande tenue de 1808 à 1815

Comme les officiers Sapeurs du Génie, mais tout bleu, ornements et passepoils écarlates.

Les boutons sont les mêmes que ceux des officiers de l'Artillerie à pied de la Garde de l'État-major. Épaulettes du grade en or. Hausse-col en cuivre doré.

Officiers en tenue de campagne

Suit les mêmes règles que les soldats.

Officiers en tenue de ville été et hiver

Comme les officiers d'Artillerie de la Garde

Adjudants, sous-officiers et caporaux

Comme les Sapeurs du Génie, mais tout bleu sans velours.

Tambours

Notes

Les voitures des Pontonniers sont conduites par le Train d'Artillerie de la Garde.

Pontonniers
Bataillon attaché à l'Artillerie à pied de la Garde

Officier et soldats en grande tenue
Soldats en tenue de corvée de 1804 à 1812

Vétérans
Vieille Garde

Historique

Le 8 mars 1802, on forma une compagnie de Vétérans destinée à recevoir les officiers, sous-officiers et soldats qui, après trois ans de service dans la Garde Consulaire, seraient hors d'état de faire la guerre à partir de 1804. Il fallait cinq ans de service dans la Garde Consulaire et Impériale. Ils reçurent la même solde que les grenadiers à pied de la Garde.

La compagnie comprenait :
- Un capitaine (commandant)
- Deux lieutenants
- Deux sous-lieutenants
- Un sergent-major
- Quatre sergents
- Un fourrier
- Huit caporaux
- Cent quarante vétérans
- Deux tambours
- Deux enfants de corps à demi-solde.

Les Vétérans étaient logés au Château de Versailles et leur service se réduisait à quelques heures de faction tous les huit jours. Le 29 juillet 1804 la compagnie est de cent deux hommes avec comme commandant un chef de bataillon du grade de colonel, un capitaine, un lieutenant en premier, deux lieutenants en second, le reste comme avant et on ajoute deux Sapeurs.
Du décret du 12 avril 1807 jusqu'en 1814 il y eût deux cents hommes pour la compagnie, avec un chef de bataillon (commandant), un capitaine, trois lieutenants en premier, quatre lieutenants en second.
Le 1er juillet 1814 (Première Restauration) la compagnie fut dissoute.

Uniformes

Soldats en Grande tenue

L'uniforme ne change pas sous l'Empire. Il était pareil à celui des Grenadiers de la Garde, mais avec les revers écarlates et les pattes de parement bleues. Chapeau comme celui des Grenadiers, porté en bataille ou en colonne (En 1812 on les représente aussi avec le schako des Grenadiers d'Infanterie de ligne). Jusqu'en 1812 ils portèrent la queue comme les Grenadiers. Mêmes boutons que les Grenadiers de la Garde, même capote, même armement et fourniment, dragonne rouge, culotte à petit pont, attache du sabre au baudrier comme dans l'infanterie de ligne. Des chevrons d'ancienneté aurores sur le bras gauche, ou des médaillons de vingt-cinq ans de service sur la poitrine comme les Invalides. Les galons des caporaux sont en laine aurore. En tenue d'hiver, les guêtres noires à petits boutons de cuivre. Dans les autres tenues ils devaient aussi porter le long pantalon de drap bleu en hiver et le long pantalon de toile blanche en été. Bonnet de police et gants.

Officiers, Sous-officiers et Caporaux

L'uniforme suit la règle des Grenadiers de la Garde avec les attributs du grade et l'uniforme des Vétérans.

Tambours

Comme les soldats avec un galon or au collet, aux revers, aux parements et pattes de parement.

Sapeurs

Comme les soldats avec les attributs de Sapeur.

Canonniers Vétérans

Vieille Garde de 1809 à 1814

Historique
Le 9 juin 1809 on crée une compagnie de Canonniers Vétérans.
Le 24 janvier 1814 la compagnie est de cent vingt hommes.
Le 12 mai 1814 la compagnie est licenciée.

Uniformes
Pour tous les grades, même uniforme que l'Artillerie à pied de la Garde avec le chaperon ou le schako. Mêmes boutons que l'Artillerie à pied de la Garde mais avec une petite bordure simple.

PLANCHE I BIS

Vétérans (Vieille Garde)

Tambour et soldat
Grande tenue d'été de 1804 à 1814

PLANCHE 2 BIS

Vétérans (Vieille Garde) 1804 à 1814

Officier en grande tenue
L'uniforme ne change pas.
Le sabre est le même que celui des officiers de Grenadiers de la Garde.

Invalides

Vieille Garde

Historique

Les Invalides furent créés en 1674 par Louis XIV. Ils étaient logés à l'Hôtel des Invalides à Paris. Sous l'Empire il y eut plusieurs hôtels des Invalides. Celui de Paris, un à Versailles, un à Avignon et un à Louvain.

La maison des Invalides de Louvain fut plus tard transférée à Arras, puis supprimée ainsi que celle de Versailles.

Celle d'Avignon subsista jusqu'en 1848.

Celle de Paris existe encore de nos jours (1960).

Napoléon avait décidé que tous les soldats entrant aux Invalides feraient partie de la Garde et augmenteraient d'un grade.

En 1813 il y avait vingt-six mille invalides.

Le corps des Invalides était composé d'un état-major général comprenant (en 1811) : un gouverneur, un intendant, un trésorier et d'un état-major particulier, se composant d'officiers et sous-officiers de la ligne en activité.

Uniforme

Tous les Invalides avaient l'habit, le gilet et la culotte bleu impérial et les ornements blanc (argent pour les officiers et sous-officiers).

Les Invalides, cavaliers ou fantassins avaient les galons des grades placés comme dans l'Infanterie de ligne. Tous les boutons en métal blanc. Gants blancs. Ils portaient ou des chevrons d'ancienneté sur le bras gauche ou une médaille spéciale après vingt-cinq ans de service (planche IV).

Ils avaient aussi plusieurs tenues : grande tenue, tenue d'intérieur, tenues de sortie, hiver et été.

Ils portaient presque tous les cheveux en queue, poudrés ou non poudrés, des anneaux aux oreilles.

Ils avaient des tambours.

On ne parle pas de bonnet de police.

Grande tenue

HABIT

Sans revers, boutonné dans le haut, échancré dans le bas, sur le devant, avec longues basques à retroussis agrafés, sans ornement, collet bleu comme l'habit et ouvert, parements en botte. L'habit n'avait qu'une poche, en travers, située sur le côté gauche. Doublure, retroussis, parements, le tout rouge. Douze boutons de métal blanc sur le côté droit de la poitrine, trois aux parements placés horizontalement, trois à la poche, deux à la taille (planche IV).

GILET

Avec dix petits boutons de métal blanc devant et trois petits à chaque poches.

CULOTTE

De drap avec jarretières et boucle de métal avec trois petits boutons au genou.

CHAPEAU

Sans pompon ni plumet, cocarde impériale avec ganse de galon blanc et un bouton de métal blanc.

GUÊTRES

Noires sur le genou avec boutons d'os (hiver et été).

SOULIERS

A boucles de métal.

COL

Blanc ou noir.

GANTS

Blancs.

SABRE

Briquet sans dragonne, tenu par un baudrier de buffle blanc sans ornement.
Pas de fusil, pas de giberne, pas de capote.

Tenue de ville (hiver)

Même chose, mais sans guêtre.
Bas de laine de couleur (planche II).

Tenue de ville (été)

Même chose, avec un gilet uni ou croisé en basin blanc, boutons de même, culotte de nankin ou de basin avec bas de coton blanc ou long pantalon de toile blanche.
(Planche II).

Tenues diverses

Ils avaient aussi parfois un long pantalon de drap bleu vers la fin de l'Empire, et une redingote (planche II). La boucle des souliers était aussi parfois en cuivre.

Tambours

Comme les invalides.

Chevrons d'ancienneté

Se portait sur le bras gauche au-dessus du coude. Il semble que pour les Invalides et les Vétérans, ils étaient rouges pour les soldats et argent pour les sous-officiers des Invalides.

Les officiers ne portaient jamais de chevron.

Médaillon de 25 ans de service

Sous la République et l'Empire, ce médaillon remplaçait les chevrons au bout de vingt-cinq ans de service, les chevrons étant supprimés sur le bras, le médaillon se portait sur le côté gauche de la poitrine comme les décorations.

On ne voit cet insigne que sur les Invalides et les Vétérans, les officiers n'en portaient pas (planche IV). Ils se portaient déjà de cette façon sous l'ancien régime. A cette époque il était tout en drap, puis il y eut une transformation : le bord est en cuivre guilloché (planche IV).

En 1791 le médaillon fut encore changé et resta de même jusqu'à la fin de l'Empire : les épées sont en cuivre et reliées entre elles, le bord est en cuivre uni. (planche IV, n° 11).

BOUTONS

Sous l'Empire, les boutons ont l'aigle couronnée et en exergue jusqu'en 1811, l'inscription « Militaire-Invalide » (planche IV, figure 1) pour tous les Invalides de tous grades.

Le 25 mars 1811, les boutons des invalides de Paris ont en exergue « Hôtel Impérial des Invalides » (planche IV, figure 4).

Le bouton reste le même à la Première Restauration, mais l'aigle est remplacée par une fleur de lis.

Jusqu'en 1811, les boutons sont argentés, après ils sont en étain pour les soldats et argentés pour les officiers et sous-officiers.

Officiers : comme les soldats invalides, avec des boutonnières argent sur la poitrine, suivant les grades (planches III et IV).

PLANCHE I

Hôtel des Invalides à Paris

Officiers et sous-officiers

Les officiers et sous-officiers Invalides (Cavalerie ou Infanterie) ont le même uniforme que les soldats invalides, avec les épaulettes argent du grade, ou les galons de sous-officiers en argent et placés comme dans l'Infanterie (planche IV, figure 6).

Les boutons de l'uniforme comme ceux des soldats, mais toujours argentés.

L'État-major général porte, à partir du 1ᵉʳ septembre 1811, les boutons de la garde en argent, sans inscription.

Tous les officiers invalides portent l'épée avec ornements et dragonne du grade en argent, le ceinturon blanc, sur le gilet, avec une plaque argentée.

Ils ne portaient ni bottes, ni éperons, ne montant pas à cheval.

Les brigadiers et caporaux ont les galons de laine blanche à chaque manche. En plus des épaulettes, les officiers ont des boutonnières d'argent, placées de la façon suivante :

Sous-lieutenant

Trois boutonnières argent aux parements (épaulettes du grade).

Lieutenant

Six boutonnières argent sur le côté gauche de l'habit, trois boutonnières aux parements, épaulettes du grade (planche IV).

Capitaine

Six boutonnières argent sur le côté gauche de l'habit, trois boutonnières aux parements, trois boutonnières aux poches, épaulettes du grade (planche IV).

Chef de bataillon ou d'escadron

Douze boutonnières argent sur le côté gauche de l'habit, trois boutonnières aux parements, épaulettes du grade (planche IV).

Major

Douze boutonnières à droite et à gauche de l'habit, trois boutonnières aux parements, trois boutonnières aux poches, épaulettes du grade (planche IV).

Colonel

Comme le major, épaulettes du grade (planche III).

Invalides
Invalide en tenue de ville (hiver)
Invalide en tenue de ville (été) avec le long pantalon de toile blanche
Invalide en redingote

PLANCHE III

Invalides
Colonel en grande tenue

LÉGENDE PLANCHE IV, PAGE 157

Invalides

1. Gros bouton d'uniforme argenté, de 1804 à 1811 des officiers et soldats.

2. Médaillon de drap de vingt-cinq ans de service, avant la révolution.

3. Bord de ce médaillon, en cuivre guilloché, jusqu'en 1791.

4. Petit bouton en étain avec l'exergue « Hôtel Impérial des Invalides », pour Paris à partir du 25 mars 1811 à 1814 et Cent jours.

5. Manche de caporal et brigadier.

6. Manche de sergent et maréchal des logis.

7. Schéma de l'uniforme de lieutenant.

8. Schéma de l'uniforme de capitaine.

9. Schéma de l'uniforme de chef de bataillon ou d'escadron.

10. Schéma de l'uniforme de major. Même chose pour les colonels, sauf l'épaulette qui est toute en argent ainsi que la dragonne d'épée).

11. Médaillon de drap de vingt-cinq ans de service de 1791 à 1815.

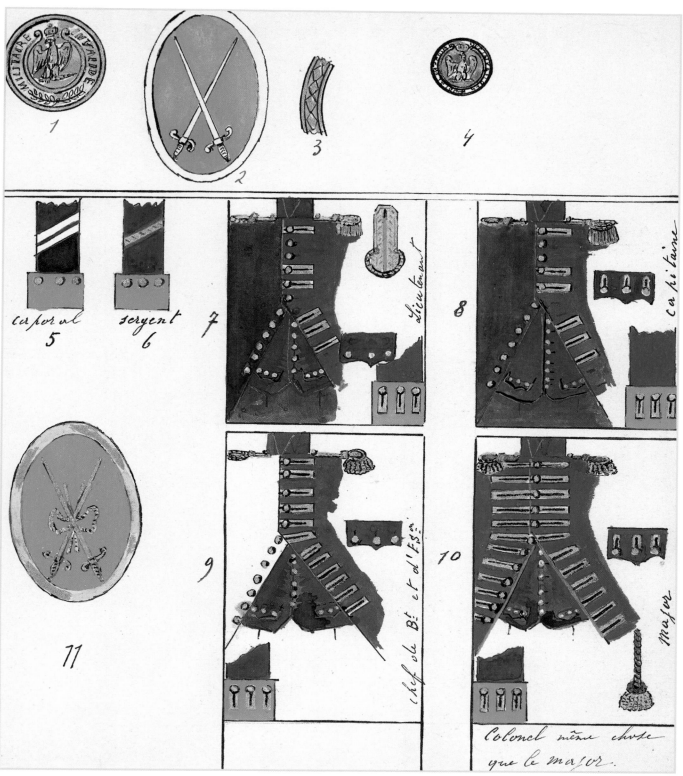

Jeune Garde Impériale
à pied
de 1809 à 1815

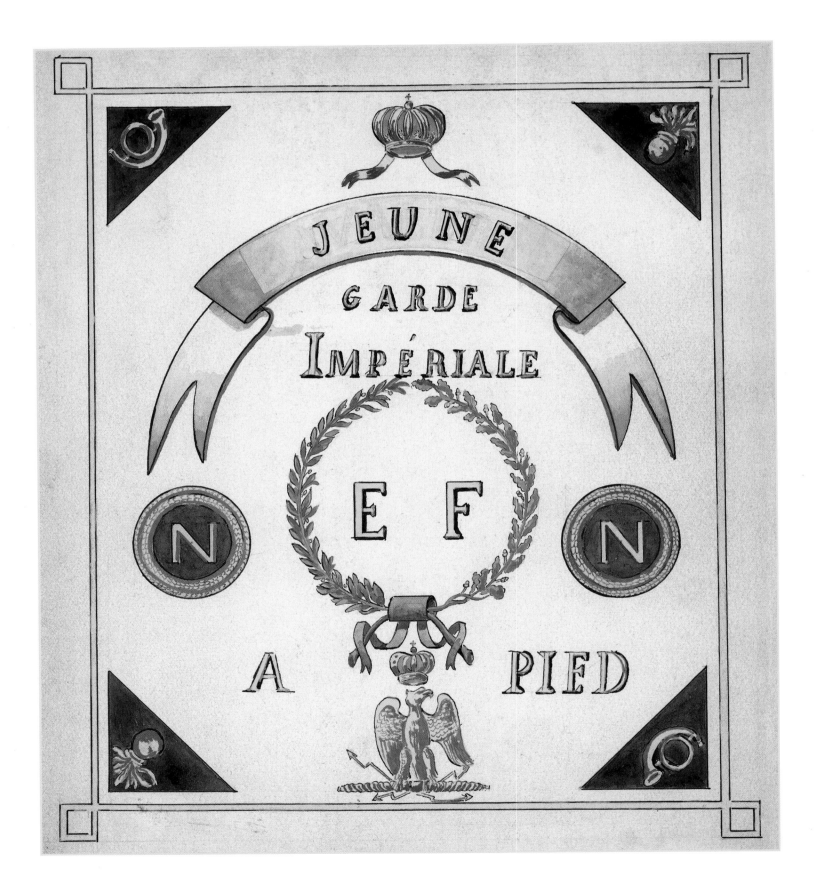

Notes Générales

Historique

La Jeune Garde fut formée le 16 janvier 1809, époque où furent créés les régiments de Tirailleurs grenadiers et de Tirailleurs chasseurs et fut licenciée en 1814 à la Première Restauration.

Les régiments de Conscrits grenadiers et Conscrits chasseurs furent créés les 29 et 31 mars 1809.

Les Flanqueurs chasseurs furent créés en 1811.

Les Flanqueurs grenadiers furent créés le 23 mai 1813.

La Jeune Garde fut rétablie pendant les Cent jours, mais il n'y eut plus que six régiments de Tirailleurs et six régiments de Voltigeurs, plus une compagnie de Sapeurs du génie et de l'artillerie.

A Waterloo il y avait une division de Jeune Garde comprenant une première brigade formée par le 1er et le 3e Voltigeurs, une 2e brigade formée par le 1er et le 3e Tirailleurs et de l'artillerie.

Par décision du 9 juin 1909, on attache à chacune des brigades de Fusiliers, de Tirailleurs et de Conscrits une compagnie d'Artillerie à pied également de la Jeune Garde dont les hommes de ces trois compagnies sont des Conscrits (Jeune Garde) et les officiers et sous-officiers sont de la Vieille Garde.

Un adjudant-major (capitaine) faisant partie de la Vieille Garde fut ajouté à l'état-major de chacun des régiments de Tirailleurs et Conscrits de la Jeune Garde.

Le 21 octobre 1809, trois nouvelles compagnies du Train d'artillerie sont destinées aux trois nouvelles compagnies d'artillerie attachées aux régiments de Fusiliers, Conscrits et Tirailleurs.

Le décret du 21 juillet 1811 : quatre adjudants généraux du grade de généraux de brigade sont nommés pour commander chacune des brigades de la Jeune Garde.

Le décret du 20 mars 1810 donne un corps de musique à chacun des huit régiments de la Jeune Garde avec douze musiciens par régiment.

Le 16 mars 1813 on accorde quatre sapeurs à chacun des bataillons de Flanqueurs, de Tirailleurs et de Voltigeurs, mais certains régiments en avaient plus.

Dans la Jeune Garde il y avait un officier adjudant-major de grade de sous-lieutenant, dont la fonction consistait à être le fourrier des officiers et servait aussi comme agent de liaison. Dans l'Infanterie de ligne, ces fonctions étaient faites par des capitaines adjudant-majors. Cet officier adjudant-major ne faisait partie d'aucune compagnie et comptait à l'état-major du régiment. Il était monté et portait les épaulettes de sous-lieutenant, l'épaulette à franges à droite comme tous les officiers adjudants-majors.

Notes particulières à la Jeune Garde

A part les Grenadiers blancs (hollandais) qui portent la queue et les favoris, toute la Jeune Garde, officiers et soldats ont les cheveux courts, le plus souvent sans moustache ni favoris.

Les soldats ne portaient pas non plus d'anneaux aux oreilles.

Jusqu'en 1812, tous les rouges ornant les uniformes étaient de couleur écarlate ; à partir de cette époque, les draps d'uniforme étaient teints en couleur rouge garance, c'est-à-dire d'un rouge moins écarlate et moins cher.

Les simples soldats ne portèrent jamais le surtout qu'on ne portait plus dans l'armée depuis 1809.

Ce qu'on appelait longues basques d'habit étaient celles qui tombaient au-dessus du genou, et les basques courtes tombaient au-dessous des fesses.

En campagne les soldats de la Jeune Garde n'ont pas de sabre, mais les sous-officiers et les caporaux en ont. Les hommes le laissait au dépôt et ne le prenait qu'en tenue de ville en temps de paix. Les Pupilles de la Garde et les Flanqueurs n'eurent jamais de sabre.

UNIFORMES

HABIT

A basques longues ou courtes.

Sous le revers droit des corps de Grenadiers, il y a toujours trois gros boutons (excepté pour l'habit modèle 1812).

Sous le revers droit des corps de Chasseurs, revers en pointe, il n'y a pas de bouton.

Tous les boutons sont pareils à ceux de la Vieille Garde, ceux de la taille, des poches, des soubises sont de gros boutons, que les basques soient longues ou courtes (planche I).

SCHAKO

Presque tous les schakos de la Jeune Garde sont du même modèle : la hauteur de 20 centimètres, le diamètre de la plate-forme de 20 centimètres, le bas du schako est de la largeur de la tête de l'homme, il peut s'élargir ou se rétrécir, grâce à un serre-tête formé par une courroie et une boucle.

Sur les côtés du schako, des ganses en chevron de 2,4 centimètres de large. Sur la cocarde une petite ganse avec son bouton et faisant le tour du schako une cordelière à deux raquettes et glands. Les cordelières et les ganses en chevron des côtés du schako furent supprimées au début de l'année 1813.

Les glands et raquettes terminant la cordelière sont toujours placés à droite du schako, les glands ne descendent pas plus bas que le bord inférieur du schako (planche I, n⁰ˢ 7 et 9).

GUÊTRES

Tous les soldats ont les guêtres, généralement sous le genou, en étoffe noire avec petits boutons d'uniforme en cuivre en hiver, en toile blanche en été avec boutons d'os ou bien guêtres d'infanterie légère.

GIBERNE

Toute la Jeune Garde a le même modèle de giberne en cuir noir, avec une aigle non couronnée en cuivre sur la patelette (planche I A, n° 10).

Sous la giberne, s'attache le bonnet de police, le gland tombant comme dans l'Infanterie de ligne;

Sur le côté gauche de la giberne, se trouve la martingale, en buffle blanc, comme dans l'Infanterie de ligne qui s'attache au deuxième bouton de la poche du pan gauche de l'habit.

BUFFLETERIE

Comme l'Infanterie de ligne sans rainures.

D'après Fallou, toute la Jeune Garde a l'attache du baudrier, comme les Grenadiers de la Vieille Garde, c'est-à-dire le petit tenon en cuivre. D'après d'autres documents ce serait la même attache que dans l'Infanterie de ligne. En campagne, lorsqu'il n'y avait pas de sabre, la baïonnette était attachée sur le baudrier de la giberne, comme les Fusiliers d'infanterie (Détails, planche II A, n° 3).

ARMEMENT

Pour tous, excepté les Pupilles et les Grenadiers blancs, le fusil est à capucines de fer. On désignait sous le nom de Capucines : l'embouchoir, ou brassadelle, la grenadière, la capucine et le pontet).

Sabre briquet, modèle de l'infanterie de ligne, s'attachant par une petite lanière de cuir blanchi, au baudrier du sabre. D'après Fallou, c'est l'attache avec le tenon de cuivre, comme il est dit plus haut.

BONNET DE POLICE

Excepté les Grenadiers blancs, les Sapeurs du Génie et les Pupilles, tous les régiments de la Jeune Garde ont le bonnet de police sans galon au dessus du turban, le galon est remplacé par un passepoil comme les Fusiliers d'Infanterie de ligne (Détails, planche I A, n° 12).

Les sous-officiers ont le bonnet de police des sous-officiers de la Vieille Garde.

Officiers en Grande tenue

Les officiers de la Jeune Garde, à part les Grenadiers blancs, les Sapeurs du Génie et les Pupilles, portaient l'uniforme, soit des grenadiers, soit des Chasseurs de la Vieille Garde, mais avec un schako à la place du bonnet à poil.

Les officiers des Tirailleurs grenadiers, des Tirailleurs, des Conscrits grenadiers et des Flanqueurs grenadiers ont l'uniforme des officiers de grenadiers de la Vieille Garde et les mêmes épaulettes, mais avec le schako.

Les officiers des Tirailleurs chasseurs, des Conscrits chasseurs, des Flanqueurs chasseurs, des Voltigeurs et du régiment de la Garde nationale ont l'uniforme des officiers de Chasseurs de la Vieille Garde et les mêmes épaulettes, mais avec le schako.

Les lieutenants et sous-lieutenants des Flanqueurs chasseurs ont l'uniforme vert comme les soldats, mais les pans d'habit sont longs.

Officiers en autres tenues

Les autres tenues sont les mêmes que celles des officiers de la ligne et de la Vieille Garde avec les boutons et les ornements de la Garde. La redingote bleue. Certains officiers ajoutaient un petit collet pèlerine, sans boutons, les couvrant à peine jusqu'aux hanches. Le chapeau comme les officiers de la Vieille Garde, le long pantalon de drap bleu. Des bottes à retroussis ou à la souvarow.

Sous-officiers en grande tenue

Les sous-officiers, qui faisaient partie de la Vieille Garde, portaient l'uniforme et les épaulettes, mais le bonnet à poil était remplacé par un schako, pareil à celui des soldats selon les régiments différents, avec ganses blanches en chevron sur les côtés, cordelière, raquettes et glands : or et écarlate pour les corps de grenadiers, or et vert pour les corps de

PLANCHE I

Jeune Garde - Régiments des Tirailleurs

Soldats du 1ᵉʳ et 2ᵉ Régiments en grande tenue, au début de 1811
Sergent du 4ᵉ Régiment en grande tenue, au début de 1811

Chasseurs, la petite ganse de cocarde en galon or. Le schako et ses ornements suivent les mêmes transformations que celui des soldats. Guêtres comme les soldats.

Sur le haut du schako, un galon or de 2,4 centimètres pour les sergents et pour les sergents-majors ce même galon avec au-dessus un second galon de 1,2 centimètre en or.

Les sous-officiers de tous les corps de grenadiers ont aux retroussis des grenades en or, brodées à même le retroussis, même chose pour les Grenadiers blancs, les Sapeurs du Génie et les Grenadiers du régiment de la Garde nationale.

Les sous-officiers de tous les corps de Chasseurs ont aux retroussis des cors, sur le retroussis extérieur, le pavillon dans le bas, tourné vers l'intérieur et une grenade sur le retroussis intérieur. Ces ornements brodés en or à même le retroussis.

Sous-officiers en autres tenues

Comme les sous-officiers des Grenadiers et Chasseurs de la Vieille Garde, avec les attributs particuliers à la Jeune Garde.

Adjudants sous-officiers

HABIT

Long, avec collet tout jaune, des soubises à la taille avec passepoils blancs et deux boutons à chaque soubise, poches en long passepoilées blanc, retroussis rouges avec sur les retroussis intérieurs une grenade brodée or et sur les retroussis extérieurs un cor de chasse brodé or. Le col de chemise blanc, dépassant le collet comme les officiers. Épaulettes or du grade. Gants blancs. Pas de hausse-col.

CHAPEAU

Porté en colonne, simple, bordé de noir, avec la cocarde, sa ganse or son bouton, franges or dans les cornes.

CULOTTE

Blanche

BOTTES

À la souvarow, n'ayant qu'un gland or.

SABRE

D'officier, dragonne du grade, attaché à un ceinturon blanc à la taille sur le gilet.

Tambour-major ou tambours maîtres

Les régiments de la Jeune Garde n'avaient pas de tambours-majors, mais des tambours-maîtres (sergents ou caporaux tambours) portant un uniforme de tambour-major de fantaisie.

Ils auraient la canne de tambours-maîtres, avec pomme et bout de cuivre. La cordelière de fantaisie, or et rouge pour les corps de Grenadiers, or et vert pour les corps de Chasseurs.

Sapeurs, tambours, cors et musiciens

Presque toute la Jeune Garde a eu des Sapeurs, des Tambours et une musique et des Cornets dans certains régiments.

De 1809 à 1814

L'uniforme suit la règle des régiments d'Infanterie de ligne, même uniforme que les soldats avec galons et ornements des corps. Peut-être aussi les Tambours et Cornets avaient-ils des galons de livrée sur les manches, mais sans l'habit vert du modèle 1812.

En 1815

Les Sapeurs, les Tambours, Cornets et la musique avaient le même uniforme pour tous les régiments, c'est-à-dire pour tous les six régiments de Tirailleurs et les six régiments de Voltigeurs.

Certains corps avaient aussi des fifres, uniforme pareil à celui des Tambours.

Pour le Génie il n'y a pas de donnée en 1815.

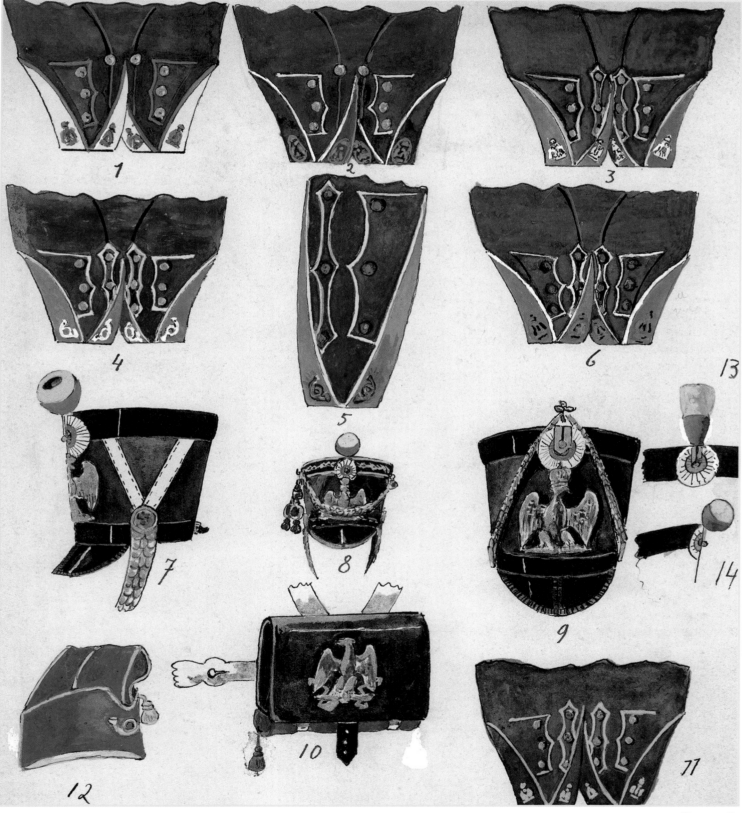

LÉGENDE PLANCHE IA, PAGE 165

Jeune Garde

1. Basques et retroussis des Conscrits grenadiers.

2. Basques et retroussis des Conscrits chasseurs.

3. Basques et retroussis des Flanqueurs grenadiers.

4. Basques et retroussis des Flanqueurs chasseurs.
    Les sous-officiers des Conscrits grenadiers, des Flanqueurs grenadiers, des tirailleurs grenadiers et des régiments de Tirailleurs ont sur les retroussis une grenade brodée en fil d'or à même le retroussis.
    Les sous-officiers de tous les Chasseurs, — Conscrits, Flanqueurs, Voltigeurs, Tirailleurs — ont sur les retroussis : un cor sur le retroussis extérieur, et une grenade sur le retroussis intérieur. Ces ornements sont brodés en fil d'or à même le retroussis.

5. Basques et retroussis des lieutenants et sous-lieutenants des Flanqueurs chasseurs (côté droit).

6. Basques et retroussis des soldats Voltigeurs.

7. Schako, sans la cordelière, des Flanqueurs grenadiers.

8. Schako des capitaines, lieutenants et sous-lieutenants des Flanqueurs chasseurs en 1813.

9. Schako, modèle sans sa cordelière, de la Jeune Garde .

10. Giberne, modèle de la Jeune Garde, avec le bonnet de police roulé sous la giberne et sur la patelette une petite aigle non couronnée en cuivre (Détails, planche II, n° VI).

11. Basques et retroussis des Pupilles de la Garde, modèle de 1811 à 1814. Les sous-officiers ont les aigles brodées en or.

12. Bonnet de police des Voltigeurs.
    Tous les bonnets de police de la Jeune Garde sont du même modèle, sans galon au dessus du bandeau, avec les couleurs différentes, propres à chaque corps et une grenade devant pour les corps de Grenadiers.

13. Pompon des Flanqueurs chasseurs de 1811 à 1813 en poire.

14. Pompon des Flanqueurs chasseurs après 1813 sphérique.

LÉGENDE PLANCHE IIA, PAGE 167

Jeune Garde

I. Aigle en cuivre doré du schako des officiers de la Jeune Garde, pour tous les régiments portant le schako.

II. Aigle en cuivre doré du schako des soldats de la Jeune Garde, pour tous les régiments portant le schako.

III. Baudrier ou banderole de giberne d'Infanterie de la Jeune Garde, qui soutenait la giberne et la baïonnette dans tous les régiments qui ne portaient pas le sabre et pour toute la Jeune Garde en tenue de campagne.

    • A. Lanière servant à attacher la giberne à la banderole. Il y a une lanière semblable à l'autre extrémité de la banderole.

    • B. Banderole de giberne.

    • C. Lanière attachée à la banderole de giberne et maintenue du côté opposé par un tenon de cuir blanc, soit rectangulaire, soit en forme de bouton rond. Cette lanière servait à maintenir la douille de la baïonnette appuyée contre la banderole.

    • D. Tenon ou bouton de cuir blanc, indiqué plus haut.

    • E. Plaque de cuir blanc, servant à empêcher le frottement de la douille de la baïonnette contre l'habit.

    • F. Morceau de cuir blanc arrondi, servant à maintenir le fourreau de la baïonnette. On le nomme « pendant ». Il est placé parallèlement à la banderole de la giberne et cousu à cette banderole.
      Il est muni d'une boucle en cuivre avec un ardillon, fixé par un morceau de cuir cousu sur le pendant, plus bas cousu sur le pendant, un passant de cuir blanc servant à maintenir l'extrémité de la lanière attachée au fourreau de la baïonnette lorsqu'elle a été fixée par l'ardillon de la boucle de cuivre.

IV. Collier de tambour de la Jeune Garde.

V. Sabre de sapeur à fourreau courbe.

VI. Partie inférieure de l'aigle en cuivre qui ornait les gibernes de tous les régiments de la Jeune Garde.
    La partie supérieure est une aigle non couronnée.

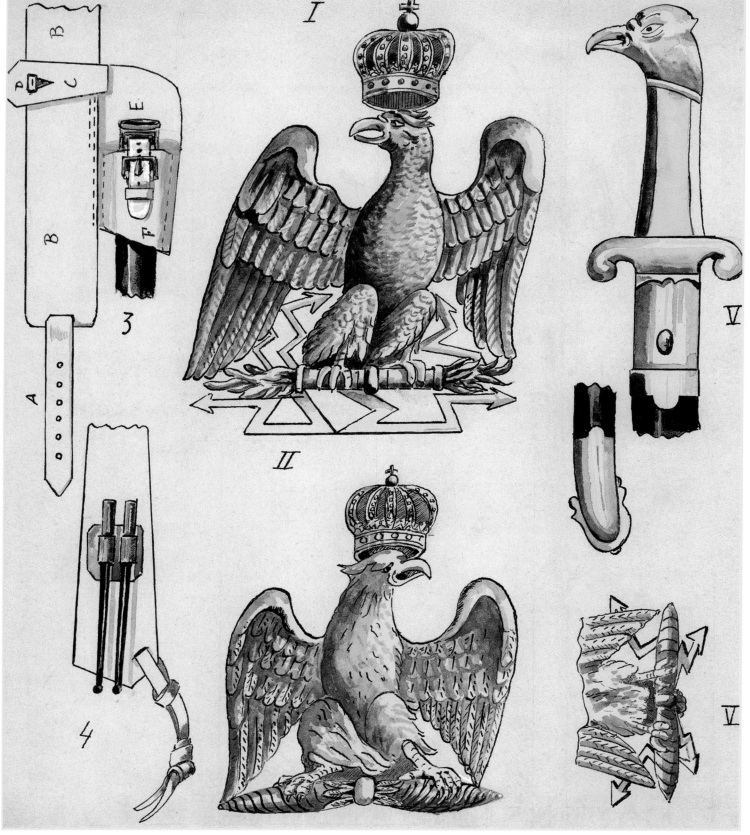

I

II

3

4

V

V

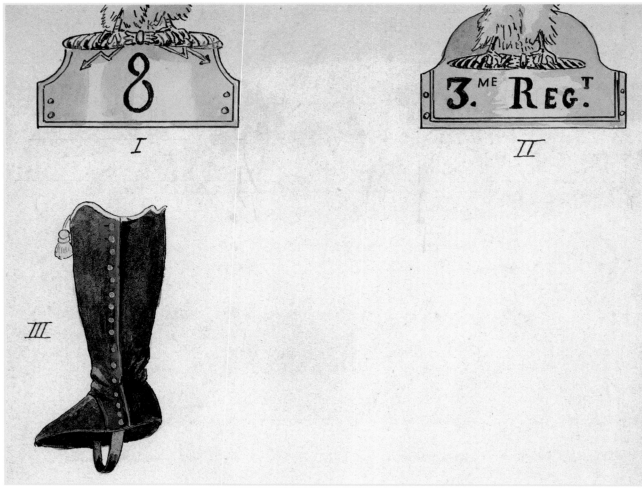

Planche IIIA

Jeune Garde

I.   Plaque de schako de la Jeune Garde.

II.   Plaque de schako de la Jeune Garde, Tirailleurs ou Voltigeurs.

Certaines plaques de schakos de la Jeune Garde, — aigles couronnées tête à droite ou à gauche — ont sous l'aigle, une plaque en cuivre avec le numéro du régiment, probablement pour les Tirailleurs et Voltigeurs qui ont plusieurs régiments.

III.   Guêtres de Flanqueurs grenadiers.

Régiments de Tirailleurs

Historique

Le 30 décembre 1810 on crée quatre régiments de Tirailleurs. Le premier et le deuxième furent formés avec les deux régiments de Tirailleurs grenadiers et prennent les numéros I et II. Le troisième et le quatrième furent formés avec les deux régiments de Conscrits grenadiers et prennent les numéros III et IV.

Le 18 mai 1811, on crée un cinquième régiment.

Le 28 août 1811, on crée un sixième régiment.

En février 1813, on crée un septième régiment avec les Ier et VIIe bataillons de Pupilles (les plus âgés).

Le 16 mars 1813, à cette époque, chaque régiment a quatre sapeurs par bataillon.

Dans le 5e régiment, les Tambours sortaient des bataillons des Pupilles de la Garde. Ils étaient presque tous Hollandais et très jeunes. Le 23 mars 1813, on crée un 8e régiment. Le 6 avril 1813, on crée un 9e régiment à Versailles. Puis quatre nouveaux régiments, ce qui porte le nombre à treize régiments.

En 1814 (décret du 11 janvier) on forme un 14e, un 15e et un 16e régiments.

Le 21 janvier 1814, on crée six nouveaux régiments, avec le reste des Pupilles de la Garde qui venaient d'être licenciés; en tout : dix neuf régiments de Tirailleurs;

Par décret du 10 janvier 1813 on forme un 6e régiment bis.

Le 17 janvier 1813 on forme un 3e, 4e et 5e régiments bis.

Le 12 mai 1814 les dix-neuf régiments ainsi que les 3e, 4e, 5e et 6e régiments bis sont licenciés et versés dans les régiments de ligne. En 1815 on reforme six régiments de Tirailleurs (toujours Jeune Garde). Ils furent à Waterloo. On décréta la formation d'un 7e et 8e régiments, mais ils ne furent pas organisés.

En 1815 les six régiments sont licenciés.

Les régiments 9, 17 et 18 étaient composés de volontaires. Les régiments étaient casernés à la caserne de Ponthenont, rue de Grenelle St Germain. Les régiments n'avaient que des caporaux tambours, pas de tambour-major, ni cornets, ni fifres. Chaque régiment avait un chef de musique, une musique et des sapeurs. Toutes les musiques ont le même uniforme. Les régiments étaient commandés par des colonels.

De 1811 à 1813 les régiments sont de deux bataillons de quatre compagnies chacun. En 1813 on ajoute un 3e bataillon aux plus anciens régiments de la Jeune Garde. Douze sapeurs pour les deux bataillons et trois tambours par compagnie, soit douze tambours par bataillon.

Uniformes

Soldats en grande tenue

Du début de 1811 à la fin de 1811, l'uniforme des Tirailleurs resta le même que celui des Tirailleurs grenadiers, avec ces différences :

Le 1er régiment porta un plumet blanc et rouge (au compte du corps) (planche I).

Le 2e et le 3e régiment un plumet rouge (planche I).

Le 4e régiment un pompon lenticulaire, à centre rouge, bordé de blanc (planche I et Détails, planche 5, n^{os} I, III, V et VII, page 175).

Quand on forma les autres régiments, le 5e et le 6e, ils eurent aussi des pompons lenticulaires (Détails, planche 5, n°s VII, VIII et IX, page 175).

Pour tous le schako resta le même, mais avec une cordelière écarlate.

De la fin de 1811 jusqu'au 8 avril 1813, tous les plumets furent supprimés et remplacés par des pompons : sphériques pour les deux premiers régiments, lenticulaires pour les autres (planche 5, n°s 1, 2, 3, 4, 5 et 6, page 175).

La cordelière et les raquettes sont rouges, les ganses de côté en chevron restent blanches, mais les petites ganses de cocarde sont supprimées. L'uniforme ne change pas.

Du 8 avril 1813 au 12 mai 1814, on enlève au schako les ganses blanches en chevron et les cordelières. Un pompon rouge en boule pour tous les régiments. (planche 5, n^{os} I, II et III, en bas). Les sabres sont supprimés, sauf pour les sous-officiers et fourriers.

L'habit est du modèle 1812, comme pour l'infanterie de ligne (planche 2).

Le 3e régiment a les boutons d'uniforme sans aigle, qui est remplacé par un numéro 3 ou bien un 3 sans l'aigle. Mêmes changements pour les Tambours et Sapeurs.

Les officiers gardent toujours l'uniforme du début, mais sans cordelière au schako.

Cent jours, même uniforme, mais les pattes d'épaule sont remplacées par des épaulettes rouges à franges, modèle de l'infanterie de ligne (planche 3).

Les Tambours, Sapeurs et musique suivent la même règle. Les officiers ont toujours le même uniforme.

Caporaux dans toutes les tenues

Comme ceux des Tirailleurs grenadiers, avec les mêmes changements que les soldats Tirailleurs.

Officiers

Portent dans toutes les tenues, celle des officiers des Grenadiers de la Garde avec le schako des officiers de la Jeune Garde. De même pour les officiers montés. (Planche 4).

Sous-officiers

Du début de 1811 au 8 avril 1813, même uniforme que les sous-officiers de Tirailleurs grenadiers, avec les changements de ce nouveau corps de soldats tirailleurs, mais le schako a les ganses en chevron des côtés, en galons rouges, bordées de chaque côté d'un liseré or (planche 5, n°s II, IV et VI, page 175), le cordon, les glands et raquettes en laine rouge mélangée d'or.
Plumet et pompon comme les soldats, sur le haut du schako un galon or de douze lignes pour les sergents, plus un galon de six lignes sous le premier pour les sergents-majors.
Des épaulettes rouges, à franges, à tournantes or, comme les sous-officiers des grenadiers de la Garde, selon le grade, peut-être aussi avaient-ils les mêmes pattes d'épaule que les soldats jusqu'en 1813. Grenades brodées or sur les retroussis.

Fourriers

Comme les sergents avec les galons de caporal et le galon or sur le haut des bras.
Du 8 avril 1813 jusqu'à la fin de l'Empire, comme les soldats, mais sur la bordure du haut du schako, remplaçant le ou les galons d'or, il y a pour tous les sous-officiers un galon de velours noir de douze lignes et un plus petit sur le bourdalou (planche 5, n° II en bas, page 175).
Les adjudants ont le même schako que les soldats, mais la bordure du haut a un galon d'or de 12 lignes et sur le bourdalou un galon de velours noir de la largeur du bourdalou (planche 5, n° III en bas, page 175).
Pendant les Cent jours les sous-officiers ont les épaulettes rouges à franges, du grade, comme dans l'infanterie de ligne.

Tenue de campagne pour tous

Suit la règle ordinaire des Grenadiers et Fusiliers de la Garde.
Les officiers, en hiver, portent le pantalon bleu dans des bottes à la souvarow, galon et gland or (planche 2).
Bonnet de police des soldat bleu à la dragonne.

Tirailleurs Grenadiers

Historique

Le 16 janvier 1809 on crée un régiment de Tirailleurs grenadiers, de deux bataillons de six compagnies chacun, commandé par un major. En tout mille deux cent quatre vingt quatorze hommes.

Le 25 avril 1809, on crée le deuxième régiment.

Le 9 juin 1809 on donne à chaque régiment trois tambours par compagnie, soit dix huit tambours par bataillon et trente six tambours par régiment.

Le 20 mars 1810, on donne une musique de vingt quatre musiciens aux deux régiments, soit douze musiciens par régiment, mais elle ne fut organisée qu'après le 30 décembre 1810 pour les régiments de Tirailleurs.

Le 30 décembre 1810 les deux régiments de Tirailleurs grenadiers deviennent le 1er et le 2e régiments de Tirailleurs et il n'y a plus de Tirailleurs grenadiers ni de Tirailleurs chasseurs.

Les deux régiments de Tirailleurs grenadiers ont le même uniforme.

Uniformes des deux régiments

Soldats en grande tenue

HABIT VESTE

A pans courts en drap bleu impérial, coupé comme l'infanterie légère à passepoils blancs. Collet, agrafant, écarlate, liseré bleu.

Revers bleus, en pointe, passepoil blanc.

Pattes d'épaule en drap écarlate, passepoil blanc.

Dans le dos : petites pattes d'oie (ou soubises) en drap bleu, liserées blanc, attachées par un grand bouton marquant la taille et descendant dans les plis de l'habit.

Poches en long, passepoil blanc.

Doublure de serge écarlate et retroussis de même, passepoilés blanc, sur les retroussis des aigles couronnées en drap blanc (planche 3D, n° XII, page 181).

Boutons en cuivre, modèle de la Garde : trois à chaque patte d'oie, grands boutons ; trois à chaque poche, grands boutons ; petits boutons pour le reste de l'uniforme;

Parements en pointe, écarlates, passepoil blanc, avec deux petits boutons, un sur le parement, un au-dessus du parement.

GILET

En drap blanc, à dix petits boutons d'uniforme, avec deux poches figurées par de petites pattes rectangulaires.

PANTALON

Collant, en tricot blanc, à grand pont, descendant à quatre doigts au dessus de la cheville.

GUÊTRES

Sous le genou en étoffe noire avec petits boutons d'uniforme en cuivre pendant l'hiver, en toile blanche avec petits boutons d'os en été.

SCHAKO

Modèle de la Jeune Garde, à visière de cuir sans bordure de cuivre. Sur le devant l'aigle de cuivre, modèle de la Jeune Garde (Détails, planche 3D, n° VII, page 181). Une cordelière blanche avec raquettes et glands. Plumet rouge en plumes, sans pompon. Une cocarde tricolore avec une ganse aurore et un petit bouton d'uniforme. Galons de fil blanc en chevron sur les côtés (planche 3, n° I).

FUSIL DE LA JEUNE GARDE

À capucines de fer.

SABRE BRIQUET

Modèle de l'Infanterie de ligne, à dragonne blanche à gland écarlate. Le gland est plat avec une simple frange.

Giberne
Modèle de la Jeune Garde (planche I A, page 165).

Sac
Modèle de la Jeune Garde.

Buffleteries
Sans rainures, modèle de la l'Infanterie de ligne.

Le sabre et la baïonnette,
Attachés au baudrier comme dans l'Infanterie de ligne.

Soldats en tenue de route ou de campagne

Suit la règle des Fusiliers grenadiers.

Capote gris beige
Modèle de l'Infanterie de ligne.

Bonnet de police
Modèle de la Jeune Garde (planche I A, n° 12, page 165).

Pas de sabre briquet, la baïonnette attachée au baudrier de la giberne, comme les fusiliers d'infanterie. (Planche II A, n° 3, page 167).

Caporaux dans toutes les tenues

Comme les soldats, avec les galons de caporal en chevron aurore. Le sabre avec sa dragonne en tenue de campagne.

Sous-officiers dans toutes les tenues

Même chose que les soldats avec les galons et attributs des grades et grenades, brodées or sur les retroussis, guêtres comme les soldats.
D'après certains auteurs les sous-officiers n'ont pas d'épaulettes à franges, ils ont les mêmes pattes d'épaule que les soldats. D'après d'autres, les sous-officiers (étant ceux des Grenadiers de la Garde) ont les épaulettes des sous-officiers de Grenadiers de la Garde, écarlate et or.

Schakos
Comme les soldats, lais ma cordelière, raquettes et glands sont entremêlés de fils d'or et écarlate. Les galons de côté en chevron sont blancs. Les galons de la ganse de cocarde en galon or ainsi que le galon du sergent-major : le galon du dessus en galon or de 2,7 centimètres et dessus un second galon or de 1,2 centimètre.

Sergents :
Le galon du dessus en galon or de 2,7 centimètres.
Fourriers :
Comme les caporaux avec galons or de fourrier en haut des bras (planche 3 D, n°s III et VI, page 181).

Dragonnes du sabre
Sergents :
Blanches avec gland écarlate, torsade or.
Sergents-majors :
Même chose avec franges écarlates et or, et sur le gland écarlate, une résille d'or (planche 3 D, n°s XI et X, page 181).
Fourriers :
Épaulettes et dragonne de sergent
Adjudants sous-officiers :
Habit à pans longs, comme les officiers, souliers à la taille avec passepoil blanc et deux boutons à chaque soulier, poches en long, passepoil blanc. Sur les retroussis des grenades brodées en fil or à même les retroussis.
Épaulettes or du grade. Pas de hausse-col. Culotte blanche. Bottes à retroussis. Sabre d'officier avec dragonne du grade, attaché à un ceinturon blanc à la taille sur le gilet.

Officiers dans toutes les tenues

Comme tous les officiers de la Jeune Garde.

Tambours dans toutes les tenues

Même uniforme que les soldats avec galon or aux revers, collet et parements. Peut-être aussi des galons de livrée en chevron sur les deux manches.

Musiciens

Comme les soldats, mais avec un chapeau, simple à ganse de cocarde or.
Galons or comme les tambours.
Épée à ceinturon, voir s'il y a une dragonne et couleur du ceinturon.

Sapeurs

Comme les soldats avec les attributs et armement des sapeurs.
Le bonnet d'ourson, le tablier, la hache, le fusil, les gants blancs à crispin, deux petites haches croisées en drap sur chaque bras.

Jeune Garde
Régiments des Tirailleurs
Soldat après le 8 avril 1813
Officier en tenue de campagne
Soldat en capote après le 8 avril 1813

PLANCHE 2

Jeune Garde
Régiments des Tirailleurs
Sergent et soldat des six régiments en 1815, pendant les Cent jours en tenue de campagne
Le schako du sergent est bordé en haut et en bas par un galon de velours noir.
Le soldat a naturellement le havresac comme le sous-officier.

PLANCHE 3

Planche 4

Jeune Garde - Régiments des Tirailleurs
Capitaine adjudant-major, au 4ᵉ régiment en 1813 (d'après un document du Carnet de la Sabretache)

Sabre à fourreau de cuivre, avec deux bélières et ceinturon sur le gilet. La plaque du ceinturon est en cuivre, avec une grenade en cuivre en relief.

Trois gros boutons sous le revers droit.

Gants à crispin. Hausse-col en cuivre doré, avec une grenade argent.

Réglementairement, à la place de la grenade il y a une aigle argent. Épaulettes or, à franges à droite, contre épaulette à gauche.

Les cuirs de la tête du cheval sont noirs, bordés d'argent. Au frontal bossette ronde en argent avec grenade or. Même chose à la bossette du mors.

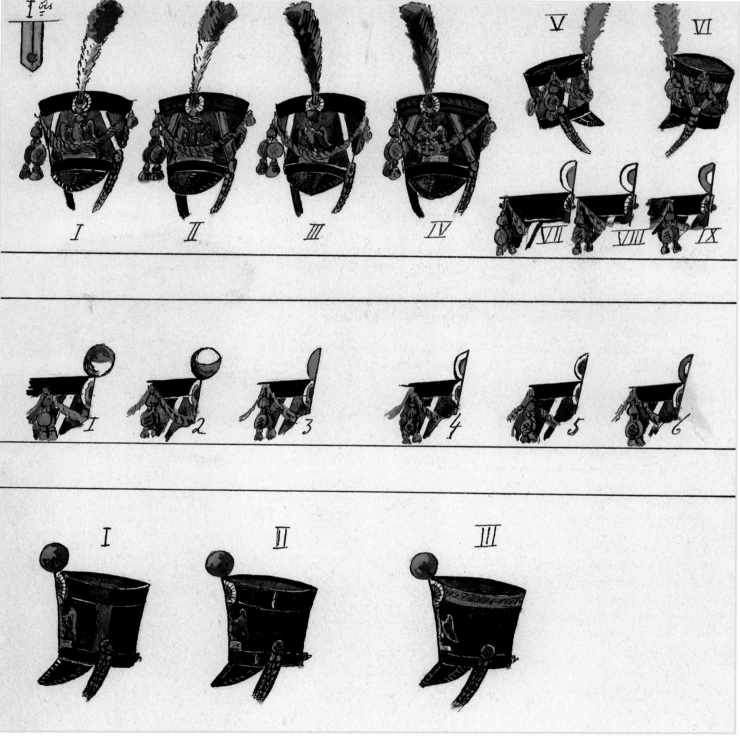

Légende Planche 5, page 175

Jeune Garde
Régiments des Tirailleurs

I. Schako de soldat du 1ᵉʳ régiment au début de 1811.

Ibis. Petite ganse de cocarde des schakos qui disparaît à la fin de 1811.

II. Schako de sous-officier du 1ᵉʳ régiment au début de 1811 (sergent).

III. Schako de soldat du 2ᵉrégiment au début de 1811.

IV. Schako de sous-officier du 2ᵉ régiment au début de 1811 (sergent-major).

V. Schako de soldat du 3ᵉ régiment au début de 1811.

VI. Schako de sous-officier du 3ᵉ régiment au début de 1811 (sergent).

VII. Pompon du 4ᵉ régiment (soldat et sous-officier).

VIII. Pompon du 5ᵉ régiment (soldat et sous-officier).

IX. Pompon du 6ᵉ régiment (soldat et sous-officier).
Les sous-officiers ont un galon or à la partie supérieure du schako. Cette petite ganse est en galon or pour les sous-officiers et en torsades or pour les officiers.

1. Pompon du 1ᵉʳ régiment à la fin de 1811 jusqu'au 8 avril 1813.

2. Pompon du 2ᵉ régiment à la fin de 1811 jusqu'au 8 avril 1813.

3. Pompon du 3ᵉ régiment à la fin de 1811 jusqu'au 8 avril 1813.

4. Pompon du 4ᵉ régiment à la fin de 1811 jusqu'au 8 avril 1813.

5. Pompon du 5ᵉ régiment à la fin de 1811 jusqu'au 8 avril 1813.

6. Pompon du 6ᵉ régiment à la fin de 1811 jusqu'au 8 avril 1813.

I. Schako de soldat du 8 avril 1813 jusqu'en juin 1815.

II. Schako de sous-officier du 8 avril 1813 jusqu'en juin 1815. La bordure du haut et le bourdalou en velours noir.

III. Schako d'adjudant sous-officier du 8 avril 1813 à juin 1815.
La bordure du haut, un galon or, le bourdalou en velours noir.

Jeune Garde — Tirailleurs grenadiers

Soldat – Sergent – Tambour – Caporal en grande tenue

Tirailleurs Chasseurs

Historique

Le 16 janvier 1809, on crée un régiment de Tirailleurs chasseurs de deux bataillons de six compagnies par bataillon, commandé par un major, en tout mille deux cent quatre vingt quatorze hommes.

Le 25 avril 1809, on crée un deuxième régiment. Le 1er janvier 1810, les deux régiments reçurent chacun une musique.

Le 30 décembre 1810, les deux régiments deviennent le Ier et le IIème régiments de Voltigeurs, dont ils prennent l'uniforme. Les deux régiments ont le même uniforme.

Uniformes des deux régiments

Soldats en grande tenue

Même uniforme que celui des Tirailleurs grenadiers avec ces différences :
- Retroussis garnis d'aigles couronnées en drap vert (planche 3D, n° XII en bas, page 181).
- Les pattes d'épaule en drap vert, passepoilé blanc (planche 3D, n° XI, page 181).
- Le schako garni d'un plumet vert sans pompon et d'une petite ganse de cocarde blanche (planche 3D, n°s I et VII en bas, page 181).
- Dragonne de sabre blanche à gland plat vert, avec une seule rangée de franges vertes (planche 3D, n° XIV en bas, page 181).

Soldats en tenue de campagne ou de route

Suit la règle des Fusiliers chasseurs.
Pas de sabre briquet.
Bonnet de police bleu comme l'habit, passepoils et gland verts, devant un cor de chasse vert.
Capote.

Caporaux dans toutes les tenues

Comme les soldats avec les galons en chevron en laine aurore.

Sous-officiers dans toutes les tenues

Les sous-officiers sont ceux des Chasseurs à pied de la Vieille Garde, ils en gardent tous les attributs : épaulettes, dragonne, etc., excepté le bonnet à poil qui est remplacé par le schako des Tirailleurs chasseurs avec la cordeliè-re, raquettes et glands en laine vert et or, les ganses blanches en chevron sur le côté du schako, la ganse de cocarde en galon or et les guêtres qui sont pareilles à celles des soldats. Les sergents avaient un galon de 2,4 centimètres en or dans le haut su schako. Les sergents majors, le même galon plus un galon de six lignes sous le premier (planche 2 et Détails, planche 3D, n°s II et III en bas, page 181).

Les retroussis sont ornés d'une grenade sur le retroussis intérieur et d'un cor sur le retroussis extérieur brodés en fils d'or à même le retroussis (Détails, planche 3D, n° XIII en bas, page 181). Les épaulettes comme les sous-officiers des Chasseurs de la Vieille Garde.

Les dragonnes du sabre comme les sous-officiers des Chasseurs de la Vieille Garde.

Notes

D'après certains documents les sous-officiers n'ont pas d'épaulette à franges mais les mêmes pattes d'épaule que les soldats.

Fourriers :
Comme les soldats, avec les galons de caporal (laine aurore) sur les avant-bras et galons de fourrier en or en haut des bras. Épaulettes et dragonne de sergent.

Adjudants :
Comme ceux des Tirailleurs grenadiers, mais avec les attributs de Chasseurs et les bottes à la souvarow.

Officiers dans toutes les tenues

Uniforme des officiers de la Vieille Garde avec le schako.

Tambours dans toutes les tenues

Même uniforme que les soldats ave galon or, aux revers, au collet et aux parements.
Peut-être aussi des galons de livrée en chevron sur les manches.

Sapeurs

Comme les soldats, avec les attributs de sapeur. Le bonnet d'ourson, le tablier, la hache, le fusil, le sabre, les gants à crispin blancs, deux petites haches croisées en drap sur chaque bras.

PLANCHE 2D

Jeune Garde — Tirailleurs chasseurs

Sergent et Sergent-major en tenue d'hiver de campagne
Soldat en grande tenue, hiver
Soldat (en tenue de campagne, hiver)

Légende Planche 3d, page 155

Jeune Garde
Tirailleurs grenadiers

I.   Schako de soldat en grande tenue.

II.   Schako de sergent en grande tenue.

III.   Schako de sergent-major en grande tenue.

IV.   Manche gauche et épaulette de sergent.

V.   Manche gauche et épaulettes de sergent-major.

VI.   Manche gauche et épaulette de fourrier.

VII.   Cocarde, ganse de cocarde et plaque de cuivre du schako (soldat).

VIII.   Épaulette de sergent-major.

IX.   Dragonne du sabre briquet de sergent et de fourrier.

X.   Dragonne du sabre briquet de sergent-major.

XI.   Épaulette (patte d'épaule) de soldat.

XII.   Basques, avec les retroussis, poches et soubises de soldat.

XIII.   Basques, avec les retroussis, poches et soubises de sous-officier.

Jeune Garde
Tirailleurs chasseurs

I.   Schako de soldat en grande tenue.

II.   Schako de sergent en grande tenue.

III.   Schako de sergent-major en grande tenue.

IV.   Manche gauche et épaulette de sergent.

V.   Manche gauche et épaulettes de sergent-major.

VI.   Manche gauche et épaulette de fourrier.

VII.   Cocarde et ganse de cocarde de soldat.

VIII.   Épaulette de sergent et de fourrier.

IX.   Dragonne de sabre briquet de sergent et de fourrier.

X.   Dragonne de sabre briquet de sergent-major.

XI.   Épaulette (patte d'épaule) de soldat.

XII.   Basques, avec les retroussis, poches et soubises de soldat.

XIII.   Basques, avec les retroussis, poches et soubises de sous-officier.

XIV.   Dragonne plate de soldat, un seul rang de franges.

Tirailleurs Grenadiers

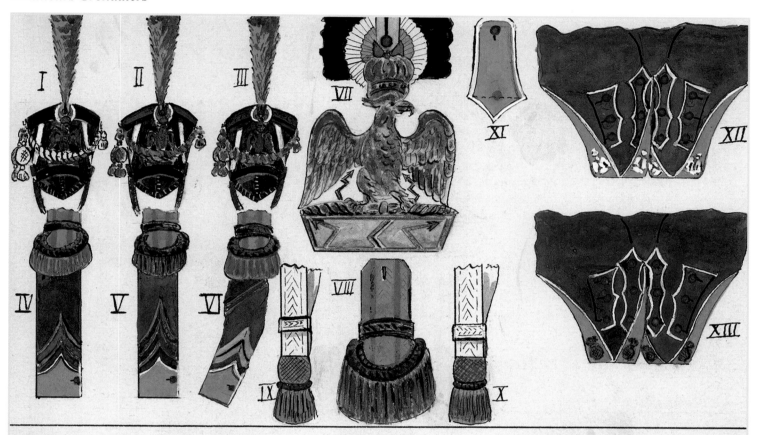

Tirailleurs Chasseurs

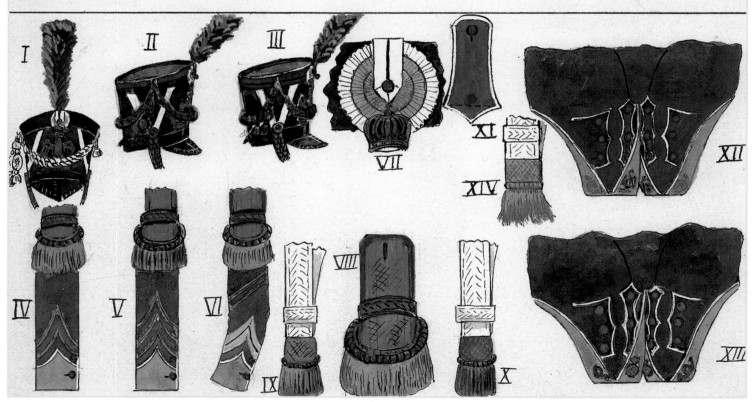

Conscrits Grenadiers

Historique

Ce régiment fut formé le 29 et le 31 mars 1809. Il avait deux bataillons de six cent trente quatre hommes (en tout mille deux cent soixante-huit hommes). Le régiment était commandé par un major (commandant). Le 25 avril 1809 on crée un second régiment.

En 1811 et 1812, le 1er et le 2e régiments de Conscrits grenadiers deviennent les 3e et 4e régiments des Tirailleurs (décret du 18 mai 1811) dont ils prennent l'uniforme.

Ces deux régiments n'avaient ni musique, ni fifres, ni tambour-major, ni sapeurs. Il n'y avait que des tambours, commandés par un tambour-maître.

Les deux régiments avaient le même uniforme.

Les sous-officiers étaient choisis dans les sous-officiers des Grenadiers de la Vieille Garde dont ils pouvaient garder l'uniforme, mais avec le schako des Conscrits grenadiers avec la cordelière or et écarlate.

Uniformes des deux régiments

Soldats en grande tenue

HABIT

Coupé comme celui des Grenadiers de la Garde, mais à petites basques courtes, formant habit veste en drap bleu impérial. Pattes d'épaule du même drap, liserées écarlate. Collet bleu uni, agrafé. Revers cassés en drap bleu, passepoilés de blanc, avec sept petits boutons à chaque revers. Parements écarlates. Pattes de parement (sans pointes) en drap blanc avec trois petits boutons. Tous les boutons sont en cuivre. Doublure des basques en cadis blanc. Poches en long à trois pointes passepoilées écarlate, garnies de trois gros boutons (Détails, planche IA, n° 1, page 165), deux gros boutons aux plis de la taille. Retroussis blancs, comme la doublure, passepoilés écarlate, garnis chacun d'une aigle couronnée en drap écarlate. Col noir, avec liseré blanc.

VESTE

En drap blanc, petits boutons d'uniforme, poches rectangulaires.

CULOTTE

De tricot blanc, à grand pont, s'attachant à la cheville.

GUÊTRES

Sous le genou. Blanches ou noires, suivant la saison avec petits boutons cuivre avec les guêtres noires, en os avec les guêtres blanches.

Armement et équipement de la Jeune Garde (Détails, planches IA, IIA et IIIA, pages 165, 167, 168).

SABRE

Briquet d'infanterie de ligne, dragonne blanche à gland rouge.

SCHAKO

De la Jeune Garde, avec les chevrons blancs, sur les côtés et cordelière écarlate à deux raquettes et glands. Visière à cercle de cuivre. Jugulaires à écaille de cuivre, avec leurs boutons. Pompon sphérique en laine et plumet de plumes, les deux écarlate. Petite ganse blanche avec son bouton sur la cocarde.

FUSIL

A capucines de fer du modèle de l'Infanterie de ligne. Bouton cuivre à la bretelle du modèle de la Garde.

GIBERNE

De la Jeune Garde (planche IA, n° 10, page 165) en cuir noir verni.

SAC

Modèle de la Jeune Garde.

Soldats en tenue de campagne

Même chose. Pas de sabre. La cordelière du schako est enlevée. Le schako recouvert d'un couvre schako en toile cirée noire, mais gardant le pompon sans le plumet. Un couvre-giberne en toile cirée noire. En été, le long et large pantalon de toile blanche tombant sur les guêtres blanches.

CAPOTE

En drap gris de fer du modèle de l'infanterie, collet agrafé.

BONNET DE POLICE

En drap bleu, à la dragonne, avec passepoils et gland écarlates, devant une grenade écarlate.

Soldats en tenue de corvée

Gilet veste blanc, modèle de l'Infanterie de ligne. Pantalon long en treillis. Bonnet de police, souliers ou sabots, ils portaient aussi le sarrant de toile.

En tenue d'exercice comme dans les autres régiments avec les petites guêtres de toile grise.

Caporal dans toutes les tenues

Comme les soldats, avec les galons de caporal placés comme dans l'Infanterie de ligne.

Ils ont les épaulettes rouges à franges comme les grenadiers de la Garde. En campagne, le sabre avec sa dragonne.

PLANCHE 1C

Jeune Garde — Conscrits grenadiers
Soldat en grande tenue

Sur la capote, les manches avec les galons et les épaulettes sur les épaules.

Officiers dans toutes les tenues

Comme les officiers de la Jeune Garde.

Sous-officiers dans toutes les tenues

Comme les soldats avec les galons du grade en or placés comme dans l'Infanterie de ligne.

Attributs des sous-officiers, avec épaulettes rouges à franges, suivant les grades, ornements or.

Ornement des retroussis : grenades brodées en or.

Sabre, dans toutes les tenues avec sa dragonne comme les soldats, garnitures du grade en or.

Schako, avec cordelière or et laine écarlate , les galons de côté en chevron, en galon blanc comme les soldats.

Sur la capote : le galon du grade et les épaulettes.

En été ils peuvent porter des pantalons larges, en toile ou en nankin et des demi-guêtres.

Tambours dans toutes les tenues

Comme les soldats, avec nids d'hirondelle écarlates, galonnés or et un galon or au collet, revers et parements.

Conscrits Chasseurs

Historique

Ce régiment fut formé le 29 et le 31 mars 1809.

Il avait deux bataillons de six cent soixante hommes, soit mille trois cent vingt hommes pour le régiment. Le régiment était commandé par un major (commandant).

Le 25 avril 1809 on crée un second régiment à Strasbourg (décret du 31 mars). Ces deux régiments ne durèrent que jusqu'au 30 décembre 1810.

En 1811, ils deviennent le 3ᵉ et le 4ᵉ Voltigeurs de la Garde, dont ils prennent l'uniforme.

Ils avaient des tambours, des fifres et des sapeurs.

D'après un compte rendu du 24 février 1810, le 2ᵉ régiment, pendant la campagne d'Espagne a un tambour-major.

Le 6 février 1810, le 2ᵉ régiment formait brigade avec le 2ᵉ régiment de Tirailleurs chasseurs.

Uniformes des deux régiments

Soldats en grande tenue

HABIT

Coupé comme celui des Tirailleurs chasseurs, en drap bleu impérial et ne différait de cet uniforme que par la doublure des basques, qui est de serge blanc, ainsi que les retroussis ; ceux-ci sont ornés d'aigles vertes couronnée, liserées écarlate (Détails, planche IA, n° 2, page 165).

Ils n'ont pas de soubises dans le dos. Le collet est écarlate avec passepoil blanc. Pattes d'épaule en drap vert liseré écarlate.

BOUTONS

En cuivre, modèle de la Garde.

VESTE

En drap blanc comme l'habit, à petits boutons d'uniforme, petites poches rectangulaires.

CULOTTE

À grand pont, s'attachant à la cheville, en tricot bleu impérial.

GUÊTRES

En forme de botte (modèle de l'infanterie légère) avec gland et galons verts. En toile blanche, avec petits boutons d'os en été, en étoffe noire avec petits boutons de cuivre en hiver.

SCHAKO

Comme les Tirailleurs chasseurs, avec pompon vert, en poire et l'aigle en cuivre (planche IIA, n° II, page 167, et Tirailleurs chasseurs, planche 3D, n° I, page 181), un chevron en galon blanc, sur les côtés du schako et une ganse blanche sur la cocarde avec un petit bouton d'uniforme, visière en cuir noir sans ornement. Les hommes portent le pompon dans toutes les tenues.

COL

Noir avec liseré blanc. Ces cols sont doublés de cuir, les hommes remplacent parfois le cuir par du carton, non réglementaire.

SABRE

Briquet d'Infanterie de ligne et sa dragonne. D'après Fallou et Orange, la dragonne est blanche à franges écarlates. D'autres document la représentent toute verte. Logiquement elle devrait être blanche à franges comme les Tirailleurs chasseurs.

Les fourreaux des baïonnettes sont en cuir noir, avec un collet de buffle blanc comme pour le sabre, mêmes attaches que pour l'Infanterie de ligne.

FUSIL

Ornements de cuivre, mais capucines de fer. Bouton cuivre à la bretelle.

GIBERNE

De la Jeune Garde en cuir verni (Détails, planche IA, n° 10, page 165).

SAC

Modèle de la Jeune Garde. Long pantalon blanc en été, toile ou nankin. Maître-armurier (note du 12 décembre 1809 au 2ᵉ régiment). Le maître-armurier a les galons de caporal.

Officiers dans toutes les tenues

Comme tous les officiers de Chasseurs de la Jeune Garde. Les officiers de tout grade ont un baudrier de cuir noir pour tenir le sabre en petite tenue, et un ceinturon blanc en grande tenue (décision du 13 novembre 1809).

Un long pantalon de drap bleu en petite tenue d'hiver et en toile blanche en été.

Sous-officiers dans toutes les tenues

Même uniforme que les soldats avec les galons du grade en or et en chevron.

Attributs des sous-officiers avec épaulettes à franges des sous-officiers des chasseurs à pied de la Garde. Cors de chasse et grenade brodés or sur fond de drap écarlate sur les retroussis. Schakos avec un galon or au-dessus pour

PLANCHE 2C

Jeune Garde — Conscrits chasseurs

Soldat en grande tenue

les sergents, deux galons pour les sergents-majors.
Dragonne comme les soldats, avec les garnitures du grade en or.

Les sous-officiers sont fournis par les Chasseurs à pied de la Vieille Garde, ils peuvent en garder l'uniforme mais le bonnet d'ourson est remplacé par le schako, avec cordelières vertes mélangées d'or (Tirailleurs chasseurs, planche 3D, nᵒˢ II et III en bas, page 181).

Dans toutes les tenues ils ont le pompon vert en poire comme les soldats, sur le schako.

En tenue d'été ils peuvent porter des pantalons larges en toile blanche ou en nankin, ainsi que des demi-guêtres en toile ou en nankin, sans ornement.

Les galons du grade sur les manches de la capote qui est celle des sous-officiers des Chasseurs à pied de la Vieille Garde, ainsi que les épaulettes à franges sur les épaules de la capote.

Notes

Le bonnet de police est aussi probablement celui des sous-officiers des Chasseurs à pied de la Garde ainsi que la capote.

Fifres en grande tenue

SCHAKO

Comme les soldats mais les chevrons, sur les côtés sont en cuir noir verni.
Habit, culotte et guêtres comme les soldats, mais doublure et retroussis écarlates. Mêmes boutons.
Galon or au collet et aux parements seulement.
Pattes d'épaule comme les soldats.

GILET

De drap blanc, petits boutons cuivre.

SAC

Comme les soldats.
Sabre à dragonne verte, gland écarlate.
Aux épaules des nids d'hirondelle écarlates, galonnés or ; les nids d'hirondelle entourent entièrement le bras à l'épaule.
Armement comme dans l'infanterie.
Sur les retroussis, un passepoil blanc et des aigles vertes couronnées.

Tambours

Même uniforme, en plus un galon or aux revers, sur ce galon sont cousus les boutons, comme dans tous les régiments où les revers sont galonnés.
On représente aussi les tambours avec des épaulettes, pareilles à celles des chasseurs de la Vieille Garde.

Sapeurs

Décret du 16 août 1809.
On donne au 2ᵉ régiment douze sapeurs et un caporal.
Ils marchent sur deux rangs, caporal en tête, en avant des tambours.
Ils ont des épaulettes comme celles des Sapeurs des Chasseurs à pied de la Vieille Garde (modèle avant 1810) portées sur l'habit et sur la capote, les haches rouges sur les deux bras (capote et habit). Aigles couronnées sur les retroussis.
Bonnet à poil, plumet et cordelière à deux raquettes et glands (jaune et vert) sur le haut, devant un gland jaune et vert. Le plumet la moitié du bas vert, la moitié du haut écarlate.
Le bonnet est sans plaque devant, ni plate-forme derrière et sans jugulaire.

Tambour-major

D'après un compte rendu du 24 février 1810 (campagne d'Espagne) il y a un tambour-major.

PLANCHE 3C

Jeune Garde
Conscrits chasseurs
Fifre – Tambour – Sergent en grande tenue

PLANCHE 4C

Jeune Garde
Conscrits chasseurs
Caporal sapeur en grande tenue

Voltigeurs

Historique

Le 30 décembre 1810, les deux régiments de Tirailleurs chasseurs prennent le nom et l'uniforme de 1er et 2e régiments de Voltigeurs et les Conscrits chasseurs deviennent le 3e et le 4e régiments de Voltigeurs.
Le 18 mai 1811 on crée un 5e régiment de Voltigeurs.
Le 28 août 1811 on crée un 6e régiment de Voltigeurs.
Le 10 janvier 1813 on forme un 6e régiment bis de Voltigeurs.
Le 17 janvier 1813 on forme un 3e, 4e et 5e régiments bis.
Le 15 février 1813 on crée un 7e régiment de Voltigeurs avec le régiment de la Garde Nationale de la Garde.
Le 23 mars 1813, on crée un 8e régiment de Voltigeurs.
Le 6 avril 1813 on crée un 9e, 11e, 12e et 13e régiments.
Le 11 janvier 1814 on crée un 14e, 15e et 16e régiments.
Le 21 janvier 1814 on crée un 17e, 18e et 19e régiments.
Ces régiments étaient composés de volontaires et d'une partie de Pupilles de la Garde qui venaient d'être licenciés. A la Première Restauration, en 1815 on rétablit six régiments de Voltigeurs.

Notes générales

Comme toute la Jeune Garde ces régiments n'ont pas de tambour-major mais un tambour-maître, qui porte un uniforme de tambour-major avec les galons de son grade, sergent ou caporal-tambour.
Les sapeurs n'ont peut-être existé qu'à partir du 16 mars 1813 (officiellement) avec la tenue et les revers modèle 1812 mais il y avait peut-être des sapeurs avant cette époque.
Le décret du 16 mars 1813 accorde quatre sapeurs à chaque bataillon.
Les Voltigeurs étaient casernés à Rueil.
En campagne ils ne portent pas le sabre et la baïonnette est attachée à la banderole de giberne.

Uniformes

Soldats en grande tenue de 1810 à 1812

Même uniforme que les Tirailleurs grenadiers, sauf le collet qui est jaune, passepoilé écarlate, les retroussis sont ornés d'aigles vertes en drap.
Les épaulettes à corps et à franges vertes, tournante jaune, passants verts sur drap bleu, fond de l'habit.
Plumet : vert deux-tiers en bas, écarlate un tiers en haut.
Guêtres, noires en botte, modèle Infanterie légère, sans ornement, boutons noirs.
Culotte à petit pont en tricot blanc.
Giberne avec un cor de chasse en cuivre (Détails, planche IA, n° 10, page 165).
Capote grise.
Sabre briquet avec dragonne blanche, gland vert, le haut du gland écarlate. En campagne ils n'ont pas de sabre.

Soldats en petite tenue de 1810 à 1812

Comme pour les Tirailleurs.
Bonnet de police, modèle dragon, en drap bleu avec passepoils et gland jaune sur la flamme, un passepoil jaune sur le bandeau et devant un cor en drap jaune découpé (planche IA, Détails, n° 12, page 165).

Soldats de 1812 à 1815

Le 8 avril 1813, comme pour les régiments de Tirailleurs la forme de l'habit et des schakos fut modifiée (planche 5, page 175). Le pompon du schako, sphérique, vert pour tous les régiments de voltigeurs jusqu'en 1815.
Sous certains schakos, il y a sous l'aigle un soubassement en cuivre avec un numéro, peut-être dans les régiments de Voltigeurs et de Tirailleurs (Détails, planche IIIA, nos I et II, page 168).
Le 3e régiment a peut-être aussi sur le bouton d'uniforme (modèle de la Garde) un numéro 3, sous l'aigle ou sans aigle. On ne sait pas si cette particularité se rapporte au 3e Voltigeurs ou au 3e Tirailleurs et si les régiments suivants ont aussi un chiffre sur les boutons. Les voltigeurs ont toujours les mêmes épaulettes. En petite tenue les Voltigeurs suivent la règle de la Jeune Garde.

Voltigeurs Jeune Garde

Soldat en grande tenue 1810 à 1812

Caporaux de 1810 à 1815

Dans toutes les tenues, comme les soldats avec les galons de caporal en laine aurore, placés en chevron.

Sous-officiers de 1810 à 1815

Dans toutes les tenues et à toutes les époques, les sous-officiers suivent la règle des sous-officiers de la Jeune Garde.
En 1813 ils gardent le sabre avec sa dragonne du grade.
Les ornements des retroussis : cor et grenade brodés or à même le retroussis.
Les adjudants ont aussi une tenue de ville.

Officiers de 1810 à 1815

Uniforme des officiers de Chasseurs à pied de la Vieille garde, mais avec le schako des officiers de la Jeune Garde.
On les représente soit avec des bottes à la souvarow, lisérée or et gland or ou bien des bottes à retroussis.
Sabre d'officier d'infanterie, avec dragonne or du grade.
Le ceinturon blanc sur le gilet.
Les retroussis et ornements comme les officiers de Chasseurs de la Vieille Garde : grenades et cors brodés or.
Dans les autres tenues, comme les officiers de Chasseurs.
En tenue de ville ils avaient le chapeau porté en colonne.

Tambours

Comme les soldats, à toutes les époques, avec un galon or au collet, aux revers et aux parements. Sabre avec dragonne blanche à gland vert, le haut du gland écarlate.

Tambour maître

Il n'y avait pas de tambour-major, mais les tambours-maîtres portaient un uniforme de tambour-major.

Sapeurs

Comme les soldats, avec des haches en drap jaune sur drap rouge croisées sur les bras.
Bonnet d'ourson de sapeur avec cordelière, raquettes et glands blancs.
Plumet : deux-tiers du bas vert, un tiers du haut rouge.
Ceinturon blanc à plaque de cuivre uni.
Sabre briquet.
Gants à crispin blancs. Le reste comme tous les sapeurs.

Sergent sapeur

Comme les sapeurs mais la tournante des épaulettes et les haches sur les bas sont en or. Pistolets à la ceinture.
Pas de hache (arme).
Sabre.
Galons or de sergent.
Comme les sapeurs, l'habit veste (modèle 1812) à partir de 1812.

Musiciens

Comme les soldats, avec ces différences :
- Plumet blanc sur le schako, galon or, au collet, aux revers, aux parements, aux retroussis et tour des poches.
- Aigles dorées aux retroussis.
- Bottes à la souvarow avec liseré or et gland or.
- Trèfles d'épaule en galon or sur bleu.
- Épée, ornements cuivre doré, sans dragonne.
- Ceinturon blanc sous le pont.

PLANCHE 2B

Voltigeurs — Jeune Garde

PLANCHE 2B
Officiers en grande tenue

PLANCHE 3B
Tambours et musiciens en grande tenue

PLANCHE 4B
*Sergent sapeur en grande tenue
de 1810 à 1812
Sapeur en grande tenue de 1810 à 1812
Tambour-maître en grande tenue
de 1810 à 1812*

PLANCHE 3B

PLANCHE 5B

*Soldat en grande tenue de 1812 à 1815
Sergent en tenue de route et capote
de 1812 à 1815*

PLANCHE 4B

PLANCHE 5B

Gardes Nationales

Historique

Un régiment est formé le 1ᵉʳ janvier 1810 à Lille avec la 1ᵉʳᵉ et la 2ᵉ Légion du Nord (Garde nationale du département du Nord sous le nom de Francs du Nord).
Le 15 février 1813 le régiment est supprimé et devient le 7ᵉ régiment de Voltigeurs.
Le régiment était de deux bataillons commandé par un major (commandant) et un major en second.
Chaque bataillon comprend six compagnies de cent vingt et un hommes chacune, soit une compagnie de Grenadiers, une de Voltigeurs et quatre de Fusiliers.
En tout sept cent vingt-six hommes.

Uniformes

Soldats en grande tenue

HABIT
Coupé à l'uniforme des Tirailleurs chasseurs (habit veste) fond bleu, parements en pointe en drap écarlate, liserés blancs, revers blancs en pointe, liserés écarlate, doublure des basques et retroussis en serge blanche, liserés écarlate, passepoils des poches et des pattes d'oie (soubises) de la taille écarlates.
Les retroussis sont garnis d'aigles en drap bleu pour les fusiliers, grenades en drap rouge pour les Grenadiers, cors de chasse verts pour les Voltigeurs.

BOUTONS
Modèle de la Garde en cuivre.
Six gros boutons aux pattes d'oie, trois à chaque patte.
Six gros boutons aux poches, trois à chaque poche.
Petits boutons aux revers, aux pattes d'épaule et épaulettes, un petit bouton sur chaque parement et petit bouton au-dessus du parement.
Petits boutons de cuivre, d'uniforme à la veste et aux guêtres noires.

VESTE
En drap blanc, petits boutons d'uniforme.

CULOTTE
Blanche en tricot.

ÉPAULETTES
Rouges, à franges pour les Grenadiers, vertes, à frange pour les Voltigeurs, pattes d'épaule bleues (fond de l'habit), liserées rouge pour les Fusiliers.

GUÊTRES
Sous le genou, noires en hiver avec petits boutons cuivre ;

en toile blanche en été avec petits boutons d'os.
En été les soldats portent le long pantalon de toile blanche, tombant sur les guêtres blanches.

SCHAKO
Sans ganse de cocarde ni ganse en chevron de côté, cocarde tricolore surmontant l'aigle couronnée en cuivre de la Jeune Garde (Détails, planche 2G, n° II, page 197).
Cordelière à glands et raquettes :
- Rouge pour les Grenadiers.
- Verte pour les Voltigeurs.
- Blanche pour les Fusiliers.
Jugulaire de cuivre sur cuir, avec son bouton.
Visière en cuir noir sans ornement.

POMPONS DE SCHAKO
De forme lenticulaire, surmontés d'une flamme en laine (houppette).
Pompon et flamme :
Rouge pour les grenadiers.
Verte pour les voltigeurs.
De couleur différente par compagnie pour les fusiliers :
1ᵉʳᵉ compagnie, gros vert.
2ᵉ compagnie, bleu céleste.
3ᵉ compagnie, aurore.
4ᵉ compagnie, violet.

SABRE
Briquet de la Garde.

DRAGONNE
Blanche à gland de couleur :
- Rouge pour les Grenadiers.
- Verte pour les Voltigeurs.
- Rouge avec un ornement blanc pour les Fusiliers (Détails, planche 2G, nᵒˢ VII, VIII et IX, page 197).
La dragonne peut être aussi rouge avec gland.
Rouge pour les Grenadiers et verte pour les Voltigeurs.
Dans ce régiment les Fusiliers auraient un sabre.

GIBERNE
Pour tous, le modèle de la Jeune Garde.
(Détails, planches IIG, page 197).
Équipement des Tirailleurs chasseurs.
Armement des Tirailleurs chasseurs et le fusil avec capucine cuivre.

CAPOTE
En drap beige, modèle de l'infanterie.

BONNET DE POLICE
Modèle de la Jeune Garde et pareil à ceux des régiments d'Infanterie de ligne.

Jeune Garde de 1810 à 1813
Régiment des Gardes Nationales

Grenadier en grande tenue
Voltigeur en grande tenue
Sergent de grenadiers en capote
Fusiliers en grande tenue

Sous-officiers en grande tenue

Même uniforme que les soldats avec les galons du grade, or sur écarlate en chevron, les fourriers ont les galons de fourrier.
Épaulettes à franges rouge et or pour les Grenadiers.
Épaulettes à franges vert et or pour les Voltigeurs.
Pattes d'épaule comme les hommes pour les Fusiliers.
Les ornements des retroussis brodés en or grenades, cors et aigle couronnées.
La cordelière du schako comme les soldats mais mélangée d'or. De même pour les dragonnes selon le grade.
Un galon d'or de douze lignes sur la partie supérieure du schako des sergents. Les sergents-majors ont en plus un galon de six lignes au dessous du premier (planche 2G, n°s III et IV en bas, page 197).

Caporaux

Comme les soldats avec les galons de laine en chevron aurore.

Tambour-major

Probablement un colback.

Tambour-maître

Comme les Tambours.
En plus un colback à cordelière blanche, sans raquette ni gland, flamme rouge à gland rouge à droite, plumet demi-rouge en bas, demi-jaune en haut, galons de caporal. Petites guêtres sous le genou. Canne, pomme cuivre, cordon rouge.

Tambours

Comme les soldats (Grenadiers, Voltigeurs, Fusiliers) avec des galons de livrée sur les bras et un au collet.

Officiers

Comme les officiers des Chasseurs de la Jeune Garde sans cordelière au schako. On les représente aussi avec des bottes à la souvarow, liseré et gland or.

Bataillon d'instruction de Fontainebleau

Ne pas confondre avec l'école de Fontainebleau qui devint l'école de St Cyr en 1808

Historique

D'après Bardin il fut créé en 1810 et licencié à la Première Restauration.

D'après Fallou, il fut formé à la fin de l'année 1812. Il avait été créé pour l'instruction des enfants de troupe de la Garde lorsqu'ils avaient atteint un certain âge pour fournir des sous-officiers à la Jeune Garde mais en réalité il était composé de Conscrits destinés au recrutement de la Jeune Garde (fusiliers, tirailleurs, voltigeurs) pris parmi les plus disponibles et les mieux élevés.

Après être restés deux ans à l'école, les uns étaient enrégimentés dans les cadres de la Vieille Garde, les autres, les plus capables, passaient sergents dans la ligne, les moins avancés passaient caporaux.

On nomma ce bataillon Le Premier bataillon de France. Il faisait partie de la Jeune Garde et fournit le poste d'honneur du Pape pendant son séjour à Fontainebleau de juin 1812 au 23 janvier 1814.

Le bataillon avait cinq compagnies, il était commandé par un général de brigade de la Garde.

L'instruction était faite par des officiers et sous-officiers de la Vieille Garde.

Le bataillon ne devait avoir que des tambours avec un tambour-maître tirés de la Vieille Garde.

La première compagnie était composée de Fusiliers grenadiers et de Fusiliers chasseurs et elle portait le titre de Compagnie de Fusiliers de la Garde, les quatre autres compagnies composées de Tirailleurs et de Voltigeurs portaient le titre de Compagnies de tirailleurs de la Garde.

L'état-major du bataillon était composé d'un général de brigade, un chef de bataillon et d'un capitaine adjudant-major.

Chaque compagnie avait un capitaine, un lieutenant en premier, un lieutenant en second, quatre sergents, huit caporaux, un sergent-major, un fourrier et deux cents hommes ou élèves environ.

Le bataillon à peine formé, fournit dès 1813 des officiers à tous les régiments de l'armée.

Uniforme

Le bataillon n'avait pas d'uniforme spécial.

La 1ère compagnie portait l'uniforme des Fusiliers (grenadiers et chasseurs) et les quatre autres celui des tirailleurs et voltigeurs avec les mêmes boutons que la Garde.

Les instructeurs gradés, faisant tous partie de la Vieille Garde portaient l'uniforme du corps auquel ils appartenaient mais tous portaient le schako avec les galons or des sous-officiers de la Jeune Garde.

Légendes Planche 2G, page 197

Jeune Garde
Régiment des Gardes Nationales
(1810 à 1813)

I.   Pan d'habit des Grenadiers.

II. Schako des Grenadiers.

III. Pan d'habit des Voltigeurs.

IV. Pompon et cordelière du schako des Voltigeurs.

V.   Pan d'habit des Fusiliers.

VI. Pompons et cordelières des schakos des Fusiliers des quatre compagnies d'un bataillon.

VII. Dragonne de sabre des Grenadiers.

VIII. Dragonne des Voltigeurs.

IX. Dragonne des Fusiliers.

I.   Colback de tambour-maître.

II. Schéma d'un bataillon en bataille.

III. Galon du haut du schako des sergents de la Jeune Garde, de douze lignes de large, avec la cocarde.

IV. Galon du haut du schako des sergents-majors de la Jeune Garde, de douze lignes et six lignes de large, avec la cocarde.

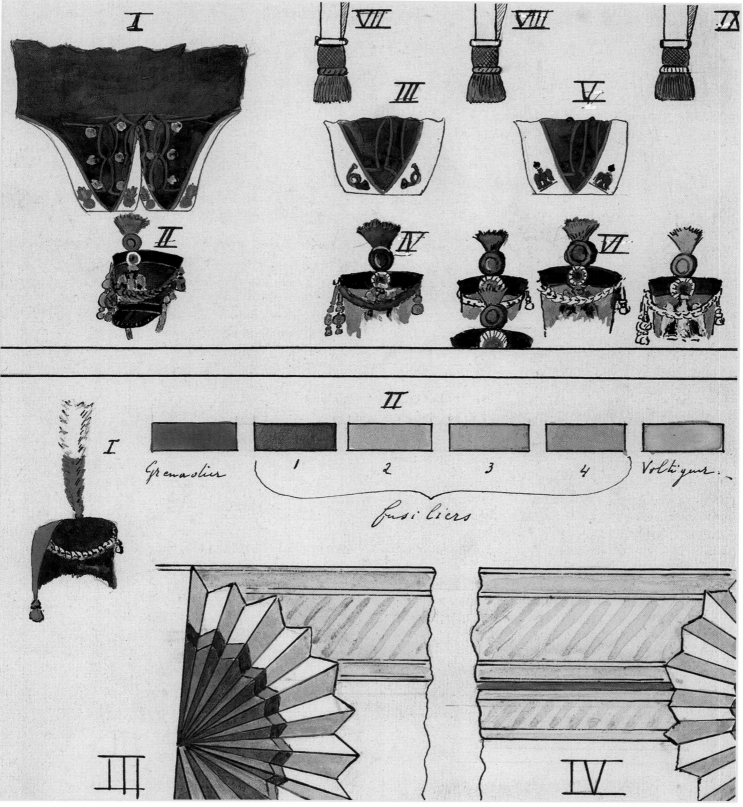

Sapeurs du Génie

Historique

Le 16 juillet 1810, on crée une compagnie de cent vingt hommes.

Le 20 avril 1811, on ajoute à la compagnie vingt-deux hommes tirés du bataillon des mineurs de la ligne.

Dès le début, le corps des sapeurs fut commandé par un général de brigade, ayant le titre de colonel, un major, un chef de bataillon, un lieutenant en premier et un lieutenant en second.

Le 30 janvier 1813, les Sapeurs du génie avaient deux cent cinquante hommes, officiers et sous-officiers compris. Il y avait un bataillon.

Le 8 mars 1813, les Sapeurs du Génie furent augmentés d'un second lieutenant, de deux sergents, de six caporaux et de cent vingt sapeurs.

Décret du 13 janvier 1814, on forme un second bataillon.

Le 8 avril 1814, il y avait quatre cents hommes.

Le 12 mai 1814 les deux bataillons sont dissouts.

Le 8 avril 1815, on reforme une compagnie de cent cinquante hommes en temps de paix et de deux cents hommes en temps de guerre (officiers et sous-officiers compris).

Après les Cent jours, la compagnie est licenciée.

Les sapeurs du génie étaient attachés à la Vieille Garde. Ils formaient le génie de la Garde et ils firent la campagne de Russie et les autres campagnes avec l'artillerie à pied de la Garde.

En plus ils remplissaient dans les châteaux impériaux le service de Pompiers. En 1812 ils avaient un Train des pompes. Les chevaux avaient des chabraques en peau de mouton blanche avec dents de loup rouges. Les conducteurs avaient des bottes fortes.

Les Sapeurs du génie de la Garde étaient casernés rue du Mont-blanc à la caserne de Clichy. Ils portaient la moustache. La taille était de cinq pieds, cinq pouces. Tous les officiers étaient montés.

Le corps des Sapeurs du Génie avait un fanion bleu foncé avec grenades (planche 3E, n° VI) jaunes peintes sur l'étoffe.

Uniforme

Soldats en grande tenue

Au début, comme pour l'Artillerie à pied de la Garde, les sapeurs portaient le schako de l'époque avec plaque de cuivre, cordelière rouge et plumet rouge. Les recrues portent encore ce schako en 1813, car on trouve un marché fait en 1813 qui dit : fourniture de cent vingt schakos avec plaques et cent vingt cordons rouges, cent vingt coiffes et deux cent soixante-dix-huit plumets.

Puis le schako fut remplacé par un casque à chenille noire et plumet rouge.

HABIT

Coupe des Grenadiers de la Garde en drap bleu foncé. Le collet, les revers, les parements et pattes de parement en velours noir, liserés rouges. Doublure et retroussis rouges, avec grenades bleues sur les retroussis. Boutons comme les Grenadiers de la Garde. Épaulettes à franges et passants d'épaulette rouges sur drap bleu. Pattes de parement à trois pointes. Chevrons en laine aurore.

CULOTTE

Bleu foncé à grand pont.

GILET

Drap bleu foncé, petits boutons d'uniforme.

GANTS

Blancs.

ARMEMENT ET ÉQUIPEMENT DES GRENADIERS À PIED

Au sabre briquet, une dragonne toute rouge. Sur la giberne, petite aigle en cuivre, modèle de la Jeune Garde.

GUÊTRES

Au dessus du genou, noires en hiver avec boutons cuivre, blanches en été, boutons blancs, comme les grenadiers.

Soldats en petite tenue ou tenue de campagne

Suivent la même règle que les corps de la Garde.

CAPOTE

Comme les Grenadiers en drap bleu foncé.

Bonnet de police

En drap bleu foncé, modèle des Grenadiers avec galon rouge, passepoils et grenade en laine rouge, gland rouge.

Tenue de tranchée et de service à feu.

Le casque et la cuirasse des Sapeurs du Génie de la ligne en costume de tranchée.

PLANCHE 1E

Sapeurs du Génie (Jeune Garde)
Soldat et Officier en grande tenue

PLANCHE 2E

Sapeurs du Génie (Jeune Garde)

Tambour – Tambour-major – Musicien
en grande tenue (été)

D'après Bucquoy, le tambour-major serait un tambour-maître du grade de sergent avec les
galons et la dragonne de sergent, les épaulettes de sergent à franges or et écarlate.
La canne était celle des tambours-maîtres, avec pomme et bout de cuivre, et la cordelière en
laine écarlate et or, ainsi que les glands.
Sur le baudrier de buffle blanc, une grenade en cuivre, sans autre ornement.
Ils portaient le sac comme les soldats.

Caporaux

Comme les soldats avec deux galons en laine aurore.

Sous-officiers

Suivent la règle des sous-officiers des Grenadiers de la Garde avec l'uniforme des Sapeurs et le casque.

Officiers

Comme les sapeurs. Épaulettes du grade en or, aiguillettes à droite (planche 3, page 201). Les épaulettes comme les officiers du Génie de la ligne. Hausse-col en cuivre doré avec le motif du Génie, mais tourné du côté opposé à celui de l'épaulette. Épée à dragonne or (modèle du génie). Bottes à l'écuyère avec éperons acier, manchettes blanches de bottes.
Le harnachement du cheval comme les officiers du Génie de la ligne.
Grenades brodées or à même le retroussis.

Tambours

Comme les Sapeurs, une grenade or aux retroussis, croissant des épaulettes en or, un galon or et écarlate au collet, aux revers et aux parements, un petit galon or aux pattes de parement. Des galons formant boutonnières, or et écarlate aux boutons des revers.
Casque avec chenille rouge, des franges or, mêlées aux franges rouges des épaulettes, la rangée extérieure en or. Tambour comme les grenadiers de la Garde avec trois grenades en cuivre sur le fût, cercles bleus avec grenades peintes en jaune.

Tambour-major

Comme les Tambours, avec les galons de sergent-major. Des galons or au collet, aux revers, aux parements et aux pattes de parement. Un galon or part du bas des revers, entoure les retroussis. Des galons or, formant boutonnières, aux boutons des revers et deux boutonnières pareilles au collet sans bouton.
Baudrier blanc avec petit porte-baguettes en cuivre doré, petites baguettes en ébène avec bout en cuivre doré. Canne de tambour-major avec cordon et glands or et écarlate. Dragonne du grade.

Musiciens

D'après Margerand.
Comme les Sapeurs, mais gilet blanc, bottes à retroussis. Les parements des manches, écarlate, les pattes de parement en velours noir.

Galon or, au collet, aux revers, aux parements et aux pattes de parement.
Des boutonnières or aux boutons des revers.
Trèfles d'épaule en galons or sur écarlate, passants or, liserés écarlate.
Épée à poignée et bout de cuivre, sans dragonne, attachée par un ceinturon blanc passant sous le pont de la culotte.
Casque à plumet et chenille blancs.

Train du Génie (conducteurs)

Probablement comme celui du Génie de la ligne.

Légende Planche 3e, page 201

Jeune Garde
Sapeurs du Génie

I.   Casque sans le plumet.

II.   Bouton et attache de la jugulaire.

III. Bas de la jugulaire.

IV.   Bas du casque (devant).

V.   Épaulette d'officier.

VI.   Fanion des Sapeurs du Génie, bleu foncé, grenades jaunes.

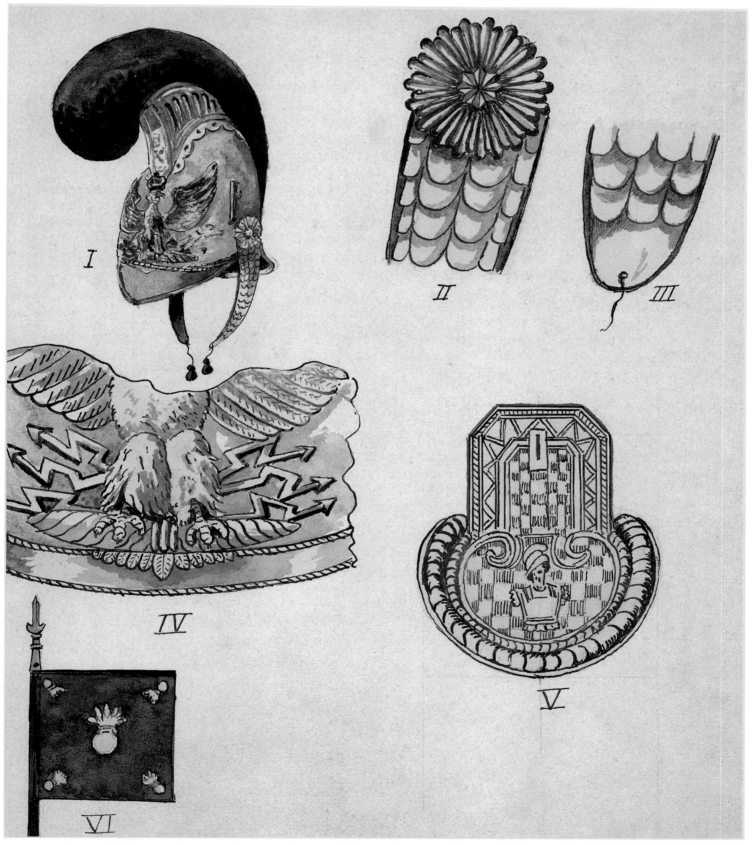

Grenadiers Blancs
ou Grenadiers hollandais

Historique

Ce régiment fut désigné sous les noms de Grenadiers blanc ou Grenadiers hollandais.

Il fut formé le 13 septembre 1810, avec le régiment des Grenadiers de la Garde hollandaise du roi Louis Bonaparte, lors de la réunion de la Hollande la France.

Il prit le numéro de 2ᵉ régiment des Grenadiers de la Garde, mais il faisait partie de la Jeune Garde.

A partir du 18 mai 1811 et jusqu'au 15 février 1813, il prend le numéro 3, parce que on venait de créer un troisième régiment de Grenadiers français de la Garde qui prenait le n° 2.

Le régiment des Grenadiers hollandais fut presque entièrement fait prisonnier en Russie en novembre 1812.

Les hommes qui restaient furent incorporés le 15 février 1813 dans les autres régiments de Grenadiers de la Garde, dont ils prirent l'uniforme et à ce moment le régiment hollandais cessa d'exister.

Les Grenadiers blancs étaient casernés à Versailles.

Drapeaux

Le 1ᵉʳ bataillon avait l'aigle surmontant le drapeau français avec une garde d'honneur comme les Grenadiers de la Vieille Garde. Sur le drapeau le numéro du régiment de grenadiers, au début le numéro 2, ensuite le numéro 3.

Le 2ᵉ bataillon avait un fanion en étoffe de laine écarlate, bordé d'un galon de laine de même couleur, sans frange ni cravate, orné au centre et à chaque angle d'une grenade noire. Le bâton (hampe) en bois noir, placé dans le canon de fusil, porté par un sous-officier.

Uniformes

Notes générales

L'uniforme ne change pas de 1810 à 1813, c'était celui du régiment hollandais, mais les boutons furent timbrés de l'aigle impériale, modèle de la Garde en cuivre, et les brandebourgs en laine orange à chaque bouton des revers et les deux boutonnières à chaque devant du collet, qui faisaient partie de l'uniforme hollandais furent supprimés, et on ajoute la cocarde impériale au bonnet à poil. Il y a beaucoup de versions différentes sur les détails de l'uniforme de la musique, des tambours, fifres et tambour-major.

Soldats en grande tenue

Même coupe que les Grenadiers de la Garde, mais l'habit blanc avec collet, revers, parements, doublure et retroussis cramoisis, pattes de parement en drap blanc, à trois pointes, avec trois petits boutons, des grenades aurores cousues à même l'étoffe des retroussis, épaulettes rouges à franges (comme les grenadiers français), doublées de drap blanc, passants d'épaulettes de même. Boutons cuivre, modèle de la Garde.

GILET

De drap blanc, petits boutons d'uniforme, poches à trois pointes.

CULOTTE

De drap blanc, à petit pont.

GUÊTRES

Au dessus du genou, en toile blanche, avec boutons de cuivre ou d'os, en été, en étoffe noire, avec petits boutons de cuivre en hiver.

BONNET À POIL

Comme les Grenadiers de la Garde, mais sans plaque de cuivre devant. Cordelière blanche à deux raquettes et deux glands. Deux glands au sommet devant, une grenade blanche sur le calot qui est en drap écarlate.

D'après Fallou, il y avait une jugulaire en écailles de métal blanc, mais on ne la voit dans presque aucun document. Bucquoy parle aussi d'une jugulaire en écailles de cuivre (planche 7, n° I, page 211).

Même armement, buffleteries et fourniment que les Grenadiers de la Garde, avec mes mêmes ornements sur la giberne, sabre briquet avec dragonne blanche à gland rouge écarlate (planche 1A et Détails planche 7 page 211).

Jeune Garde
Grenadiers à pied. IIᵉ Régiment
Grenadiers blancs ou Grenadiers hollandais

Soldat – Sergent – Major – Officier – Sergent-major – Major en grande tenue d'été

Les soldats portaient la queue, poudrée en grande tenue jusqu'à la fin en 1812.

Soldats en tenue de campagne

Suit la règle des Grenadiers de la Garde.

BONNET DE POLICE

En drap blanc, modèle de la Vieille Garde, avec galon et les ornements cramoisis.

CAPOTE

En drap bleu, modèle de la Garde, très clair.

PANTALON

Long, de toile blanche en été, sur guêtres blanches, en drap gris en hiver sur guêtres noires.

Soldats en tenue de ville

SURTOUT

En drap blanc, collet, parements ronds sans patte, retroussis et doublure cramoisis, passepoil cramoisi bordant le surtout par devant. Épaulettes rouges à franges. Les poches non apparentes sur les basques (planche 2A).
Aux retroussis, grenades aurores comme en grande tenue, deux gros boutons à la taille. Un petit bouton sur le parement et un au-dessus du parement (planche 2A).
Le chapeau comme les grenadiers de la Vieille Garde.
Les reste comme les Grenadiers.

Soldats en tenues d'exercice et de corvée

Suit la règle des Grenadiers de la Garde.
Une veste de drap blanc à manches, parements ronds et collet cramoisis. Des guêtres grises. Un long pantalon de toile. Des bas de laine en hiver et de coton en été.
Bonnet de police, souliers ou sabots.

Caporaux dans toutes les tenues

Comme les soldats, galons de laine aurore placés comme dans l'Infanterie de ligne, jaunes d'après Bucquoy, ainsi que les galons d'ancienneté.

Sous-officiers dans toutes les tenues

L'uniforme suit la règle des sous-officiers des Grenadiers français, avec l'habit blanc.
Même chose pour les fourriers et les adjudants.

Officiers en grande tenue

Comme les soldats avec les épaulettes du grade en or.
Même coupe que les officiers des Grenadiers de la Garde.
Hausse-col en cuivre doré, ornement argent (aigle).
Sur les retroussis, aigles couronnées brodées en or pour les officiers supérieurs. Une grenade brodée or pour les autres officiers (planche 7, page 211).
Ils portaient la moustache et les cheveux ras, mais suivent la règle des officiers français pour la coiffure et pour tous les autres détails de l'uniforme et de la tenue.
Boutons comme les soldats, dorés.
Sur la plaque de ceinturon en cuivre doré, une aigle en cuivre doré.
Les officiers montés ont les chaperons et la housse en drap bleu impérial avec galons selon le grade. Le plumet selon la couleur du grade. Les capitaines n'étaient pas montés.

Notes

A l'exposition de 1889, il y avait un uniforme d'officier avec retroussis blancs, passepoilés cramoisi et aigles couronnées or. Collet, revers, parements et pattes de parement en velours cramoisi.
Le porte-aigle a le baudrier blanc, en drap galonné or et le plumet blanc.

Officiers dans toutes les autres tenues

Suivent la règle des officiers français avec l'habit blanc.

Tambours en grande tenue

Comme les soldats avec des galons or et écarlate au collet, revers, parements, pattes de parement, retroussis et poches. Des boutonnières en galon or et écarlate à chaque bouton des revers (planche 7, n°s II, V et IX, page 211).
Pas de galon sur les coutures du dos, ni des manches.
Épaulettes rouges à franges, comme les soldats.
(Planche 4).
Grenade blanche sur drap écarlate ou calot du bonnet à poil.
Grenade aurore sur les retroussis.
Baudrier de tambour avec une grenade en cuivre, au dessus de la plaque porte-baguettes.
Tambour à caisse de cuivre, cercles bleu roi, le tout sans ornement.
D'après Fallou, même uniforme, mais les épaulettes sont pareilles à celles des grenadiers de la Vieille Garde avant 1808 mais sans les nids d'hirondelle (planche 2A).
C'est-à-dire franges or et écarlate, croissant or, cors écarlates avec des raies d'or en travers.
D'après de Valmont, même bonnet à poil, mêmes gilet, culotte et guêtres, mais l'habit bleu clair avec revers, collet,

Tambours en grande tenue

parements, retroussis et doublure jaunes. Les galons et ornements argent comme les musiciens de la même collection
du Valmont (planche 3A).
Épaulettes rouges à franges, sans ornement.

Tambours dans toutes les autres tenues

Les Tambours suivent la règle des tambours des Grenadiers français de la Garde.

Notes

Il n'y eût qu'un tambour-major, il se nommait Siliakus,
sa taille était de 2,02 mètres. Il était hollandais et mourut
pendant la retraite de Russie, il venait d'être décoré de
la Légion d'honneur.

Fifres

Dans toutes les tenues comme les tambours.

Sapeurs en grande tenue

Comme les soldats, avec les attributs de sapeur
(planche 3A).

GALON

Or et écarlate sur toutes les coutures, aux poches, aux revers,
aux retroussis, aux parements, aux pattes de parement et
au collet. Pas de boutonnière aux revers ni aux poches.

BONNET À POIL DE SAPEUR

Avec cordelière blanche à deux raquettes et glands. Deux
glands au sommet par devant. Calot écarlate avec grenade brodée or. Plumet écarlate et cocarde tricolore.

ÉPAULETTES

Écarlates à franges comme celles des tambours, d'après
Fallou.

HACHES

Croisées, brodées or sur drap écarlate, à chaque bras.

GRENADES

Brodées or, sur drap blanc aux retroussis.

PASSEPOIL

Cramoisi aux poches en plus du galon, côté extérieur
(planche 7, nᵒˢ III et V, page 211).

PORTE-GIBERNE

Sans porte-hache, giberne avec deux haches croisée en
cuivre et grenades cuivre dans les coins.

CEINTURON

Avec plaque de cuivre garnie d'une grenade en relief.

GANTS

Blancs à crispin.

ARMES

Hache de sapeur.
Mousqueton avec sa baïonnette et porte baïonnette.
Sabre à tête de coq, attaché à un baudrier de buffle blanc
sans ornement.

Musiciens

Il y a plusieurs versions pour l'uniforme des musiciens. Celle qui paraît la plus exacte est celle de Fallou, tirée de l'ordonnance du capitaine Staring du 20 juillet 1810 en Hollande
(planches 6 et 7, Détails, nᵒˢ IV, VI, X et XI, page 211).
Le peintre Orange donne le même uniforme.
Une deuxième version d'après la collection Wurtz-Pees
au Musée des Invalides (planche 5 et texte). Une troisième version d'après de Valmont (planche 3A).
Enfin, d'après Lienhart et Humbert, l'uniforme est à peu
près semblable à celui de Valmont, mais avec une cordelière blanche au colback.

Musiciens d'après de Valmont

HABIT

En drap bleu ciel, parements, revers, retroussis, doublure
jaune. Galon d'argent au collet ou vert, revers, retroussis,
parements et pattes de parement et poches en long. Boutons d'argent, modèle de la Garde.
Pattes de parement, à trois pointes, en drap blanc avec
trois petits boutons.
Sur les revers, des boutonnières en galon argent, avec
glands de même à franges simples. Même chose aux
poches, qui ont un passepoil jaune (planche 7, nᵒˢ IV, VI
et X, page 211).
Trèfles d'épaule : argent sur drap bleu clair, passants
d'épaulette, même chose.

GILET

De drap blanc, petits boutons d'uniforme argent.

CULOTTE

De tricot bleu clair, comme l'habit.

BOTTES

A la souvarow, avec galon et gland argent.

PLANCHE 3A

Grenadiers à pied – IIᵉ Régiment
Grenadiers blancs ou Grenadiers hollandais.

Musicien, d'après de Valmont
Sapeur, d'après Fallou

Colback

De Chasseurs à cheval, sans cordelière, ni jugulaire, plumet moitié du bas bleu clair, moitié du haut blanc, pompon argent sphérique, flamme de drap jaune passepoils et gland argent.

Épée

Poignée cuivre et bout argent. Dragonne argent.

Ceinturon

Blanc à plaque de cuivre placé sous le pont. Les cheveux ras. Gants simples blancs.

Notes

D'après Fallou, l'uniforme est presque pareil, mais la culotte est en peau blanche, les bottes à retroussis.
Épée à poignée et bout cuivre, sans dragonne (planche 6).

Tambour-major en grande tenue d'après Fallou

Veste

En drap blanc, galonnée argent, petits boutons argent.

Culotte

En peau blanche avec galon argent à crètes sur les coutures extérieures et hongroises du même galon sur les cuisses.

Épaulettes

Argent, à franges à grosses torsades sur drap bleu clair. Passants d'épaulette, même chose.

Colback

À la chasseur à cheval, mais plus haut, orné d'une cordelière argent avec deux raquettes et glands tombant à droite. À gauche, une flamme en drap jaune lisérée de passepoil argent et gland argent à grosses torsades, pompon argent sur lequel se trouve un panache bleu ciel clair la moitié du bas, et blanc la moitié du haut et trois plumes d'autruche blanches (follettes). Cheveux en queue et poudrés.

Galons

De sergent-major en argent sans passepoil comme dans l'Infanterie de ligne.

Épée

À fourreau de cuir noir, bout argent, poignée dorée, dragonne argent à gland d'argent à grosses torsades.

Baudrier

En drap cramoisi, brodé d'argent et garni d'une plaque aigle couronnée et de grenades. Petites baguettes de tambour en ébène avec bouts argent, la baudrier dans toute sa longueur bordé d'une torsade en argent.
Un ceinturon de parade en drap blanc et galon argent, avec plaque argent sur le gilet.

Brodequins

Noirs à torsades argent.

Musiciens en grande tenue

D'après la collection Wurtz-Pees au Musée des Invalides.

Colback

De Chasseurs à cheval, plumet blanc, devant sur pompon argent, cordelière blanche à deux raquettes tombant à droite, flamme orange avec gland de même tombant à gauche, cocarde tricolore sous le plumet.

Habit

De drap bleu ciel, ainsi que la patte de parement rectangulaire, collet, revers, parements, retroussis et doublure : orange (aurore). Collet, revers, parements, pattes de parement, poches (en long) ornés d'un galon or.

Boutons

Cuivre de la Garde. Trèfles d'épaule : galon argent sur drap bleu ciel, brides d'épaulette de même.

Sabre briquet

Sans dragonne, retenu par un baudrier de buffle blanc.

Gilet

De drap blanc à poches, petits boutons d'uniforme.

Culotte

De peau blanche.

Bottes

À revers.

Gants

Simples blancs. La grosse caisse a les crispins noirs. Les cymbaliers et le chapeau chinois sont des nègres à costume oriental.

Le chef de musique

Comme les musiciens avec les galons de sergent-major en or, placés comme dans l'infanterie de ligne.

Notes

Il n'y a pas de nègre ni de costume oriental dans la musique.

Grenadiers à pied, IIᵉ Régiment

Grenadiers blancs ou Grenadiers hollandais
Tambour en grande tenue d'hiver.
D'après Lienhart et Humbert
Tambour-major en grande tenue
D'après Fallou

Planche 5a

Planche 6

Légende Planche 5a

Grenadiers à pied, IIe Régiment
Grenadiers blancs ou Grenadiers hollandais
Musiciens en grande tenue
D'après la collection Wurtz-Pees au Musée
des Invalides

Légende Planche 6

Grenadiers à pied, IIe Régiment
Grenadiers blancs
ou Grenadiers hollandais

Musiciens
Grosse caisse
et Chapeau chinois en grande tenue
D'après l'ordonnance du 20 juillet 1810 en
Hollande, du capitaine Staring
et d'après les dessins de Fallou et d'Orange.

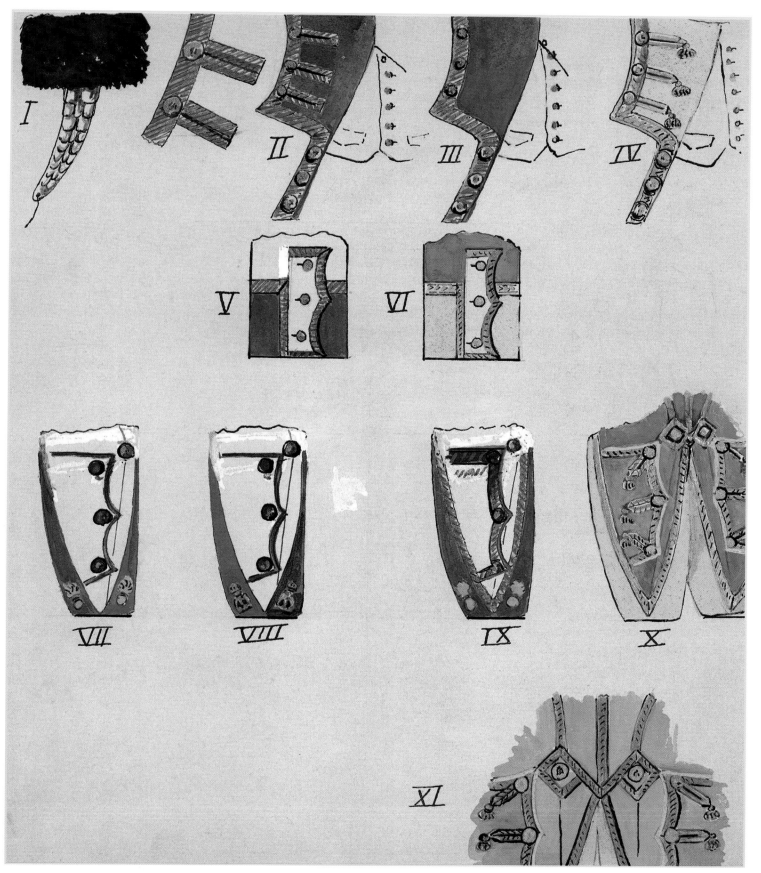

LÉGENDE PLANCHE 7, PAGE 211

Grenadiers à pied, IIe Régiment Grenadiers blancs ou Grenadiers hollandais

I. Jugulaire du bonnet à poil d'après Fallou.

II. Galons des revers des tambours et fifres.

III. Galons des revers des Sapeurs.

IV. Galons des revers des musiciens et tambour-major.

V. Parements et pattes de parement des Tambours et Sapeurs.

VI. Parements et pattes des musiciens et tambour-major.

VII. Pans d'habit et retroussis des Grenadiers.

VIII. Pans d'habit et retroussis des officiers supérieurs.

Notes
Les officiers subalternes ont sur les retroussis des grenades brodées en or.

IX. Pans d'habit et retroussis des tambours.

X et XI.
Pans d'habit et retroussis des musiciens et tambour-major.

Notes sur la tête de colonne

Avant sa réunion à l'Empire français, le régiment avait une tête de colonne (sapeurs, tambours, fifres, tambour-major) avec l'habit écarlate, revers, collet, parements, pattes de parement, retroussis et doublure, le tout blanc, un galon or pour les tambours et fifres au collet, revers, retroussis, parements.
Le reste de l'uniforme comme les soldats, blanc.
Le régiment était aussi composé de Grenadiers de chasseurs.

Les chasseurs sont supprimés en 1810.
De 1810 à 1812 l'uniforme de la tête de colonne reste blanc avec couleur distinctive cramoisie (planches 2A, 3A, 4A et 7), excepté le tambour-major qui a la même tenue que la musique (planche 4A).

En 1812, avant la campagne de Russie, un décret donne à la tête de colonne un uniforme de grande tenue en bleu foncé avec collet, revers, parements, retroussis et doublure cramoisis – la tenue blanche étant toujours portée en tenue ordinaire – et une petite tenue également bleu foncé, les cheveux en queue, non poudrés.

Le tambour-major en grande tenue a l'uniforme de même coupe que celui de tambour-major des Grenadiers de la Garde avec l'habit bleu foncé, collet, revers, parements, retroussis et doublure, cramoisis.
Des galons au collet, aux revers, aux parements et pattes et sur toutes les coutures, grenades or sur les retroussis.
Gilet blanc.
Culotte bleu foncé.
Bottes à la souvarow, ornement or.
Chapeau comme le tambour-major des Grenadiers.
Gants blancs à crispin.
Épaulettes à gros bouillon.
Cheveux en queue, poudrés.
Sabre.

Notes
Cette grande tenue n'a pas été portée beaucoup car la même année en 1812, le régiment fut anéanti en Russie.

PLANCHE 8

Grenadiers à pied, IIe Régiment
Jeune Garde

Grenadiers blancs ou Grenadiers hollandais

Tambour-major en petite tenue en 1812.
Grenades brodées en or sur les retroussis.
Le gilet devait être blanc.

Pupilles de la Garde

Historique

Le 1ᵉʳ septembre 1810, les deux bataillons de Vélites royaux hollandais et les Pupilles du roi de Hollande deviennent les Pupilles de la Garde française, lorsque la Hollande fut rattachée à l'Empire français le 9 juillet 1810. On les appelle aussitôt les petits hollandais ou Gardes du roi de Rome ou Chasseurs à pied du roi de Rome. Cela jusqu'au 30 août 1811. A partir de cette époque, ils prennent le nom de Pupilles de la Garde.
De 1810 au 30 août 1811 il y a deux bataillons.
Les Pupilles ne furent organisés et changèrent leur uniforme primitif qu'après le décret du 30 mars 1811, et complètement formés que le 30 août 1811 sur le pied de neuf bataillons avec un état-major comprenant : un colonel, un major, neuf chefs de bataillon, dix-huit adjudants-majors, un quartier-maître trésorier, un chirurgien-major, deux aides chirurgiens et six sous-aides chirurgiens.
Cet état ne se trouvait que sur le papier seulement, car l'état-major fut très long à être formé.
Le 19 octobre 1811, un décret, qui fut réalisé le 11 février 1812 donne aux Pupilles :
Huit bataillons de huit cents hommes chacun et un neuvième bataillon de dépôt de quatre cents hommes par compagnie, soit mille six cents hommes.
Le régiment avait en plus de l'état-major général cité plus haut : un tambour-major, des tambours-maîtres, des tambours, des fifres, des cornets, des sapeurs et une musique. Chaque bataillon était composé comme les bataillons des régiments de la ligne, avec deux tambours et deux sapeurs par compagnie.
Plus tard, en plus des hollandais, le régiment était composé d'enfants de soldats et d'officiers morts au service et d'enfants trouvés de toutes nationalités.

En 1813

Le 1ᵉʳ et le 7ᵉ bataillons formèrent le 7ᵉ régiment des Tirailleurs de la Garde. Le reste des hommes fut reporté en trois bataillons à quatre compagnies et une compagnie de dépôt. Au complet : mille six cents hommes, l'excédent servit à fournir et à former de nouveaux régiments de Tirailleurs et de Voltigeurs, 9ᵉ Tirailleur.

En 1814

Le régiment n'avait plus que deux bataillons, soit mille six cents hommes.
Le régiment fut dissout sous Louis XVIII à la Première Restauration.
Les Pupilles étrangers furent licenciés ou désertèrent.

Uniformes

Soldats en grande tenue de 1810 à 1811

Du 1ᵉʳ septembre 1810 au 30 août 1811, les deux bataillons gardent l'uniforme hollandais (planche VII). C'est-à-dire uniforme tout blanc, avec guêtres sous le genou, noires ou blanches selon la saison, schako de Fusiliers de l'Infanterie de ligne (modèle 1810), mais avec l'aigle en métal blanc devant, jugulaires de métal blanc, pompon sphérique de la couleur distinctive des compagnies, cocarde impériale.
Chaque compagnie a une couleur distinctive sur le collet, les revers (carrés), les parements, les retroussis et la doublure.
Un passepoil de couleur distinctive aux pattes d'épaule, aux poches (en long) et aux pattes de parement.
Boutons blancs. Sur les retroussis une grenade, un cor ou un « N » en drap blanc ; ce qui ferait supposer qu'il y avait des compagnies de Grenadiers et de Voltigeurs sans autre marque distinctive.
Capote beige comme l'Infanterie de ligne.
Armement et fourniment comme l'Infanterie de ligne.
Pas de sabre. Fusil de dragon pendant tout l'Empire.

Sous-officiers

Comme dans l'infanterie, sans épaulette, avec les galons du grade en argent, un sabre briquet sans dragonne, pattes d'épaule comme les soldats.

Caporaux

Comme les soldats avec les galons de caporal en fil blanc, un sabre briquet sans dragonne. Les tambours et caporaux-tambours d'après certains documents, ont un habit rouge, les parements en pointe passepoilés blancs, les pattes d'épaule rouges passepoilées blanc, ainsi que le collet. Revers, retroussis et doublure blancs.
D'après d'autres documents, l'uniforme serait pareil à celui des soldats avec des galons de livrée aux parements, aux revers, au collet et sept galons en chevron sur chaque bras, des boutonnières en galon blanc aux boutons des revers. Dans certains documents, le cercle des tambours est bleu, dans d'autres à bandes tricolores. Ce corps n'avait ni tambour-major, ni fifres, ni sapeurs, ni musique.
Aucune donnée sur les officiers.
Les 5ᵉ, 6ᵉ, 7ᵉ et 8ᵉ bataillons et 3ᵉ et 4ᵉ compagnies du dépôt ont les habits blancs, passepoilés des couleurs distinctives, retroussis et doublure blancs. Aigles vertes aux retroussis.

PLANCHE I

Pupilles de la Garde

Soldat en grande tenue

Il n'y a aucune donnée exacte sur ces couleurs distinctives mais d'après Fallou et Bucquoy, il n'y a plus qu'une seule couleur distinctive qui est verte (planche VI).

HABIT

En drap blanc, coupe 1812, revers carrés droits.
Collet, revers, parements en pointe, en drap vert, retroussis et doublure blancs. Passepoils blancs aux revers et aux parements. Pattes d'épaule blanches, passepoil vert.

VESTE

En drap blanc, collet, parements et pattes d'épaule verts. (Planche VIII, n° XV, page 223).

PANTALON

De tricot blanc.

SCHAKO

Le même que pour les autres bataillons. Les pompons sont de la couleur distinctive, le cinquième est violet.

BONNET DE POLICE

En drap blanc, ornements de la couleur distinctive verte.
Le reste comme les autres bataillons et compagnies de dépôt.
D'après Orange, ils avaient des guêtres blanches, au-dessus du genou à boutons cuivre.
Les gradés, tambours, etc. ont le même uniforme.
(Planche VI).
Dans les autres tenues, les Pupilles suivent la règle de la Jeune Garde.

Caporaux

Pour tous les bataillons et compagnies, ainsi que dans toutes les tenues, comme les soldats, avec deux galons de laine jaune placés comme dans l'infanterie légère en chevron (planche II). Ils avaient le sabre briquet sans dragonne, avec son baudrier, la baïonnette placée à côté du sabre.

Fourriers

Comme les caporaux, avec les galons de fourriers, en or sur le haut des bras (planche X).

Sous-officiers

Comme les soldats, soit l'habit vert, soit l'habit blanc, avec les galons du grade en or, placés en chevron.
La cordelière du schako, raquettes et glands sont verts et or. Les aigles des retroussis brodées en or. Ils ont des pattes d'épaule comme les soldats. Ils portaient le sabre

briquet, sans dragonne (planche II).
Un galon or au-dessus du schako.

Adjudants sous-officiers

Comme les soldats avec les épaulettes et attributs des adjudants comme dans la ligne. Schako, avec galon or et soie écarlate dans le haut, cordelière, raquettes et glands or et écarlate, pompon blanc d'état-major. Soubises dans le dos, aigles brodés sur les retroussis. Sabre d'officier, dragonne d'adjudant. Bottes à la souvarow sans ornement (planche X).
D'après Bucquoy, les adjudants de tous les bataillons ont toujours l'habit vert.

Officiers subalternes

Comme les soldats, soit l'habit vert pour les quatre premiers bataillons et les deux compagnies de dépôt, soit l'habit blanc pour les autres bataillons et compagnies de dépôt. Épaulettes en or du grade.
Hausse-col en cuivre doré avec une aigle argent pour tous les grades.
Schako sans chevron, avec cordelière, raquettes et glands en or, le pourtour supérieur en galon or, un pompon de couleur distinctive d'après Fallou, ou or. Bottes à la souvarow avec gland et passepoil or. Sabre d'officier d'infanterie, dragonne or ou suivant le grade. Ceinturon blanc, sous le pont (planche V) avec porte sabre. Aigles en or, brodées sur les retroussis.

Officiers supérieurs montés

Comme les autres officiers avec plumet selon le grade.
Bottes à l'écuyère avec manchettes. Hausse-col.
Harnachement comme les officiers montés d'infanterie, avec housse trois chaperons, portemanteau en drap vert, galonnés or et une aigle or dans les coins de la housse (planches V et VI).

Major

Épaulettes du grade : corps argent, franges et tournante or, à gros bouillons (planche V).
Schako, avec pourtour supérieur en galon or, chevrons en argent sur les côtés. Plumet de plumes blanches, cordelière, raquettes et gland en or. Épée et dragonne or et argent.
Le reste comme les officiers montés.

Pupilles de la Garde

Caporal des quatre premiers bataillons en grande tenue
Sergent-major des quatre premiers bataillons en grande tenue,
portant le fanion d'un bataillon.

Décret du 6 mai 1812

D'après Bucquoy, ce décret donne aux bataillons ayant l'habit vert, le collet chamois passepoilé vert. Tous les passepoils et ornements jaunes sont remplacés par la couleur chamois, ainsi que les aigles des retroussis. (planche X). Le gilet a également le collet chamois (sans passepoil) et les passepoils des parements : chamois (planche VIII, n° XIV).

D'après Fallou, il est possible que le régiment n'ait porté l'habit vert qu'après 1812, car dans un rapport du général Dériot du 17 février 1812, il dit que l'uniforme est blanc dans le 1er bataillon, avec couleur distinctive par compagnies :
- 1ère compagnie : collet, revers, parements cramoisi
- 2e compagnie : collet, revers, parements vert
- 3e compagnie : collet, revers, parements bleu ciel
- 4e compagnie : collet, revers, parements vert.

Notes supplémentaires

Taille exigée :
1,53 mètre, mais la moustache n'est pas de rigueur.
Les Pupilles touchent 45 centimes par jour et 65 en campagne.
Les tambours ont deux sous de plus.
Les capitaines touchent de 150 à 200 francs par mois selon leur classe.
Le colonel touche 416 francs par mois tandis qu'un colonel de la Jeune Garde touche 516 francs et un colonel de la Vieille Garde touche 750 francs.
En 1812 il ne reste plus à Versailles qu'un bataillon de dépôt, les autres bataillons sont casernés à Rouen, au Havre, à Fécamp, à Dieppe, à Boulogne, à Dunkerque, à Caen, à Granville.

Uniformes

Tambours et fifres de 1811 à 1812

Le même uniforme que les soldats avec le collet, les parements et les revers bordés d'un galon vert et or. Sur les manches sept chevrons placés à égale distance l'un de l'autre en mêmes galons (planche VIII, n° XI).
Sur les retroussis, des aigles brodées or, passepoil jaune bordant les retroussis.
Cordon du schako vert et or, pompon sphérique jaune.
Sabre sans dragonne.

De 1812 à 1814 d'après Fallou

Même habit, mais sans revers, se boutonnant sur la poitrine par neuf gros boutons et cinq doubles galons de livrée comme dans l'Infanterie de ligne, sept galons de livrée en chevrons sur les bras. Galons de livrée entourant les retroussis, les poches, en long, et les boutons de la taille, en losanges comme dans l'Infanterie de ligne. Sur les retroussis des aigles couronnées brodées en or. Il n'y a plus de soubises derrière à la taille. Sabre briquet sans dragonne (planche VIII, nos II, IX et XII).

Notes
D'après Bucquoy il y a pour cette époque un autre uniforme (planche IX).

Caporal tambour à toutes les époques

Comme les tambours avec les galons du grade de caporal. Sabre briquet, sans dragonne.
Il n'y avait pas de grosse caisse.
Les cymbaliers ont les crispins noirs.
Le chef de musique a les galons de sergent.
La Marche des Pupilles était la favorite de Chérubini.
Pas de gant.

Notes
L'uniforme change en juin 1812 (planche IX).

Sapeurs

Du même âge que les Pupilles de 10 à 15 ans.
La moustache et la barbe n'étaient pas de rigueur !
Même uniforme que les Pupilles avec deux haches croisées brodées en or sur les bras.
Bonnet de sapeur avec cordelière et raquettes et glands vert et or.
Le tablier, le mousqueton avec baïonnette, la hache avec sa banderole porte hache sans ornement.
Giberne sans ornement. Pas de sabre.
Gants à crispin, blancs.
On ne dit pas s'il y avait un plumet au bonnet à poil.

PLANCHE III

Pupilles de la Garde

Caporal-tambour, Tambours et Fifres en grande tenue de 1811 à 1812

Planche IV

Pupilles de la Garde
Tambour-major 1811 à 1812
Musicien 1811 à 1812
Sapeur 1811 à 1812 en grande tenue

Planche V

Pupilles de la Garde
Major en grande tenue,
d'après une estampe en couleur.
Fifre en grande tenue en 1812
d'après Fallou.
Officier en grande tenue.

PLANCHE VI

Pupilles de la Garde
Tambour – Soldat en bonnet de police
Soldats – Officiers – Colonel en grande tenue
5ᵉ, 6ᵉ, 7ᵉ, 8ᵉ bataillons et 3ᵉ et 4ᵉ compagnies du dépôt
D'après le décret du 5 décembre 1811

PLANCHE VII

Pupilles de la Garde
Uniformes portés par les Vélites royaux Hollandais, ou Pupilles du roi de Hollande, entre le 1ᵉʳ septembre 1810 et le 30 août 1811 où ils furent désignés sous le nom de Pupilles de la Garde avec un autre uniforme.

PLANCHE VI

PLANCHE VII

LÉGENDE PLANCHE VIII, PAGE 223

Pupilles de la Garde

I. Basques et retroussis de tambour-major de 1811 à 1814.

II. Basques et retroussis des tambours et fifres (après 1812).

III. Bonnet de police des hommes portant l'habit vert (vu de profil, côté droit).

IV. Même bonnet de police (vu de face) avec la tenue 1812, galon, passepoils et gland chamois remplaçant la couleur jaune.

V. Même bonnet de police (vu de profil, côté gauche) avant la tenue 1812 avec les ornements jaunes. La flamme du bonnet se trouve ramenée dans l'un des côtés du bandeau, soit à droite, soit à gauche et le gland qui termine la flamme est ramené devant le bonnet et tombe dans l'échancrure. Cette façon de porter le bonnet était très usitée dans l'armée.

VI. Bas du schako des pupilles.

VII. Parement des pupilles.

VIII. Revers de l'habit des tambours et fifres avant 1812, galons vert et or.

IX. Devant de l'habit après 1812, galons de livrée, des tambours et fifres.

X. Bouton d'uniforme en cuivre. Le même bouton doré pour les officiers.

XI. Manche des tambours et fifres avant 1812, galons or et vert.

XII. Manche des tambours et fifres de 1812 à 1814, galons de livrée.

XIII. Bonnet de police des bataillons portant l'habit blanc.

XIV. Gilet de la tenue verte, neuf boutons devant.

XV. Gilet de la tenue blanche.
Ils portent les boutons de la Garde depuis le 1er juillet 1812.

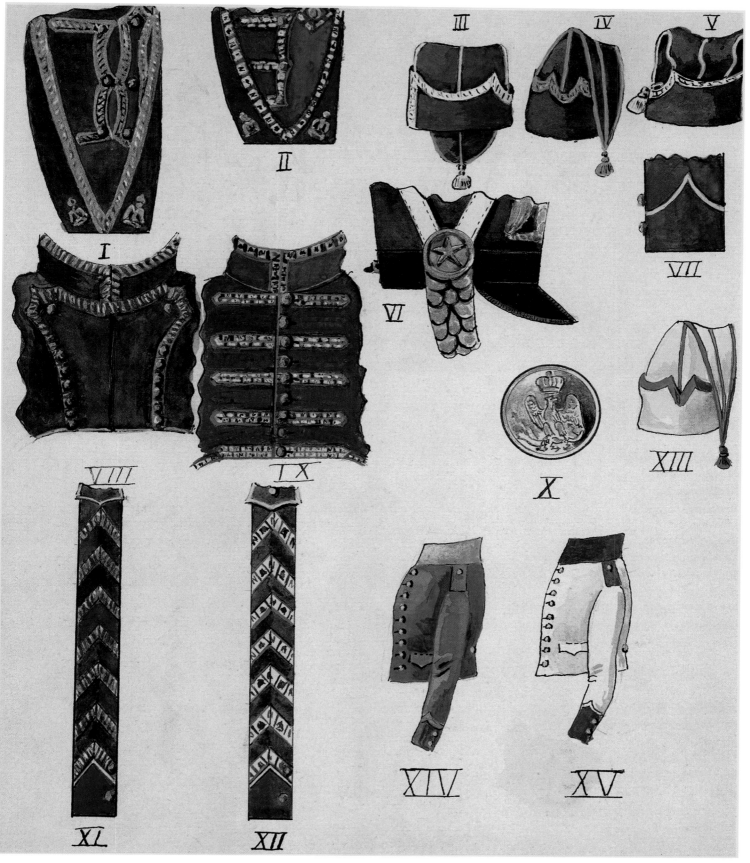

PLANCHE IX

LÉGENDE PLANCHE IX

Pupilles de la Garde
Tambour-major
Tambour-maître
Tambour
Musicien
En juin 1812
Tous en grande tenue et d'après Bucquoy.
Tous les sabres sont sans dragonne et il n'y a
pas de gants.
Les sapeurs comme avant avec le collet cha-
mois passepoilé vert, passepoils chamois aux
revers et aux retroussis.

LÉGENDE PLANCHE IX

Pupilles de la Garde
Fourrier du 1er bataillon en 1812, d'après
Bucquoy.
Les retroussis et la doublure verts.
Sur les retroussis des aigles couronnées, cha-
mois.
Sabre briquet sans dragonne.
Pas de gant.

Adjudant en grande tenue en 1812
Soldat des 5e, 6e, 7e et 8e bataillons en tenue
de corvée.

Flanqueurs Grenadiers

Historique

Ce régiment a été formé le 23 mai 1813, avec les fils des Gardes généraux et forestiers. Il était composé de deux bataillons de huit compagnies chacun. On lui donne quatre sapeurs par bataillon.

Le 26 décembre 1813, le régiment a six compagnies par bataillon.

En 1814 il fut licencié et les hommes incorporés dans les troupes de ligne. Il était caserné à l'École Militaire à Paris.

Le régiment a des tambours, un tambour-maître ayant l'uniforme de tambour-major, une musique et des sapeurs.

Uniforme

Soldats en grande tenue

HABIT

Comme les Flanqueurs chasseurs, en drap vert, revers carrés et droits (modèle 1812), avec passepoils jaunes. Doublure et retroussis rouges à passepoils jaunes, garnis d'aigles couronnées en drap blanc.

Dans les plis de la taille, des pattes d'oie (soubises) en drap vert, passepoil jaune (Détails, planche IA, n° 3).

Collet fermé vert passepoil jaune, parements en pointe verts, passepoilés jaune, avec un petit bouton sur le parement et un au-dessus. Boutons en cuivre, modèle de la Garde.

Pattes d'épaule vertes passepoilées jaune (modèle 1812). Veste blanche en drap, avec boutons d'uniforme, collet ouvert en drap vert sans passepoil, parements en pointe verts, sans bouton, pattes d'épaule blanches, sans bouton. Pantalon de tricot blanc à petit pont.

Guêtres noires sous le genou, modèle de l'infanterie de ligne, à boutons cuivre. On les représente aussi avec les guêtres d'infanterie légère, galon et gland jaune, sans passepoil sur les côtés.

Notes

Marbot donne cette forme de guêtre avec galon jaune et le gland est rouge à sa partie supérieure, avec franges jaunes.

SCHAKO

Modèle de la Jeune Garde, avec chevrons blancs, cordelière rouge avec deux raquettes et glands, sur le devant une aigle couronnée en cuivre, pompon en boule : rouge en bas, jaune en haut, cocarde avec petite ganse blanche et son bouton de cuivre, au milieu de la cocarde, visière en cuir noir, sans ornement, jugulaires en écailles de cuivre avec leurs boutons portant une grenade (Détails, planche IA, n° 7 page 165). Ils portèrent jusqu'à la fin la cordelière et la ganse au schako.

CAPOTE

Gris beige.

ÉQUIPEMENT ET ORNEMENTS

Comme les Tirailleurs, mais ne portaient pas de sabre, la baïonnette était attachée par son pendant à la banderole de la giberne, comme les Fusiliers de l'Infanterie de ligne (Détails, planche IIA, n° 3 page 167).

FUSIL

A capucines de fer.

GIBERNE

Modèle Jeune Garde, avec aigle de cuivre. (Détails, planches IA et IIA).

BONNET DE POLICE

A la dragonne, vert, gland et passepoils jaunes.

Soldats en tenue de campagne

Comme la grande tenue.
Soldats, tenue d'exercice et de corvée.
Veste, culotte et bonnet de police.
Ou veste, long pantalon de treillis, bonnet de police, souliers ou sabots.

Caporaux

Comme les soldats avec galons de laine rouge en chevron. Le sabre briquet, avec dragonne rouge, le dessus du gland jaune, les franges rouges. Fourreau de la baïonnette à côté du sabre. Guêtres d'infanterie légère, sans galon sur le côté, galons jaunes, gland jaune.

Sous-officiers

Comme les soldats avec les galons du grade en or et en chevron.
Sabre, avec dragonne blanche à gland rouge et or.
Grenades brodées en or sur les retroussis.
Au schako cordelière rouge et or.

Adjudants

Comme les sous-officiers, sur le haut du schako, un galon or avec soie écarlate, grenades sur le bouton de la jugulaire, visière de cuir noir bordée de cuivre. Épaulettes d'adjudant. Sabre d'officier tenu par un baudrier de buffle blanc. Canne.
Bottes à la souvarow, galon et gland or. Dragonne de sabre or et rouge. Pas de hausse-col.

Officiers

Portent tous l'uniforme des officiers des grenadiers de la Vieille Garde avec le schako à plumet rouge. Les officiers supérieurs ont le plumet du grade et les bottes à l'écuyère.
Sabre ou épée à dragonne du grade. Après 1813 il n'y a plus de cordelière au schako.

Tambours

Comme les soldats, avec galon or et soie rouge, au collet, aux revers, aux parements, aux poches et sur les retroussis.
Soubises comme les soldats.
Sabre briquet sans dragonne.
Aigles brodées en or sur les retroussis.
Cordelière rouge et or sur le schako.

Notes

Il y a aussi un autre modèle de tenue.
Schako comme les soldats, avec cordelière rouge.
Les galons de l'habit en or.

Tambour maître

Comme les soldats, avec chapeau de tambour-major à plumet blanc, galon or, macarons or, ganse de cocarde or et petites ganses or.
Culotte à petit pont.
Galon or au collet, revers, retroussis et poches.
Aigles couronnées brodées or sur les retroussis.
Épaulettes de sergent-major or et rouge.
Galons de sergent-major en chevron sur les deux bras.
Bottes à la souvarow à galon et gland or.
Sabre d'officier d'infanterie sans dragonne, retenu par un baudrier de buffle blanc.
Canne de tambour maître : pomme et bout en cuivre, cordelière rouge.

Musiciens

Comme les tambours, avec plumet et pompons blancs.
Trèfles.

Flanqueurs Grenadiers

Soldats en grande tenue de 1813 à 1814

Planche 2F

Flanqueurs Grenadiers

Tambour-maître en Grande tenue de 1813 à 1814
Sapeur en Grande tenue de 1813 à 1814
Tambour en Grande tenue de 1813 à 1814
Musicien en Grande tenue de 1813 à 1814

Flanqueurs Chasseurs

Historique

Un régiment de Flanqueurs chasseurs fut formé le 4 septembre 1811 avec les fils des Gardes généraux et des Gardes forestiers. Il était composé de deux bataillons de huit compagnies. Le 26 décembre 1813 ce régiment a six compagnies par bataillon.

Licencié en 1814 à la Première Restauration, les hommes furent incorporés dans les troupes de ligne.

D'après Fallou, ce régiment n'a que des tambours.

Uniforme

Soldats en grande tenue de 1811 à 1814

Habit coupé comme celui des Tirailleurs en 1811, en drap vert, revers carrés et droits (modèle 1812) avec passepoils jaunes (d'après Bucquoy les passepoils seraient chamois), doublure et retroussis écarlates. Les retroussis sont passepoilés jaune, avec des cors de chasse en drap blanc (planche IA, n° 4, page 165). Dans les plis de la taille des pattes d'oie (soubises) en drap vert, passepoilées jaune. Collet et parements (en pointe) verts, passepoilés jaune. Deux petits boutons d'uniforme sur les parements. Tous les boutons en cuivre, modèle de la Garde. Pattes d'épaule de drap vert, passepoilées de jaune, elles sont du modèle de l'infanterie et changent de forme en 1813. Veste blanche en drap, avec collet et parements ronds en drap vert, petits boutons d'uniforme.

Pantalon de tricot blanc à petit pont.

Petites guêtres d'infanterie sous le genou avec boutons cuivre. Schako simple, sans cordelière, cocarde avec ganse jaune et son bouton. Sur le devant une aigle couronnée, en cuivre (modèle de la Jeune Garde), visière en cuir noir sans ornement, jugulaires en écailles de cuivre avec son bouton timbré d'un cor de chasse (planche IA, n° 9, page 165). Pompon en poire, la moitié du haut jaune, le bas vert. En 1813 le pompon est sphérique avec les mêmes couleurs (planche IA, n°s 13 et 14, page 165).

Capote gris beige. Bonnet de police vert, passepoils et gland jaunes. Peut être, devant : un cor de chasse jaune cousu en drap.

Fusil à capucines de fer. Pas de sabre. Giberne, modèle Jeune Garde. Sac d'infanterie. La baïonnette attachée à la banderole de giberne. Sur la patelette de la giberne, un cor de chasse en cuivre.

Soldats en tenue de route

Suit la règle des autres régiments de Jeune Garde.

Tambours

Comme les soldats, avec sept galons de livrée sur chaque bras. Guêtres d'infanterie légère avec galon sur le haut et gland, le tout jaune. Cordelière blanche au schako. Pas de sabre.

Caporaux

Comme les soldats avec les galons de laine rouge. Le sabre briquet avec dragonne blanche, gland vert et son baudrier de buffle blanc. La baïonnette placée à côté du sabre.

Sous-officiers

Même uniforme avec mes galons du grade en or et en chevron. Les cors de chasse, des retroussis brodés en or. Même schako que les soldats sans ornement d'or. Le sabre briquet avec dragonne blanche, gland vert et or.

Officiers

SOUS-LIEUTENANT
Habit comme les soldats avec les épaulettes du grade. Les pans de l'habit sont longs. Les parements écarlates avec un petit bouton dans le parement et un au dessus. Hausse-col de cuivre doré avec l'ornement argent, modèle des officiers de chasseurs de la Vieille Garde. Grandes soubises dans le dos et poches. (Détails, planche IA, n° 5, page 165). Culotte comme les soldats. Cors brodés or sur les retroussis. Bottes à la souvarow avec passepoil et gland or. Schako comme les officiers de la Jeune Garde (chasseurs) avec pompon comme les soldats, en poire jusqu'en 1813 et sphériques après. Sabre des officiers de Jeune Garde avec dragonne or du grade. Le ceinturon sous le pont.

LIEUTENANT
Comme le sous-lieutenant avec les épaulettes du grade.

CAPITAINE
L'uniforme des officiers de chasseurs de la Jeune Garde avec sur le schako, le pompon comme les lieutenants et sous-lieutenants.

OFFICIERS SUPÉRIEURS
L'uniforme des officiers de chasseurs de la Garde avec sur le schako, le plumet du grade.

Planche IL

Flanqueurs chasseurs

Soldat en grande tenue de 1811 à 1813

PLANCHE 2G

Flanqueurs chasseurs

Lieutenant de 1811 à 1813
Capitaine de 1811 à 1813
Tambour de 1811 à 1813

PLANCHE 3F

Officiers en grande tenue
Capitaines de tous les corps de Chasseurs de la Jeune Garde

Tirailleurs – Conscrits - Flanqueurs – Voltigeurs et Garde nationale

Tous les officiers de Chasseurs de la Jeune Garde ont l'uniforme des officiers de Chasseurs à pied de la Vieille Garde, le schako remplaçant le bonnet à poil, excepté les lieutenants et sous-lieutenants des Flanqueurs chasseurs.

Dans sa partie supérieure, le schako a une banderole de velours noir, ornée de feuilles de laurier.
Ces feuilles sont brodées en or et la bande de velours est bordée de chaque côté par des petits galons d'or à crêtes. Un bourdalou en cuir noir verni entoure la partie inférieure du schako, il est cousu sur le schako avec du fil d'or. Visière en cuir noir verni, bordée de cuivre doré.
Ganse de cocarde en torsades d'or.
Jugulaires à écailles de cuivre doré avec un bouton, tête de Méduse.
La jugulaire est formé de rangées de quatre écailles, allant en diminuant de grandeur jusqu'au menton.
Cordelière en or, à deux raquettes.
La tulipe, d'où sort le plumet, n'est pas en cuivre mais en cuir ou en drap brodé d'or. Plumet deux-tiers vert en bas, un tiers rouge en haut. Les chefs de bataillon ont le plumet rouge.
Les boutons d'uniforme sont ceux de la Vieille Garde en cuivre doré, ainsi que le hausse-col, le ceinturon et sa plaque.
Les épaulettes sont celles des officiers des chasseurs de la Vieille Garde.
Sur les retroussis de l'habit, des grenades et des cors brodés or.
Les bottes des officiers de chasseurs sont souvent à la souvarow avec passepoil et gland or.
En 1813 la cordelière du schako est supprimée ainsi que la ganse .
Tous les officiers de Chasseurs de la Jeune Garde ont le même uniforme, sauf les lieutenants et sous-lieutenants des Flanqueurs (planche 2G, Flanqueurs chasseurs).

Vélites de Turin et de Florence

Historique

Le décret du 24 mars 1809, crée deux bataillons de Vélites :
l'un à Turin, pour faire le service du prince Borghèse –
Turin était en 1809 la capitale du royaume de Sardaigne,
l'autre à Florence, près de la Grande Duchesse de Toscane. Florence était en 1809 la capitale du Grand Duché
de Toscane gouverné par la Grande Duchesse Elisa, sœur
de Napoléon, la Princesse Bachiocchi.

Ces deux bataillons n'étaient composés que d'italiens.

En 1813, on les envoie à l'armée en y ajoutant des français de la moyenne Garde (Fusiliers grenadiers).

En 1814 les bataillons furent licenciés, les français furent
incorporés dans le 14ᵉ régiment de ligne, les italiens furent
congédiés.

Chaque bataillon était composé d'un état-major comprenant : un chef de bataillon, un adjudant-major, un sous-
adjudant-major (sous-lieutenant), des maîtres trésoriers,
un chirurgien-major, une vaguemestre, un caporal tambour, un maître-ouvrier.

Chaque compagnie était composée d'un capitaine, d'un
lieutenant en premier, d'un lieutenant en second, de sous-
lieutenants, d'un sergent-major, de sergents, d'un fourrier, de caporaux, de tambours, fifres et vélites.

Uniforme

Les officiers et soldats des deux bataillons avaient le
même uniforme, qui était celui des Fusiliers grenadiers
de la Garde, ainsi que le même équipement, mêmes boutons, même armement.

Il est probable qu'à la place de la cocarde française du
schako ils avaient des cocardes aux couleurs des duchés.

Planche 1h

Vélites de Turin et de Florence

Soldat – Officier – Tambour – Fifre en grande tenue

Index

Conception graphique – Réalisation
Pascal Bayle
37, boulevard Modeste Leroy – 27000 Évreux

Achevé d'imprimer en France
sur les presses de l'imprimerie Hérissey
en mai 2003 – N° d'impression : 94744

Contents

Acknowledgements

I would like to thank the artists who generously gave their time and frequently entertained me. I would also like to thank particularly for help and encouragement: Prof. Mary Morgan, Prof. Charles Baden Fuller, Andrew Moor, Caroline Swash, Wilhelm Derix, Roy Clampitt ; Lise Rossi and Judith Adams who helped me with French translations. I would also like to thank the Daiwa and Sasakawa Foundations for funding the trip to Japan. A special thanks to Charles Carey, my first stained glass tutor who inspired me take up glass in the first place. Finally, I owe a great debt to my parents, Alfred and Alice for always giving me so much encouragement.

Introduction

1. The beauty of the material

Glass is a magical material; even its origins are slightly mysterious. A transparent material born of the union of fire and sand, it was probably discovered accidentally in the Euphrates area of the ancient Middle East by people cooking in the desert. Glass was used from the earliest times to make drinking vessels, containers and counterfeit jewellery; later it replaced alabaster and oiled linen in windows as a method of keeping out the elements.

Glass is so much a part of our everyday lives – whether we are sitting in the car at traffic lights, looking through a shop window, reading something off the Internet, watching TV, pouring a drink or cooking – that it is easy to take for granted. But, aside from the more mundane uses that we hardly ever notice, it can also be used on a large, even monumental scale to harness light and transform space, continuing a tradition that has existed for many hundreds of years. Fragments of 7th-century window glass have survived from Constantinople, and there are references in the Venerable Bede to glass for glazing. Enormous techno-logical advances were made in the medieval period, which saw the first flowering of the Western tradition of stained glass, and a few further developments occurred in the following centuries. However, it was not until the mid-20th century that technological advances, in the shape of a wider range of colours and sizes of mouth-blown glass and the invention of float glass, began to offer artists many more possibilities.

Glass and architecture have had a long-standing relationship. All building materials use light; but the passage of light through glass is its defining component. It was not until the 20th century that large expanses of glass, and thus the potential integration of indoor and outdoor space, became possible. The exterior surface of a building was no longer defined by opaque walls, but transformed into light and space. Even float glass, which is intended to be as neutral as possible, has an intriguing ambiguity. Glass has the physical presence of a wall, preventing movement through it, but it also allows the passage of light, which links the indoor space with the outside world. Glass can be completely transparent or completely opaque; it is both hard and potentially dangerous, and at the same time delicate and enormously fragile. It separates and protects us from the world to which it simultaneously exposes us, a fragile boundary that holds both the material and immaterial.

2. What is architectural glass?
Materials and techniques old and new

It is odd that such a luminous material should resist any graceful definition: 'architectural glass' is such a cumbersome term. For the purposes of this book I have defined architectural glass as glasswork permanently located in a building, employing any technique that transforms it into something which asks to be looked at or noticed in some way. It can also be glass work which the observer may not be aware of, but which in some subtle and positive way affects its surroundings. The places in which architectural glass is used are infinitely varied: windows, ceilings, domes, floors, room dividers, doors, screens, roof extensions. In limiting the scope of this book, I have generally eschewed free-standing, sculptural works, except where artists have included them as having particular relevance to their work.

The traditional blown or 'antique' glass is the one

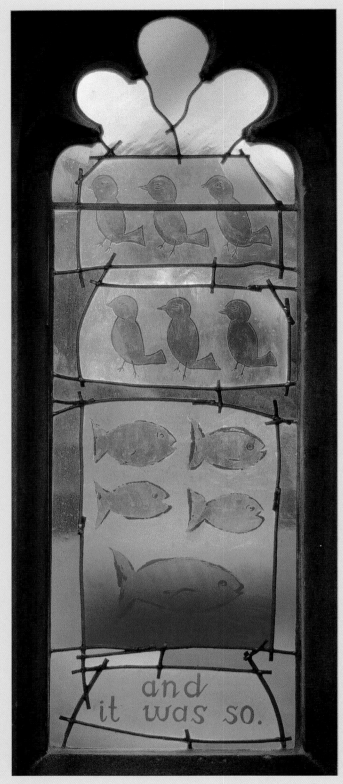

Mark Angus, Oundle School chapel, Birds and Fish, an example of a window using etched glass – flash glass with the top layer of colour etched away. Thus the images have been created without the use of paint

most preferred by artists working with leaded or appliqué glass windows and panels. It has a richness in depth of colour, variations of tone, and texture – bubbles, ripples and striations within the glass which catch the light and focus the eye on the glass surface. Antique glass is still made in the traditional way: a blob of molten glass on the end of a hollow rod is blown into a balloon, transformed into a cylinder, and then cut and flattened into a sheet. Small sheets of this thick, uneven glass, with bubbles, markings and sometimes irregular colouring, have a richness and quality impossible to achieve in larger, thinner sheets. Modern blown glass now comes in a wider range of colours. 'Flash' glass is composed of a sandwich of two layers: one a coloured layer, the other usually either clear or opalescent. Flash glass was originally used in medieval times to make red glass; the red pigmentation was so dense that all but a paper-thin sheet would be completely opaque. These glasses can have subtle variations of tone throughout one sheet if the coloured layer is uneven. More importantly, the coloured layer can be etched away with hydrofluoric acid, revealing variations of tone within a single piece of glass: pictures can be painted purely with light and colour.

The term 'stained' glass is an unfortunate English misnomer that is not found in other languages. It refers to the yellow stain, silver nitrate, which was first used in the late 14th century as a way of colouring glass. Silver nitrate is the only colour which, added to glass, soaks right into the body of the glass, causing a permanent colour change, thus the term 'stain'. It can be employed as a yellow colour in itself or subtly to change other colours when added to them. Since the 18th century, coloured enamels have also been used, enabling stained glass more closely to resemble easel painting.

The traditional glass paint, a black or brown pigment, is still used by artists today. Originally, it was a metal oxide, which when fired at 650 degrees combines with glass to form a permanent bond. Similar paints have since been developed which are nevertheless easier to use. These paints when mixed with water vary from opaque to semi-transparent. Though used to paint images, they are, importantly, a means of filtering and controlling the amount of light transmitted through the glass. These paints provide the artist with a wonderful range of neutral tones and expressive lines. When dry (before firing) the paint can be worked on to give the effect of etching.

The traditional technique of leaded glass is still the preferred method of construction for artists using hand blown glass. Lead is an ideal medium for joining pieces of glass. It is very malleable, and can be used for very small, intricate shapes as well as large ones. Since individual sheets of hand-blown glass vary in thickness across the sheet, lead's capacity for slightly expanding or contracting enables it to absorb temperature differences, an asset in a centrally heated room on a cold day. Nowadays, plate glass is often clad outside the glass as protection against the elements and vandalism. Lead has a remarkable durability, typically about eighty years. Special cement inserted between the lead and the glass renders the panels rigid and waterproof. It is commonly thought that medieval artists used lead solely as a structural element. However, old window borders often contain many small pieces of glass intended to convey a jewel-like impression that was popular in medieval times, thus suggesting a more decorative element in medieval window design. The mid-20th century saw lead, under the influence of German glass artists, used as a positive component of window design. Lead is only an old-fashioned technique if the art work makes it so.

The materials available to architectural glass artists were greatly extended in the second half of the 20th century by the invention of float glass by Pilkington, an English glass company. Molten glass floated on a bed of molten tin obviated the necessity of polishing the reverse side, and facilitated the production of large sheets of high-quality clear glass in large quantities. This technological advance revolutionised the way buildings could be designed and greatly extended the creative possibilities for glass artists. In the opinion of glass artist Rodney Bender, float glass can be described as 'one of the great unsung achievements of Western Civilisation'. It can be sandblasted, etched, drilled, bent, carved into and fired with transparent and opaque enamels. Reflective lenses can be cut and polished into it. It can be coated with a semi-reflective surface which can be partially etched away. Furthermore, sophisticated transparent adhesives allow bevelled glass to be bonded onto float glass. Pieces of glass can be held in position between two sheets of float glass, with a minimum amount of adhesive, or none at all.

There have been other developments in recent years, such as the emergence of dichroic glass – originally invented for scientific purposes – which has a thin coating of metal oxide, enabling reflection, transparency, and two colours to appear on one glass. There have also been great improvements in glass adhesives since the 1960s, when glass mosaics (pieces of coloured glass bonded onto a float-glass backing) were a popular choice for public glass commissions. However, some of these adhesives became brittle and discoloured; more flexible, non-hardening adhesives are now on the market. Moreover, large sheets of glass can now be contained in a window frame: float glass can be drilled and bolted to a structure, or it can be suspended or held in tension by steel cables. Lead is no longer needed as a method of joining and fixing.

There has also been considerable crossover with the hot-glass movement, which originated in the USA in the 1960s. Architectural-glass artists can work with

José Fernandez Castrillo, detail from Chapel window in Barcelona. Float glass has been sandblasted and cut into, and pieces of thick, heavily bevelled glass have been bonded onto it

spun-glass disks, cast glass and slumped glass: cast glass is made by liquid glass being poured into moulds; slumped glass by sheets melted in a kiln over moulded forms. These methods of using glass produce interesting textured surfaces and offer different types of imagery, but nevertheless forgo the transparent quality of the medium. They are best used when the light needs to be more diffuse or the view through the glass obscured. They are not the preferred techniques of most artists. Slab glass, or 'dalle de verre', which was first used in France in the early part of the 20th century, consists of solid blocks of glass set into concrete. It appeared in some successful projects during the 1950s and 1960s. However, most artists find its creative possibilities to be quite limited.

3. Why have architectural glass? What is the point?

Glass can stand as art in architecture, to enliven a dull area in a public space; it can also help to reinforce the meaning and activity in a building in an era when there is no strong architectural language to do so. Architectural glass artists are often employed to disguise an unsightly view without cutting down the light, something the medium is well suited to. Windows in a justice building for example, using abstract imagery which is formal and geometric, impose a sense of dignity and order on the interior space. A sports centre, on the other hand could include semi-abstracted images of athletic figures carrying the meaning of the activity through into the building. Glasswork can incorporate in the windows of schools or community centres images of past industries for which a region was once well known, but which are no longer carried out. The windows can convey a sense of history and continuity with these former activities which may otherwise go unexpressed. Churches or synagogues possess a wealth of images to draw upon that their congregations will instantly understand; windows for these buildings can provide something to look at during quieter parts of a service. Subduing the light in a church interior, thus making it different from the light outside the building, induces a restful, more contemplative feeling, calming the mind, allowing it to focus more clearly.

It has often been assumed that the function of stained glass in its first great flowering – the medieval period – was didactic. Medieval stained-glass windows are supposed to have been the 'poor man's Bible', a theory which like a number of myths appears to have received almost universal acceptance over the centuries, when a minimal amount of investigation renders it at best doubtful. It is almost impossible to decipher the content of medieval windows in any detail without binoculars, which of course were not available to the medieval paysan. The predominance of the 'didactic' theory has meant the most obvious reason for placing art in sacred places being ignored, along with the evidence, or rather the lack of it, from the oral tradition of the period.

The impulse to make aesthetic objects or in some way to beautify one's surroundings is a universal one. People made stained-glass windows because they were beautiful things to make and thus were seen to glorify buildings dedicated to God. The oral tradition was extremely strong in a way that is inconceivable today: people could recite large passages from the Bible by heart. Sermons were often delivered by wandering friars in the market square rather than the church. In a society that had neither cinema nor television, nor even widespread literacy, these were immensely popular and well-attended events. Crucially, there is no reference in any extant medieval sermon to the windows.

Ludwig Schaffrath, windows in Town Hall, Weisbaden.
The restricted palette, the rhythmic lead lines, and the use of
broken circles and multiple lenses are characteristic of this
influential German artist's work

We enjoy glasswork in buildings for much the same reasons as it has always been enjoyed, namely, the qualities of the material and the medium: light transmitted through coloured glass, the sparkle of light and reflection, the balance of colours. Stained glass can lift our spirits; it may also be soothing and calming, but our initial responses to it are intuitive and emotional. So before we consider any literary meaning, architectural glass must first and foremost be seen as an aesthetic enrichment of architecture.

4. The commissioning bodies – who buys it?

Historically, the traditional patron for stained glass was the Church, and Churches of one denomination or another still award a significant proportion of new architectural glass commissions. It is undoubtedly true that the different systems of ecclesiastical and secular patronage in different countries have a bearing on the type of glass work produced. The large rebuilding programme made necessary by the damage done to German cities led to a number of churches in the years following 1945 being totally reglazed, often by one artist, with the result that the glazing schemes of these buildings frequently have a satisfying unity of design, colour and subject matter. A radical new aesthetic also emerged, which in part stemmed from a national desire not to dwell on images of the immediate past, but also from the inventiveness of a very talented group of artists.

Church communities continue to commission stained-glass schemes in the USA, where the artist can establish a particular mood and a meaningful theme for the interior. In Britain very few churches are built these days. Church windows are installed piecemeal, to celebrate an event or to discharge a bequest; in such cases selecting the artist is often the result of committees choosing not work which pleases many, if not everyone, but that which offends no one.

Architectural glass in the last decades of the 20th century, however, emerged from the ecclesiastical context to enhance and give meaning to secular buildings – hospitals, schools, offices and other public buildings. People work long hours in Western Europe, and an aesthetic working environment is possibly more conducive to positive decision-making, and certainly to well-being, than a dreary one. A survey at one large London hospital with a very positive art policy found that staff turnover had decreased and that patients transferred there had improved more rapidly since art had been first brought into the building. Art does you good, and those enlightened local authorities that apply a specific percent-for-art policy to new buildings clearly know it. The glass artists who produce work for these buildings are sometimes approached by individual patrons, and sometimes selected by competition held by well-informed arts bodies. This aspect is dealt with more fully in the sections dedicated to individual countries.

5. A brief outline of late 20th-century architectural glass

The Church in France after the Second World War, like some of its counterparts elsewhere in Europe, was involved in national recovery. It is not surprising that France, the centre of the art world in the early part of the 20th century, should commission its artists to design stained glass. For the churches rebuilt after bombing, Georges Rouault and Alfred Manessier were among those making glass for French churches in the postwar period, along with the best-known, Marc Chagall, whose windows can be found in many churches and cathedrals in France, Switzerland, Israel, even Britain. This tradition of state patronage continues today, with encouraging results.

A very imaginative approach on the part of the government, combined with a number of very talented artists designing glass and an efficient studio system, made Germany the most influential country during the postwar period. Most of the glasswork was commissioned for individual churches, but organised through central bodies rather than locally, which took the power of decision away from those parochial committees that so often prevent the commissioning of interesting art. The biggest design influence exerted by this generation of German glass artists has been the use of a subdued, monochrome colour palette and the positive use of lead. In many windows, lead has been used as a line for drawing often highly intricate designs. Johannes Schreiter has been a particular exponent of this approach, together with Ludwig Schraffath, who gave lead lines a powerful, rhythmic quality. Both these artists used forms never seen before in glass. Although both paint, their work is never a painting translated into glass but something created directly with the medium.

During the immediate postwar period, new stained glass in Britain arose chiefly as a result of bomb damage, mainly rather pedestrian work from trade firms, which even today obtain an unduly high proportion of ecclesiastical commissions. The Anglican Church made a tremendous leap forward with the windows for the rebuilt Coventry Cathedral in 1956 by allowing the architect to commission contemporary artists. Sadly, it did not persist with this policy, and has slid gently backwards ever since. However, since the 1970s there has been a much more positive general approach from the powers-that-be to commissioning art works for public buildings. The biggest influence in this period has been Brian Clarke, who made contact with German artists and absorbed their influence without resorting to aping their designs. To begin with, he obtained a significant amount of work in the North of England, then later executed commissions and held exhibitions of paintings throughout Britain and in other countries too. His energy and his flamboyant personality have done much to popularise the medium and create an awareness of its possibilities. Using large areas of flat colour and geometric designs, Clarke creates a 'skin of colour' which sits well with the scale of contemporary architecture.

In a country which has the largest amount of the best contemporary architecture, it is not surprising that the USA also has some of the most exciting architectural glass. Many of the artists making interesting work there studied in Germany or under the English artist Patrick Reyntiens. Ed Carpenter, for example, has produced some spectacular work in the USA, which owes much to his periods of study in Germany and the UK. American artists bring an energy and enthusiasm to the medium, and a willingness to work in unfamiliar territory. US patronage is also much more adventurous.

David Wilson, United States Courthouse, Charleston. This large glass window on two floors in the central area of this art-deco-influenced, Prairie-style building makes a strong statement in itself as well as reflecting the architecture

6. The problems of designing stained glass

Designing glass for architecture presents more of a challenge than other architectural art forms. Adjustments can be made to murals, wall hangings can be adapted, sculpture can sometimes be moved or repositioned. The glass artist has to get it right first time. The wrong choice of technique, colours that are too dark or too light, obtrusive shapes and ill-positioned lead lines cannot be altered once the work is in position. The glass artist must be able to visualise the work from the design stage through to its manufacture. Moreover, most art forms have an ideal viewing distance, whereas architectural glass has a minimum of three viewing distances. A large glass installation may be seen from a distance in its entirety, from a middle distance and from close to, when the quality, texture and details of the material will be apparent. It must engage the viewer on all these levels. It may also need to be clearly visible from the outside as well; after dark it may be the only part of a building which is visible, a beacon announcing the building's presence from a distance. Although many artists prefer to be involved at a very early stage in building construction – this can enable artist and architect to negotiate the best position for the work – there can also be advantages to being presented with a given space. For one thing, in a finished building it is easier make an accurate assessment of the light levels; there is a decreased chance of last-minute structural changes being made; and the colour and placement of internal fixtures and furnishings can be allowed for if they are already in situ. Finally, contemporary glass artists have also to consider the peculiarly modern phenomenon of disposability, something that would probably not have confronted the makers of stained glass prior to the 20th century. In a society where needs change more rapidly and populations are ever more mobile, contemporary buildings frequently have a shorter life span. However, I have not found artists to be swayed by this factor in their designs.

7. About the artists

Glass artists train in colleges that have a specialist glass programme. Some have initially trained as painters, and become attracted to working in glass by the material itself, and sometimes because it seems a more viable way to make a living. Although a few had no particular interest in glass as a material, placing their work in architecture and influencing the space being the main attractions, most were fascinated and intrigued by the qualities of glass and were interested in exploring its possibilities. Many continue with painting alongside designing for glass. Some artists regard their work as a focus of attention, a work of art in architecture; others see it as being subsumed into the architectural context, the glass work being not necessarily noticed but experienced: windows not to be looked at but lived with. The personal statement is there in the work, but in a way that subtly enriches the environment rather than draws attention to itself. Often the two approaches can be found in a single career, the artist veering towards one or the other depending on the demands of the particular project. All the artists I spoke to gave considerable thought to their designs: the selection of the appropriate technique, as well as the colours and imagery that would invest the work with meaning. Artists in the past had only to contend with daylight, but the advent of electricity changed this balance, so that nowadays the light source can also be part of the art work. Moreover, the intensity of the light varies in different parts of the world – the daylight is stronger, brighter in California, for instance, and softer in England and Japan. This has a bearing on the kind of glass and the colours that artists choose.

Today, windows tend to be abstract or semi-abstract; figurative windows are seldom found outside churches. In some cases a brief explanation could aid the viewer in understanding some of the subtler ideas behind the work. Most of the artists in this book regard glass commissions as the main body of their work, although some artists working in other fields have undertaken the odd glass commission as part of an overall scheme they are involved with. In this regard, the French Government have shown commendable courage in commissioning selected painters and sculptors to design an entire scheme for a church, with some stunning results.

The majority of the larger more prestigious commissions are undertaken by men, although in the late 20th century, as in all spheres of activity, women have become increasingly active as glass artists. There have, however, been a number of prominent women artists in the recent past: Marguerite Huré in France, the British artist Evie Hone and the Irishwoman Wilhelmina Geddes, who carried out a number of large commissions in the early part of the century. The received wisdom about more distant history can also be deceptive: there were more women working in glass during the first flowering of the medium – the medieval period – than is generally supposed. Returns in 13th-century Paris tax records by a woman glass artist suggest studios may have been family concerns, with a woman often taking over all aspects of the business upon the death of her husband.

As far as fabrication of glasswork is concerned, some artists make the windows in their studios, either alone or with part-time assistants. Most larger projects are

Notre-Dame du Rancy, detail of window. This large, single-roomed 1920s concrete church on the outskirts of Paris has walls made entirely of glass designed by Marguerite Huré, contained within a concrete latticework. The glass creates a warm, glowing light in the interior. Note the jewel-like quality of the beadings of clear glass around the edges of solid areas, echoing a medieval practice

delegated to studios, often those in Germany, whose expertise is widely admired. The studio system allows artists to focus more on designing, to develop their ideas as their careers progress and not to spend time getting bogged down with the craft side. There is no more reason for artists to make their own windows than for architects to make the buildings they design. Professional craftspeople can cut more complex shapes and have the time to develop special techniques for interpreting ideas into glass. The artists supervise the fabrication of these works, sometimes doing the painting themselves; but credit is due to these craftspeople, many of whom are artists themselves: their sensitivity is important. However, the serendipity of working in his or her own studio can be equally important to some artists: accidental discoveries can be made by creatively playing around with glass in the studio – acid-etching revealing unexpected flaws in the glass, for example, which can be used to advantage in a future commission.

8. Concluding remarks

Architectural glass occupies an uneasy position in the world of mainstream fine art. Stained glass has until recently been marginalised as an art form and frequently relegated to the status of a craft, partly because stained-glass windows are a practical art form and because the number of processes involved tend to give it a craft orientation. Architectural glass is designed for and attached to a particular location, and as such it cannot be regarded as an investment, it cannot be collected, and it does not appreciate in value. It is also difficult to display, with most exhibitions not doing justice to the medium.

Architectural glass could very broadly be divided into two categories. There are windows which have an image, asking the observer to look at them, to contemplate the subject matter; and there are those with no definite focal point, no obvious subject matter, but which affect the light and the surrounding space. The scale and simplicity of modern buildings invites the more impersonal, architecturally focused design; it is harder to place the painterly, intimate image. Glass can control the way things are seen, the way everything is seen. An architect or patron may invite an artist to supply glass works for a given space or, the complete antithesis, they may approach an artist in the early stages of a building project to design glass to colour and choreograph the light within a building.

The high quality of modern-day photographic reproduction can seduce the reader into assuming they have experienced an art work fully just from seeing a photograph in a book. But stained glass should be looked at in its physical context: it is an architectural art, and is best experienced in the building for which it has been designed. The best work has an immediacy, a presence when experienced first-hand, that cannot be reproduced in a printed image. The time-lag between the artist making the glass work and the viewer looking at it diminishes when the work is seen in its proper setting. Glass work with a strongly defined linear image tends to reproduce better than glass work which has softer, more amorphous forms, but no frozen image can fully capture a medium that depends so much on the changes of light over time. I hope the reader who has enjoyed this book will go and look at the glass with more awareness and enjoyment, and I hope that commissioning bodies will look at and commission glass more adventurously. Lastly, I hope that glass artists, who all too infrequently get a chance to see each other's work, will find the ideas and images in this book a source of inspiration and nourishment for their own work.

Britain & Ireland

In 1954, at Coventry, construction began on a new cathedral beside the shell of the heavily bombed, medieval building. The project was a landmark in both church design and art commissioning. In his approach to the stained glass the architect, Basil Spence, set out to emulate what he had seen in France, which has a rich history of painters designing windows. Spence commissioned the artist John Piper, along with postgraduate students at the Royal College of Art whose work had impressed him, to create the windows for the new cathedral, a boldly adventurous move in such a visually conservative country. Piper had been fortunate in finding the artist-craftsman Patrick Reyntiens, who was able sensitively to realise his designs in glass. However, Coventry was something of a false dawn: although these talented artists continued to obtain innovative commissions, the Anglican Church, having taken this quantum leap forward, reverted to a timid commissioning policy, which seems to have had its roots in both the nature of the ecclesiastical commissioning process and the inadequate visual education of both priest and congregation.

Good art in the public domain depends on the education of the client as much as the ability of the artist. Traditionally, Britain has had a stronger literary culture than a visual one, and the schools which produce patrons of the arts have tended to be far stronger on literature and music than on the visual arts. As a result, decisions arrived at by committees tend to produce the safe design that can be justified in literary terms. However, the situation changed in the last few decades of the 20th century, with an explosion of interest in the visual arts leading to a better-informed public. Regional arts boards have enabled architects wishing to commission glass to have someone to consult. Architects need to see good work before they think of commissioning it.

Since the 1960s, a number of individuals and institutions have contributed to the growing strength of stained-glass in Britain. For instance, in the early 1970s Brian Clarke made contact with German glass artists, absorbing their influence while keeping his own sense of colour. His bold use of large areas of bright, flat colours in geometric designs creates a skin of colour which is in sympathy with the scale of modern architecture. His flamboyant personality ensured good publicity for his work, encouraging a more positive public perception of the medium.

Art colleges in the UK, particularly the course at Swansea in Wales, have been responsible for the training of some of the best artists working in glass today, both in Britain and overseas. During the 1970s and 1980s students greatly benefited from the initiative of the head of glass at Swansea, Tim Lewis, who invited distinguished overseas glass artists to run workshops. Rodney Bender now runs this important course. Previously, Patrick Reyntiens had been very influential in running courses at his house near London, which was responsible for setting a number of glass artists on their careers. He also taught for a number of years at Central Saint Martin's in London. Glass continues to be taught there with considerable success. The large number of UK artists in this book reflects the amount of interesting work being produced by practitioners trained there, though some British artists are using studios in Germany as well as Britain in which to make their work.

The German influence that prevailed in the late 1970s among UK stained-glass artists has since changed to idioms more appropriate to the British climate and architecture, which benefit from a warmer, softer use of colour and texture. Extensive use of opalescent glass is less appropriate in a climate given to so much rain.

Other changes have occurred. Architects are now bringing in artists to work with glass and light at the early stages of a building's design: for example, Alexander Beleschenko working with architect Richard MacCormac on Southwark Underground Station in London; or Terry Farrell using the artist Liam Gillick in the new Home Office building, also in London, where Gillick created subtly coloured areas of float glass that orchestrate the light, reflecting coloured light onto other areas of glass and coloured shadows onto white external walls.

Gradually more local government authorities are following the American model and putting aside a percentage of funding for art in new buildings. This is generally resulting in sensitive and imaginitive work. Glasswork can be used as a subtle intervention in many different ways, not only windows. The artist can also make suggestions for using other materials. May it continue.

1

Mark Angus

My work moves between the figurative and abstraction; I don't hold one approach as being more important than the other. Often a window can appear to be abstract yet contain figurative references, and vice versa. Ultimately, I believe that a combination of the two has the highest merit.

For the first ten years of my professional life I worked mainly with wonderful streaky glass made by the Hartley Woods glass factory in Sunderland. This streaky glass had simple movements that flowed in a very natural and organic way across each sheet of glass; there was a marvellous variation in light and dark tonality across each sheet. I could orchestrate this glass, placing sheets together so that the flow of streaks, the movement within the glass itself, continued within the composition as a whole. The passages of colour and tone together with the luminosity of the glass were so rich that it was not usually necessary to treat the surface of the glass with glass paints, acid etching or yellow stain.

Above left: Mark Angus, St Bartholomew's Church, Bath, 1980. This window is placed below the seven-light window.

Above right: Mark Angus, St Bartholomew's Church, Bath, 1980. This window is positioned high up in the east wall above the cruciform window. Note the use of streaky glass

This glass was used to good effect in one of my very first commissions for the windows of St Bartholomew's Church, Bath in 1980. In 1979, a decision was made to form windows in the still-blank east wall, a cross-shaped opening above the altar and a seven-light window much higher up. I decided against a figure in the cruciform window, instead using streaky purple glass in a dramatic way to convey the suffering on the Cross and the hope of the Resurrection. Importantly, purple is carried up into the seven upper windows, the ladder forms and the warm reds signifying the ascent into heaven and the hope for mankind. The priest has referred to the window in his preaching, finding meanings in the design that I am happy about, although some were not originally intended.

In contrast, the window for St Mary the Virgin, Maldon, 1991, while belonging to the space, carries a more universal message. This window was commissioned to celebrate the millennium of the battle of Maldon.

As the battle took place on nearby fields, the site of the window is appropriate. However, the memorial is in a church, so the subject matter needed to extend beyond a historical depiction towards a spiritual concept. The window refers to wars, to blood on the fields and to the moment of death (the transformation point of death is a recurring theme in my work). It continues the journey upwards with a new transformation into the spiritual dimension. I very much like the fact that the window can join together past and present time, and join together our lives on this earth with our spiritual journey to come. Art can do these things and give insights into the unknown which are otherwise impossible.

Although it was a shock when the Sunderland glass factory closed in the late 1980s, I had a good stock and could carry on for some time exploiting the qualities of their glass. However, this only served to delay a big transformation in my work. I had begun to appreciate the inherent qualities of flashed glass, that is, glass with a very thin layer of dense colour on the surface of clear glass. The colour can be partially or completely etched away with acid to give a very painterly effect. I began to make windows with a single large piece (up to the size of a full-sized stock sheet), leaded together with flat, coloured glass.

Right: Mark Angus, St Mary the Virgin, Maldon, 1991

For me, the chapel at Oundle School in Northamptonshire is the culmination of this technique. The chapel already has a set of magnificent windows by John Piper in the chancel. The glass in the 36 small nave windows that I designed takes up the rich colours of the Piper windows, but both the colour and the leading technique are used in a very different way. The 36 windows are designed as a progression towards the chancel. From the west end the groups of four windows progress from a white (neutral) background to green (new life), then blue (space), and finally purple (spirituality). The windows are to be read chronologically from the west to the east, each side having a different narrative. The windows on the south side are themed on the creation story, the four seasons and the four elements, with two windows taking the theme of the Apocalypse. The overarching theme for this side is order: the ordering of space, of matter, of time, and a new order to come. The windows display medallion forms (the acid-etched sheets) against a simpler background which sets the mood of each window. This background is not a neutral space, and has the same intensity of tone as the medallions. There are no borders, which I have never liked or used.

The North side of Oundle Chapel is, inevitably, very much more intense. These 16 windows depict the human story from Adam to Moses, through a Jesse Tree to the reordering of the New Testament. From the angel appearing to Mary, the narrative goes through the Nativity, the Sermon on the Mount, to the Last Supper and the Passion. The scheme ends with an inevitably abstract rendering of the Resurrection. Inevitably, because the human involvement in this narrative is very strong. The windows contain human emotions from doubt and pain to great joy. And birth and death are present, as is the theme of order, from the Ten Commandments to the Sermon on the Mount. The windows are a combination of figurative and abstract drawing. The figure can appear in a recognisable form, as for example the Pieta window, or itself in a very abstracted form as in the Last Supper and Entry into Jeruslaem windows. I recall that when my window in Durham Cathedral was reviewed in 1984 I was accused of 'falling between two stools', by mixing figurative and abstract in a single work. Quite the contrary, I feel that this is where I can make my work its most interesting, powerful and meaningful.

The Oundle windows have an audience of children from 13 to 19 years old, and are designed to work on several levels at the same time, to appeal equally to the child and the theologian. Of course the colour will be the first point of contact, and the biblical stories will be familiar to most viewers. The ongoing storyline, a narrative based on traditional principles, is utterly modern and engaging. Already I have had many different reactions to this scheme, which has provided a challenging, still place of reassurance in an otherwise hectic school life.

Below left: Mark Angus, Oundle School Chapel, Northamptonshire. Separating Water and Dry Land (left) The Creation Out of the Void (right)

Below right: Mark Angus, Oundle School Chapel, Northamptonshire. The Sun and Moon (left) The Order of Plants (right). Note the subtle range of colours produced by etching through flashed glass

Kate Baden Fuller

'Colour in glass behaves differently from colour in any other medium; it is this intensity of colour that makes glass such an intriguing medium.'

I was attracted to glass as a material whilst a student in the 1960s, when drawing and painting skills, which are invaluable aids to glass design, were still encouraged. I recall marvelling at the extreme beauty of hand-blown glass, particularly English glass (which was still being produced at that time), with its thicker material, richer colours, and embedded striations and markings. Later I developed an interest in lighter colours and in machine-made glasses, whose regular textures manipulate the light as do glasses with reflective surfaces. Although I have designed for and worked with other materials, I prefer glass, which is the only material which uses transmitted light. Colour in glass behaves differently from colour in any other medium: for me, the intensity of colour and the ability it offers for manipulating light make glass an especially intriguing medium.

I knew early on that I wanted to make works of art that would be used and appreciated by people. Work permanently located in architecture becomes part of everyday life, so it is doubly important to get all aspects of it right. I regard this as a great responsibility. Glass is a very seductive material, but it has to work in the intended architectural position as well as looking right in the studio. In this regard, the type of glass selected depends on whether it is necessary to obscure the view behind or not.

The internal screen with doors at Bagshaw Museum, Batley, Yorkshire, 2000 divides the activities room in the new extension from the corridor. The background colour is blue, the blue of a hot English summer day, bringing warmth to the area. The glass is opalescent, to limit visibility. I was given responsibility for designing the whole area: the terrazzo flooring complements the screen design and there is a glass and Perspex ceiling mobile/sculpture in the apex of the roof.

The mobile form, which was inspired by Alexander Calder's work, is the ideal solution to accommodate the long narrow shape of the apex roof. Glass and Perspex discs are suspended from a steel frame. I wanted to make something which celebrated the lightness and delicacy of glass. Although the pieces would only move in a strong draught, the idea of movement is implicit in the piece. The glass is graded, one side dark, the other very light. In strong sunlight the colour is reflected on the adjacent walls. Nowadays, we live in a fragmented society. Some of the mirrored Perspex shapes reflect other shapes in a fragmented way, thus creating illusory effects. I have always been interested in the differences between illusion and reality.

The position for the backlit stained-glass panel, created in 2001 in the new extension to the Mater Hospital in Belfast, was decided in conjunction with the architect when the building was under construction. The entrance area flows into the restaurant area; the back wall of the restaurant was a strong focal location for an art work. Artificially lit stained glass is some-times considered to be a poor substitute for naturally lit glass. However,

Kate Baden Fuller, Bagshaw Museum, Yorks., screen with two doors, terrazzo flooring and mobile/sculpture

the uniform intensity of artificial light accentuates tonal differences, particularly in etched areas. The viewing time for the work is extended; it does not stop at sundown.

There was no set theme. I worked with shapes which preoccupied me at the time, exploring the spatial tension and balance between them. Huge rock forms had impressed me when walking in high valleys in Nepal; the landscape is very different above 4,000 metres – bleak, elemental, almost lunar. The arch form is an intriguing metaphor, being both a supporting, structural part of a building, but describing a space that is passed through on the way to somewhere else. I was also influenced by William Scott's work, in particular, the spatial relationships in his paintings; as he was from Northern Ireland it seemed appropriate for this commission.

Most of my work is site-specific, dedicated to the chosen space and its purpose or function within the building. However, too much can be made of the 'function' factor; a stained-glass piece is first and foremost an art work. It must endure even when the role of the space it occupies within the building changes. Colours in a hospital should be warm and welcoming. I avoid black, which can be a gloomy colour, and rarely use red, as it is too much like blood. I look upon such limitations in a positive way: parameters can be an aid to creativity. Making work to a given specification removes the responsibility of having to decide on the size.

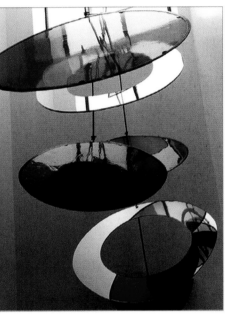

Above: Kate Baden Fuller, Bagshaw Mobile, Bagshaw Museum, Yorkshire, detail of sculpture/mobile in apex of roof, steel, glass and mirror Perspex

Right: Kate Baden Fuller, Mater Hospital, Belfast, backlit panel in restaurant entrance area

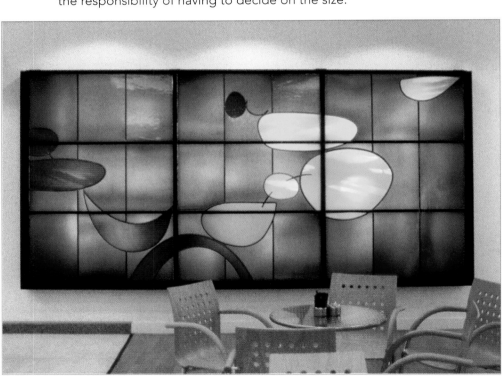

In 2003, I was asked to make two screens in the outpatients' waiting-room area at Charing Cross Hospital, London, which was undergoing refurbishment. The screens provide a partition between the semi-private waiting-room area and the public corridor. It was important that the space should feel right for people using it; patients waiting for appointments need to feel contained and protected. There are two marvellous windows by John Piper in the hospital chapel, which reinforced my decision to use rich blues and greens. Flowing water was the theme, with its associations of cleansing and healing. There is a band of richly worked glass flowing through the centre of each screen together with areas of sandblasted, float and clear-textured glass which I included to keep the cost down. I incorporated some hand-blown discs into the screen, their swirly markings evoking shells and sea forms. One of the nurses told me later how much she enjoyed working in the space because of my glass-work. All artists want their work to be appreciated, and I love knowing that people enjoy something I have made.

Right: Kate Baden Fuller, Charing Cross Hospital, London, 2003, one side of waiting-room area

Below: Kate Baden Fuller, Charing Cross Hospital, London, 2003, detail of waiting-room screen. Note the blown disc with swirling patterns evocative of sea forms

Alexander Beleschenko

'It is not important to me that my work is recognisable as a 'Beleschenko'; it is important that the work enriches the environment, and that is it just right for its place.'

I left school and then went to art school thinking that one day I would be a painter – a fine artist. That all changed during a two-year sojourn in Florence, Italy. It was there that I was moved by seeing incredibly powerful pieces of art that, in being connected to architecture, were part of the fabric of everyday life. I realised that here was a new path for me to follow in my work – art and architecture. I decided very early on, with great certainty, that I would pursue my new direction by working with stained glass. I was completely ignorant of the medium other than having seen a handful of windows in ecclesiastical settings. I was particularly drawn to it not for the intense colours or the imagery marked on its surface but because I noticed that it was so responsive to light and was therefore capable of redefining spaces. I was recognising even then, at that very early stage, that stained glass could be an integrated architectural element, rather than an add-on.

My first major commission was glass for the main stairwell window of a light-industrial building at Stockley Park in 1986, a landscaped development just outside London. Early designs for this window were for leaded glass. However, lead is considered an old-fashioned technique for joining glass together, and the architects felt it was inappropriate in this contemporary building. Glass appliqué had intrigued me as a student – unlike lead, which covers the edge of the glass, the appliqué technique reveals the edge, allowing light to play. Glass bonding mediums were not very good in those days –

Alex Beleschenko, Stockley Park industrial park, West London, 1986, glass of different sizes sandwiched between sheets of float glass. The view of trees behind is integrated into the design

they tended to discolour or peel away – but in recent years there have been enormous improvements in bonding materials. With the desire to achieve the visual qualities of the appliqué method without its inherent difficulties, I devised a new technique for building with the glass, which I call the 'glass laminate'. These windows are made up of pieces of glass trapped between two sheets of float glass, held vertically in position without any adhesive. I like to think I am inventive with new techniques and don't feel bound by tradition. This way of using glass has all the qualities of appliqué without needing any adhesive. Within the design concept there is a hierarchy of scales: the individual pieces of glass vary from the full-sheet size of hand-blown glass (about 60 x 90 cm) to the very small squares in the square central panel. This square-chequered area is based on a landscape painting, an important theme in a lot of my work. The individual pieces are the scale of a leaf, a response to the leaves outside. The small size of the pieces of glass in this section is the anchor by which the eye can log in to the window. These windows are a glass membrane, which partially screens the view outside while at the same time allowing the eye to pass through, thus offering a form of interaction between the glass window and the outside world. The glass-laminate technique enables the viewer to engage more positively with the depth and sparkle of the glass. These windows are kinetic even though the glass itself does not move. The colours and the view through the window vary according to the position of the viewer on the stairs. The seasons alter the landscape, which affects the colours of the glass; morning, midday and evening lights are also different. The light picks up the edges of the glass in different ways, depending on the position of the viewer. Finally, some of the clear glass is heavily textured. This texture breaks up the forms and movement of trees just outside the window, incorporating them into the design.

This commission comes under the banner of 'public art', a notion I have never subscribed to. If you design and make art for architecture, it may find itself in a public place. I have always wanted my work to affect people in their everyday lives, so I have set out generally to get work in contemporary, secular situations.

The windows at St John's College, Oxford (1993) are in the new extension to the college designed by Richard MacCormac. The ground floor is below ground level on one side. There is a courtyard-atrium area open to the sky, and the two rooms on either side have shallow, domed concrete ceilings. The planting over the roof area increases the subterranean feel of the spaces, and my glasswork accentuates this icy, cavelike

Alex Beleschenko, St John's College, Oxford, 1993, view through two glass screens looking onto courtyard

feel. The glasswork inhabits all the external glazing, with screens that extend from floor to ceiling, enclosing the courtyard. The architect, who very courageously allowed my glasswork to be a major part of his building, wanted there to be long views through these screens, so there was a need for transparency as well as visual interruption. The analogy of glass with water and crystalline structures, which the cavelike feel suggested, together with the fact that the concrete used in the building was rough in some areas and very highly polished in others, suggested the chosen technique. These screens are made up of very small pieces of a special, very clear glass, which were cut geometrically – sawn at angles and chipped to accentuate and trap the light – then held in position between two sheets of clear glass. There are over 60,000 pieces of glass, each one cut individually, although the placing of the pieces in the panels was done at random. The interplay between structure and chance is a feature of my work.

Alex Beleschenko, Southwark Underground Station, London, 2000. Triangular pieces of glass interlocking over curved surface of wall. At the top near the skylight the glass is lighter in colour with less patterning, so the work is in harmony with the natural play of daylight

Southwark Underground Station, London (2000), is one of six stations that were commissioned by London Underground for the recent extension of the Jubilee Line. The glass is also subterranean, a curved wall – a section of a cone – which is approached either descending from street level or ascending the escalator. It is viewed full-on from the escalator and approached obliquely from street level. The shape of the wall is defined by the underlying geometry of triangular pieces of glass that interlock with each other to create a faceted surface. Blueness was central to my thinking, a blue glow that intensifies as you ascend the escalator, creating the impression that the sky descends below ground level. The concept for the piece came from looking at Rembrandt etchings, where line intensities create strong and dramatic light effects. Here the cross-hatching of a Rembrandt etching has transmuted into ordered grading of different line intensities, creating the variations of colour. The piece was fabricated using industrial methods for silk-screening enamel frit to the glass surface. I added another ingredient to the mix, which introduced a raised effect to the colour, giving it the ability to become a surface that catches and plays with the light.

The Herz Jesu Kirche (Heart of Jesus Church) (2001) in Munich is one of the most interesting recent religious buildings in Germany. A vast, slatted wooden box inside a glass case, the space inside is magnificent. The exterior

Alex Beleschenko, Herz Jesu Kirche (Heart of Jesus Church), Munich, 2001. The entire west wall consists of two blue-glass doors, opened up as here on festive occasions to reveal the slatted wooden façade

glass grades the light, from transparent at one end to opaque white glass at the other. The entire west wall consists of two blue doors, which open up the whole facade of the church on festive occasions. These blue doors are viewed from the inside as a shaft of blue light appearing from under the organ, which is contained in a concrete box. The architects wanted blue doors with the shadow of a cross. Initially, they did not have a particular view on what the pattern was to be. Here, I saw an opportunity to make a connection with the age-old religious tradition of using symbols in the adornment of the building. The pattern then became pictograms, with each particular configuration of nail shapes standing for a letter of the alphabet. These then described a coded text taken from the Bible. Thus the doors take on a new meaning in being huge pages of the Bible. I was originally brought into this job as a technician, but I made the doors into an art work. The designs captured the imagination of the clergy, who used my pictograms to spell out texts on the vestments. The technique is the same as that used at Southwark station, coloured frit fired onto glass so that the pictograms are slightly raised and thus able to catch the light at certain angles.

I feel that it is important for an artist designing architectural glass actually to work with the glass at some point; it is so important to understand the quality of the material, to have a sense of its almost limitless possibilities. Developing new techniques is also exciting. I generally don't set out to find them, they just follow the ideas. Sometimes new techniques come about because of accidents or mistakes, and these can open up rich new avenues of exploration.

It is not important to me that my work is recognisable as a 'Beleschenko'; it is important that the work enriches the environment, and that it is just right for its place. Architecture is a wonderful canvas for me, as an artist, to explore my ideas and their relationship to space and light. In the end I want my work to engage the viewer at many levels and for it to contribute to the urban environment in a positive way. I am very passionate about the work I do. The world needs to feel passionate about positive and beautiful things.

Tom Denny

'It is a particular challenge making something for a place which is already beautiful and contains hundreds of years of sacred thought.'

The first half of my working life was spent as a painter, though I did design a stained-glass window from time to time. Then the glass commissions began to increase until I was doing half painting, half glass; each type of work reinforced the other. For the last four years I have been working almost entirely in glass.

I lived in Gloucestershire for twenty years and thus I know Gloucester Cathedral very well, in fact I love it, so it was very exciting to be invited to design and make something for such an important and beautiful place.

The three windows fill the walls of a small 14th-century chapel, one of a number of chapels that project from the ambulatory behind the choir in the cathedral. Large stained-glass windows in a small chapel transform the interior, so the artist is making a place as well as an art object. These three windows have a rhythmic unity although each is a separate entity. The designs of the outer windows flow diagonally down towards the central one, which is more stable. The colour variations are within a narrow range; whereas a painting can work very well with innumerable colours, including too many different colours is a problem in stained glass. Glass colours are more intense – they tend to shoot off in different directions – so it is difficult to draw them together into a unity. A limited palette of colours has more potential: the colour can be enriched by shifts in tone through adding small amounts of other colours, and the surface is easier to control. To achieve this subtlety of colour, a lot of the glass is plated with double layers of glass, enabling many shades of blue, and also some beautiful greys obtained by plating brown and blue together. Although the windows are large, about 50 square feet each, they can be viewed at close quarters, allowing a certain degree of intimacy, and detailed work on the glass is easy to explore.

Above: Tom Denny, detail of windows in chapel, Gloucester Cathedral, 1992

Right: Tom Denny, Gloucester Cathedral, 1992. All the windows in a small 14th-century chapel behind the main altar

There was no theme set, but the clients wanted to celebrate 900 years since the cathedral was founded. I drew on Psalm 148 for the outer windows, a list of things that are exhorted to praised God. In the central windows is the moment when Doubting Thomas recognises and worships Christ. The overall blue background allows large figures to sit comfortably within it, at ease with a multiplicity of small-scale images.

The Church is a marvellous institution to work for. The clergymen I have had dealings with nearly always love art in their churches. They understand art as being within their own area of interest, that it draws people toward spiritual contemplation. The same qualities that make a good painting also make a good window, and will reward sustained viewing: colour, design, meaning. But although painting and stained glass are terribly close in some ways, the process of creating stained glass is quite different from the way most painters work. Decisions on the overall design and colour of a stained-glass window are made at a very early stage, so in a sense one is seeing something close to the finished product at an early stage. In a painting, quite radical changes in form and colour can be made almost at the last minute.

My windows at Tewksbury Abbey (2002) are in a similar position to those at Gloucester, in a side chapel off a huge Romanesque space. The theme for the windows was 'work and prayer', the motto of the Benedictines who founded the abbey. I explored the meanings of these words using various passages from the Bible.

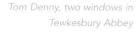

Tom Denny, two windows in Tewkesbury Abbey

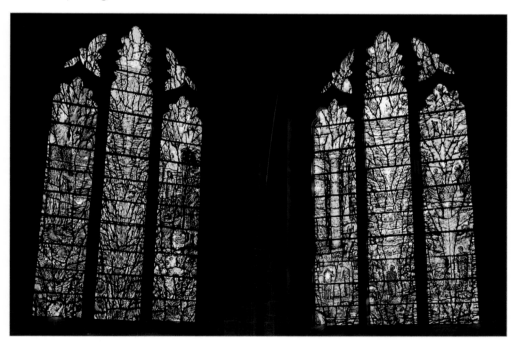

Respect for the architecture is also essential when designing stained glass. I love medieval tracery, and working within it has never been other than a joyful constraint. The 14th-century glass high up in the choir at Tewkesbury is variously coloured, but when viewed from a distance golds and greens predominate. This suggested the choice of colour for the new glass, so there is a visual connection between old and new windows. Colour is the most immediate thing about glass; most of your problems are solved if the colour is right for the place. Although I don't aim to make glass look as if it were made hundreds of years ago, a happy by-product of the way I work – etching, plating and staining – not only enriches the surface, but creates a visual fragility equivalent to old glass.

My degree of involvement with windows is just right. I do the design and draw the cut lines. The glass is then cut by Patrick Costeloe, an excellent craftsman, who is also responsible for the leading and glazing. The creative work – painting, etching and staining – is done by me. My aim is always to combine the musical, abstract elements of glass – the rhythms of colour and light – with the narrative, locking these two elements together so that they reinforce each other in a harmonious whole. The image is tentatively backed up by lead lines, which contribute to the design without dominating it. The leads reiterate movements already expressed by colour and narrative. I enjoy the time element that is part of the life of a window in a church: on repeated visits people have time to contemplate a window, to see it under different lights and discover new imagery.

Tom Denny, Tewkesbury Abbey, detail of figure kneeling in contemplation

I am happy making works of art which play a sacred role, and I enjoy exploring ideas within that very concentrated area. I am also excited about working in ancient places. It is a particular challenge to make something for a place that is already beautiful, home to perhaps hundreds of years of sacred thought.

Amber Hiscott

'It is very important to me that I don't make a piece of art that could go anywhere; it has to have specific references to the spirit of the place.'

I design in a different way for each commission. Every situation is different: the architectural demands are different, while the exact position of the window and the function of the building are also very important. The window for the chapel at Llandovery College in Wales (1991) was given by a family who had been connected to the school for over a hundred years. They did not specify a theme, allowing me to do whatever I thought was appropriate for the situation.

The rather dour chapel is not architecturally exciting. However, it contains the main east-end window, which is viewed by the school every day during the assembly, so I wanted the glass to be colourful and engaging. The abstract design, which came out of collage and has areas

Amber Hiscott: Llandovery College chapel, 1991

of dramatic, moody intensity, also absorbs the trees beyond the window as part of the design. The glass, despite being richly worked, is transparent rather than opalescent. It was possible to achieve the unusual colours by etching flash glass, removing layers of colour with acid to achieve precisely the correct colour and tone and plating it. The leading is not extensive, as the individual pieces of glass are large, but the exact position of the lead lines, and how thick they should be, was very important. The window was made in my studio, which enabled me to work closely with the glazier in making decisions about the leads, cutting them away in places as the window was being made up.

The Royal Exchange Theatre in Manchester is situated inside the old Cotton Exchange, a gigantic space, which has laid claim in the past to being the largest enclosed space in the world, although half of it was demolished by bombing in the war. It was an incredibly buoyant vision in the 1970s to build a new theatre, like a suspended space capsule, in the middle of the building below the giant dome. However, the rest of the yawning space was left untouched. The IRA bomb in 1996 damaged the building's structure, but there was at least one positive outcome: insurance payouts and Lottery funding allowed not only the structure but the whole interior to be splendidly refurbished. The daylight comes from 30 4m x 3m laylights (horizontal, rectangular windows) in the high ceiling and 28 clerestory windows. There is also a semicircular window set very far back above the bar, though this offers little natural light.

Above: Amber Hiscott, Royal Exchange Theatre, Manchester (detail), 1998

Right: Amber Hiscott, Royal Exchange Theatre, Manchester, 1998

A visit to the theatre is about being lifted out of everyday life into an imaginary world. Actors are usually given flowers at the end of a good production, and this small ritual was the original inspiration for my designs, which are intended to convey in colour the perfume of flowers. I filled my workspace with freesias, and worked very freely on large pieces of watercolour paper. The interior of the building has been very brightly painted, and there is also a lot of internal lighting, which affects the appearance of the glass. The large blue-glass dome in the centre also had to be borne in mind while working on the designs. I worked closely with the architect, Malcolm Brown of Levitt Bernstein, and the lighting designer on the colours. Although each window is a separate light painting, the colour continuity enables them to work together as a whole. The fabrication of the windows, by Derix studios in Germany, was a virtuoso piece of manufacture: double layers of etched flash glass, with airbrushed enamels fired in, achieving the precise intensity of colours I wanted.

Sheffield Cathedral is a Gothic cathedral with a modern extension at the west end. The lantern forms part of the roof over the entrance. The cathedral authorities wanted to emphasise the junction, to make the area more than just a thoroughfare. The cathedral has a strong commitment to working with the local community, and the organised meal programme is accessed through this area of the cathedral. It is a crossing point, the world coming into a relationship with God, connecting the practical, worldly aspect of Christianity with its spiritual dimension. There had originally been a lantern made in the glass-appliqué technique. This technique was popular in the late 1960s when glass adhesives were not very advanced, but pieces of glass from the lantern had since begun to fall off. My panels, being laminated, are much safer.

Above left: Amber Hiscott, Sheffield Cathedral, 1999, roof lantern (detail)

Above right: Amber Hiscott, Sheffield Cathedral, 1999, roof lantern over entrance to modern extension

The glasswork in the lantern is exuberant and welcoming, and clearly visible on entering the cathedral. Creating a new world above eye level, it is intended to express the joy and hope of Christianity. The designs are contemporary in feel, as the structure around the glass is modern. The old stained glass in the cathedral is not on the same plane, so relating my design to that was not an important consideration. I had recently spent time in India, and my palette had become more vibrant, the brushwork looser. The provost's brief was thought-provoking, expansive, and led me to explore ideas of celebration and initiation. He mentioned the hiddenness of the 'now' and the promise of the 'not yet'. He explained the 'now' as being somewhat hidden, even tentative, like a seed that needs to be nurtured; the 'not yet' was the inherent potential, a glimpse of splendour not yet realised. Contrasts in translucency and transparency seemed appropriate for both metaphorical and architectural reasons. The upper part of the lantern was fabricated in my studio in Wales using etched antique French flash glass. Some of the etching I did myself. The lower triangles were fabricated imaginatively yet faithfully by the Peters Studio in Paderborn, using highly sophisticated laminating techniques and double layers of antique opal glass. Just about every part of the lantern is composed of two layers of mouth-blown glass, which is etched, sandblasted and sometimes enamelled to achieve a vivid and unusual juxtaposition of colours without an outline of lead.

The screens in the North Wales Cancer Treatment Centre (2000) at Glan Clwyd Hospital are set around the edge of a balcony in a courtyard within the hospital on the first-floor level. I was asked to work with a group of local young people of mixed ability and to incorporate their ideas into my designs. The energy of their large-scale drawings, which were later manipulated on a computer, and their choice of vivid colours were a positive input into the designs. An unforeseen bonus was the bright sunlight that bounced off the metal roofs and passed through the glass: areas of opaque yellow enamel are juxtaposed against transparent squiggles which cause light patterns to hover in the internal space behind the glass. This serendipity is one of the pleasures of working in glass.

Architectural glass continues to enchant me. These days increasingly I use screen-printed enamelled and toughened glass, which allows me to work on units of a much larger scale that is in keeping with the architecture of most public buildings. However, it is always the concept and the design that is foremost in my thinking; the technique is simply whatever tool is most appropriate to express the aesthetic idea.

Above and right: Amber Hiscott, North Wales Cancer Treatment Centre, 2000

Douglas Hogg

I was brought up and still live in Scotland. My work is very influenced by the particular quality of the Scottish landscape – the colours, the wide-open weathered spaces. I came to glass through painting using paint on glass very much as if it were paper or canvas, forgetting the craft side and treating the pieces of glass as if they were a continuous surface. I enjoy the physical involvement of painting, watery brush-loads of black or brown paint, wiping it on and off the glass, sometimes using a cloth or sponge as well as a variety of brushes. I always do my own painting, although I do sometimes use assistants and professional glass studios to cut the glass and make up the windows. The windows in St Philip's were made at Glasmalerei Peters studio in Germany.

St Philip's Church in Edinburgh is 200 metres from the sea and positioned on a north–south axis, with the altar under the north window. This window, with its large areas of blue and green glass, is about the sea. It is a Navigators' and Mariners' window. The yellow in the central lancet is a path of light moving through the water. Red, which appears in both windows, is a welcoming colour representing warmth and hospitality. It also denotes the recent fire that destroyed much of the building but which is still part of the history of the church. The phoenix in the lower sections is a reminder of this; the guiding pole star beams down from the top rose. There are abstracted bird/fish forms in the blue areas, loosely painted to allow open interpretation. These are recurrent images in my work. They appear in early Anglo-Saxon writings, Bede and Beowulf, where the dove in particular is not so much a symbol of the Holy Spirit, but more a Celtic symbol for all human life. The south window, which faces inland, celebrates the community, the harvest and local life. The circular shape scribed through the tracery sections at the top represents God, the triangle in the centre, the Trinity. The church is a tall, lofty building. The windows are high up, although the south window is positioned nearer eye level, with a gallery running just below it that gives good access to the window. Much of the yellow in the south window detail is made by firing yellow stain (silver stain) onto clear glass, which produces a much richer colour than yellow glass would. South light, which is stronger and more intense than north light, splashes colours from the glass onto the floor and walls.

Above: Douglas Hogg, St Philip's Church, Edinburgh, 2001, north window

Right: Douglas Hogg, St Philip's Church, Edinburgh, 2001, south window (detail). Note the varying intensities of yellow stain and the different ways in which the black paint is used

Overleaf: Douglas Hogg, St Philip's Church, Edinburgh, 2001, south window All photos taken by Doug Corrance

This set of windows received the Saltire Award for Art in Architecture

Catrin Jones

'I work with images which are accessible, images that everyone can relate to'

My initial interest in stained glass came from a casual visit to the glass department at college just after a delivery of glass. I had always previously considered glass to be an activity that involved a lot of technique and very small pieces of glass, so this chance visit was a revelation. I was suddenly excited by the possibility of using large pieces of glass and painting with light.

I often work with photographic images I have used before. By manipulating images, ideas can be moved forward and developed, which for me is more meaningful than starting afresh each time.

Catrin Jones, Lyceum Theatre, Sheffield, 1990, window on first floor. Note the fan-shaped elements developed from a collage of crumpled cigarette papers

Catrin Jones, Lyceum Theatre, Sheffield, 1990. External view showing how windows are clearly visible at night from a distance

The Lyceum Theatre in Sheffield is a prominent Edwardian theatre which was refurbished in 1990 when a modern extension, to contain the rear-of-house facilities and fly tower, was added to the back of the building. I was asked to design four vertical windows above the stage door in the new extension.

My earliest memories of trips to the theatre are of the sets, the scenery and the lights, which made more of an impact on me than what was happening on the stage. The fly tower – the place where scenery is stored – is the heart of a theatre, the mechanical hub of the building. If you could peel away the wall of the building, you would see a series of sets ready to drop down into place. This was the inspiration for my designs. They are about theatre being larger than life, though without using literal theatrical imagery. Each window is a theatrical fantasy, an imaginary set, with curtains opening and closing on imaginary places. I did not consider it necessary to

make any reference either to the original building or to other stained glass it contains, as neither is visible from this side.

The designs were collaged using fragments of paper. Collage was a new way of working for me: it opened up ways of thinking about design and produced unexpected results that would not have been achieved if I had been thinking about glass and colour from the start. Not always having control of the way things happen, allowing myself to be surprised by accidents, has been beneficial for me as an artist. For instance, the fan-shaped elements in the second window were developed from crumpled cigarette papers, an image I would not have arrived at using paint on paper.

The top floor is the administration area, so I used cooler colours for this window. The scenery becomes more ornate, more elaborate as the windows move down. On each floor there is musical notation etched in white opalescent glass, an excerpt from Beethoven's Violin Concerto that links the windows together. The opalescent glass obscures the view from outside and makes the windows more clearly visible from a distance. They become a type of beacon to herald the theatre from afar, which was part of the original brief.

My windows in the City Library and Art Centre in Sunderland are situated at the top of escalators on the first and second floors of the building, which is a converted department store. As with all the commissioned work I do, my intention was to create an appropriate design for the space. Particular considerations included: the dual function of the building as a public library and art centre; the 1930s architectural style of the building; the intended new ambience; and the need to conceal the view through the windows. The lead artist on the project, Martin Donlin, had installed a terrazzo floor in warm colours themed on Roman deities. Thus the use of classical Roman lettering seemed a good introduction to the library. The staff suggested the Latin text for the windows, which is taken from the Venerable Bede's description of how French craftsmen were summoned to Wearmouth in the 6th century to glaze the new church, and as such is particularly appropriate. The glass-making process continued in the area until recently, and these windows are made with locally produced Hartley Wood glass. The larger letters refer to methods of library cataloguing, and their scale enables children to read them more easily. The windows work on several levels. Initially, they make a bold, simple statement in terms of colour, while for anyone who wants to spend more time the text, which is a subtle presence in the body of the window, tells you something pertinent about the place.

The chapel at the Conquest Hospital in Hastings is a non-denominational space. There are seven windows: four in the chapel, two in the entrance hall and one in the quiet room. The clients requested spiritual

imagery, but without any specific religious iconography. I wanted to work with images that are accessible and can be easily understood by anyone. The windows can be read on a number of different levels: plants are a source of medicines, a rich metaphor for places of healing; flowers give comfort to the sick; and the holly and oak trees both have a religious significance. Leaves are like people: they have the same family, but each individual leaf is different. I used handmade flashed glass. The colour does not etch away evenly, but instead reveals unexpected bubbles and markings, and this unpredictability enriches the final result.

The chapel and adjoining quiet room in the Royal Hospital for Children in Bristol is a Christian place of worship, although it can be adapted to cater to other religions. The commission was to design both the glasswork and the internal space. The glasswork consists of the chapel window, a small window in the adjacent quiet room, two panels in the corridor and a backlit panel in the Rainbow Room. I designed the floor and the ceiling, and also commissioned the poet Elsa Corbluth to write two poems, which were then inscribed on the chapel walls by the calligraphers Xheight Design. The iconography was chosen to be accessible to different cultures and age groups. Flowers, as well as being beautiful shapes to work with, are a universal metaphor for the innocence of children, and lilies are a symbol of purity. The colours are optimistic and take advantage of the bright afternoon sunlight, which allows them to reach their full intensity. Finally, Psalm 103, Verse 15 was adapted for the text in the window: 'Our days are like those of grass; like flowers of the field we bloom'.

The poem commissioned for the chapel walls makes reference to the seasons and the colours of the windows, and was originally intended to traverse walls and window. However, the idea of text on the walls was controversial, so I decided that the text in the window should be independent. The poem is inscribed in a subtle, flowing movement across the side walls in a yellow colour, two tones darker than the colour of the walls. The paint used is flecked with gold and reflects the light of the window. In the late afternoon light, the walls and window become one.

I designed the altar in association with my brother Jonathan Jones, working with V-shapes already present in the room. Although it is sited in front of the window, because the space is relatively small it was important that the altar was a strong structure but with a light, floating presence. The slumped glass top features a flowing design reminiscent of water, and coloured light from the window is reflected onto the surface.

Normally, the artist is introduced towards the end of a project, concentrating only on the glass element. At Bristol, I was brought in at an early stage, enabling me to design not only the glasswork, but the floor, ceiling, furniture and lighting, making it a particularly enjoyable experience.

Graham Jones

'Stained glass windows are set in an architectural structure . . . but they also need an artistic structure to hold them together or the colours can appear to float away'

Stained glass is an architectural art that ideally should synthesise with the architecture and sit comfortably within the building; but it must also engage with the viewer and have something to say, it must have soul. Initially, I was very self-conscious about how my designs would translate into glass; nowadays, having designed glass for so many years, it comes naturally. I love glass as a material to design for.

The six windows for the restaurant of Shell Mex House in London are formally the same although they differ slightly from each other. Important architectural elements are provided by the semicircular archway shapes and the strong graphic horizontal and vertical lines in lead of varying thicknesses. Shell suggested a theme of landscape, which I took up in a soft line of brown that was specially blown at the lower edge of each of the large, hand-blown, opalescent white pieces of glass. The bands of painted glass along the bottom of each window reinforce this landscape idea, while softening the glass, giving it a painterly quality. The choice of opalescent glass was also a direct response to the view outside (the ground level outside the restaurant is uneven, and part of the room is below street level). The intense areas of blue glass are relatively small – it was important not to cast strong coloured light on food – and the groups of small, square glass prisms reflect differently from different parts of the room, giving the window a natural movement.

Poet's Corner at Westminster Abbey in London is an area of the Abbey reserved for the tombs of English poets. The essence of English poetry for me is landscape and gardens. Vaughan Williams was also very much at the back of my mind when designing this window, as his music also sums up the essential quality of English landscape. The design is contemporary, but

Above: Graham Jones, restaurant of Shell Mex House, 1985. Note the calming rhythm created by a series of similar windows

Right: Graham Jones, restaurant of Shell Mex House, 1985 (detail). Note soft line at lower edge of white opalescent glass, square prisms which catch light at different angles, and richness of painted detail

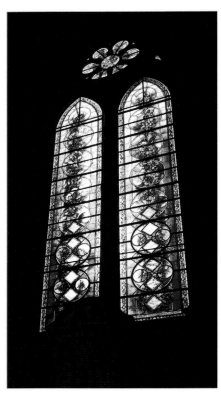

also very painterly to convey the richness of a garden. The glass has been heavily worked – painted, etched, enamelled and plated – to achieve this effect. The window contains 20 small plaques with names of deceased poets, as well as spaces for future ones. My family's names are also painted at the very top; they're not visible from the ground, but they're there. The strong circular shapes, a medieval graphic form, comfortably accommodate the plaques, and are appropriate to the medieval interior. There is light area in the centre of the window – the commission stipulated that there should be enough light to illuminate the many sculptural monuments at Poet's Corner. The first trial panels for the window had no border, but then I realised the necessity of a frame. The border, which here is predominantly a soft, grey glass, is a medieval device that allows the eye to move smoothly from the plain, opaque grey of the stonework to the colour, imagery and transparency of the windows. Although most of my

Above: Graham Jones, Poet's Corner at Westminster Abbey, London, 1995

Right: Graham Jones, British American Tobacco, one of a series of windows for restaurant, 1998

Below: Graham Jones, British American Tobacco, windows for restaurant, 1998

commissions are made at Derix studios in Germany, Westminster Abbey is so much a part of English history that it was more appropriate that this window should be made in my studio in England.

The request by British American Tobacco in 1998 for windows for their restaurant specified an art work that would be intrinsic to the interior without dominating it, and which also had a suggestion of landscape. It was a similar commission to the Shell windows thirteen years earlier: the windows had to work well from a distance as an architectural element and sustain interest when viewed at close quarters. From a distance the soft sweep of the large blue background shapes, which are enamelled onto float glass, give a general luminescence to the room. When viewed close to, the small cast-glass pieces are a secondary focus which offer plenty of rich detail as they run through the panels. These are techniques I have learnt how to use since completing the Shell windows. The windows are awkwardly placed as regards natural light, which falls only on some areas of the glass, so the daylight has been supplemented with artificial light.

SmithKline Beecham originally requested landscape windows for each floor of the entrance area of their technical headquarters at Harlow in Essex. Two separate windows would have killed the flow of the buildings, so I designed one large window on a light, curved aluminium structure, placed in front of the interior wall with the glass bolted onto it. The work

Right: Graham Jones, SmithKline Beecham (1977) headquarters. Note the extensive use of richly worked float glass

is dramatic but has a cool, icy, scientific feel, and very little colour. The clear glass is heavily etched on both sides to achieve this icy effect. The narrow coloured lines are playing, overlapping, moving towards each other, sometimes not touching – opposing elements, tense but balanced, like Japanese brushstrokes or the two fingers which don't quite meet in Michelangelo's Sistine Chapel ceiling. In this particular situation, where there is no natural light, large areas of colour would not have been appropriate.

Graham Jones, Jesus College Cambridge, 1999, glass mosaic

The window for the modern extension of Jesus College Cambridge was meant to be contemplative, a large Mediterranean blue pool one could dive into, just as students can dive into a different world in the library. The window is in an alcove in a quiet room. Stained glass needs to have some artistic structure to hold it together or the colours can appear to float away over the edges. Here, a type of open-ended frame within the design stops the colour floating off, and the warm blue light gives a fresh, soulful glow to the interior. The window is in a sense an art work, a painting in glass, but it was also important for it to be in harmony with the interior of this splendid building by Evans and Shalev, which has a very restrained use of colour, and a lot of marble and white plasterwork.

Although we live in London, I have recently built a studio beside my house in Cornwall, and my future plan is to spend a third of my time there painting and printmaking. Painting is important for its own sake, and it is also a very immediate way to work out new ideas. Making pictures frees you from the responsibilities of designing for glass. It also provides a library of references for my glass designs, which have become richer and more fluid over the years as a result of this practice. I originally trained as a painter, so obviously I am coming full circle.

Ruth Kersley Greisman

Below right: Ruth Kersley Greisman, interior of the Etz Chaim (Tree of Life) Synagogue, Jewish Free School, London, 2002, showing seven of the eleven windows. Photograph by Rosalind Schogger.

Below: Ruth Kersley Greisman, detail of window 1, Heavens Like a Curtain (Psalm 104:1) a bonding technique is more suited to very narrow windows, where lead might look heavy. Photograph by Michael Greisman.

The first Jewish Free School opened in 1732 in London's East End with twenty-one orphaned German Jewish boys. By the 20th century, the majority of its pupils were immigrants escaping persecution in eastern Europe. The school, destroyed during a 2nd World War air-raid, was rebuilt in 1958 in Camden Town. Having outgrown this site by the 1990s, a new school and synagogue opened in 2002 in Kenton, north-west London.

I wanted my design to reflect the importance the school places on spiritual development. The architecture presupposed a contemporary design: the unusual circular synagogue with eleven long, narrow openings (each 6.3 m x 0.45 m) suggested trees to me immediately. Within Jewish writing there are frequent references to trees as metaphors for higher levels of spirituality.

The Hebrew texts have been abbreviated to titles, guides to the non-figurative imagery and to facilitate prayer. Layers of acid-etched and sand-blasted flashed antique glass have been bonded together. Painted lines have replaced lead. The deeply-etched surface, like ancient bark or carved stone, is testimony to the tragic history of the Jewish people. But the joyful colour, which floats freely in its own space, is a message of hope to future generations.

Lawrence Lee

'A stained glass artist should have a subject for a window, or he is just feeding off his own ego.'

I originally went to the Royal College of Art to study mural decoration. I wanted to paint on a large scale, and I wanted my paintings to be part of a building. I didn't like the idea that paintings were a type of portable luxury if you were rich enough to be able to afford them. The medium of stained glass attracted me, and the glass tutor at the Royal College, Martin Travers, advised me correctly that there was more future in stained glass than in murals. I worked in Travers's studio after leaving college and then took over when he died. Looking back on it, it was a marvellous start. I was very lucky.

Coventry Cathedral, rebuilt after extensive bombing in 1940, was a landmark for contemporary stained glass in Britain. Basil Spence, who won the competition to design the new cathedral, had been excited by contemporary stained glass on the Continent, and decided he wanted it in the new cathedral. There were a number of stained-glass manufacturers but very few artists designing for stained glass at that time. Spence was impressed by student work at the Royal College, where I was teaching, and asked the college to do the ten narrow nave windows. As a theme he specified that there was to be a 'God' side and a 'Man' side; otherwise he left the designs to us, which was a very courageous thing to do. The theatrical positioning of the windows to face the altar rather than the congregation was, I still think, a mistake, as they are not visible from the nave, where they could have been an aid to the liturgy. However, the windows worked very well and caused quite a stir at the time, so they were generally a very good thing. I designed and made four of the windows, and two very talented students, Geoffrey Clarke and Keith New, did the other six.

I have been very influenced by the early Italian painters, especially Fra Angelico. He had a wonderful sense of design and pattern, and a wonderful sense of where to place his figures, never more so than in his Annunciation in the San Marco Convent in Florence. I served in Italy and North Africa during the Second World War, and at the end of it I was asked to organise educational programmes and lectures on art, as the government wanted to give people who had been serving in Italy some further education before returning them to civilian life. I gave lectures, wrote booklets and also set up an art school in Florence that was rather like the Royal College. It was my first visit to Italy and it was a wonderful experience, a tremendous opportunity to see some of the world's greatest works of art.

In some ways I am quite medieval in my thinking. I was trained in the figurative tradition, which I am happy working in. Most of my windows are in churches. The artist working in a church is the servant, he is there as a special kind of craftsman who helps people to understand about religion. I don't like the prima-donnaish attitude of some artists. A Christian upbringing is also a great advantage to a stained-glass artist. One comes armed with the imagery, the terminology; you don't have to learn the

Lawrence Lee, the Becket Window, Penshurst Church, Kent, 1970. Note the tapestry-like feel to the window, which combines a modern freshness with a medieval sensibility

phrase book, you know it instinctively. I'm an Anglican now, although I had a very narrow evangelical upbringing.

The subject of the Becket Window in Penshurst Church, Kent is Thomas Becket, who was murdered in Canterbury Cathedral. A stained-glass artist should always have a subject for a window, or he is just feeding off his own ego. This window reads from a distance like a tapestry of historical events that relate to Becket's life. In 1935, I was lucky enough to see the first, very

Lawrence Lee, the Becket Window, Penshurst Church, Kent, 1970 (detail: Prelates of the Church). Note the use of paint and various tones of yellow stain

inspired production of T.S. Eliot's *Murder in the Cathedral*, which was when it came to designing this commission. The colours in this window are quite medieval. There are various heraldic bits in it. Heraldic stained glass has been rather underrated. Its colour laws are clearly defined, as coats of arms had to read well from a distance, so following some of the heraldic rules when working in stained glass seems somehow appropriate. Designing stained glass is rather like composing music: you are trying to balance your harmonies with your themes; there is a main theme into which you weave the details. One can learn more about the history of Penshurst from looking at the Becket Window than by reading a book about it. We all learn through our eyes, like children.

Lawrence Lee, the Ruth Window in King Charles The Martyr Church, Tunbridge Wells, 1969. Note the grouping of figures and the balance of colours flowing through this two-light window

Clients do not usually set themes for commissions. There is sometimes a particular saint or coat of arms specified, but usually one is left free to decide. Ruth is one of my favourite characters in the Old Testament. She was such a nice person, so I was delighted when asked to do a window in memory of someone called Ruth. The Ruth Window, 1969, in King Charles the Martyr Church, Tunbridge Wells, is a small two-light window with the figure of Ruth in one light and her work – gleaning in the fields – in the other. The design came together very easily. I particularly enjoyed doing the rural scenes – the texture of cornfields and the rooks.

Deciding on the scale of glass is the first duty you have to a building. It is a difficult thing to define but also terribly important. Getting it wrong can be like setting the Magnificat to the tune of the Hallelujah Chorus. The size of the individual pieces of glass in a window is part of this question of scale: if you look at a building built of ordinary English brick, the bricks are a few inches high, but the texture gives you the feeling of something much larger; buildings which consist of large blocks look awkward, like a child's doll's house. The Duomo in Florence is a very large building, but the detailing – the very small bricks of which it is built – makes it very human. In the same way, if the pieces of glass in a stained-glass window are too large, the window will an artistic failure.

I did windows for Magdalen College School in Oxford in 1965. The room has various functions as well as being a chapel, so the mosaic technique, bonding glass onto float glass, seemed more appropriate, more secular, than using leaded glass. Mosaic enables colours and shapes to be more fluid. Large areas of colour can be broken down tonally more easily than in a leaded window.

People think of it as an abstract window, but I don't know what abstract means. I couldn't work without some clues. Almost every element in the design makes some reference to the town of Oxford. The white arches of the bridge over the river are a starting point, but the yellow sandstone architecture of the town, the river, the Oxford mists, and the vibrant reds and purples of the ceremonial processions are all celebrated in the window.

Contemporary stained glass has moved a long way from the sort of work I used to do, but I think it will find its own level again. I've said what I want to say in glass. Now I just enjoy being with my family, seeing how family traditions are being handed down.

Jane McDonald

'Glass is a seductive material, so you have to be very careful with it.'

Glass is a material that can be both very simple and very rich; it is structural and decorative, and this versatility is something I particularly enjoy. People inevitably respond to the inherent beauty of the material, but this can also be a problem. Glass is a seductive material, so you have to be very careful with it. I was originally studying ceramics until a mixture of good luck and serendipity led me to working with glass. My tutor suggested a piece that I was doing would translate well into glass. This led to an exhibition of drawings and glasswork, which all sold, and then to architectural commissions that indicated to me the way I should be going.

The glass doors for the chapel of the Middlesex Hospital in London

Jane McDonald, Middlesex Hospital Chapel, 1988. These glass doors are decorative but not overpatterned, allowing visibility through the glass. The illusionist geometric pattern leads the eye into the chapel

were an early commission where both the client and the architect had very particular ideas about what they wanted. I had to work with two sets of ideas and come up with something I was happy with as well, and which was also right for that particular situation. The chapel is situated within a busy hospital environment and is used and seen by patients, staff and visitors. A Grade II-listed building in its own right, the chapel has an ornately decorated interior. The doors are a barrier between the quiet contemplative space of the chapel and the noisy, much-used passageway of the working hospital beyond. The design on the glass is a collage of images that came partly from the richly patterned mosaics on the walls and floor of the chapel, and also from a beautiful medieval screen I had seen at Le Puy in France. Although I had been working for seven years in glass, this was the first commission where I fully discovered the techniques of sandblasting and acid-etching, which were the glass language that I was really interested in working with. The apparent simplicity of these technical processes, the pure line, tone and shade that can be achieved with them, suits my way of working. Although I sometimes do use colour, I find too much colour becomes overly complex. Mark-making on glass with a limited palette therefore suits the layering of glass and the graphic images I work with.

The idea for the new chapel at Coventry Cathedral, situated in an underused space between the nave and crypt, gradually evolved in discussion with the architects Acanthus Clews and the cathedral fabric group. A drawing made by a German prisoner of war was the focal point of

Below right: Jane McDonald, Coventry Cathedral, 2000, glass entrance screen in new memorial chapel between the nave and treasury

Below left: Jane McDonald, Coventry Cathedral, 2000, glass entrance screen in new memorial chapel between the nave and treasury (detail)

Jane McDonald, Dorchester Abbey entrance porch, 2003

the Millennium Chapel. Originally, a screen had been proposed. This then became a wall, and the chapel developed into a space constructed from glass, some of which was decorated. I had Psalm 150, a psalm of praise, in mind when working on the designs, as the client wanted the chapel to be a celebration of life rather than a roll-call of the dead. The names appear in groups, following curved shapes from floor to ceiling panels, and these are added to each autumn. Although the design is abstract, it was based on drawings I made of musical instruments (a metaphor for celebration) at the Bates Collection and the Pitt Rivers Museum in Oxford, where I selected forms with circles and curved shapes. I used materials that relate to the original 1950s architecture, such as bronze for the door handle; and elsewhere in the chapel there are fixings and colours which relate to the style and period of the existing building, such as silver stain (a yellow colour) for a ladder of coloured glass, echoing the glass used extensively in the large baptistery window designed by John Piper.

I spent a lot of time in Dorchester Abbey, a huge medieval abbey church, drawing architectural details of columns and arches that were used in the design for the square glass porch erected in 2003. For each commission I prepare a folder of drawings, as the research period is an important time in which to develop ideas. The building previously had a wooden draught lobby, and it was important to allow visibility through the glass, not to obscure the view into the church. The elegant linear details of the medieval architecture are etched and sandblasted to various depths in the glass, together with areas of tone. The highly polished surface of the graceful bronze ceiling canopy reflects the images clearly, adding further spatial interest to the project.

Glass excites me as a material because it has both structural and functional uses and at the same time enhances its environment. Recently I have been casting glass and putting glass modules into furniture, screens and wall pieces. When fired into glass metals such as copper, gold and silver give rich colours; with this method, rather than being laid on the surface, they become part of the glass structure.

Kate Maestri

Ideally, an artist should be involved as early as possible in the design of a building so that their work can be fully integrated into the space. I collaborate closely with architects and clients for the duration of each project, and my work is made up in professional glass studios in the UK and Germany.

The glass work at Chase Farm Hospital in Enfield, North London consists of two five-metre-long windows in a corridor leading to the intensive-care unit. The hospital requested the theme of a kingfisher trail. My work interprets this through an abstract landscape: tranquil blues and greens evoke river and sky, while the narrow flash of yellow and red suggests the swift flight of the kingfisher. In this way, external scenes are drawn into the building. Research shows that people heal more quickly if they can see

Kate Maestri, Chase Farm Hospital in Enfield, North London, 2003, enamelled float glass screens in corridor

views of nature through a window. Horizontal slots of clear glass placed at a child's eye level – also that of patients on trolleys – and also at a higher level for adults, allow glimpses through to the grass, trees and sky outside. Light passing through the coloured glass is reflected across the floor and onto the opposite walls.

The brief for the glass commission at the Open University Business School at Milton Keynes in Buckinghamshire was to create an art work that responded to the building. The business school overlooks a central courtyard area that was underused. I wanted to place functional pieces which drew attention to this space and in their colour and shape responded to the aesthetic of the building. The school is on the site of a medieval ridge and furrow field, where contours have been retained as far as possible, with wild flowers and meadow grass growing in the courtyard. The glass benches were conceived as functional sculptures using thick, laminated glass screen-printed with coloured ceramic enamels. The benches are lit from underneath, so that at night they shine like jewels and can be seen by people looking out from inside the business school.

Keith New

'Glass is a way of expressing myself artistically. Architecture is a glorious framework for art.'

I first became aware of the existence of stained-glass artists, and that you could 'do' stained glass as a job like any other, when I visited a friend's uncle, a Mr Hooker, who ran a studio under the name of Hookers of St Albans. This would be about 1948. I have to confess that although accepting that stained glass is a public art, I originally saw glass as a means of personal self-expression, using the architectural setting as a glorious frame. My art-college training was interrupted by a period of national service in the RAF (1945–47). While I was there I met a number of other artists, and we used to go out into the surrounding landscape in the evenings and weekends to paint and draw.

Eventually, I returned to London to take up the place I had won at the Royal College of Art to do graphic design. Once there, I began to have second thoughts about this, until finally I switched disciplines, electing to join the stained glass department. All the students in the department at that time were greatly influenced by contemporary European painting, especially Matisse, Braque and Picasso, and we all wanted to say something significant in glass which picked up on the prevailing aesthetic. In short, we were committed modernists, without calling ourselves such. I thought then, and still do, that glass is a wonderful medium. Light passing through colour, rather than being refracted from a painted surface, seemed to offer a whole host of new possibilities; an added attraction was that you might be able to earn your living as a stained-glass craftsman.

On leaving the Royal College, I was invited to work for Steuben and Corning Glass in New York, which meant designing and using glass in new ways. Towards the end of my contract there, in 1954, I was invited right out of the blue to contribute designs for three of the nave windows for the proposed new Coventry Cathedral 1954.

My co-designers were Lawrence Lee and Geoffrey Clarke, the latter having been a student contemporary with me at the RCA. Neither Geoffrey nor myself had at that time carried out a public commission, so we were both stunned to be involved with such a prestigious building. All ten of the nave windows were manufactured in a large studio at the Royal College of Art. The college was in overall charge of the commission. The Coventry windows are four lights wide, about 3m (10ft), including three heavy mullions, and 21m (70ft) high. The theme of the windows is Man's journey through life, and they advance in opposite pairs down the nave, starting with two green windows symbolising the beginning of life and childhood, followed by two red windows symbolising young manhood, two multi-coloured windows symbolising middle life, two blue and purple windows, symbolising old age, contemplation and death, and finally two golden windows symbolising the afterlife and the New Jerusalem.

Hartley Wood of Birmingham made us a special order of some very rich glass, blushing from dark to light on the same sheet. This was an enormous help. All three artists made use of glass paint, enamels and yellow stain to give added richness. Only in this respect are the windows in any way traditional. The artists were allowed to devise their own iconography to

Keith New, Coventry Cathedral, red and multicoloured window, one of ten 21m-high windows facing the main altar. This window is on the 'God side' of the nave, its theme is 'Man's triumph over evil with God's help'.

illustrate the given themes, so there is a combination of religious and secular imagery which I think is unique in stained-glass work of this or any other time.

I am not religious in the conventional sense, believing God to be a human construct. However, when I was immersed in the Coventry windows I found myself taken over by what I was doing. The work had to feel true in the symbolic and emotional sense. Whenever I revisit the cathedral, the windows come across as appropriate and serious. I do not think my scepticism about God and the history of religion adversely affected my work at Coventry or subsequently the many other commissions I carried out between 1956 and 1975. I continue to read and think a lot about religion, which still fascinates me. I felt confident about using a combination of Christian and secular symbols after completing the Coventry windows. It is important that stained glass is sympathetic to the architecture, that it creates the right mood and atmosphere and reinforces the function of the building. Getting the scale right was always a major consideration.

The window at All Saints Church in Branston, Lincolnshire is in the modern chancel of an old church that was rebuilt after a fire. As the altar was reoriented to the south, I used a combination of blue and yellow colours, which are intensified by the strong light. The window flows round and over the altar, the glass being a tapestry, a backdrop, to the altar and its function. The subject matter is the Te Deum, a song of praise, which is treated throughout in a more of less abstract way. Celebratory palm leaves and banners can be discerned, as well as seven circular shapes (lamps) representing the Seven Gifts of the Holy Spirit.

St John's in Ermine is a small church built for a new housing estate among the environs of Lincoln. The architect Sam Scorer and I worked closely together to achieve something modern and striking on a very tight budget. The stained glass spreads itself out above and on both sides of the altar, dominating the east end. The design of the window is built round a series of hexagonal shapes, which echo the shape of the church in plan. The central section represents the Holy Trinity, as well as the closed eyes of God withdrawn within the tabernacle; the two smaller shapes to left and right of the altar represent the open eyes of God: the Nativity and the baptism of Christ, green and blue respectively. The treatment is purely abstract, colours and shapes. No paint was used on the glass. I used a lot of flash glass to give the widest possible range of tones (from dark to light on the same piece of glass). The leads used range from a very narrow 6 mm to a broad 40 mm in width. St John's is now a listed building.

In 1962–63 the Royal College of Physicians had new premises built facing on to Regent's Park. I was asked to incorporate into the new building a series of stained-glass heraldic shields from their old building in Trafalgar Square.

The shields had to be fitted into two long narrow lights that ran from the top floor through to the basement. I rearranged the shields on a new background (rather like a series of naval signals), setting them either singly or grouped together in pairs, fours or sixes. Denys Lasdun, the architect, was

Above: Keith New, All Saints Church, Branston, Lincolnshire, 1976, window in modern chancel of old church

Right: Keith New, All Saints Church, Branston, Lincolnshire, 1976 (detail). Note that the small pieces of glass give a jewel-like feel to window

Keith New, St John's Church, Ermine, Lincolnshire, 1962, an outstanding modern building on a housing estate at Lincoln. The window, which is unpainted glass, is on three sides of the altar

Keith New, Royal College of Physicians, Regent's Park, London (detail). Note the strong, modern, pattern-like quality of heraldic shields

delighted with the results. He had feared that these old shields would look out of place in his new building, but in fact they look extremely modern. Heraldic colour laws work very well in glass, enabling images to be read from a distance – think of shields in ancient battles.

By the late 1970s I began to feel I had said all I wanted to say in glass, and I gave up accepting commissions. I am now fully occupied as a painter, exploring my original preoccupation with landscape.

David Pearl

'Stained-glass windows become a type of membrane in a building; the glass loses its material weight and becomes something that is about light.'

I was initially attracted to glass as a medium because of the power it gives the artist to work with light in architecture. Stained-glass windows become a type of membrane in a building; the glass loses its material weight and becomes something that is about light. However, I am not interested in glass as a material in itself: blown-glass bowls and glass objects seem too precious to me; seriousness of intent seems impossible.

We saw a lot of slides of contemporary German stained glass when I was an art student in Canada. From these it was evident to me that, instead of being an isolated art work in an interior, stained glass becomes physically part of the environment. For an artist, it is like being able to borrow the building – the sense of scale is overpowering. So much contemporary architecture is anonymous that an artist placing work in a building can help to reinforce the nature and function of its setting. An important function of architectural glass is to help generate meaning, particularly in secular architecture. However, you do have to be aware of what else is there: it is a

Above: The Tower of the Ecliptic, 1993, a public observatory tower on the seafront at Swansea, Wales

Right: David Pearl, the Princess of Wales Hospital, Bridgend, Wales, 1998, glass-wall piece in corridor from reception area into main hospital. Fragmented pieces of poetry about the healthy body are projected onto the walls

Left: David Pearl, The Tower of the Ecliptic, 1993, a public observatory tower on the seafront at Swansea, Wales. Note the colour projections created by use of strong colours, perforated metal and dichroic glass around the rim of the glasswork. The perforated metal holes make for very crisp projections, while the dichroic glass changes colour depending on the position of the viewer, and also acts as a reflective surface. The narrowness of the tower, i.e. the proximity of glass to the walls, enables the image to be very clearly reflected on the adjacent walls

social act to participate in a building, and as an artist you have to find your role within the community of architectural elements.

As an artist, you work on your own a lot, so I enjoy the interaction which comes when working with architects, particularly when it is a real collaboration. The architect Robin Campbell designed The Tower of the Ecliptic, a public observatory on the seafront at Swansea. A number of art works were commissioned, including site-specific poetry and sculpture, and the glass roof which I was asked to do. An architect you can truly communicate with enables you to develop ideas further than you might have taken them on your own – Robin is an artist as well, so working with him was very stimulating.

Genuine collaboration requires the ability to respond in design terms to ideas generated by others. Many architects talk the talk, but few walk the walk when it comes to collaboration. An observatory, as a tool for observing the cosmos, takes us perceptually off the planet. I wanted my glasswork to be a response to the cosmos. The roof oculus acts as a lens for the projections of our neighbouring star, the Sun, and the curved interior walls of the tower are a living, breathing cinesphere of colour projections.

The poet commissioned for The Tower of the Ecliptic was the highly regarded Welsh writer Nigel Jenkins. We had worked together previously on an exterior neon installation, and I commissioned him for one of three projects I did for the Princess of Wales Hospital in Bridgend. The work covers a ten-metre stretch of the main entrance wall, and consists of panels of 19 mm toughened float glass, fixed perpendicular to the wall with stainless-steel brackets. The text, which is a series of enquiries about the body, is etched onto the surface and seen as a series of projections on the wall, which you can read when entering or leaving the building. A hospital is a 'body shop', and the text of the poem is based on the body. Nigel and I wanted to redirect the patient's or visitor's attention to what was magical about the body, not what was wrong with it. I resisted total clarity of reading, so that the work – unlike signage, whose meaning is immediately evident – would only give up its secrets after several encounters. Ideally, all architecturally sited work should have a similar time element.

Missenden Abbey in Buckinghamshire is a Tudor building which was very badly damaged by fire in 1985, and required almost complete rebuilding. The commission involved making twelve windows to create a colour narrative throughout the building. The designs were direct renditions of a series of abstract watercolours that I painted while based near the abbey. I wanted the windows to have the relaxed quality of painting without structure. The heavy Gothic tracery was strong enough, I felt, to allow the glass to play a kind of counterpoint, a lyrical solo. The windows, which are mostly sited on the south-facing front wall, animate the interior with ever-changing coloured light, which reflects on the plain stonework and white plasterwork of the restored interior. French antique glass was used for the coloured areas, which are restricted to the tracery; the large lower panes are clear tinted, hand-blown German 'Goethe' glass, an early form of window glazing. An interesting outcome of battling for two weeks in midwinter to install large pieces of glass into stone tracery was my discovery of the functional benefits of leaded borders. Although borders with small pieces of glass give greater flexibility when fitting panels into stone grooves, it is too easy to accept conventional notions of working, and I am determined to push the medium as far as possible.

The Twin Glass Towers in Bute Square, Cardiff form a glass-and-water gateway to the urban development, linking the city centre with Cardiff Bay. The two cylinders, each 35 feet tall and made of curved laminated and toughened glass on a stainless-steel post-and-cable structure, are designed to take the constant exposure to water and the stresses of regular winter gales off the Bristol Channel. The work was a collaboration between myself and Amber Hiscott. We wanted to make a work of public art which retained an industrial, constructive quality by restraining the decorativeness of coloured glass. I concentrated on form and structure, utilising enormously enlarged details from Amber's watercolours. Silk-screened opaque enamels were fired onto the glass. These maintain good body colour in reflected light by day and great dynamic under floodlights at night. Each area of glass was rationalised down to two colours, as opaque enamels become muddy with more colour layers.

A high level of technical cooperation with all concerned was essential, and the work involved a real nail-biting finale as engineering refinements were being fed into the final piece right down to the last moment of fabrication. A specialist glass engineer called in to double-check

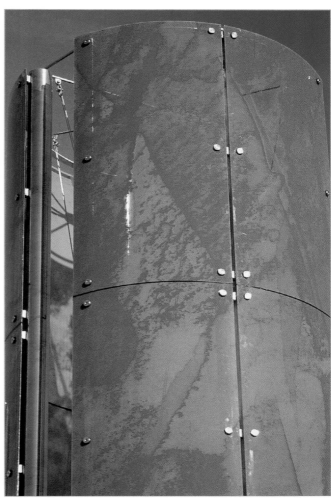

calculations and confirm the final alterations unfortunately died as his computer was running the equations. We were desperately scrambling in the last couple of weeks to make sure everything was right. The glass, which is fitted in a planar-type system, comprises 32 panels, each 2.5 m tall by 1.25 m wide. The steel fabrication by Alan Dawson Associates allowed last-minute refinements to be incorporated elegantly right up to the end. The excellent glass fabrication by David Proto, who despite severe cost restraint anticipated potential problems, is evidence of what can be achieved by a small specialist firm involved in the one-off production of an artwork.

Patrick Reyntiens

'My work is an attempt to fuse an image together so completely that the result is a harmonious unity.'

It is not easy to talk about one's life and work as an artist. To paraphrase Cardinal Newman, all life is change, and to be perfect is to have changed many times. The changes in my artistic life could be described as a series of shocks and surprises, and there are still changes to make, most of which will probably be best analysed after my death.

The first stage in my career as an artist was the Regent Street Polytechnic (now the University of Westminster), after five years serving in the army in Europe. I was sat down in front of a bunch of flowers and drew a single flower, petal by petal, for the whole day. After three years, I went to Edinburgh College of Art, where drawing was a very strong component of the course. It is a wonderful discipline for an artist. This discipline was really a Victorian leftover, and none the worse for that, but it did make non-figurative painting almost impossible. I purposely moved into abstraction at one stage of my life partly as a reaction against this, and partly having seen French art, painting and stained glass in the late 1950s. It was almost impossible to make a living as a painter in those days, and I was offered a job working for the distinguished stained-glass artist Edward Nuttgens, whom I worked with for three years. It was an excellent training, learning all the stained glass techniques in the sometimes laborious, traditional work-

Patrick Reyntiens, Roman Catholic Benedictine church at Leyland, north of Liverpool, 1964, dalle de verre. This is an interesting modern church, since round churches are not common in England. There is an inner circle of columns, which prevents an uninterrupted view of the glass that follows the perimeter of the church. However, Reyntiens has used numerous subtle variations of tone within the various colours, making this one of the most successful churches built using this technique

shop way. Eddie played Bach partitas to me on a honky-tonk piano in his studio at the beginning and end of each day.

I was introduced to John Piper early on in my career, and I worked with him for many years, interpreting his designs into glass, as well as doing my own commissions. It was a wonderful opportunity for a young artist. The process of interpreting another artist's imagination into glass is not something which is always well understood in England, partly because England has a far stronger aural culture than a visual one. Stained glass, along with other applied arts such as tapestry, theatre and architectural sculpture (the arts which furnish our tangible environment), invite and depend on sympathetic and intelligent cooperation and delegation. The artist does not always carry out the execution of the art work, and I have been very happy, as well as undertaking my own commissions, to interpret into glass the work of other artists. There have always been painters whose work I admire. Many people find it hard to understand this in the visual arts, although they find it easy to understand in music. Think of a composer such as Pierre Boulez, who also conducts other composers' work. The act of composing and the act of conducting are completely different activities, but they are not mutual contradictions: you can do one; then you can do the other. As in music, so in the visual arts.

The professional life I have led for 50 years has been divided into three main areas: interpreting commissions for other artists; executing commissions from clients, mainly the Church; and making works, mostly in a smaller, panel form, to please myself.

An early commission was the *dalle de verre* windows for the whole of the round Roman Catholic Benedictine church at Leyland, north of Liverpool. I had just returned from an extended tour looking at modern glass throughout France, as well as all the medieval and Renaissance glass I could find there. I had the opportunity to experience the strength of post-war 'non-figurative' art, as it was referred to in that country. France had pioneered abstract art between 1900 and 1940, helped by the large community of international artists working there, many of whom were Jewish refugees from Russia and Eastern Europe. Chagall was prominent among them. The variety and strength of this work jerked me out of my initial love for English neo-Romantics such as John Minton and Graham Sutherland, and I carried out some abstract glass commissions partly as a result of this new influence. However, after executing two other commissions in this technique for modern churches in Waterford in the Republic of Ireland, I decided that dalle de verre was too crude a medium to allow the creation of a really sensitive statement, and I consequently never touched it again.

The leaded window in the east end of a tiny Norman church of St Mary's Hounds in Hampshire was a figurative design with a strong spiritual overtone. The design of a Mother and Child with two angels in this three-light window changed considerably during its execution. The Christ child opened His arms, becoming more welcoming to the congregation. There is a time element in this window: as with all my work; it needs to be looked at for several hours. The duration of a service is an appropriate length of time.

During my 50 years' experience of working with glass, I have felt an increasing impatience with non-figurative art. Although it can be exciting and grand, and supremely suited in many ways to modern building, it is limited, it has no humanity, and is all too often just a grand effect. In the 1970s I was excited to discover the philosophy of Alasdair Macintyre, a most humane and acute neo-Aristotelian philosopher, whose ideas seem to be quite unfashionable in current philosophy. Macintyre is concerned with what happens to a society when it loses its basic knowledge, moral structure and motivation. One becomes convinced,

through reading him, of the importance of the person-to-person encounter. The prime motivation of human nature is not, as has been believed since the 'Philosophes' in late 18th-century France, the result of abstract reasoning and generalities drawn from equations, however initially persuasive these may seem to be.

The result of these discoveries was like a bursting dam in my subconscious. Images that I had held back from expressing, perhaps subconsciously, came rushing to the fore. I felt as if I had permission to do work that could easily be condemned as 'illustrational'. My present work is an attempt to fuse an image together so completely that the contributing elements – the colour changes, the rhythms of the lead lines and the spontaneous character of the painted expression – which might seem to be in conflict, end in a harmonious unity. The resulting images demand the same attention span as a painting; thus the humanity of the medium is reasserted. It cannot be summarily dismissed as 'mere decoration'.

There is a historically militaristic basis for much of the current architectural idiom, in its concentration on metal and avoidance of moulding. This is hardly surprising, since the twentieth century was so infected with war that its images and concepts were bound to be dominated by violence. This underlying assumption of war has shaped the vocabulary of architectural shapes, light distribution and plane changes. As this modern architectural approach does not inform my work, I have found myself unemployed by the majority of modern architects.

However, I have been fortunate in completing two major commissions

Right: Patrick Reyntiens, West Window of Southwell Minster, Nottingham, 1996

Below: Patrick Reyntiens, West Window of Southwell Minster, Nottingham, 1996 (Detail)

which consciously attempt to knit up the yawning gaps in the historical fabric of English civilisation. One gap was formed by the mass bombing of the Second World War; the other was as a result of the culture of the early Renaissance in England being suspended by the actions of religious reformers. In both cases, imposing 'Modern Art' on medieval buildings (which I concede has been tried very successfully in Germany) would have been inappropriate. I refer to the eleven large windows in the Great Hall of Christ Church Oxford.

I told the Dean of the College that I would have designed windows in the style of 1588 had the breach with Rome never occurred. The result is a combination of Tudor strap-and-quarry work, peppered with mottos and escutcheons with baroque borders of the utmost subtlety.

The Great West Window in Southwell Minster near Nottingham is what surely should have been there had the Reformation and its uncompromising iconoclasm never prevailed. The thematic design was suggested by the architect to Southwell Minster, Martin Stancliffe. The treatment and proportions were mine, as a reminiscence, not a parody or a pastiche, of what might have been placed there in the early 16th century. The design of the three interweaving arches within the traceries of the window suggest it was originally intended as a Trinity window. I have taken that as my theme.

Such is my identity as an artist that by writing about my work and approach I hope I can encourage other artists to be themselves, so important in an era when individuality is being continually eroded by the creeping Manichaeism of television and the electronic media.

Anne Smyth

'I enjoy responding to a building, doing work which is part of its structure. Art works which are just placed in an interior have less identity than work which is part of the structure.'

I trained originally as a printmaker, and my early work in glass reflected this background, comprising images using opaque ceramic enamels fired onto float glass. Later I discovered transparent glass enamels and was thus able to focus more on the transparent, translucent quality of the material. The multidisciplinary course I had followed at college was an advantage. Experimenting with so many different media fuelled ideas for different ways of working with glass and a more varied approach to the medium. The emphasis at the early stage was on tones, textures and mark-making. Later on I combined printmaking techniques with cast glass, and I now use low-relief slumped glass. There is always an element of chance with cast and slumped glass: you cannot be certain exactly how the glass will look until it is taken out of the kiln, whether all the marks you have made on the mould will appear on the glass. It is as if someone other than yourself has had a hand in helping to shape the finished piece. I find this aspect very exciting. Often, because of installation considerations, the individual pieces of glass are held in place within sealed double glazed units. But, although the total thickness of glass is quite substantial, the overall visual effect is light. It is important for me to try out slightly different techniques on each commission. I need to move in new directions. I don't stand still.

The Public Records Office (now known as The National Archive) moved from Central London to Kew in South-west London in 1995, and I was brought in at a fairly early stage to discuss the possibilities of using glass in a new extension to the existing building. The large glass windows look out onto a lake and fountain, and I felt that the designs for the glass should blur the boundaries between the outside and inside, bringing the flowing

Above: Anne Smyth, Public Records Office (now The National Archive), Kew, London, 1995. The combination of techniques – enamels, lustres and cast glass – together with the scale of the imagery, makes this the perfect art work to complement the spacious interior

Right: Anne Smyth, Public Records Office (now The National Archive), Kew, London, 1995 (detail). Note the image of a medieval seal and the watery imagery of cast glass

Anne Smyth, *Public Record Office (now The National Archive), Kew, London, 1995*, floor in centre of reception area/detailed slate/terrazzo. Note the use of medieval seal imagery and flowing water, echoing the windows

Anne Smyth, *Charlton Lane Psychiatric Hospital*, 1993. Note use of natural forms in an overall upward movement of soothing colours

water into the building. The Public Records Office has a constant flow of information going in and out, which is hinted at metaphorically in the patterns of rippling water in the glass. The very extensive archives were another starting point for the designs. They represent an endlessly rich source of imagery for any artist. I focused on some of the wonderful pre-medieval maps, looking in particular at depictions of water and botanical images, and also the richly textured seals. The new extension to the Public Records Office is a long, low building, the entrance area of which is light and airy. I wanted the images to flow around the front of it rather than dominate; a design with a central image would have been inappropriate. The colours, predominantly blues and greens, suggest the nearby botanical gardens at Kew – in particular, their famous collection of exotic plants, which has also informed the design.

The public records were kept at the original London offices on slate shelves, which had been abandoned in heaps around the old building

during the moving process. Slate is a wonderfully robust natural material with a long history of use in building. Unfortunately, I was unable to use the original shelving, as it proved to be too soft. My flooring design was made up in Cumbrian slate combined with areas of coloured terrazzo in a design which complements the window and also incorporates some of the window images. The design is intended to be contemporary, but also to have a timeless feel, a sense of always having been there. In bright sunlight, projections of light from the windows fall across the floor, linking the two areas together.

The window at Charlton Lane Psychiatric Hospital is clearly visible to visitors approaching the building. The colours have been kept quite light, as the window, which illuminates a staircase over two levels, is the only daylight source in that part of the interior. The soft blues and greens are intended to be uplifting but also calming, and the design is based on the theme of growth, incorporating various forms from the natural world in an overall upward movement. Although semi-abstract, my images always grow out of observational drawings. There are seed pods at the bottom of the window and flowers at the top of the stairs.

Anne Smyth, Midsummer Place Shopping Centre, 2000, southern concourse window

Anne Smyth, Black Swan Art
Centre, Frome, Somerset, 2001.
Note the repetitive details of
imagery conveying a feeling of
the rhythmic, repetitive nature of
craft techniques

I made the Charlton Lane window myself in my studio. However, sometimes the scale I work on means that projects need to be realised in a glass
factory. Proto Studios have developed new techniques and processes for
my ideas. Commissions are a collaborative process, although ultimately the
work is done exactly to my specification. But I also have a kiln at my studio
in Devon, where I experiment with colours and casting, and carry out other
commissions. Since living there my images have become less hard-edged
and more earthy.

Milton Keynes is a new town, built in the early 1960s. The new

Midsummer Place Shopping Centre (2000) has a large southern concourse window, which can be seen from a distance and also from extremely close up, as the escalators are situated adjacent to it. I designed the windows to provide warmth and interest in this area. The overlapping bands of colours are clearly visible from a distance, while the detail and imagery becomes more apparent the closer you move toward the glass.

I created the design for the window with images based on past and present activities of the city, building up the window design in the same way as the town had been built up, a mosaic of images woven into the street pattern. Although Milton Keynes is a new town, there have been a number of industries in the area in the distant past: for instance, a rich Roman and medieval history, and more recently a strong lace industry. Trains were also once made in the area. These images are found in the windows. The window is partly about the organic growth of the city. The window uses fresh summer colours; oranges, yellows and reds are colours I associate with lying in the grass, looking up through trees, dappled shade on bright ground. Is it decoration or is it art? I'm not sure it matters.

The decorated glass area measures 100 square metres, with each panel being 2.5 m. The work was on such a scale that it had to be carried out in a glass factory, as the commission was too big for me to handle alone. The window was designed specifically for the silk-screen process, using layers of transparent enamels overprinted to create rich colours and depth within the glass. I worked closely with David Proto at Proto Studios, making many samples with him to achieve the final results I wanted.

I was given a free hand with the design for the Black Swan Art Centre in Frome, although there were some constraints due to budget limitations. I decided to go for detail, richness of texture and colour, concentrated around the entrance doors and continuing as a frieze along the top of the windows, linking with a simpler, sandblasted window in the cafe. The design was based on the timeless and repetitive activity of the craftsperson, moulding, weaving, knitting, hammering, sewing, coiling, etc. Each coloured piece was fired at least twice. For the first firing, glass enamel was applied to the 6-mm glass, which was then placed on a textured mould and fired again. This textured glass was then masked and sand-blasted to remove areas of colour, another layer of colour was then applied through a mask, and the glass was then refired. The result is glass with rich layers of colour and texture, evocative of the labour that goes into craftwork, and, I hope, an inspiration to people using the arts centre.

I enjoy responding to a building, doing work that is part of its structure. Art works which are just placed in a building have less identity than work which is part of the structure.

Caroline Swash

Right: Caroline Swash, the Herbert Howells Memorial Window, Gloucester Cathedral, 1992. This window is in a small side chapel. The use of opalescent, rather than transparent, glass makes the space seem self-contained and intimate

Below: Caroline Swash, the Herbert Howells Memorial Window, Gloucester Cathedral, 1992 detail showing part of Howells' handwritten score. Note how the modern and medieval glass mesh together

The Herbert Howells Memorial Window in Gloucester Cathedral was commissioned in 1992 to commemorate the centenary of the composer's birth. I wanted to suggest his musical creativity in the window, so a selection of Howells's handwritten scores representing different periods of his life formed the main part of the design. Much of his work was written for the Church, including a piece to mark the death of President Kennedy, a detail of which can be seen in the window. The score excerpts were

screen-printed onto the glass for authenticity. The design and colours of the borders, together with the washes of colour over the text, tie in with the colours and designs of the exquisite 14th-century fragments in the traceries. Most of the glass is opalescent rather than transparent, enabling the eye to focus clearly on the details of the window.

I was commissioned to design and make all the windows for the new St Barnabas Church in Dulwich, London. The old building was destroyed by fire in 1992 and this new structure was built a mere four years later. This was a magnificent opportunity for a glass artist, as only a relatively small number of new churches have been built in Britain in recent years. The chapel at the west end of the church near the main door is always open, being used for meetings and as an overspill area during services when the congregation is too large to be seated comfortably in the main church. A well-lit interior was essential. The wide central stained-glass panel is flanked by three thinner panels, two of which extend to the floor. The colour scheme unites both ends of the church, as the chapel glass can be seen from the nave. A medieval palette of red, blue and gold was chosen visually to link the modern church with our earlier places of worship. The number and small size of the glass pieces were chosen for the same reason. In this window the colour has been washed away where each shaft meets the curved wooden roof to give a sense of lightness and weightlessness, particularly when viewed from a distance. For structural unity all the windows in the church have been built to the same grid, and a complex and changing pattern has been achieved by overlapping and varying a few simple motifs. As well as painting and etching the glass, I commissioned some cast-glass pieces, (œil de verre) from Valerie Olleon, which depict

Caroline Swash, St Barnabas Church, Dulwich, London, 1998, window in chapel near main entrance. Note how bands of rich colours still allow plenty of light into the interior

I am with you always, euen vntyll the ende of the worlde.

some of the most important symbols of Christianity. The intense reds and blues in the lower part of the windows change according to the time of day, while the opaque glass takes over at night, creating its own pattern across the glass wall.

The designs are intentionally rich in symbolism. Carefully selected extracts from the Gospels, texts from hymns, and symbols from the Old and New Testaments, together with traditional emblems of Christianity make up the content of the window. Even very small pieces of glass contain an image, with those near the floor being especially intended for children. Our English debt to the Celtic Church has also been acknowledged in the designs, and a few brittle fragments saved from the fire, linking old with new, are set at the base of the window.

Sasha Ward

'Decoration was a derided word when I was at college. I'm glad I managed to hold on to my ideas.'

I prefer working on commissions for windows rather than internal screens or divisions. Windows are a simple, direct way of working in glass using light and colour. Most of my work is with float (window glass), which I enamel with transparent and opaque glass enamels that are fired onto the glass in a kiln; you can get lots of different colours on one sheet of glass. Although I aim to complete each piece in two firings, sometimes the glass is fired three or four times. This technique is usually combined with sandblasting.

I started working with float glass while I was still a student. We had to pay for our glass, so using float was a practical option as well as a way of getting away from leaded panels. I originally thought that painting on glass would be difficult, but found to the contrary that not only is it easy, the technique also has a number of advantages. Float glass is flat and neutral, and has none of the texture of handmade glass. It is like a blank canvas, and a lot of detail can be painted onto a single piece. It also conforms with building regulations once it has been toughened or made into a double-glazed unit.

Sasha Ward, Landsdowne Hospital, Cardiff, 1986 (detail). The birds are painted on float glass. Note the number of colours it is possible to fire onto one piece of glass

The walls leading up to my stained-glass window at the Landsdowne Hospital, Cardiff were hung with paintings of birds, and the client wanted a 'bird window'. I decided on the overall look of the window straightaway – leaded glass. The trunk of the tree is acid-etched hand-blown glass, while the rest of the window is enamelled window glass. The window is not intended to be naturalistic: these are not depictions of real birds, but the idea of birds. I used to collect stamps as a child, and the birds are based on birds on stamps, posted onto the branches. I was influenced by Indian miniatures, which have a highly organised picture surface, where everything is very consciously positioned.

My introduction to stained glass was seeing picture postcards of the windows in Chartres Cathedral. As well as the intense colours, I was attracted to the way whole windows had been put together with many small pieces of glass. As a child I often made trips to the Victoria and Albert Museum in London. The textile department organised workshops for children, and the rich detail and pattern of the old embroidery work I saw on those visits has had an influence on my thinking. I have always liked decorative work.

Looking back on my student days, it is surprising I managed to hold onto my ideas: 'decoration' was a derided word at college. My first degree was in fine art, followed by an MA in glass. Having decided while still at school that I wanted to work in stained glass, I knew that a strong background in drawing and painting would be a good grounding for a glass artist. I also knew early on that there was a niche for my work. I didn't like much of the modern stained glass that was around then; the German school of glass did not excite me.

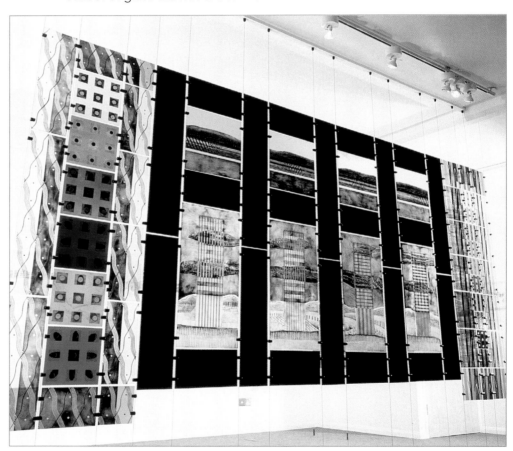

Sasha Ward, the Russell-Cotes Art Gallery and Museum, Bournemouth, 1995, glass installation on steel wire hanging in front of window

I have worked to commission for eighteen years since leaving college. In 1995, the Russell-Cotes Art Gallery and Museum in Bournemouth commissioned a piece for their exhibition gallery as part of a residency I was given. It was the first time I had made a large piece of work for a temporary position. My glass hung like a window bordered by curtains, it was the second of three commissions I have made for the museum. The

glass has been bolted onto vertical wires; the black glass was a way of making a window frame for the transparent landscape, which you see against the black glass.

I always draw a lot for my commissioned work. Although I live in Wiltshire, a place where the landscape is beautiful, I don't do much drawing at home; but I always take a sketchbook with me on walks and train journeys, for noting down interesting patterns. The landscape around the Bournemouth museum fascinated me: the tower blocks on the shoreline, outlined against the sky, are in stark contrast with the surrounding area of outstanding natural beauty. There are also large areas of pattern in this work.

The Russell-Coates residency involved running a programme of glass workshops with different groups of people, and this has led to my doing many more. I like working with people, using their enthusiasm for glass, colour and light and getting them to make glass panels by using their drawings. The different ways in which people draw is a really fascinating study.

The community group who use Popley Fields Community Centre, near Basingstoke, were very involved with the whole building project. They chose the architect for the centre, and the artists. It is a single-storey building, and they wanted something done with the light well in the entrance. My glass work is a second skin below the roof light, in three sections and on three different planes – large sheets of glass with a narrow space between each piece. An overhead window has to be designed in a different way: there is no top and bottom, so it must work from all different directions. There were a number of parallel bars which already broke up the space, so the design is quite simple. The imagery relates to the streets surrounding the centre, which are named after abbeys, poets and islands. For this design I took the theme of islands. A lot of my commissions have a community-art element. Some artists find this tedious, but I think it can be very exciting; if an artist can be influenced by Indian miniatures, why not children's drawings? In this project, one child did a row of birds that changed slightly from one end to the other, which is similar to the way I draw; so this idea was an element in the design.

Left: Sasha Ward, Popley Fields Community Centre, near Basingstoke, 1996 (detail of ceiling). Note the large sheets of glass at angles and the theme of islands, and also the strong colour reflections on the adjacent walls

Sasha Ward, Sheriff's Court, Edinburgh, 1995 (detail). Note the detailed drawings of Edinburgh architecture

The 13 metre-long restaurant window for the Sheriff's Court in Edinburgh is divided into 14 vertical divisions with very dominant vertical bars. The brief was 'life in the old town'; the clients also wanted some of the view through the window to be visible. My window was intended to float above the town, which would rise and fall beyond the bars. I look outside myself for images rather than inventing things, so I spent a few days in Edinburgh, drawing intensely and finding the shape of the landscape underneath the street, which had built up at different periods. The window is south-facing, so there is plenty of strong light. Some of the strong colours are opaque enamels, and the rest are transparent. The strong southern light shows up the details well.

Sasha Ward, Manor Green Primary School, Crawley, roof light. The floor design continues the designs and patterns in the roof lights

The roof light for Manor Green Primary School, Crawley, West Sussex is made up of 16 printed, hand-painted and sandblasted right-angled triangles of glass. I was inspired by the originality of drawings done by children with special educational needs, depicting things they would like in the window. The 'rose window'-type pattern was achieved by the repeating circles at the top of each panel. The geometry very quickly became warped and irregular, as I varied the sizes of the circles and the lengths of the radiating lines to complement the irregular and twisted black ribbon effect in the lower part of each panel. I worked quite quickly and spontaneously on the designs, more so than I usually do, as I wanted to capture the ideas and energy of the children's drawings. The panels were made in my own studio, which meant I did not need to use any repeat images and I could also use as many colours and overlays as I wanted to.

I now have a purpose-built studio in Wiltshire, with the facilities to fire panels of glass up to 1m x 2m. Although I don't intend to make every glass commission here, I want to make more of my own glass myself so that techniques can be changed and improved in conjunction with new ideas and imagery. Glass is a beautiful, seductive medium, which means that there is sometimes a tendency to do as little with it as possible, whereas I am always trying to push it, to do more to the glass itself.

Peter Young

The four windows in the rear balcony of the beautiful early 19th-century chapel at Borris House, County Carlow in Ireland are in memory of Martin Wills. I took the last lines of one of his favourite poems, Dylan Thomas's 'Fern Hill', as a springboard for the designs:

> Oh as I was young and easy in the mercy of his means,
> Time held me green and dying
> Though I sang in my chains like the sea.

A vividly lucid, life-affirming dream was inspirational to my designs and generated a number of ideas based on the 'bird resting on a head' archetype. Here the bird is perching on the head of a child dreaming.

Peter Young, window in private 19th-century chapel.

Peter Young, window in private 19th-century chapel. The totemic figure is guardian to the child tending his garden in the bottom left-hand corner and the one in the facing window (see image on opposite page)

One pair of windows has the figure set in a flattened, stylised but active landscape, with a low horizon and fossilised riverbed which also reference the chains in the poem.

The totemic figure in the facing window, whose body is a rhythmical composition of plants, stands on a plinth in a vast, quiescent blue space. This godhead-type character, who is both primal and ethereal, is guardian to the tiny figure tending his garden in the bottom left-hand corner, and the innocent child in the window opposite. The windows were labour-intensive, involving a large amount of acid-etching and painting on the glass to achieve the correct colours and tones. The clients were kind, enthusiastic and trusting of my ideas, which made the project a very positive experience.

Germany

The massive destruction of German cities in the Second World War necessitated a tremendous rebuilding programme in the years after 1945. Perhaps because the public had regarded the Church as a dependable institution throughout the wartime period, many new churches were built in the postwar years, and others continue to be built to this day. Germany also forged the way forward in incorporating stained glass into secular buildings, a practice that stemmed from a government initiative requiring a percentage of new building money to be spent on art work. It was fortunate that this large amount of officially commissioned stained glass coincided with a number of very talented artists working in the field.

German glass artists have had an enormous influence on contemporary stained-glass art, in particular their approach to design. By designing windows as glass rather than translating paintings into glass, they have created a new type of imagery. German artists revealed the potential of the raw material, using glass that was often unpainted, and a subdued colour palette, by making extensive use of opalescent glasses and, importantly, by using lead as a positive design feature, not merely a way of joining pieces of glass together.

The advantage of an artist designing all the windows in a church cannot be overestimated: a balance of colour, light and theme are possible. Developing a concept for the entire fenestration encourages a more rigorous intellectual approach. For instance, in his partially figurative work for St Nikolaus at Walbeck Joachim Klos stunningly develops biblical themes in windows around the church.

What is sometimes described as the 'German School' embraces a number of artists working in highly individual ways. The two artists who have had the most influence in the latter part of the 20th century, mainly through their work, but partly also through their teaching, have been Johannes Schreiter and Ludwig Schaffrath. Schaffrath's rhythmic interweaving of strong geometric forms, his use of part-circular shapes and organised parallel lead lines, and his multiple use of jewel-like lenses are particularly exciting. Schreiter uses the lead line as a drawing material, taking advantage of the different thicknesses of lead, which he sometimes allows to wander into the coloured area. Neither artist uses lead solely as a means of separating areas of colour.

Most, though not all, of the postwar German work has been abstract, and much of it uses a monochrome colour palette (Wilhelm Buschulte's work is an exception, being figurative, organic and colourful, with colour freed from the confines of lead). The rationale for such a restricted palette is that, unlike in previous eras, these days we are assaulted with colour on so many fronts, through advertising, films, television and so on. It is for the glass artist to remind us of the subtleties of neutral colours and tonal values. Although there is a slight overall reduction in the amount of light admitted, the light is softer and more diffused, and thus the interior seems more self-contained. This practice might have come from the simple need to enclose the space in a church, blocking out the view (many German churches are in town centres). Opalescent glass has the advantage that the eye stops at the glass; it is not distracted by what is happening behind it, so the windows can be more easily viewed as a unified whole. Opalescent glass also makes for a less abrupt transition between wall and glass.

The acreage of glass designed by German artists each year has been made possible by an efficient, well-organised studio system for making up the designs. For the amount of work available, there are actually not that many full-time professional German stained-glass artists; this enables those there to go on developing their ideas throughout their professional lives.

Despite its obvious importance, however, the German influence has not always been beneficial. It has spawned facile imitations: subdued colours and opalescent glass are not always an appropriate choice. Too many 'wandering' leads, and the overuse of lenses, will not compensate for a weak design. Recently, English artists have been invited to design stained glass in Germany. Graham Jones, who has a more painterly approach to glass, working the surface with paint and etching, has designed glass for several churches in Germany. Other countries are now also giving something back.

Günter Grohs

'I prefer to use just one or two colours in a window, the eye needs a calm resting place in a world with so much colour.'

Glass students in the former East Germany were restricted by lack of materials. We also did not have the stained-glass studio system that existed in West Germany to carry out artists' designs. However, the restrictions encouraged students to be creative and experimental and to try out different techniques on glass with the available materials. This thorough grounding in the technical aspects of working in glass has been a great advantage to me in my career. My parents recognised my interest in art and encouraged it with extra tuition, which was fortunate, as the aspirations for many in East Germany were dashed by the building of the Wall shortly after I was born. There is a great deal of medieval glass in East German churches, which made a great impression on me and influenced my choice of architectural glass as a career.

Günter Grohs, for St Marien Church, Limbach-Oberfrohna, 1997, narrow ceiling window leading from the entrance to the altar

The function of stained glass in a window is that of a light filter. The eye can rest on the design on the surface of the glass, but the view of the world outside is important and should not be totally obscured. The architecture is also of primary importance in influencing the nature of the design. I use lead sparingly and prefer to use just two or three colours in a window: the eye needs a calm resting place in a world with so much colour input from the media, magazines, advertising, etc. Although some of my larger commissions are executed by glass studios, I carry out most of my designs in the studio in Wernigerode, which I opened after graduating from the art academy in Halle.

My designs are frequently geometric, with a strong horizontal and vertical structure, and large areas of clear glass with carefully placed, narrow bands of colour. There is a wide range of different clear (colourless) glasses available; the hand-blown glasses have a soft, often irregular texture, and the machine-made glass has a regular surface pattern. These glasses diffuse the view through the glass in different ways without totally obscuring it, and allow plenty of light to pass through.

Left: Günter Grohs, St Michael Völkershausen, 1992, main east window

Below: Günter Grohs, St Michael Völkershausen, 1992, window in entrance area

The commission for St Marien Church in Limbach-Oberfrohna was for a long, narrow ceiling window leading from the entrance to the altar, as well as the windows in the walls. The vertical windows required only a very delicate treatment of sandblasting to retain the views of the surrounding woodlands. The glass in the ceiling window blurs the exterior view of the building structure, while at the same time allowing the shadows of the structure to form part of the design. The narrow bands of blue glass and yellow (silver stain) lead the eye from the entrance to the altar.

The possibilities of sandblasting through flash glass, making a sharp contrast between the clear and coloured areas, was used to dramatic effect in the windows of St Michael Völkershausen. The priest had very definite ideas on the iconography of the east window. St Michael, the archangel who appears in conflict with Satan in both the Old and New Testaments, is a central theme; the yellow in the upper areas represents his triumph. The Cross in this window is especially tall to show the overall importance of Christ and His victory over Satan; angels, however important, are only messengers.

Renate Gross

'My work is rooted in the natural world, which gives us so many metaphors.'

My first contact with glass was through an introductory course on a variety of different materials during an art-teaching diploma. I knew then that glass was the material I wanted to work with. Initially, my work was influenced by my training as a painter, and consisted of small painted and etched panels in hand-blown glass. I later developed glass techniques during short courses with established artists in Germany and at Pilchuck Glass School in the USA in 1991and 1992.

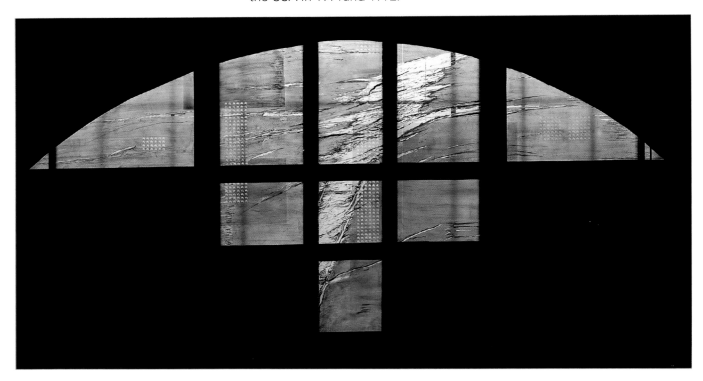

Renate Gross, Helmhof office building, Augsburg, 1993

An early commission was for over 100 square metres of glass for an office building in Helmhof, Augsburg. This was an opportunity for me to use techniques I had previously developed for small panels on this large-scale work in float glass. My lack of experience proved an asset. I developed techniques which suited my ideas, a mixture of airbrushing, cut foil, and painting, using specially made wax enamel crayons. This was a pioneering work, as few artists at that time were using mixed techniques on a large scale on float glass.

My work is rooted in the natural world, which gives us so many metaphors. The flow of water, rivers and streams is an image that is always relevant to our process of thinking and problem-solving; it both soothes and moves ideas forward, allowing us to forget and discard the unnecessary, in both the professional and private spheres. The choice

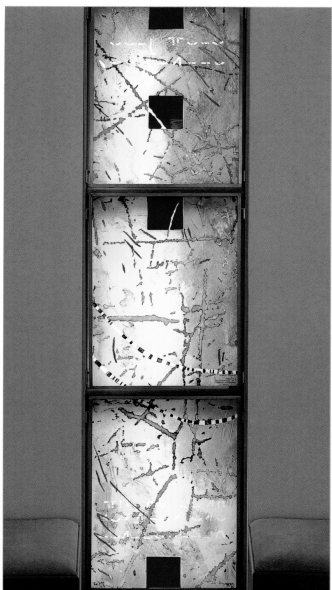

of blue was an intuitive decision. However, by way of explanantion I would say that blue is the colour of the sky and eternity, a transcendental colour that connects us with other dimensions of our lives.

The Easter Window for the church at Weilheim in Bavaria is a tall, narrow window in the curved south wall of a mixed-use building. Yellow is the colour of Easter, the first Easter morning, the hope offered by the Resurrection, spring and light. The colours become lighter as the glass nears Heaven. I had recently spent time in the desert of the Yemen, a very spiritual place. I used a photo technique to transfer images of the coarse, Yemeni desert grass onto the glass, before sandblasting through the yellow layer. Using a very contemporary technique in a traditional medium links the old with the new. Desert grass is a very basic, elemental plant. It is both a symbol of nature and a metaphor for the Crown of Thorns. This window is also about Christ's love for us, symbolised by the warm orange-red areas that float down from the top of the window. These opaque enamels were fired onto the glass. The blue squares represent the Ten Commandments.

The design for the 6-metre-long window for the chapel at the hospital in Ingolstadt is based on the spiral of life: the golden light of the Holy Spirit spreading outwards in a spiral structure, creating a positive and soothing image.

I was asked to retain the high light levels in the interior of the church at Aichwald-Aichschiess near Stuttgart, to ensure that the original medieval wall paintings were still clearly visible. The altar crucifix in front of the three-light window was the starting point for the designs. The structure of a tree in the central Resurrection window spreads light and hope into the other two windows, which symbolise respectively the Old and New Testaments, connected by the centre. The opalescent white layer on the hand-blown

Above: Renate Gross, Aichwald-Aichschiess church near Stuttgart, 2000. Opalescent flash glass has been etched away for the arch shapes which are coloured enamels fired onto the glass

Right: Renate Gross, Ingolstadt hospital, 2000

glass has been sandblasted off to reveal the clear background for images of foliage, and completely etched away for the rainbow arch, which is formed by transparent enamels fired onto the glass – a symbol of God's promise to mankind.

As a Christian, I particularly enjoy doing commissions for churches. They are a way of giving something back, adding meaning to an interior, and thereby helping to establishing a dialogue between the church and its congregation.

Wilhelm Buschulte

'As an artist, I try to translate the beauty of nature into my work, to get closer to her soul.'

Spontaneity is the privilege of the painter. For the stained glass artist, there is always the technical process which comes between the painted idea and the finished product, the window. As well as the importance of the content of a window, the architectural space is also a source of inspiration. A window is part of a wall, part of the membrane that divides the inside from the outside of a building. Although working spontaneously is important to me – I often sketch out ideas and impressions on paper or cardboard – it is the continuous development of ideas and working them through which is important for the artist.

Below and Right: Wilhelm Buschulte, St Agnes Church, Cologne

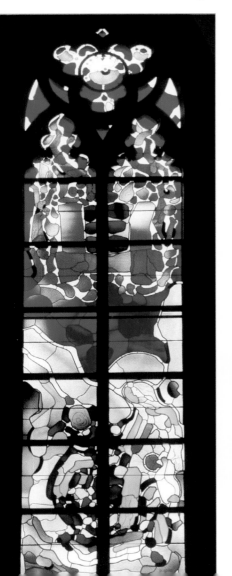

Above: Wilhelm Buschulte,
St Marien Church, Witten

Right and opposite: Wilhelm Buschulte

Although I have always drawn since my childhood (I am supposed to have asked for a pencil when in my cradle) and obtained very good grades for drawing at school, I initially studied engineering as a career. However, a long stay in hospital following severe injuries sustained in the war afforded plenty of time for reading and drawing. These drawings so impressed a visiting officer that he arranged an early release for me to attend the art academy in Munich.

I had originally wanted to study under Karl Caspar, the famous Munich painter, who did a number of religious paintings which still impress me. However, eventually I studied under Hans Goett, who was a very good painter as well as an excellent teacher. The Doerner Institute, next door to the art academy in Munich, contains an incredible collection of art works and afforded wonderful opportunities to study the painting techniques of the Old Masters. As a student, I painted a number of copies of Old Masters, especially Rembrandt, which is a very good way of learning. There was an important exhibition of Der Blaue Reiter and Die Brücke paintings in Munich during my time there, which was an opportunity to see this work firsthand. Dix and Heckel's work made a particularly strong impression on me. Later I got to know Otto

Dix personally, as my wife knew him through family connections.

Christianity has played a central role in my life. Through the help and encouragement of my mother and my grandmother, I grew closer to God and religion. Reading and studying the Bible and religious texts has been important to me as an artist. As a child I lived in constant fear of death, as my father was a miner and death in the mines was a continuous danger at that time. Back then, I could not grasp the concept of sudden non-existence.

Wilhelm Buschulte

I had my first opportunity to work in glass in the 1950s when I was asked to replace some little windows in a church destroyed in the war. At the time it was an opportunity to do a little service to the church. The first opportunity I had to do a sizeable commission was the windows for St Marien at Witten. Although I was free to choose the theme and design, I was obliged to make changes to the designs, and much discussion was necessary before these could be finalised without compromising my ideas.

When I look back on my life as a painter and glass artist, I am grateful that I was given so much, and that I have been allowed to give something back. I have always tried to translate the beauty of nature into my work, to get closer to her soul.

This text is based on a translation of an interview by Andrea Stemmer in: *Annette Jansen-Winkeln, Künstler zwischen den Zeiten – Wilhelm Buschulte, Eitorf, 1999. Hinweis von Dr Annette Jansen-Winkeln (Stiftung Forschungsstelle Glasmalerwi des 20.Jh e.V., Mönchengladbach).*

Ursula Huth

'I use glass because for me it has more possibilities of expression than any way of painting.'

The images that constitute the pictorial language of my work – house, castle, boat, fish, ladder, snake – are forms which express my subjective ideas and feelings, but they are also archetypal images, important symbols found in all cultures. The sketchy visual language I use neatly summarises my ideas. Although each piece of work I make is inspired by a particular feeling, situation or event, I want to make art which is valuable for other people, art which the viewer can interpret in their own way and to which they can bring their own ideas.

Houses, and especially castles, protect and defend us. They represent shelter and security; alongside the wish to be adventurous and at times to explore and experience the world is the desire to be enclosed and safe. Although a castle is traditionally a defensive place, in the fragile medium of glass it becomes less solid, more delicate; the interior spaces become

Ursula Huth, Georg Haldenwang School for Handicapped Children in Leonberg, 1985

more intimate and accessible to the viewer. The boat, which is an important symbol in almost all cultures, emerged strongly in my work after I returned from studying in the USA in 1982, where I did a postgraduate MA course in glass at the Rhode Island School of Design.

I had not previously enjoyed travelling, but needing to break the boundaries of conventional glass-working forced me to travel. Crossing an ocean, you lose steady ground under your feet, but you become more courageous, freer inside. A boat offers shelter and protection moving from one place to another; it is a symbol in many ancient cultures to describe the journey through life, sometimes carrying us on to the next world. Glass boats are also imaginary boats; they can explore dream worlds. They are appropriate symbols for the artist, who is always moving forward, like an explorer, discovering new terrains.

Above: Ursula Huth, Furukawabashi hospital in Tokyo, 1998, entrance area, showing position of a group of windows

Right: Ursula Huth, Furukawabashi hospital in Tokyo, 1998 (detail)

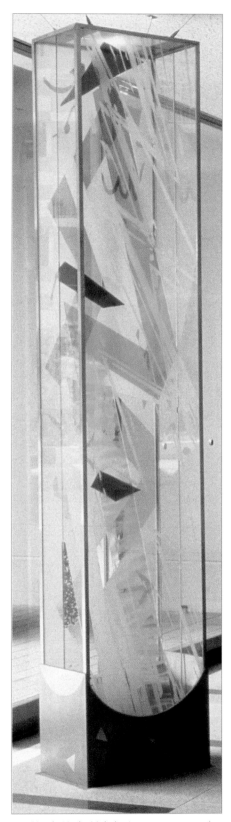

I studied fine arts under H.G. von Stockhausen in Stuttgart, before my postgraduate studies in glass in the USA. Although glass is not central to my thinking – the autonomous flat glass panels could exist as paintings or watercolours, and even the three-dimensional pieces I create offer flat surfaces to paint on – glass does offer possibilities not found in other media. Glass extends the possibilities of expression. There is a time element in a glass piece. The quality of light and the changes of light at different times of the day and in different seasons emphasise different facets of a piece. It is also possible to create three-dimensional sculptural pieces, in translucent and opaque glass, with shapes within the depth of the glass, either clearly visible or diffused.

Although the pieces I make are in response to a particular feeling or situation, and are not conceived in relationship to architecture, the architectural commissions have allowed me to extend and develop ideas. In 1985 I was asked to do a window in the entrance area of the Georg Haldenwang School for Handicapped Children in Leonberg. The window is divided into small areas, comprising a number of different images, so that a group of children can more easily stand and look at the window, each finding their favourite part, interpreting the pictures in their own way. There are archetypal images of houses and shelter: a giant embraces a castle, and the teepee, symbol of a nomadic way of living, a portable house, suggests a spontaneous way of living that children might associate with holidays. A ladder can be a means of escape from difficult situations; it also connects inner and outer worlds, something that handicapped children may well relate to. I became interested in indigenous Indian cultures when I was living in the U.S.; for the Hopi Indians, the snake, which sheds and renews its skin, is a symbol of revival and renewal.

The group of panels in the entrance waiting-room area of the Furukawabashi hospital in Tokyo is comprised of different shapes and sizes deeply recessed into the wall. Spring, its fresh greens and yellows, images of growth, trees rooted in the earth and growing into the air – all these are the inspiration for this work. Life is renewed in springtime, born again. I wanted patients leaving the hospital to feel renewed, to be able to feel and smell the spring, to forget their illness.

In the Makuhari apartment complex near Tokyo, I designed two glass columns set just inside the window in the corridor area. The client originally specified a leaded glass window, but there is a very attractive garden outside, and it seemed a pity to obscure any view of it. The idea of columns was suggested by the concrete columns just outside the window. The glass columns are suspended; they float a little way from the ceiling with spotlights shining down into the interior. There are four layers of glass in each box, celebrating the four elements that are the basis of life: earth, air, fire and water. Coloured glass is appliquéd onto each sheet together with some sandblasting.

My ideas have been changing in the last few years. I now look more outside myself, and my work is more informed by people, landscape, daily life. It is always touching when I discover the subject matter of my work in different cultures – these are the archetypal human signs.

Tobias Kammerer

'The delicacy and luminosity of paint are important in my work; on glass I use paint like watercolour.'

Artists have worked with architects throughout history; art is intended to be a part of architecture. I trained as a painter. Painting for me is a way to express strongly felt feelings and ideas that cannot be expressed in words.

However, the square and rectangular shapes of canvas have their limitations. Mural painting was thus an exciting discovery for me: walls present the freedom to express ideas without the limitations of edges. My introduction to glass was through a competition to design murals for a local church that was being rebuilt after a fire. In the end, the church decided to abandon the idea of murals and focus on the windows. I had been interested in the work of Markus Prachensky and Arnulf Rainer, both painters who have also designed windows, but using coloured enamels on glass – treating glass like canvas – rather than the traditional leaded-glass technique. A glass-artist friend taught me some of the basic stained-glass

Tobias Kammerer, Recklinghausen Suderwich church, 2000, east window, Easter Morning

techniques, and I was fortunate enough to win the competition. Although I use the traditional leaded-glass technique, my work mainly employs transparent coloured enamels fired onto clear glass. Large pieces of glass can be fired with several different colours, and areas of colour can be merged into each other. Using these techniques, the artist has the same freedom with colour as does the painter on canvas or the mural painter.

Designing for glass is an extension of what I do with my wall paintings. The delicacy and luminosity of paint are important in my work; on glass I use paint like watercolour. My aim, in collaboration with the architects, engineers and craftsmen involved in the commission, is to achieve an artistic harmony. The artist designing art in architecture is fortunate in having a wider vocabulary of forms available to him than the architect. As well as geometric forms, the flowing forms of nature are more easily accessible.

These are the inspiration for my work. This contrast between the flowing forms of art and the geometric discipline of architecture was admirably realised in the early 20th century in the Jugendstil and Art Nouveau movements. Although most of my commissions are for contemporary buildings, there is no contradiction for me in placing a contemporary design in an old building, providing it is done sympathetically. It is important that the interior has architectural quality; if not, applied art becomes an applied decoration rather than an intrinsic part of the architecture.

The subject matter of the windows in the Protestant church at Recklinghausen Suderwich is the Supper at Emmaus from St Luke's Gospel. The colours are organised to unite the interior and lead the eye to the most important part of the church – the chancel. The greens and oranges in the nave lead into the chancel's rich yellows and crimsons. The east window, the Last Supper, is golden yellow.

Tobias Kammerer, St Nicholas Church in Erfurt-Melchendorf, 1997, chancel with east window

Extensive restoration was needed at the church of St Nicholas, in Erfurt-Melchendorf, in the former East Germany. I was presented with splendid opportunities to help recreate the interior. I chose one of the suggested themes for the windows: 'the rainbow as a sign for the alliance between God and mankind'. I focused on rainbows as they really are – their fragmentary appearances, their occasional doubling – rather than the

traditional concept of the coloured arch. The windows in the chancel are colourful and exuberant: the volume of blue in the east window, a mass of swirling water, symbolises the history of the alliance at the end of the Flood. The nave windows are more restrained: there is a greater use of opalescent and opaque glass, giving a more muted light and allowing an interplay and contrast of light between this area and the more strongly illuminated chancel.

The community at Mainz-Ebersheim chose the theme of 'where Heaven and Earth merge' for the windows in their new church. Areas of blue represent the waters of the Earth, clear areas, the sky. The yellow glass above the altar is the divine fire in the sky and also merges with the blue to form a cross shape, Heaven and Earth thus uniting. The altar is made from natural rock, a symbol of the Earth.

I love to experiment with ideas and techniques, and I admire artists who are innovative and use new techniques to show new possibilities with glass. It is difficult to pick out particular artists, but Schreiter's work fascinates me. His broken lines represent the breaking-down of a long historical tradition in order to create something innovative. In future I hope to have more opportunities to design not only windows, but also murals and the sculptural elements in a space, so that the interior is a unified artistic entity.

Above: Tobias Kammerer, Mainz-Ebersheim church, 1998

Right: Tobias Kammerer, Mainz-Ebersheim church, 1998, 'where Heaven and Earth merge'

Joachim Klos

'It is very important for an artist to return constantly to observe the natural world, to re-observe creation.'

I was brought up in Weida in the state of Thuringia. We lived in the middle of the forest, which was my playground as a child and which has had a lasting influence on my work. Now I live in Nettetal-Schaag, surrounded by the forest. My studio is encircled by large oak trees. The strong narrow, vertical forms of tree trunks, the barren branches in winter, which cross and interweave, forming nets and patterns echoing Gothic tracery, have been an inspiration in my work. The dark coniferous trees, the variety of lead shapes and constantly changing foliage, the colours – the fresh green of spring, the intense rich green leaves of summer and the luminous golden-yellows, red and browns of autumn – have always captivated me, and, initially unconsciously, have informed my work. I would never have imagined that trees and branches in all their modifications would have such a lasting effect on my ideas and find expression in my designs for stained glass, an influence that lasted until the late 1960s. The Romantic movement in Germany, with its mystical attitude to nature and natural forms, and its ideas about the symbolism of trees representing the vitality of nature and cosmic unity, have probably influenced me too, although I am not conscious of it.

The philosophy of Hugo Rahner in his treatise *Man at Play* (*Der Spielende Mensch*) has been a significant influence on my general way of thinking and my approach to art. Rahner quotes Plato when he says that man is the object of divine creative joy, who easily and wisely expresses the creative powers within him; he is a living plaything, not a pawn to be moved around at the whim of an unknown power. This man at play is serious because he understands both the rationale behind and the arbitrariness of existence and acutely observes these two, the comedy and tragedy of life, at the same time. However, he is joyful because existence is securely embedded in creation. He recognises the liberation of the spirit, spiritual elegance, the joyful possibilities of creativity, even in the tragedy of life.

It is very important for an artist to return constantly to observe the natural world, to re-observe creation – trees, clouds, flowers, spiders' webs or whatever. Small, seemingly unaesthetic details from everyday life can also be useful to the artist. You tread in some dirt and leave interesting shaped marks on the carpet; these sorts of patterns can become part of a design. I do not often use these things literally. My observations are interpreted, changed, played with; being visually playful is very important for an artist. I was very fortunate in that some of my teachers at art college had trained at the Bauhaus. The Bauhaus approach was very thorough: students had a very good training in drawing and design, and were also encouraged to be creative with a variety of materials. The standards were high and the division between fine art, craft and design for industry was blurred. The craftsman and the artist were equally important. The experience of working in woodcuts, etching and graphics, as well as painting and drawing, which I still do, have helped and informed my stained-glass designs. I started my working life as an artist in East Germany,

but the authorities wanted me to do 'socialist realist'-type art, so in 1951 I moved to West Germany.

A glass artist must consider two factors when designing windows for a church: the interior space, and the content or theme of the windows, which is very often left to the artist. The theme of the glass must be in sympathy with the structure of the building. I never think of architectural demands as limitations; they are stimulants to creativity.

In 1968, I designed all the windows for St Nikolaus, Walbeck, a plain late-Gothic church with very tall windows. The simple interior is dominated in the centre by a very large, sumptuous Baroque organ. I was lucky enough to see this initially in a completely bare church. This contrast of the elaborate forms of the organ with the simplicity of the space is a contradiction which reflects human nature. This was an important underlying theme in the window designs. I have used Baroque details playfully in the window designs: architectural fragments bind neoclassical and contemporary figures, and the gold of the organ forms the dominant golden colour in the windows. The organ, previously a foreign object in the interior, becomes part of the formal language of the church. The theme of the windows is the heavenly city of Jerusalem; the visitor accompanies pilgrims, depicted in the nave windows en route to the heavenly city in the east end. We are led past the choir windows, which show the darker side of human existence – the chaos and destruction caused by the violence of wars, natural catastrophes, a harvest devastated by a plague of locusts – toward ultimate salvation in the end. The references are biblical, including the Revelation of St John, and represent an interpretation of Man's relationship with God. The windows are visually ambitious, and at the same time they are quiet and contemplative. Influenced by the Bauhaus philosophies of geometric shapes, I chose the rhythm of closely orchestrated horizontal lines to provide a quiet field, a stabilising ground, for the figures, a background which acknowledges the geometry of the architecture, at the same time creating a tension and a harmony within it.

German stained-glass artists are fortunate in frequently having the opportunity to design all the windows in a church, enabling the content of

Above: Joachim Klos, the church of St Nikolaus, Walbeck, 1968. Note the narrowness of the windows

Right: Joachim Klos, the church of St Nikolaus, Walbeck (detail of chancel window). The organ is a very prominent feature of this church. Note the Baroque details woven into the glass

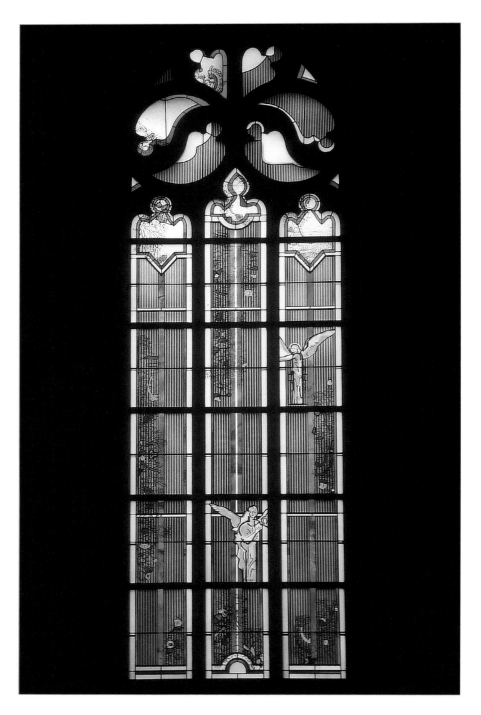

Right: Joachim Klos, St Anthony's Church, Kevelaer, 1986–91

the windows to have a narrative role. However, it is important that the artist interprets biblical text and ideas in his own way, and is not just an illustrator of Bible stories. St Anthony's Church in Kevelaer, which was reconstructed after a fire, harmoniously binds a 15th-century chapel into the new building. It is one of four churches where the Revelation of St John was the inspiration for my design. During the Middle Ages, the actual church building was sometimes considered the symbol of the heavenly city of Jerusalem. In the Book of Revelation, with its visionary images of the city of pure gold, the delicacy and transparency of glass can take on additional levels of meaning. Continuous columns, narrow vertical lines, a metaphor for the gateways and buildings in the heavenly city, are a theme running through these windows. The power and intensity of line is something I am

Right: Joachim Klos, Church of the Holy Cross,
Meissen, near Dresden, 1994

Below: Joachim Klos, Church of the Holy Cross, Meissen,
near Dresden, 1994

made aware of every year when we go as a family for holidays to the Dutch coast. The intensity of the horizontal lines of the landscape and verticals of trees and buildings is something I bring back into my work; the experience of the infinite space of the sea gives me new energy for my creativity.

The presence of the human figure is important in my designs for church windows. In the windows for St Anthony's church, various figures together with the victorious Lamb portend events, and angels with trombones announce the beginning and end of the world. The strong vertical columns in these windows are softened by being partially overlaid with delicately drawn elements suggesting growth. I call these windows 'kinetic', not because of any connection to the kinetic art of the late 1960s, but because the movement of the viewer is central to an appreciation and understanding of the artwork as well as the content of the windows: the colours change in relationship to the light as the visitor moves around the church.

Luxuriant natural foliage, flowing water and figurative elements unite to present Christianity as a vibrant living force in the windows of the modern Church of the Holy Cross in Coswig, Dresden. Trees as living, expanding organisms connecting earth to air and water, the vital energies of nature, are central to the designs for these windows. Organic, coloured lines, which are open to a variety of interpretations, link the various glass areas together. The leading in these windows is an important design element: the lead is the charcoal line, the drawing, very thick lines against very thin; these also emphasise the different areas and unite the flowing elements in the design with the rigid structure.

The windows in the contemporary Catholic church in Veert, which was built in 1969, reach from ceiling to floor, and follow the entire octagonal layout of the church. The architecture and the glass were intended to symbolise the 'new-orientation' of the Catholic Church in Germany, stemming from the 2nd Vatican Council. I felt that to maintain a feeling of cohesiveness over such a large area of glass the windows should be treated as transparent walls with a design running around the corners of the building, so that it formed an integrated whole. Representational imagery would not have been appropriate. I developed a large number of variations on a simple geometric design, overlapping, enlarging and tilting sections so that no two areas are alike but the windows read as a unified whole. It was important to me that the worshipper should be aware of the quality of the light, which is gently modified by the structure of the windows to help create a space conducive to worship. The tree as a metaphor for the forces of nature is replaced by light, a force of nature with its own momentum.

Joachim Klos, Catholic church in Veert, 1969

From time to time, in very positive eruptions of creativity, new forms emerge. It is difficult for me to talk about these times, as I don't always recognise when this is happening. However, I recognise in my work that the black line, the lead line, is shifting into the colour area, and the use of acid-etching and sandblasting is freeing the colour from the lead lines, which indicates the way my work will develop in the future.

Acknowledgements are due to the following for information contained in this section: Lutz Haufschild, Bettina Klos, Jörg Becker and Hugo Rahner.

Jochem Poensgen

'Stained glass must be an appropriate response to a particular architectural context. I am not interested in making windows to look at; my philosophy is to make windows you can live with.'

My creations in glass are sometimes judged as being simple, but I would reject this conclusion. The fact is that I always try to reduce my vocabulary to something very minimal. Many of the artists who influenced my own development seemed to understand the necessity of making sacrifices on the altar of simplicity. They dispensed with all those elements and caprices that did not contribute to the substance of the work. Simplicity, that is to say, the purposeful limiting of means and vocabulary, is frequently a stimulus for my designs. Georges Braque once said, 'The limited means produce new forms, open up creative potential, make for a markedly individual style.'

This limiting of means and vocabulary takes the form of obedience to a set of self-imposed rules. For instance, I can use as an illustration a current project with which I am deeply involved. It is a series of windows, 180 square metres in total, for the Baroque Church of St Maximilian in Düsseldorf. The previous glazing of St Maximilian was carried out in the 1950s and had deteriorated to the point where the windows had to be replaced.

My proposal for the reglazing of these eleven windows takes the traditional Baroque glazing pattern of clear bullions as a starting point. To this systematic arrangement of clear bullions and deltoid shapes – between them – I added only two other elements. One is formed by parallel curves to the adjacent bullions, and the other consists of small circular pieces (or in some cases, lenses) in the centre of some of these curves. These elements and their mirror shapes are silver-stained. By adding to them in a random and playful way, I hope to create an undulation, like wind over a field of grass. By using transparent glass and not colour (except for the few silver-stained pieces), I want to open the interior of the church to a bright light, in reverence to the cheerful and festive character of this Baroque building. I would like people to enjoy the quality of light and the very special spirit of this space. Only gradually (possibly never) they may become aware of the artistic pretension of these windows and their value as art. This 'reception though use' may be followed by a more of less conscious awareness, but this is not essential for the success of the windows.

If I have often put up for discussion the idea of art to live with instead of art to look at, I do not intend to contribute to the endless debate on the difference in definition of 'fine' and 'applied' art. As a matter of fact, I am not much interested in definitions. I think that stained glass would benefit if we artists gave up demanding constant attention for our windows. I admit this is no easy task, since we are after all devoted artists, used to thinking that our egos are important; it has taken me time to accept this view and to work with it positively. Maybe my lack of formal art education – I never went to an art school – and the experience I got working for a short time in an architect's office some forty years ago helps me to think of my windows as a contribution to a whole and not an end in themselves.

Jochem Poensgen, Church of St Maximilian, Düsseldorf, 2002

Asked to talk about four or five projects undertaken at different stages in my life, I have selected windows that, in my eyes, show that while I favour certain forms, the principle of the need to establish a graphic structure before the subsequent elaboration and enrichment is unvarying. Furthermore, I attempt always to relate my windows to the given context.

In 1977, I designed seven windows for the Catholic church at Dundenheim, near Offenburg. These windows are variations on the same lattice pattern, using clear glass and one different colour in each window. It was my first attempt to design with a rigid graphic system as a starting point for my alterations. I first worked out the interlocking grid and then overlaid sections of it by using liquid paper to get more empty areas (the grid still exists underneath). Today I do a lot of work using computers, but I don't think these useful tools have changed my basic approach.

In 1982, as a result of a competition, I designed windows for the foyer of the police academy in Münster-Hiltrup. This large window is clearly visible from outside. My concept of this colourless window is based on contrasting 'empty' areas of large pieces of float glass and busier areas of shaded, flashed white on clear, hand-blown glass. Both the contrast of materials and the additional contrast in size establish, by their arrangement, a correspondence with the architecture. The transparency of this 'glass screen' allows people passing by to see through it into the foyer, whereas people working in that building are not confronted with an impressive, monumental work of art, but rather see through the window to the outside. My motivation behind this approach was to interpret the institution of a police academy in such a manner that it became acceptable to me: bright, open, transparent, and human in its proportions.

In 1994, I was asked to design windows for St Andreas Church in Essen-Rüttenscheid, comprising a total of 560 square metres. These luminous walls then took many years to realise, finally being completed in 2000. The church was built in 1957 by Rudolf Schwarz, one of the leading German architects of his generation. He did not use stained glass for this church, but instead erected walls of light made of glass blocks set in concrete. The architect once said he had placed these walls of light round the altar to make them form a canopy of light. The glass blocks had to be completely renewed only a few years later because of structural defects. When the renewed version again developed problems, it was decided that the blocks should be replaced by a new type of glazing. My task was to find a

Above: Jochem Poensgen, Catholic church, Dundenheim, 1977

Right: Jochem Poensgen, police academy in Münster-Hiltrup, 1982 (detail). Note that the window, while obscuring visibility, allows the outsider to look into the interior and those inside to clearly see outside

Opposite page: Jochem Poensgen, St Andreas Church, Essen-Rüttenscheid, 1994, walls of light

Right: Jochem Poensgen,
St Andreas Church,
Essen-Rüttenscheid, 1994,
walls of light (detail) three layers
of glass, central layer held in
position by pieces of lead, each
square different

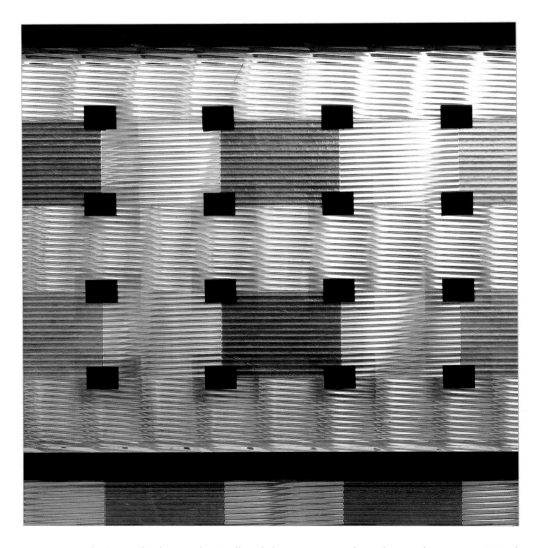

solution which aesthetically did not contradict the architect's original concept for this church. So, instead of the glass blocks, I developed a three-layer glazing system. The inside, facing into the church, is made up of reeded EDELIT glass; the outside of toughened glass, partially acid-etched. Between the two is a third layer of EDELIT and slightly grey cathedral glass, composed of smaller pieces held together by small pieces of lead. These windows, each 16 metres high, are based on a square grid. In the 600 separate panels, the smaller pieces – even though they are reduced to only seven different shapes – are arranged in more than 160 different constellations. The impact of the luminous walls results from the kinetic *moiré* effects brought about by optical overlapping of these three successively arranged layers, and by the movement of the viewer.

This work is another attempt at realising my notion of an ideal correspondence between glass windows and architecture. Rudolf Schwarz once put it this way: 'The windows should be in keeping with the clarity of the building of the building and the logic of its construction . . . Their first and uppermost theme is light . . . Their aim should be to enhance what is special about a room, i.e. they should never become the main thing.' These basic demands of a great architect are, I feel, still applicable today to a philosophy of architectural glass art.

In 1992, I was asked to submit designs for the Hohnekirche (St Marie on the Hill) in Soest, a lovely medieval town in Westphalia, to which I had moved the year before. This Romanesque church was erected around 1220, and the interior of the nave is decorated by wall and ceiling paintings that date from the time of construction. They emphasise the structure with ever-changing patterns, and represented for my design a rich, ready-made vocabulary as a source of inspiration. I found it extremely challenging to develop my vocabulary as a complement to the given architectural decoration. The green-grey opalescent glass in my windows has the overall colour of the murals in the church and also echoes the distinctive local green sandstone, which is typical of the town. The ornamentation of the relatively small, square pieces of clear antique glass is silk-screened and fired onto the inner side, while a matt white was painted on parts of the outer side. By using squares, I could repeat patterns or rotate them and form many different configurations. In order to diminish the technical effect of silk-screening, I asked the studio people to brush across some of the pattern before firing the glass: the slightly smudged brushwork adds a sort of human quality.

Below right: Jochem Poensgen, Hohnekirche (St Marie on the Hill), Soest, 1992. Note how the designs in glass are in scale and sympathy with the surrounding mural decoration

Below: Jochem Poensgen, Hohnekirche (St Marie on the Hill), Soest, 1992

On occasions, I have expressed my view that for me architectural stained glass is not an end in itself; vitally important to me is what it does to the given space. After years of work, I have become more and more aware of the enormous responsibility towards a particular space and its users that is inevitably connected with a commission. My personal experience of working with people has encouraged me to change my perspective from designing windows to look at, to designing windows to live with.

Hella Santarossa

*'An artist has to
be free to develop
idea and then
realise it in the
appropriate material.'*

The most important thing for the artist is the content of an art work; an artist has to be free to develop an idea and then realise it in the appropriate material. Creative thinking is restricted if you think initially in terms of materials.

My father, Wilhelm Derix, owned Derix Glass Studios, so from an early age I was familiar with glass as a material: as a child I preferred playing with pieces of glass and working with the craftsmen in the workshops to playing with dolls. I assisted George Meistermann, whose work was made up in our studio, and so became familiar with his thinking and way of working. Meistermann was the most important glass artist working in postwar in Germany, so this was valuable experience. At that time almost all the glass commissions were done for churches, so I assumed that stained glass was ecclesiastical, which did not interest me as it seemed to involve too many problems. I held this view, while a student of fine art I was often asked to create windows for churches, which gave me money and valuable experience while I was studying. When I left college, I was very successful for a number of years with my 'wild art', working in a variety of media: large-scale paintings, glass works, and performance pieces that were often a response to social and political upheavals of the time.

The eight windows for the church of St Marien Liebfrauen in Berlin are situated in the cupola of the church, 30 metres above the ground. The windows celebrate the ethnic diversity of Christianity, each one depicting a 20th-century saint, mostly from the 'Second' and 'Third' Worlds – Russians, South Americans and Africans. The eyes have been painted extra large, as it is important that the saints look down benevolently on the congregation. Although the windows are divided with leads, to separate the colours

Hella Santarossa, St Marien Liebfrauen, Berlin, 1992

*Right: Hella Santarossa,
Heilig-Geist-Kirche, Heidelberg
2000, five windows*

*Below: Hella Santarossa,
Heilig-Geist-Kirche, Heidelberg,
2000. The window consists of
two sheets of glass with pieces
of glass and fragments of
crushed glass held in position in
the space in between.*

I prefer to use etched, coloured antique glass with coloured enamels fired onto it, rather than the traditional leaded-glass technique, thus creating a more painterly effect.

For the six windows in the famous Heilig-Geist-Kirche in Heidelberg, I chose the Creation from Genesis, as it is ecumenical – fundamental to all Christian denominations. Each window takes a different theme: Let there be light, God dividing water from air, and so on; and there is also one window which makes reference to a famous medieval library once housed in the cathedral. 'Let there be light' was the inspiration for the technique used for all these windows. I worked for about a year perfecting a glass technique that would enable the glass to respond more fully to the light outside, to bring more light inside the building. The solution was two sheets of glass with pieces of glass and fragments of crushed glass held in position in the space in between them, enabling the glass to refract light, to be more glittery.

The authorities originally requested a fountain as a monument in the Theodor-Heuss-Platz in Berlin, thus renamed in the 1987 to honour one of Germany's leading postwar politicians. However, politically it is a very significant place in the city, near the Brandenburg Gate and in the vicinity of a number of other important monuments: a fountain would not have been a strong enough memorial. Several previous politicians, including Bismarck, the first German Chancellor, had wanted to place a column there, which has more possibilities as an art form than a fountain. My concept of a pyramid-type column, Blue Obelisk, was inspired by ancient Egypt, where text on buildings, and relief sculpture, was used to record information about past and current events, and to give information about how life was and how things should be done – a type of general-information board.

I have used this idea, researching into the history of Berlin and recording political, technical and economic terms and concepts, including those that do not exist anymore. The clients asked me to use my own handwriting throughout. Glass is a wonderful medium for the Obelisk; the blue changes colour in the different seasons and at different times of day; it is also magnificently illuminated from the inside at night. Initially, there was opposition to the whole idea, but some Berliners demonstrate against everything. I had to battle for the final height of 15 metres, as regulations

decreed that the square should not have any sculpture taller than 7 metres, a size that would have been dwarfed by the trees. Glass was an appropriate material for the idea; I was originally approached before 1989, when glasnost, the vision of more openness and transparency, was on everyone's mind. Now the Obelisk is very popular and everyone likes it.

My future plans are for obelisks for each of the five continents. Each one will be different in proportion, form and colour; they will have in common a significant site and the use of glass as the material. Each obelisk, an imperial symbol from antiquity, will reflect the special nature of each place. Appropriate hieroglyphic signs and textural surfaces will relate the history of each specific location, and each obelisk will be a way of linking far-flung cities together, and thus an appropriate art form for the 21st century.

Above: Hella Santarossa, Blue Obelisk, Berlin, 1995. An imposing landmark, it looks different at different times of day and in different seasons, and is illuminated from the inside at night

Right: Hella Santarossa, Blue Obelisk, Berlin, 1995, blue glass etched in the artist's hand-writing with information about past and current events

Johannes Schreiter

'Art in the public area always has a social context, even if it does not appeal to everyone, art influences, so its aesthetic integrity is very important.'

I began my working life as a painter, and have always worked with collage as well as paint. I initially felt that painting was exhausted by lack of form and that collage presented new possibilities, both in form and content. It enabled me to achieve a new type of imagery more relevant to the times in which we live. In a sense I am continuing the tradition of Schwitters, Braque and Picasso.

In 1956, while still a student, I made a small stained-glass panel, which was finally shown at Berlin. Our top architect, Hans Schädel, saw it and gave me my first church commission – for a church in Bürgstadt am Main. The following nine windows for St Johannes in Kitzingen were my first large church commission in a historical building. The Gothic tracery in St Johannes is magnificent, and I was very aware of this when working on the designs for these choir windows. So I did not want to disturb or to wound the purity of this architecture. The stained glass was designed to be like an outer skin to the building, an outer layer which would enhance the stone

Johannes Schreiter, church of St Johannes, Kitzingen, 1959, design for choir windows

tracery more by not being directly connected to it. The design was conceived as a single great image with no specific eye-level or focal point, a dynamic river of motion that becomes increasingly visible to the viewer as you move through the nave; it is an illusionistically created space experienced by our eyes beyond the architecture. As always, I try to restrict my colour palette to a few colours. I also used a main colour. Here it is blue, a transcendental colour, the colour of sky and eternity, but a symbol of water, and also baptism. The grey-glass areas and the lead lines, thick in places, are rocky, crystalline, earthy – very elemental.

I can roughly divide my artistic work into stages. The windows for the Gothic and Romanesque church of St Marien in Dortmund represent the second stage. At this point in my artistic development I became more conscious of the architectural possibilities of stained-glass windows, and used dominating constructive areas of dense vertical lines in my designs. These lines emphasise the shape of the window; beyond the parallel lines can also be seen a basic ornamental element. I also started using the lead as a way of drawing, with lead lines floating over the glass. Lead is not just a way of joining two pieces of glass together; it can take on a life of its own. Thereby lead becomes a more graphological and expressive part of a window. Free-flowing lines contrasted against strong geometry creates a dialectic: organic against constructive, flowing against static. In any case, the decision of where exactly to place the lead lines has always been very crucial to my way of working: the linear qualities of my work in this church have become more peaceful; the lines are less restless than at, for instance, the churches in either Bürgstadt or Kitzingen. I designed all 34 windows in St Marien, which like many German churches is in the centre of the town, surrounded by civic activity. The designs are abstract, small areas of warm browns, soft purples and greys against a varied white opalescent background. The opalescent glass obscures the view outside and generates a contemplative, meditative atmosphere. Abandoning the strong directional quality of daylight enabled a more atmospheric light to permeate the interior. A softer, more spiritual mood is the result. Visitors are able to leave behind mundane realities and move into a new sphere of mental associations, focusing their thoughts inwards.

White is a very festive colour, a symbol of transcendence and the purity of God. White light contains all the colours of the spectrum. The mass media employs every possible colour to manipulate our lives; everyone knows that in the course of the day he/she is going to be deliberately enticed by colour. Colour, once a vehicle for truths of great profundity, has become a fallen angel of consumer demagogy. Although I am not advocating a complete avoidance of colour, it should nevertheless be very selectively used. One must take into account the special circumstances that are necessary today to promote the meditative processes in a world filled with advertisements, whose colour exacts a daily strain on our visual capacities. The use of non-aggressive colours and their positive characteristics becomes a starting point for a new state of mind. That is why grisaille glass deserves more consideration than it gets at the moment.

Above: Johannes Schreiter, paper, 'fire collage' Introversion, 1962

Right: Johannes Schreiter, Parusia, autonomous panel for an exhibition in the diocesan museum in Mainz, 1997/98, now in the Museum am Strom, Bingen/Rhein

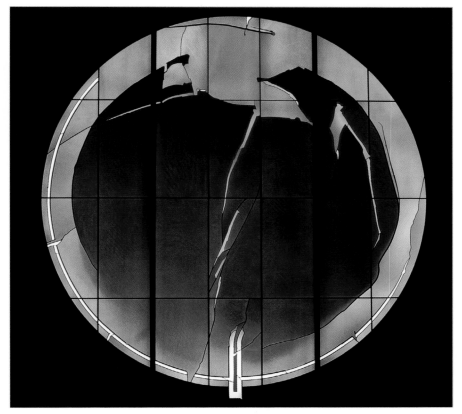

I have been working with 'fire collages' (burnt paper) since 1959, when I realised that fire marks are very meaningful. I had begun to understand the creative potential of fire. Fire is an ambivalent metaphor; therefore, singed and burnt paper represents destruction, as well as the transformation of matter. The paper in my fire collages is not just burnt, it is changed. With destruction we also combine the possibility of renewal. New forms of life become possible. Fire and its traces represent the dialectic of life and death in a close relationship to each other. I used this imagery in the autonomous panel for an exhibition in Mainz

Cathedral celebrating the anniversary of Hildegard of Bingen, the famous 12th-century musician nun.

It is now in the Museum am Strom in Bingen am Rhein. On the occasion of the preparation for the jubilee exhibition 'Hildegard von Bingen' in the diocesan museum in Mainz, I was asked to design a large glass image which grapples with the mystic visions of this multitalented abbess of the 12th century. Here I was able to symbolise the Second Coming of Christ as well as catastrophes denoting the end of time – which I have also been concerned with for years now – in a more condensed, yet simple form. The burning contemporary relevance and consistency throughout history of this specific biblical prophecy has moved me to forego any superfluous aesthetic gestures. The image of burning also refers to the state of our planet, the destructive hubris of man. The tondo (circular shape) implies this in symbolic form: cracks, splits and darkness. The Earth, already deformed and without light, is crumbling, fatally ill. It hovers in the circle with a red glow at the top, the cracks going right through God's creation. The red glow pushing into the picture from the top is symbolic of the Second Coming. At the base of the circle is the seer. He is the archetype of the lonely, and belongs partly in the sphere of the onlooker; he is already to a much larger extent in the realm of the visionary, stretching out to the coming and suffering part of the vision. Prophecies from long ago come synoptically into view. These images make demands on the viewer. I want to encourage the viewer to meditate on them. What they demand consists of facing the truth and enduring it.

Torn fabrics as metaphors for significant events occur frequently in the Bible: the curtains of the Temple that were torn apart at the death of Jesus, the fishing nets torn and broken by the miraculous haul of fish symbolising the transitory, fragmentary nature of human existence. We are enclosed, squeezed, stretched, extended and sometimes torn by life. Nets are the form and content of the eight windows for the church of St Marien in Lübeck. The space behind the torn net fabric refers to the metaphysical, spiritual dimension of our lives.

I have been using a small geometric U shape since 1962. I understand it as a symbol for hands: raised in prayer, raised in supplication and to receive blessings. Groups of these shapes represent groups of people. Series of this imagery can be found in windows for the Marktkirche at Goslar, the Maria Church at Skogas, Sweden, the Melanchthonkirche at Mannheim and the Grunewaldkirche in Berlin. My windows in the famous Romanesque church of the market town of Goslar, to which a Gothic choir was added in the 14th century, represent a desire for the order of ornamental pictorial structures. The repetition of the most simple basic element, in this case the U bracket shape, has a celebratory meaning. The repetition in a formation of this single form presents a stronger image than could be created using an individual shape. Each individual bracket has to carry a dark, heavy load of human guilt; the guilt has to be taken out of its hiding place, put into the light and called by its proper name. Guilt has to be confessed before God and also before man. Moreover, the collective grouping in a line of this bracket shape denotes that guilt is a collective evil, a damage inherent in every one of us.

In 1983, when I renewed my commitment to Jesus Christ, my philosophy of life became clearer and more positive. This affected my work immensely, my colours became brighter, and the content of the windows more profound.

The medical library at the Royal London Hospital is a recently refurbished church next door to the hospital. I was presented with a variety of medical images, preselected by professors at the hospital as being significant for the contemporary state of medical research at that time.

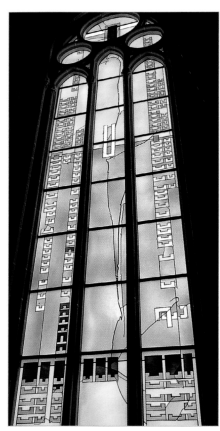

Johannes Schreiter, Marktkirche, Goslar, 1990

I made my own selection from these images. The content of the windows is important, and was designed to appeal to medical students and doctors using the library. Each window deals with a specific area of medical knowledge – genetics, virology, aids, ethics – and there is also one window containing signatures of people who have made important contributions to medical knowledge or have helped significantly in the healing process.

I understand stained glass as being of the architecture rather than an addition to it. What influences me is the style of a building and the good architectural details, but my stained glass is nevertheless a personal expression of my ideas; glass as a material does not interest me at all. I like to design for completed buildings and not for projects, which I can only imagine through plans or drawings. Only a finished building shows the exact possibilities available to the artist, and indicates the scope for the content of a design. Windows in churches do not necessarily have to 'tell a story', but the artist should have a vision, by which I mean basic experiences in the field of faith. Guidelines from the clients are problematic on principle: they can strangle our ideas. Art is a collaboration between God and the artist and not between committees and the artist!

Above: Johannes Schreiter, St Marien, Lübeck, 1981, one of two east windows in the Letter Chapel

Right: Johannes Schreiter, History-window, Royal London Hospital's medical library, London, 1998. One of twelve sets of windows in this library converted from a chapel. The London Hospital window celebrates the history of the hospital with the signatures of some of those who worked here as carers, and contributors to the understanding of disease. At the base of the right hand light is a plan of the first 18th century hospital.

France

The visual arts have always had an important position in French society. The government has been prepared to spend money on public art as well as on grand architectural projects. France's position as the centre of the art world at the beginning of the 19th century has had a bearing on this; having the state invest in public art projects has long been seen as a sign of cultural superiority, evidence of a nation that values its culture.

A number of painters have been employed to design windows for churches; Fernand Léger, Alfred Manessier and Georges Rouault were among those fine artists who designed for glass as an extension of their painting. Notre-Dame du Rancy, a revolutionary concrete church built in the 1920s on the outskirts of Paris contains a superb glazing scheme, set within a concrete armature, designed by Marguerite Huré, a stained-glass designer. Her abstract designs in a palette of rich, subtle colours create a jewel-like feel, softly lighting the bare interior.

Notre-Dame du Rancy, Paris by Marguerite Huré, detail. Note the number of small pieces of glass and filets of clear glass, a medieval quality.

After 1945, the government continued with vigour the policy of state support for the arts. Marc Chagall started designing windows late in life, but still managed to create an enormous number, working well into his 90s. His work is very much a continuation of his paintings – vibrant fields of colour being interspersed with small amounts of other colours – and draws on the rich iconography for which as a painter he is renowned.

Henri Matisse also worked in glass. In the Chapel of the Rosary in the convent at Vence, he appears to have considered the medium of glass and how it effects the quality of light in relation to the interior. Here, simple shapes contrast with transparent and translucent glass. It is surprising that, although so many glass artists claim to be influenced by Matisse, this influence of simplicity is so seldom apparent. Le Corbusier was the first French architect to use coloured glass. His most brilliant construction is the pilgrim church of Notre-Dame at Ronchamp, but this again did not spawn followers.

The government has continued the policy of commissioning glass for churches, in some cases for redundant churches that have been converted for civic use. Artists are selected through viewing exhibitions or through open submission. Sometimes, for instance in the case of a very large church, artists submit as a group, or groups are selected by the studio that produces the windows; the artists choose a theme, thus giving a cohesion to the scheme. Since the 1980s, the policy has been extended to inviting artists from other countries who have not necessarily worked with stained glass before. This has led to exciting and innovative uses of glass – for example, the churches at Maguelone and Digne. Credit should go to the creativity of the studios in developing ways to realise these radical ideas.

The artist working in French churches has another advantage. An enormous number of churches were built in the Romanesque period. The simple window openings in these buildings, which have no, or else very simple, tracery offer a *tabula rasa* for the painter, who can treat the window as a flat canvas of light.

Carole Benzaken

'A window is a blank canvas of light for an artist to work on.'

My interest in stained glass began at art college: while working as a painter I studied Romanesque and Gothic glass, which enabled me to gain more benefit from visits to old churches. The Romanesque church of St Sulpice in Varennes-Jarcy is a very simple one-roomed building – a nave, no separate chancel or side aisles – with a simple vaulted roof; it is a very moving, spiritual place. The tree of life was chosen as the theme for the windows, as the one fragment of the original stained glass (now in the Musée Cluny in Paris) is a piece from a 'Tree of Jesse' window. The artists selected for the competition had all worked with plant forms.

Carole Benzaken, St Sulpice, Varennes-Jarcy, 1998, windows in east end

The concept behind a Jesse window is growth, historical continuity and renewal. Since flowers are a metaphor for these ideas as much as trees, I started working on designs initially using many different kinds of flowers. However, tulips were an image I had been preoccupied with in my work for three years. The tulip is a very ancient flower, originating in Persia, where it grew wild. It was later brought to Holland, where interest in the flower developed into the tulip mania of the 18th century. New varieties

were developed during the tulip mania, an early example of genetic modification, and an aspect of this flower's history which connects it to our times. As the designs developed, I grew more convinced of their rightness for this commission. The simple curved shape of the flower, the vibrant colours and the stiff, smooth stem make it a very abstract, contemporary shape.

I wanted the imagery to contain a multiplicity of symbols. Flowers in stained-glass windows are a metaphor for a conservatory, a place where plants can develop and be nourished in the same way that the church nourishes people. The tulip flower cut horizontally resembles a chalice; inverted, this shape becomes the roof of the church; the colour red represents sacramental blood, and red rising through the stem also refers to the sap of a tree, a transposition between tree and flower. It is a Cistercian way of looking at things.

The simple Romanesque window shapes are a blank canvas of light for the artist to work in, and the designs are divided up into large rectangular shapes in the same way that my paintings are divided, reflecting the fragmented nature of our society. Photographs of truncated flowers in flower catalogues, although crude, initially awakened me to the possibilities of flowers as a subject matter for my painting. Rectangular shapes also echo the shape of the computer screen, the current way we receive so much of our information. There was initially concern that the size of the tulips was too large for the windows. However, the three east windows of the church were enlarged during the Gothic period; they are also oversized for the interior. The flowers are alive and growing, and if they have an awkwardness of scale then this is correct – it is the awkwardness of poetry.

The quality of light inside the church was also an important consideration. The light through the south windows is stronger than through the north ones, which is sometimes considered a problem. However, I wanted the windows to admit plenty of light, to work with nature not against it, so the bright colours in the south windows allow the strong light to dapple the walls and the congregation. The west window transmits the light from the setting sun, a strong red light which colours the clear glass and intensifies the yellow glass in the window. This west window is about transformation, change, a metaphor for the end of the day, for dying; the funeral cortège leaves through the west end of a church, bearing the body to its final resting place on Earth now that the soul has ascended to a different world.

Although stained-glass techniques are very ancient, the imagery can be very modern. The theologies of St Augustine and St Thomas Aquinas interest me greatly, particularly Augustine's views on light and his ideas on how to represent God. These windows are contemporary, but they also connect the contemporary and medieval worlds. A stained-glass window cannot be moved around like a painting, it is permanently in one place; thus it is especially important that the finished image is absolutely right. The Atelier Duchemin, who made the windows for St Sulpice, had very imaginative ideas about translating my designs into glass. The individual pieces of glass are large, as I did not want too much lead, and the glass is plated (a double layer of glass), and each piece is extensively etched to obtain the variety of tones I wanted. I prepared the cartoons for the studio in charcoal. When the glass was cut, I drew the wax resist on the glass before it was etched. Etching away the areas of colour from glass is a slow process, as some of the glasses, such as green glass, are very hard and take a long time to remove. It was wonderful to see the windows finally in position, although I didn't feel they were entirely my work: they were created by the light, the stone and the architecture. I was, so to speak, out of the picture, anonymous – like a medieval artist.

This glass project has had an influence on my work as a painter, opening my mind to new possibilities. My paintings need not be bounded by a frame or the edge of a canvas; they could be part of an architectural environment and could influence a public space. Although I had been aware of art within architecture and had admired the work of Italian painters, particularly Giotto in Italy, I now realised that as a contemporary artist I could also work in the public arena, making paintings that would connect more fully with people walking around them.

We are in a time of transition, like the great inventive artists of the past, working in a variety of techniques, working in connection with our time and space. Currently, my work deals with popular culture. In 2001, I made a work for the Pompidou Centre, a ceramic floor piece accompanied by a long narrow painting and a video. The floor piece, fragmented images on handmade tiles spread over a large area of floor, has similarities to works realised in stained glass. It is another ancient technique used to convey contemporary imagery and ideas.

St Sulpice, Varennes-Jarcy

Thierry Boissel

'The history of architecture is from one point of view the history of light'

The history of architecture is from one point of view the history of light. Primarily, windows are a partition between inside and outside. The main factors of design are the interaction of light with its surroundings. The theme and its artistic realisation is the main purpose of art, which in the case of stained-glass art is always closely related to the project and the building in which it will be placed. For me it is very important that a work of art is created for a particular place.

My creative decision-making about the project at the police headquarters in Essen, Germany started with the surroundings and also the function of the building. I joined an officer on duty in his patrol car for one night. I was also shown the different departments within the police headquarters and the various police stations around the area. I was very impressed by the amount of social duties the police have to cope with. Communication, via two-way radio or data transfer, between headquarters and the patrol car is very important. Here the city map plays an important part in the design. Nothing is worse in an operation than not being able to find the right address. The people of the town are linked together by the city map. Every street crossing and house number tells many tales of the destinies behind them. That is the background to my design for the entrance hall of the Essen police headquarters.

The technique is fused and cast glass. Fused glass reflects artificial light in the evening, when conventional stained glass reads as black. The indentations created by the casting catch surface light and sparkle like prisms. The glass mosaic in the middle of the composition depicts the city of Essen in a digitised manner. Every pixel is moulded in three layers of colour, one colour for each layer. This way I can achieve many colour variations with about 10 basic colours. The other colour areas are worked in three or four layers. The glass varies from 9 to 15 mm thick.

Thierry Boissel, police station, Essen, 1999

Above left and right: Thierry Boissel, police station, Essen, 1999, detail of fused and cast glass

Right: Thierry Boissel, the church of St John the Baptist, Jena, chancel window. Note the combination of different textures of glass

For security reasons the entrance hall is the only way into the police headquarters, which means that everybody from the superintendent to the employee and citizen have to cross this hall. I was able make decisions over the painting of the interior walls. The painted columns are in sympathy with the colours in the glasswork, reflecting the uniqueness of the building.

Situated on the banks of the River Saale in Thringia, Germany, Jena has been the city of glass over a long period. Many important glass companies are located here. The glass windows and doors of the church of St John the Baptist in Jena consist of single panes of glass or larger areas simply divided up. The glass is mainly clear float glass, which is kiln-formed, then painted and fired again. Red, yellow and blue are the colours used, and these are sandblasted. The yellow areas are silver stain, while the reds and blues are coloured glass fused onto the clear glass. This positioning of the coloured areas at the sides of the windows gives the sensation that the colour continues behind the wall. The clear areas allow in a great deal of light.

The chancel window has a narrative character. Water, light and the Holy Ghost are represented symbolically by the structure of the glass, the texts and the enamel painting. All the other windows use the repetition of simple patterns to act not as a filter between the outside light and the interior space, but to produce prismatic effects which amplify the light. This way of processing the glass, the visualisation of the non-materiality of light, is the topic of this art work. The glasswork in the doors and windows unites the church, making it a closed entity.

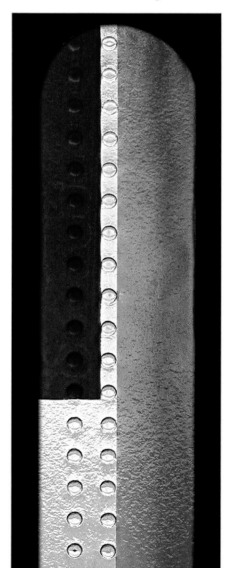
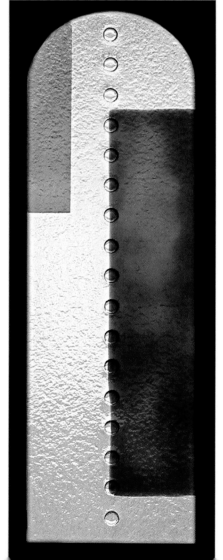

Right: Thierrry Boissel, the church of St John the Baptist, Jena. Kiln formed float glass painted and fired. The positioning of the coloured areas at the sides of the windows gives the feeling that the colour continues behind the walls.

Louis-René Petit

'I consider the effect of the light and shadows on the walls as well as the design within the window.'

Stained glass is a composition in colour interwoven by a black interlacing of lead; this in turn is surrounded by the outline of the window, which itself is surrounded by the architecture. As an artist designing stained glass, I recognise that the shape and size of a window is a given factor. However, I work to ignore these conventions in order to achieve freedom of expression in my work with glass and on glass. I retain the feeling of 'enclosing' the design within this space only where necessary. Coloured light from the glass is reflected on the wall areas in between the windows, so stained glass is not limited to the window openings, but constantly recomposes itself through the play of light in the architectural space, and in the perception of the spectator.

I studied applied arts in a college in Paris. I have always been interested in the special qualities of glass: the colour, transparency and its ability to create coloured shadows. Working on sketches and designs for windows, I consider the effect of the light and shadows on the walls, as well as the design within the window, in order to give the architecture full meaning. Rays of light from a window can take many forms; as well being brilliant rays of light, they sculpt the shadow areas. The point of departure for me is therefore not a question of designing areas of colour surrounded by

Right: Louis-René Petit, church of
St Jean-du-Doigt, near Morlaix, northern
Brittany, 1990. Note the delicate
interweaving of lead lines

Far left: Louis-René Petit,
St Paul-des-Nations, Noisy-le-Grand, near
Paris, 1996, three of eight nave windows in a
contemporary church. This is a modern
church and thus the artist felt it was more
appropriate to keep to one colour and not
to use overlapping tones or subtle matting

Left: Louis-René Petit, church of
St Paul-des-Nations, Noisy-le-Grand, near
Paris, 1996 (detail)

opaque black lines, but developing a filter suspended between the
'abstract' space of the exterior and the 'place' – the defined and structured
space of the interior. This intermediary, the glass, has to be an integrated
part of the whole building (ground, walls, sculptural details); it has to help
make sense of that space.

My compositions in glass, suspended between the walls, also acquiesce
to the seasons, the weather, to different times of day; the architectural
context allows glass, a static object, to come alive, allows these changes to
happen. My task is to design glass that has meaning as a design and at the
same time creates an atmosphere of significance for that particular piece
of architecture. Through research into different types of glass, developing

new techniques and different methods of firing in different (float glass) stained-glass studios throughout the 1970s and 1980s, I have been able to translate into glass the ideas which start as paint on paper. Now I am able to work very spontaneously on paper, knowing how it will look translated into glass, confident that the glass will surpass the original sketch.

I am lucky to be asked to design for architecture of quality. The site is often the starting point for my designs, which are also never indifferent to the character of the building or its function. I respond differently to each commission; and although the designs appear relatively simple, they are complicated to realise.

Gilles Rousvoal

'I look for ways of working on glass which translates the vitality and freshness of my designs, not necessarily an exact copy of the original drawing.'

The architectural context is a very important consideration when designing a stained-glass window.

Thus I develop a different mindset for each commission. For the small Romanesque Église de Mouton in the département of Charente, the architect had originally suggested plain diamond glazing with no image. However, the simple repeated design of delicate grey and yellow (silver stain) brushstrokes in vertical bands was more appropriate. In Romanesque windows such as these, simple shapes with no subdivisions present a very sympathetic canvas of light to the artist. Patterns of coloured light from the

Gilles Rousvoal, Église de Mouton, Charente, 1982

windows are reflected onto the recess in the walls, whose thickness also creates a strong visual frame for the art work. The project, which was financed by the state, was carried out in two stages for financial reasons: half the windows were installed in 1982, and the rest in 1997. I painted the first group of windows myself; the second group were painted by my assistants. This was the right decision: if I had painted the second group of windows as well, it would have been the repetition of a creative idea and the brushstrokes would not have been as fresh and spontaneous.

Right: Gilles Rousvoal, church at Échebrune, Charente-Maritime, 2002

The choice of colour for the three windows of the church of St Aspais (1997) in the département of Seine-et-Marne was dictated by coloured fragments of 19th-century glass that can be seen at the top of one of the existing windows. The content of these windows is a subject often found in medieval glass and sculpture – the connection between the Evangelists and the Prophets, the connection between Old and New Testaments – for which I was influenced by wonderful Coptic illustrations in an edition of the Synoptic Gospels I had recently been reading. The two outer lights contain abstracted figures of two prophets, who are protecting the New Testament text, which can be seen in the central light. This text is in the shape of a fig leaf, a symbol for the importance of belief (Matthew 21: 16–19). The numerous, small, curved lines are simple brushstrokes, which I frequently make use of in my windows. They are easy, satisfying shapes to make with a brush full of paint, and used as a grid they are an artistic device that unifies whole areas of glass, though they can also be seen as pictograms representing clouds, angels, wings or water.

Painting on glass was an exciting discovery for me; similar to painting on canvas, stained glass as a career nevertheless offered more opportunities

Gilles Rousvoal, church of St Aspais de Melun Seine et Marne, 1998

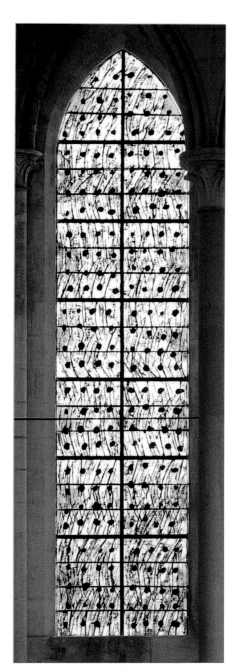

Gilles Rousvoal, cathedral of Notre Dame de Coutances Manche, 1997

for commissions. I trained as a painter and sculptor. My introduction to stained glass came while working for my father-in-law, who owned the stained-glass studio Atelier Duchemin, where I now work. I use the copper-foil technique as well as the traditional lead to join pieces of glass together. Copper foil was originally used in restoration work as a gentler method of joining fragile, old pieces of glass together, but was not authorised for new church windows, as it was not considered authentic. However, eventually this attitude changed. Copper foil gives a thinner, finer black line than lead, and thus it offers new aesthetic possibilities to the artist. Another idea borrowed from restoration is the sheet of float glass placed behind a window for additional protection from the elements. With the introduction of this practice, lead lines could now be positioned for aesthetic reasons, and not merely for strengthening a window.

There is a theory that the colours and tones of stained glass in south and north windows should counterbalance the greater and lesser intensity of light. However, it is often better to go with nature and allow the north windows to be darker and the south windows to be lighter. Sunlight is not always strong in any case. The chancel of the church at Échebrune, in the département of Charente-Maritime, is unusually large in relationship to the nave. The windows are also large and the nave windows small. It is a good idea, though not an original one, to have darker glass in the nave windows and allow the chancel windows to admit more light. The visitor thus moves through the darkened nave towards the lighter area around the altar. Such an arrangement reinforces the power of the Christian message. The theme for the windows is Moses and the burning bush; 2-metre-wide sheets of float glass with yellow stain and also small pieces of fused glass on the central panel convey the idea of fire. It is advantageous to an artist actually to make windows; when developing new techniques by which to realise ideas, the artist can make chance discoveries that may enrich the work. In this case the colourless shapes in these windows have a darker yellow edge, which emphasises the shape, the result of yellow stain pushed back by the brush before firing.

It is impossible to view the high clerestory windows in the cathedral of Notre-Dame de Coutances as a group because of the complex structure of the interior. The window designs have been kept intentionally uncomplicated – simple brush strokes to convey angels' wings, with small yellow squares – allowing plenty of light to enter the interior. The windows are seen a small group at a time as one moves around the cathedral. Viewing them becomes a kinetic experience; each set glows with light.

I look for ways of working on glass that translate the vitality and freshness of my designs, not necessarily an exact copy of the original drawing. The designs are often done on wet paper, which gives a particular quality to a brushstroke; images are then rearranged and superimposed using a collage technique. There is a long tradition of painters, often very distinguished ones, designing stained-glass windows in France. I am not especially influenced by their work, although I do acknowledge the influence of Picasso and Matisse, and also that of the American minimalist artist Degotoeix.

The state finances much contemporary stained glass in France and is a very sympathetic client; once an artist has been selected the state does not usually interfere. The commissions are mainly in churches; there is very little glass commissioned for secular buildings. Although there are larger areas of glass in contemporary architecture, there is a greater demand for transparency from both inside and outside a building. If artists want to place their work in contemporary buildings, they will have to change their ways of thinking about glass to fit in with the ideas of contemporary architects.

Catherine Viollet

'Designing a window is a great responsibility; it cannot be moved around like a painting, it is always in one position.'

St Joseph's Church in Pontivy, Brittany was built by Napoleon III in 1858. It was one of a large number of architectural projects built in the town, which Napoleon had envisaged as a political centre for the region. The church had been closed for a number of years in recent times, as there was already a working church for the area. It was reopened in the early 1990s for special functions and as a general arts centre. During this period the French Government was decentralised under President Mitterrand, and the individual départements were given budgets for art works. As the original, 19th-century building budget had not allowed for stained glass, now was the time to put things right.

There were 67 entries for the open competition – all teams of four artists, as the authorities did not want all the windows designs by one person. I was approached by the Atelier Duchemin, who had seen my paintings. Working in a studio is an isolated activity. The opportunity to work with other artists greatly appealed to me, and I found the whole experience very stimulating. The four artists, two men and two women (it is unusual in France for women to get large public projects), did not know each other beforehand. There was a great deal of discussion among us, both before and during the design stage. It was important to have a unifying theme for our designs, and in the end we decided on the four elements – earth, air, fire and water – as this idea embraced both the spiritual and secular roles that the building had performed. My windows, on the theme of 'fire', are in the chancel. A depiction of actual fire would

Catherine Viollet, St Joseph's Church, Pontivy, 1993, windows in chancel

not have been suitable for the space, so I thought of what fire represented – energy, movement, a general dynamic quality, all elements that are central to my painting. My work is large and gestural, involving strong movement with black and charcoal worked lines. I had recently spent a year in Egypt, and my work at the time was influenced by Egyptian reliefs. In Egypt one is constantly confronted by the monumental. In my painting, I work with details – fragments, close-ups – using the scale of my own body.

The Pontivy project completely absorbed me from 1992 until 1994. My windows were carried out in Sylvie Gaudin's studio, another artist in the team who comes from a family of stained-glass artists; we worked closely together. The designs were done in watercolour, which translates sympathetically into glass. I selected the glass, drew up the cartoons and carried out the painting on the glass. A painted or charcoal line on paper is a very dense, solid black line; black paint on glass can be solid, but it can also be slightly transparent. The paint can be used both as a thin film to soften the colours of glass, and in outline to sharpen the aspect of the lead. In my paintings the coloured areas are sometimes independent of the charcoal lines, but colour in stained glass relates strongly to the leads; it is never independent of it. I worked on the windows on large horizontal light boxes. Although it is possible to view large areas of a window on a light box, I was never able to see them from a distance – seven clerestory windows high up in the chancel – until they were placed in the church. I was very surprised by the overall view and the good relationship with the architecture. It made me realise that the responsibility of designing and making stained glass is different from that of making pictures. Paintings can be moved around, even kept in storage, whereas a window is permanently in one position.

Above: Catherine Viollet, St Joseph's Church, Pontivy, 1993, windows in chancel

Right: Catherine Viollet, St Joseph's Church, Pontivy, 1993, window in chancel (detail)

My work is never abstract, although I sometimes work on the edge of abstraction. But in the case of these windows, there was a figurative element that became lost in the complexity of the paintwork. If asked to design stained glass in the future, I would establish a simpler relationship between painted areas and coloured areas without paint. The main thing I learnt was to do with discrepancy between the project we imagined and its concrete realisation in the architectural context, with the result that I now consider the light to be an essential component of the art work, not a separate function.

Udo Zembok

'It is important to take into account the function of the space and the needs and sensitivities of the client.'

My original training, in Germany, was as a painter, working mainly in water-colour. However, after moving to France, the discovery of medieval glass, particularly the windows of Chartres Cathedral, inspired me to exchange the pigment colours of paint for the transparent colours of glass, which are close to those of watercolour, and of course open to light. My first designs for coloured windows – layered, fused glass panels for a church in Amsterdam – were carried out in 1976.

It is important to take into account the style of the architecture and the lighting, as well as the function of the space and the needs and sensitivities of the client or users of the building. Usually clients do not have a clear idea of what they want, so the first stage in the design process – finding a way of realising a client's unformulated ideas – is crucial; the initial designs may change radically during discussions with the client. This way of working ensures that every commission is in sympathy with my sensitivity, with the architecture and with the client's own interests. I then choose a glass technique which corresponds best to the design idea, a working method that enables an artist to develop aesthetically and push forward technical boundaries.

Udo Zembok, ING Bank Headquarters, Amsterdam, 1987

The ING Bank Headquarters in Amsterdam was an early and important large commission. The form the architecture takes has a profound effect on behaviour and feelings; the design of this building is an outstanding example of organic architecture. Organic spaces with walls at a variety of

angles, rather than rectangular spaces and vertical walls, cause the occupants to feel more energised and to work more imaginatively. The spacious light wells at the centre of the ten separate towers maximise the natural daylight. Coloured glass is used in the windows, with large pieces of hand-blown glass laminated onto float glass, and floating shapes which create different moods in different areas, echoing the ethos of the building. Stained glass is redefined, not as a window but as a wall of coloured light; the coloured reflections on the pale stone floor bring this coloured light further into the building by following the sun movement.

My ideas have since developed into thinking more about the material of glass itself. Trapping colour in light, allowing colour to float in a clear space in a similar way to the colour in Rothko's paintings, led me to experiment with colour on float glass. Coloured metal oxides and enamels are sprayed then fired onto sheets of float glass; several sheets of glass can then be fused together. The result is a panel with colour floating inside clear glass, colour floating in an optical space. This technique was used to good effect for 19 windows at the Camaldules Chapel at Chambles, France, in 1990.

Mount Camphill School, at Wadhurst, East Sussex in the UK, is a community college for young people with learning difficulties based on Rudolf Steiner pedagogies. The one-time monastery chapel where my windows are situated is now a hall used for various cultural and social events as well as religious services. Each of the five windows consists of three sheets of glass enamelled and fused in pale colours in an abstract design. The textural reliefs, swirling patterns evocative of ancient megalithic settings, were formed by texturing plaster on the base of the kiln. These soft abstract designs are

calm and contemporary, and harmonise sympathetically with the 19th-century stonework of the chapel. In the evening, when the light levels are low outside, the windows glow with a subtle, greenish tinge. The windows also have a calming effect on the students, some of whom suffer from hyperactivity when they first arrive at the boarding school.

Above: Udo Zembok, Camaldules Chapel, Chambles, France, 1990

Right: Udo Zembok, Mount Camphill School, Wadhurst, East Sussex, UK, 1993

Spain

There are some unique features in the history of art in architecture in Spain. The Moorish influence in the south, notably at the Alhambra Palace in Granada, is unknown in the rest of Europe. Along with the idiosyncratic architecture of Antonio Gaudí in Barcelona, the Alhambra is a marvellous example among Spanish buildings of a complex and highly successful synthesis of the decorative and the functional. However, although there is some good medieval glass (at the cathedral in Gerona, for example), there are few contemporary buildings in which architectural glass has been used, and like Italy there are relatively few artists working in the field.

There are, however, highly talented contemporary Spanish architects who use quantities of glass in their buildings, buildings in which decorative glass could be used to good effect. If more artists were working with float glass, architects would have examples to chose from. There are exceptions: the glass artist Keshava (Antonio Sainz), for example, has provided an art work for the main façade of the huge Casa Madrid office block in Barcelona. Covering an area 25 m x 22 m recessed into the façade, it is a large work by any standard and an unusual gesture by a contemporary architect.

Spain has, however, produced one artist who is outstandingly innovative in the field of architectural glass. José Fernández Castrillo is directly concerned with manipulating light, chiefly by applying narrow, bevelled and polished pieces of thick glass, both clear and coloured, to the surface of the glass. He makes judicious use of areas of colour, sandblasting and interval, so the result looks restrained and uncluttered.

Joan Vila Grau, a Catalan artist, has immersed himself in Gaudí's ideas while designing windows for La Sagrada Familia, using colour, lead and intervals in a way he regards as consistent with Gaudí's ideas. The windows for this cathedral in Barcelona are the only example I know of an artist consciously attempting to design glass in the style of another artist. The cathedral is famously still under construction according to Gaudí's original maquette

José Fernández Castrillo

'Manipulating light is my primary interest. I am interested in the ways that glass can change and transform light.'

I am interested in the different ways that can be used to manipulate glass to change and transform the light that passes through it. I am able to transform the surface of a sheet of glass, with which I usually work, by bevelling, carving, etching with acid, sandblasting, etc. In addition, other pieces of glass that have also been manipulated, modelled, sandblasted, polished and cut can be bonded to its surface, as can coloured glass. However, what is most important for me is that manipulating glass enables me to use light as a tool for drawing. Working on the surface of large glass panels gives me great freedom of expression. Ideas can be expressed in a much more lyrical way than when using the more conventional techniques of leaded glass or glass inlaid in concrete. An artistic construction made of glass can form part of an overall architectural scheme, but it can also be a work of art in itself. Many of my first works were self-contained panels intended for exhibitions, which I called 'vitrographs' (glass panels).

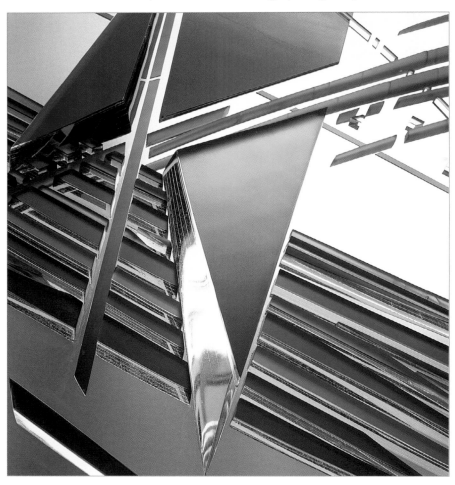

José Fernández Castrillo, Bayer Laboratories, Barcelona, 1996 (detail). Note the thickness, precision-cut and polish of the bonded-on pieces

José Fernández Castrillo, Bayer Laboratories, Barcelona, 1996.

My original training at the School for Architectural Technicians took place while I was working as a draughtsman in a company dedicated to liturgical art, where religions articles, marbles sculptures, etc. were fashioned for churches. It was here at the age of 19 that I obtained my first artistic commission, a design for a church.

The headquarters of the Bayer Laboratories in Barcelona were refurbished in 1996. I was commissioned to design a glass-artwork structure for all seven floors of the building. The project consisted of 24 panels, each three metres high. There is a great risk of breakage in making and installing glass panels of this size, but once it was finished I was glad I had taken the risk. The appearance of the composition is lighter, more ethereal, and the design flows much better without any divisions in the glass, particularly because the mullions between the window openings are extremely wide. This project, entitled Science and Nature, symbolises transformations – substances extracted from nature used for scientific purposes. The most representational part of the design is in the reception area, where brilliant bevelled glass pieces represent water, modelled glass speckled with green represents plants, and geometric shapes represent science. The composition had to be strong to counterbalance the wide subdivisions in the walls and the imposing staircase structure.   Colour was used, but with restraint, in bold, simple shapes. The coloured areas are layers of coloured glass, built up to create a relief, giving a three-dimensional effect. Although colour is an important element in the

Right: José Fernández Castrillo, basilica of Santa María del Mar, 1992 (detail)

Below: José Fernández Castrillo, basilica of Santa María del Mar, 1992

composition, it has been used sparingly, because in any case the etched glass absorbs the colours of the world behind its surface.

The Olympic Games of 1992 was a very significant event for Barcelona, and the civil and Church authorities agreed to commemorate the occasion with a window in the basilica of Santa María del Mar, a splendid Gothic church in the old part of the city. The recent removal of the temporary construction attached to the walls of the church has provided the opportunity to reglaze a hitherto bricked-up window in the apse. The church contains some fine examples of Gothic glass. Blue, a much-used colour in medieval windows, predominates in my glass. I selected two shades of blue. The structure of my window respects the structure of Gothic windows. Within the window I have used a metal frame that mimics a stone mullion, and a glass border, common in Gothic windows, that contains elements of the composition within it.

Santa María del Mar is a very popular church in Barcelona. It was important for the window to be meaningful for the people using the church. The symbols in the lower part refer to the people who made it possible for the Olympic Games to be held in Barcelona, its most important sports personalities and inhabitants. Their names are sand-blasted onto the glass; although difficult to read, they texture the glass.

The upper part of the window is made of faceted and polished thick glass, a reference to the sea that is intended to convey the sensation of moving water. The deep facets in the glass allow the light to be reflected differently, behaving as water does, depending on the position of the viewer in relation to the glass. The richly coloured area above is a metaphor of the festivities celebrated in the city during the Olympic Games. A diagonal red line sweeps across this area, representing the extension for the Games of the main arterial road of the city right down to the seafront. The red in the upper part is a metaphor for the arrow of the Olympic flame, which marks the inauguration of the Games. Red also symbolises the martyrdom of Saint Eulalia, the patron saint of Barcelona, who was killed by the Romans for refusing to renounce Christianity. The star of light at the top is a symbol of the Virgin Mary, the morning star of the seas.

It is impossible to live in Barcelona without knowing something of Gaudí's work. I came to live in Barcelona from León when I was very young. My grandfather's enthusiasm for his work aroused a lifelong interest in me.

José Fernández Castrillo, Gaudí's Casa Botines, León, 1996

In 1996 I had the pleasure of receiving a commission to make glass panels for windows of the inner courtyards of Gaudí's Casa Botines in León. The building was to be converted into the headquarters of a large bank. The architect remodelled the windows to emphasise their importance, and after seeing a book of my work he decided to entrust me with the project. The house was originally built for an important textile company. Although it is not considered one of the best examples of his work, I was delighted to have the privilege of working in León, especially on a building by Gaudí. I spent months studying his work, most of which was inspired by shapes found in nature. However, beneath their decorative appearance Gaudí's buildings conceal intelligent and well-calculated structures of the most beautiful geometry. Commissions are always a dialogue between artist and architecture, and in this case the glass panels contain a stylised reference and maintain an intense dialogue with the shapes created by Gaudí.

My current work continues along these lines, simplifying compositions and limiting the use of colour. Some works are just sandblasted glass, in which no colour is used. I allow the textures and tones on the glass to draw in colour from their surroundings, using light as their tool.

Antonio Sainz–Keshava

'It is important to have a strong and meaningful theme for a public art work.'

The understanding of space is a very important consideration when designing glass for architecture. The internal space in a building may need to feel more open or more closed, made more or less important; a glass art work can achieve these things. I was an architect for 27 years before beginning to work in glass. This previous experience has helped me understand concepts of space. It also helps talking to clients, architects and interior designers; we talk the same language. Although Spanish architects have often used glass in imaginative ways in buildings, little work has been done using architectural glass.

Right: Keshava, The Awakening Planet, Casa Madrid office building, Barcelona, 1995, sandblasted and laminated coloured glass

Below: Keshava, The Awakening Planet, Casa Madrid office building, Barcelona, 1995 (detail), sandblasted and laminated coloured glass

The 120-metre-long, plan glass façade of the Casa Madrid office building in northern Barcelona extends the length of a block. The architect, Josep Fargas, wanted to humanise this large area of glass; they recessed an area 22 x 25 metres in the centre of the facade and asked me to supply an imaginative work in glass. It is important to have a strong and meaningful theme for a public art work, particularly a work of this size in such a visible location. The 'Awakening Planet' is the central image in the window, a large circle symbolising the world, a wider circle surrounding it to represent the atmosphere around the planet. A number of international companies work in this building, so this is a strong and appropriate image. The city of Barcelona was formally laid out in the 1860s when the city was quickly expanding in order to link a number of small medieval villages together. This grid plan is represented in my design, together with diagonal red lines symbolising the main arterial roads, which were a significant part of the original city plan. These roads permit rapid travel between the various areas of the city. The coloured areas in the window, small pieces of green and blue glass laminated to the surface, represent areas of grass and water.

The grid is neat and organised at the top, becoming more diffused as the eye moves down the glass, the gradual change representing the gap between ideas of town-planning perfection and the reality of life; people need to have some unplanned, less organised areas. This move from clarity to uncertainty in the design is very apparent when viewed though the glass walls of the elevators ascending and descending the six-storey interior. I have not used very much coloured glass, as part of the brief was to allow plenty of natural light into the central area of the building, where the offices are situated, and to give people working there a good view onto the street.

The commission for the suspended sculpture, The Permanent Eclipse, in the centre of the atrium of the Casa Madrid building, arose from a particular need. This area gets very hot in the summer, a problem that is exacerbated by the vast areas of glass in the façade and roof. A suspended sculpture, computer-programmed to move above the reception area, mirroring the movements of the sun and deflecting the intense light away from the desk area, was an elegant solution. The sculpture consists of a shallow saucer shape, composed of triangles of etched glass combined with prisms and small areas of coloured opalescent glass. As well as aesthetically complementing the window and functionally shading the reception area, the prismatic glass shines narrow rainbows of light, multi-coloured arrows, around the interior walls. It is supported by a concave structure 4.8 metres in diameter. Public art should be more than just functional; it should have several levels of meaning. The expanding hexagonal structure is a practical way of organising glass over a curved structure. It is also a metaphor for growth and expansion, a series of shapes and coloured areas of glass moving out from a central point.

When the central market in Logrono, originally built in the late 1920s, was converted into a cafe in 1988, the architects wanted stained glass in the main window to complement the various eclectic, decorative elements in the architectural façade. They also wanted to bring some colour into the interior, while retaining the transparency of the glass, so that the cafe would maintain a sense of connection with the street. The semicircular shape of the window has been used as a compositional element in the design. The vertical lines echo the various columns of the façade, while the narrow diagonal line refers to the steep, narrow streets of the city. The lower curves of the circle are a symbol of arms opening to support the population.

The name 'Keshava' is a Sanskrit word that I chose to emphasise the number of facets and the element of teamwork that the work of a glass artist involves.

Joan Vila-Grau

'It is essential to respect the character of the building, without abandoning one's style. It is equally important to consider the kind of light the interior needs.'

I come from a family of artists: my grandfather and father were painters, and my sons Antoni, Eusebi and Jordi are artists too. My interest in glass was stimulated from an early age by pieces of coloured glass lying around in my father's studio: he also designed stained glass. I decided to be a painter but needed to have another way to make a living, so I found an established glass studio in Barcelona to help me transform my ideas into glass.

There is a tradition of stained glass in Spain stemming from the Gothic period. In 1985, together with my son Antoni Vila Declós, I established the Stained Glass Institute (belonging to the Corpus Vitrearum), whose aim was to supervise the restoration and preservation of antique glass as well as promoting contemporary stained glass. For example, the Institute was involved in extensive research work on the magnificent glass in the Catalan cathedral in Gerona, where I discovered the only medieval whitewashed table in existence, a most exciting discovery. (In Europe the cartoon for a window was usually done with paint on a whitewashed table rather than on paper, as the latter was very expensive.) Good stained glass reflects its particular era and behaves in accordance with the architecture of the period. Romanesque, Gothic, Renaissance and Baroque stained-glass styles are all different because they belong to the architecture and spirit of their time.

The baptistery at the west end of the church of La Pau (The Peace) in Barcelona, which was built in the 1960s, is a small area with a low ceiling and a polished black-marble floor, which provides a contrast to the large, plain, simple interior. Baptisms were originally performed by total immersion in water, so water, moving water, was the inspiration for my design. The visitor visually enters water on entering the baptistery: the glass flows over the entire wall, and the colours are reflected in the polished marble floor. The window is executed in the *dalle de verre* technique, thick 'slab' glass set into concrete; the dark areas of the concrete create a strong contrast to the coloured and textured glass, obscuring the view of the outside and making the interior a very private space. There was a very wide range of colours and tones available in slab glass in the 1960s, particularly blues, making it possible to produce rich painterly effects using this technique.

The windows in the savings bank of Sabadell, not far from Barcelona, needed to have security glass on one side of the window. I decided to make this a feature of the window, applying acid-etched and enamelled forms to the security glass in a complementary rhythm to the shapes of the leaded panel.

In 1999, I was asked to design all the windows for La Sagrada Familia, Gaudí's great unfinished church in Barcelona. The plans and maquettes for the church were partly destroyed in the civil war of 1936–39; however, the moulds which the maquettes were made from have survived, so the building can still be completed according to the original plans. Although Gaudí's architectural forms appear rather complicated, the positioning of the columns, and his concepts, are really quite simple and geometric. Gaudí's architecture is partly about making spaces: the way the columns divide the

space to create other spaces is far more important than the details of design, which is why Gaudí made maquettes more often than drawings.

Gaudí put stained glass in some of his buildings, and explained his ideas about the function of stained glass in architecture. He wrote, 'Light should enter a church (La Sagrada Familia) and reflect off the vaulted roof onto the nave. For that reason the upper part of the window should have light colours to let more light pass through, while the lower part of the window should be darker.' He rejected grisaille and painted glass, but lead lines are a strong feature in his designs.

Although my watercolour designs for La Sagrada Familia are very much my own work, while working on them I had Gaudí's ideas in mind about the distribution of light in the window. For example, the rhythm of the lead lines is important: they are purposely strong and angular. I also looked closely at the window details in Gaudí's maquettes: the mullions are all faceted differently to enable the light through the coloured glass to reflect off the stone in different ways, clearly a significant part of his original concept. In addition, I used cheap, industrial, textured glasses together with stained glass; if these glasses are used carefully, they can enrich a stained-glass window. The regular textures break up the surface, giving a sparkle and quality to the light that clear hand-blown glass would not give. I have used these glasses for the upper part of the windows in La Sagrada Familia, as this type of glass is in accordance with Gaudí's ideas: Gaudí made good use of ordinary everyday materials, as can be seen in the chimneys of La Pedrera (Casa Mila) and the well-known benches of the Parc Guell.

My original training as an artist included sculpture and engravings as

Right: Joan Vila-Grau, windows for the cathedral of La Sagrada Familia, Barcelona, 2000. The upper parts of the windows are of paler glass to allow more light to reflect off the roof onto the nave, in accordance with Gaudí's writings. The lead lines are strong and angular in accordance with Gaudí's ideas about glass

Below: Joan Vila-Grau, designs for windows for La Sagrada Familia. Notice how the artist has adapted his way of working to Gaudí's ideas when translating his designs into glass

well as painting, and I have designed mural ceramics and jewellery as well as stained glass. The qualities of different materials have always interested me, as well as objects which have been abandoned by society as being aesthetically uninteresting: old planks, driftwood. The early work was figurative, but when my paintings became more abstract the glass designs reflected this change. I am told that my paintings now show the influence of my stained-glass work.

Eastern Europe

Relatively little new architecture of any merit was produced while Eastern Europe was under Soviet domination. However, many interesting older buildings were preserved, and city centres, unlike many in Western Europe, were spared the enthusiasm of greedy developers. Thankfully, this has meant that a good deal of turn-of-the-century glass work, much of it quite small-scale, has been preserved in the buildings for which it was originally designed.

In the former Czechoslovakia, the tradition of glass-blowing from Bohemia, together with the creation of glass sculptural pieces, continued unabated throughout the period of Soviet rule. Artists were left relatively free to produce the work they wanted to make: it was generally thought difficult to portray subversive political ideas in glass sculpture. In the field of cast and kiln-formed glass, Czech artists led the way in 1960s and 1970s, developing technical methods for creating very large-scale sculptural pieces.

The tradition of architectural glass in Hungary was kept alive in the school of applied arts in Budapest, and in one or two stained-glass studios. Commissions for architectural glass have been mostly for domestic commissions and for light fittings. However, artists have shown inventiveness in using cast and kiln-formed glass. Artists working in leaded glass have until recently been restricted to either rolled or commercially made glass, blown glass being very expensive. They have often compensated for this by using repetitive elements or a strong overall pattern in their designs.

Erin Bossanyi (1891-1975), Leaded glass window: Tate Gallery, London 1942

This window was specially commissioned for the Tate Gallery. Bossanyi was born and trained in Budapest and later lived in Germany settling in England in 1934. This window which was inspired by a visit to the cathedral at Chartres, celebrates the ordinary activities of women, here washing clothes, which he observed in the area surrounding the city. The artist has understood that the richness of medieval glass lies much in the use of light colours and clear (colourless glass) which enhance the rich reds and blues.

Zoltán Bohus

*'The aspect of
light and the way
it used has always
been of paramount
importance in
my work.'*

Although I studied mural painting at college, my first pieces were in metal, mostly stainless steel. This knowledge of metalwork has proved useful to me in carrying out architectural glass commissions. An early commission was for a set of hammered and welded copper gates for the new cemetery in Budapest. During my third year at college I became aware of the creative possibilities of glass. I later worked as assistant to the glass professor. I am currently preoccupied with sculptural glass works, in which I create my own

*Above: Zoltán Bohus, Phoenix Nightclub,
Budapest, 1985*

*Right: Zoltán Bohus, Phoenix Nightclub,
Budapest (detail). Note the illusionist effect,
and how the polished edges of glass pick up
the light*

spaces. These are made by sheets of float glass bonded together, which are then cut and highly polished. They are inspired by architectural spaces, ancient cultures, and aspects of geometry and mathematical laws. These ideas have carried over into my architectural glass work.

The client requested the theme of a bird for the Phoenix Nightclub. The essence of a bird is its ability to fly, which distinguishes it from other species. The abstracted bird shape was achieved by positioning sheets of glass with highly polished edges in descending sizes; viewed from different angles it has a stroboscopic effect – whirling, twisting – an illusion of motion. This was the only way to express this feeling.

Zoltán Bohus, Hotel Club Tihany. Note how the sandblasted glass softens and diffuses the light

The central light in the lobby of the Hotel Club Tihany dominates the space. This hole in the ceiling had to be covered in some way, while at the same time letting in as much light as possible. The shallow triangular form in a matt, clear glass provides a focal point, and softens the light entering the space. I have always endeavoured to integrate my compositions into their architectural surroundings in both the functional respect and the formal aesthetic one. The aspect of light and the way it is used has always been of paramount importance in my work.

Éva Mester

As a child I was always intrigued by colour and light, and the aura created by light pouring in through stained glass into dark church interiors particularly fascinated me. Interiors are transformed with stained glass: not just the window but the glittering effect of light on the interior gives substance to the atmosphere. After studying glass design at art college in Budapest, I worked for ten years in a large glass studio, a valuable experience, before setting up on my own.

Above top: Éva Mester, Ady Endre School, Budapest, 1987

Above: Éva Mester, Ady Endre School, Budapest, 1987. Note how well a strong single-theme design works in linking a large area

The best situation is when a glass artist is brought in at an early stage of a building's design, so that artist and architect can work together. The construction of the Ady Endre School in Budapest was almost complete when I was asked to design the stained glass. The architect realised that something was needed to counterbalance the prison-like appearance which the heavy grid of the staircase window suggested. The lively, organic design depicting the four basic elements – earth, air, fire and water – flowing in wavy lines starts from each corner and meets at the central vertical axis before returning to the upper corners. This window, which measures 5 x 12 metres, is the chief source of illumination for the area, so the glass colours are medium and light in tone.

The most important thing is for the glass work to be appropriate to the style of the architecture. We are fortunate in Hungary in that many turn-of-the-century interiors have been preserved. Research is an important part of designing glass for buildings. The stained-glass panels in the centre of a large sandblasted glass area, measuring 2.5 x 22.5 metres, at the Ferenc Liszt Academy of Music in Budapest pick up the theme of the 19th-century oriental motifs in the textiles and ceramics of the surrounding areas.

My ideas about glass are constantly changing. For more than 30 years I have enjoyed experimenting with different colours, types of glass and techniques. A future dream is to create a glass work where the inside and outside dissolve into one, where the spaces are physically separate though visually connected.

Above and right; Éva Mester, Liszt Ferenc Academy of Music, Budapest, 1997

USA and Canada

The beginning of the 20th century saw two significant artists and one architect working in stained glass in the United States: Louis Comfort Tiffany and John La Farge were the artists, and Frank Lloyd Wright the architect. Tiffany's detailed, naturalistic landscape windows were rich in colour and tonal contrast. He commissioned specially made, often opalescent, glass, which was sometimes in relief form to highlight details of drapery and figures. He developed an innovative, and at times highly intricate, style of lead work, although he sometimes used the copper-foil technique instead of lead. La Farge, whose output was smaller, is considered by some to have been the more talented artist. Tiffany's and La Farge's clients were mostly newly rich Americans with large houses to furnish.

In the work of Frank Lloyd Wright (who was both artist and architect), there is a perfect fusion of glass and architecture. His slender-leaded designs, which contrasted verticals and diagonals in geometric patterns influenced by Navaho Indian work, bore no relation to any previous stained glass. Covering selected areas of windows in his buildings, they reflect the contemporary need to balance decoration with seeing the view outside.

In contrast to American painting, which fully embraced the 20th century, postwar American stained glass up to the 1970s consisted mainly of small studios producing imitations. The artist and writer Robert Sowers was instrumental in alerting American glass artists (and the rest of the world) to the potential of the medium by drawing attention to windows being done in Germany at the time. However, despite the number of colleges and universities in the US, there are relatively few with glass departments. Aspiring stained-glass artists made use of tuition by visiting foreign glass artists at the Pilchuck summer school near Seattle and courses run by Patrick Reyntiens at Burleighfield near London. Even now, the American stained-glass studios that make up artists' work have few employees who have any training in art or stained glass.

However, America on account of its size has a large number of good architects, which together with a 'per cent for art' policy for new public buildings in many states offers opportunities for artists. Ed Carpenter was one of the first artists to take advantage of the opportunity. He has produced architectural glass in a variety of techniques and styles in sympathy with the scale of American contemporary buildings, while still remaining distinctively personal. His work is both integrated into its surroundings and at the same time adventurous. Ed was a pioneer, but in general terms today the contemporary glass situation in America and to a lesser extent in Canada grows progressively more interesting, as good artists working in glass are gaining commissions, and increasing the opportunities to grow and build on their ideas.

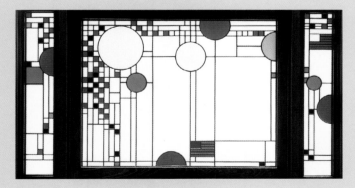

Frank Lloyd Wright (1867-1949): Leaded glass window for the Avery Coonley Playhouse, Riverside Illinois (USA)
In the glass work of Frank Lloyd Wright, who was both artist and architect, there is a perfect fusion of glass design with architecture. His designs are a complete break with the past. The influence of Navaho Indian work can be seen here in this organised, geometric, all over design with slender lead lines and details reminiscent of woven textiles. Covering selected areas of the window, the design reflects the contemporary need to balance decoration with seeing the view outside.

James Carpenter

'All our projects have a strong relationship to nature in some shape or form, whether in the urban or the landscape environment – experiencing space through the use of light.'

My interest in using glass came primarily through an interest in architecture, which I studied for two years at the Rhode Island School of Design. There was a small glass-blowing programme at the college, where I became enamoured of the material. For me glass embodies light; it is also a material that makes use of light within architecture. Initially I wanted to explore how to project images onto glass and, using a variety of techniques, how to produce a glass that would hold a photographic image. I worked a great deal with Dale Chihuly, who had started at RISD during my second year.

All my projects are concerned with the boundary condition between the interior and exterior of a building. I am interested in expanding this area so that the light within this window 'zone' can be transformed before it enters the interior, and sometimes dematerialised to reveal the usually unseen qualities light possesses. Often this boundary depth is extended, not

James Carpenter, chapel window, Theological Seminary, Indianapolis, 1985–7. Photograph taken by Balthazar Kobab

necessarily to become more complex but as an intentional design feature
to reveal the qualities of light. The depth of the window is always critical; it
is seldom just a single pane of glass.

The chapel window at the Theological Seminary in Indianapolis was an
early project which exemplifies these questions of depth. It contains
a number of ideas that I have continued to work with ever since. The
light projections on the wall make a very direct connection with the light

entering the building: the viewer is made aware of the phenomenon of light, its qualities and potential. The reflected colours and patterns on the wall adjacent to the window subtly change according to the time of day and the seasons. The weather is also brought into the interior: configurations of clouds and the passage of birds form part of these projections. It is not just a single plane of glass: the different light projections are achieved by light refracting and reflecting off strips of dichroic glass placed horizontally to the exterior-window glass wall. The light in this narrow space is thus transformed, entering the interior in a way that is entirely different from a conventional window.

A project with a similar, very human scale, which enables the viewer to

James Carpenter, Periscope window, 1995–8, in private house. Note the field of 80 lenses with mirrors behind them. Photograph taken by Don. F Wong

experience space through the use of light, is the Periscope window, made for a small family house in Minneapolis. This new building was constructed for clients with a large art collection who had moved from a big country residence into the city, in order to be close to the Walker Art Center. They wanted to retain a sense of living in the country; so all except one of the windows we made are oriented in such a way as to look out at nature and

to have no view of any nearby buildings. The one exception is the Periscope window, which faces the neighbour's adjacent building, a wall, and a fence above which is a view of trees and the sky. We wanted to take advantage of this limited view to design a window which would project the view of the sky and trees into the house. The window is 3 x 4 metres, and is covered by a field of 80 evenly spaced lenses with small mirrors angled behind each one of them; each lens/mirror combination acts like a periscope, reflecting down the view of the trees and sky and then project-ing it via the lens onto a diffused, etched-glass screen in front. The whole resembles a field of video monitors, presenting a real-time image of the sky and treetops outside. At night the sky changes the view dramatically, and at dawn when the sun comes up there are two images: a shadow projection of leaves from the top of the tree superimposed on the optically re-presented view of the trees.

This window challenges conventional ideas of what a window should do. Normally, windows are about how we relate to the outside world, the horizon line, etc.; in this situation, information is presented from a different, unexpected location. In this respect the window has a conceptual relationship with traditional, medieval stained glass. Medieval glass was not trying to show a view of the outside world. In parallel to the literal representation of biblical scenes, medieval glass infuses the space with the mythical character of the narrative. The light emanating through medieval glass offers us a shared spiritual view of the past. The Periscope window also operates on a conceptual level, imbuing the space with the spiritual character of the landscape, rather than presenting us with the narrative scene depicted outside the window. Small projects allow you to experiment with ideas that are not always practical to try out on a larger scale. Because a more intimate relationship is possible, the viewer can engage more easily with the project, and can understand and question what the window is presenting.

The Moire Stair Tower in Bonn, Germany, forms part of a much larger project being undertaken for the German postal service by architects Helmut Young. The building is located in a very beautiful park next to the Rhine. If approached through the park or up from the river, the glass, triangular-shaped four-storey stair tower, with a glass stairway running through it, is the first visible part of the building. We were asked to design the glass in the main entrance area. In the two previous projects outlined here, information is presented to a viewer who is in a relatively static position; this project involves the viewer moving through the space in order to experience the work. A pattern of rectangles was laminated over the surface of the glass. These are mirrored on the outside, the entire surface of the tower becoming a pixelated field of reflectivity, reflecting and fragmenting the landscape and the sky behind the viewer moving towards the tower, drawing them into the landscape that physically they are leaving behind. These rectangles are an intense blue on the inside of the building, the vibrant blue of a clear summer day. The skylight above illuminates the interior and allows the sky to be brought down into the building. The landscape is observed through and behind this field of blue shapes, the whole experience being a delicate, elegant re-presentation of the context in which the building resides.

The chapel window and the Periscope window operate in the same context as a conventional window, although the latter challenges our assumptions about windows; the stair tower confronts us with a new perceptual relationship to wall surfaces.

The Blue Glass Passage, a bridge for the new City Hall in Seattle, Washington, is conceptually a different project. Built on a steep incline on the hillside in the centre of the town, the bridge spans 60 feet between the new City Hall office tower and the City Hall chambers. The main 70 foot-high lobby, which separates the two buildings on the edge of Puget Sound, can be entered through a relatively high elevation. The concept behind the bridge was to bring a small amount water from the Sound, which is clearly visible in the distance, into the building itself; to make a connection between the blue, floating glass bar of light in the atrium and the light reflecting off the distant water. The bridge, which is delicately suspended from the roof, is a 10-foot-wide passageway for both the public and council members. It has a handrail, and a resting platform on one side that enables people to pause or collect in small groups and look out over the Sound, while also allowing others to continue across the bridge. The purpose of the resting platform was to be a strong visual focal point in the lobby that would encourage people to linger as well as to move across this transposed piece of water – a conversational place as well as a conversational piece. The quality of the material – via light coming through the glass, and the movement of people passing across – is clearly visible from below, while its saturated blue colour provides a sense of solidity for those walking across it.

The original brief was wide open, as the building was in the early stages of design, which is often the case with our projects. We were given a range of possibilities within the building, and it was up to us to focus on one particular area and develop ideas. We design all the engineering for our projects and are involved throughout all stages on the work right up to overseeing the production and the installation. We are thus able to ensure the quality of the work in every aspect. This level of involvement also allows us to explore ideas and structural possibilities, something that a contractor or a glass fabricator might not want to do. Clients thus have a high expectation of the quality we can bring to the work.

Glass has always fascinated people, but its properties as a structural material were not fully appreciated until fairly recently. We have developed new glasses and glass coatings in our work over the last 25 years, as well as using other materials such as stainless steel. This allows us to take on increasingly large areas of responsibility in building projects, so as to influence a wider context within the building. Recent projects include World Trade Center Tower Seven, which collapsed on 9/11; developing an interior daylight-reflector system to project more light into the interior of a New York subway; and a tower block in Japan. Crossing the boundaries between glass, architecture and engineering is enabling us to take on exciting projects on an ever-greater scale.

James Carpenter, Blue Glass Passage, bridge for the new City Hall, Seattle, Washington, 2004

Debora Coombs

'It's about listening to people, then finding ways to interpret their ideas sensitively.'

Light and colour have interested me since as early as I can remember. As a small child I used to lie in my cot absorbed by patterns of street light catching the scratches on the window pane; they moved as I moved my head, though always in concentric circles. I was fascinated. The colours of sweets intrigued me too; how different textures or colour combinations created different expectations. Although born and educated in Great Britain, it was as a teenage exchange student in the USA in 1975 that I first saw contemporary stained glass. I was smitten, and decided to return home and study stained glass at art college. By coincidence, some twenty years later I won a major commission in the USA and subsequently moved here with my husband and two children.

Debora Coombs, west facade of St Mary's Cathedral, Portland, Oregon, 1995–8, showing eight of twenty new stained glass windows portraying 'New World' saints (below) and the sacraments (above). Photograph taken by John Hugel

St Mary's Cathedral in Portland, Oregon was built in 1924 in the style of a Roman basilica. Seat of the United States's second oldest archdiocese, the cathedral was intended to assert the Catholic presence in the Pacific Northwest after a period of political uncertainty. In the mid-1990s the cathedral was totally refurbished. I won the commission for the stained glass together with Cummings Studios of North Adams, Massachusetts, who restored two existing windows and fabricated my designs. In less than four years I researched, designed, cartooned, cut-lined and hand-painted 20 new windows, seven over 15 feet high, totalling more than 1,000 square feet of stained glass. I selected all the coloured glass and was also responsible for maintaining the overall aesthetic quality of the work. The commission also included a 180-square-foot baptistery screen sandblasted

Above: Debora Coombs, St Mary's Cathedral, Portland, Oregon, 1995–8, Peru window showing four saints – St Rose of Lima, St Martin de Porres, St Turibius de Mogrovejo and St John Macias surrounded by Peruvian tapestry and native South American flowers. Photograph taken by John Hugel

Below: detail of the above. Photograph taken by Nicholas Whitman

and acid-embossed at Goddard & Gibbs Studios in London, England.

The brief was very open and fairly straightforward: to portray 18 saints and blessed of the Americas and to design symbols for the seven sacraments. My research began with a shopping list of saints and just a few sentences of biographical information about each. A high proportion of women, ethnic minorities and missionaries were on the list. These were key people who brought Catholicism to the Americas. As I began to think about these saints, their place in history, their relationships with each other and to the sacraments, it occurred to me that, as a whole, the ensemble of stained glass was telling the story of the Christianisation of the New World. I thought deeply about this massive historical occurrence as my design concept unfolded. I wanted to fulfil the brief in a way that felt right for me without separating the saints from the bigger picture.

Religious commissions are very intense. I listen, I distil and I come up with creative ideas. It is my job to make manifest in a visual way ideas that are often very abstract. Working to commission is about listening to people and finding ways to interpret their ideas sensitively without losing authorship of the work. The balance is sometimes delicate. With religious commissions I feel a particular burden of responsibility: I am trying to recreate the spirit of what that church or religion is about. The goal is to be invisible, to say something without drawing attention to myself.

Each of the eight figurative nave windows has the same basic geometric structure and symbols: an equal-armed cross; a white flame for the Holy Spirit; a band of decoration pouring down from a transparent blue sky. At the same time, each window has a distinct colour palette and style. The saints are placed in the windows like portraits at an exhibition; the decorative backgrounds and surrounding areas take visual elements from the cultures in which the saints worked or originated. These windows celebrate the beauty of different cultures – the different crops, plants and birds, the colours and patterns of textiles and carved wood, the energy and beauty of Africa – without overt references to their struggles. For example, painted borders based on Polynesian carving and tapa cloth surround Father Damien de Veuster, a Belgian who ministered to lepers in Hawaii. In another window, cotton, sugar cane and West African textile designs surround saints who devoted their lives to black slaves. Various styles of European architectural or decorative ornament are also interwoven: one window combines Iberian Baroque with the distinctive geometric patterns of the Zuni Indians of the American South-west.

Working on St Mary's vastly expanded my repertoire for painting on glass. I developed ways of creating the texture of stone or bark, for example, or of rendering the patterns of textiles onto the glass.

The figurative aspects of this commission also really interested me. The lives of the saints portrayed in St Mary's Cathedral span almost five centuries, from Juan Diego, an Aztec born in 1474, to Mother Katharine Drexel, born a wealthy New York heiress, who died in 1955. In the case of some of the saints, there are paintings and photographs I could look at before I tried to depict them. Others I had to create anew, or update. This was sometimes a sensitive issue: present-day Native Americans are tired of seeing their ancestors portrayed as Hollywood lookalikes, or Spaniards, and told me so. In several cases, with both saints and sacraments, I created a new iconography. It was a weighty responsibility. The theme of the stained glass has been described as 'unity in diversity'.

In September 2004 I completed the second of five narrative windows for Marble Collegiate, a Dutch Reformed church in Manhattan, which through Bible stories explore conditions such as loneliness, forgiveness, misunderstanding, acceptance and discrimination. Together, these five

windows comprise the entire fenestration of the north façade. A balcony runs the length of the nave, dividing the windows into two parts; so each window illustrates two different stories from the scriptures, one above and one below the balcony.

Marble Church has two majestic stained-glass windows by Frederick Wilson, one of Louis Comfort Tiffany Studio's most accomplished artists. These windows are the same size and shape as the ones I am working on: 24 feet high x 5 feet wide, in two lancets, with simple, semicircular tracery. The earlier Tiffany window, completed in 1900, shows Joshua leading the Israelites and was a particular inspiration to me. In what is a tall, narrow window opening, Wilson skilfully presents a battle scene with a great range of distance and drama. Tumultuous close-up action fills the foreground, and one life-size figure seems to be almost tumbling out of the picture plane. Wilson's colour palette is rich and complex, the lead lines form a strong graphic component, and there is a wonderful sense of perspective implied through the changing scale of the glass mosaic. Fascinated with the idea of creating an illusion of space and distance in stained glass, I felt challenged by the Wilson. I also felt ready to develop my figurative work in more depth, striving towards greater realism.

My first window, which was dedicated in June 2003, shows the 'Stilling of the Storm' and the 'Anointing at Bethany'. The 'Stilling of the Storm' window depicts a crisis, a moment on the Sea of Galilee during a storm, a snapshot in time. I thought about how people behave in moments of crisis

and loss of faith. The bodies of the disciples are showing different reactions: praying, rowing like crazy, cowering in fear and jumping or falling overboard. I left an empty space in the boat where the viewer can imagine him/herself. I am hoping to prompt people to consider how they might personally respond in a moment of crisis.

There are 120 figures in 'Sermon on the Mount', the second window I made for Marble Church. It was a challenge organising a big group of figures to appear as if moving into the distance; I was fascinated by how to create this illusionistic sense of space within a long, narrow window with a central mullion.

The windows at Marble Church have no borders or decoration and so are essentially huge translucent paintings. I felt it was important to fully integrate the lead lines into the picture so that the viewer is not aware of them, seeing only the painted image, colour and colour transitions. If someone were to look at the window and notice its leading pattern I'd be disappointed. The art work and its method of construction should look effortless.

The stained glass below the balconies can be viewed much more closely. Here the small scale of the figures in the Tiffany windows creates a sense of 'looking at' the story, of seeing an illustration rather than a translation. In my windows I made the figures almost life size. The scale of the figures, combined with the more intimate setting, helps engage the viewer more deeply, to really pull them into the story.

I am constantly fascinated by what people look like: by facial differences and the way the human body can be used as a metaphor. I used live models to help bring a greater level of reality to the window. I chose models whose personality and physical characteristics seemed appropriate.

Generally, my overall visualisation of a new window comes fairly quickly; I sketch out ideas and notes within days. At Marble, ministers actively participate in the design process by reviewing my sketches and guiding me towards an appropriate expression of the story. One key theological decision was how Jesus should be portrayed: as 'divine other' or as essentially human. It was difficult finding a model; people didn't want the responsibility. I have tried to paint Jesus as human, yet at the same time subtly different from the other figures in some way.

It's curious that, even though they look like my models in a superficial way, the figures seem to have developed an independent sense of self, or 'other'. Even if you don't know the story, there's something to explore, to ponder. I hope my work will prompt people to think a little deeper.

Linda Lichtman

*'Large or small,
I often divide a
window into smaller
units, creating
patterns and grids
of images on a
human scale.'*

I practised as a social worker for eight years after obtaining degrees in psychology and social work. My introduction to stained glass was a visit to the Charles Connick Studio with a friend who was doing a dissertation on the subject. I was immediately struck by the work and the medium. Shortly thereafter I went to England to study with Patrick Reyntiens, whose book on stained glass had greatly impressed me. When I returned, I completed a BFA degree in Painting and then studied architectural glass for two years at the School of the Museum of Fine Arts in Boston. I also admired, and later studied with, Hans von Stockhausen. Unlike many of the postwar German artists, who primarily use graphic images and unpainted glass, he is part of the Stuttgart School, who are orientated towards painted glass. Hans is an extremely hardworking artist and a great mentor and role model.

Charter Oak State College is a distance-learning college in Connecticut. The college wanted to enhance the entry area and make it something special, a welcoming presence to the building. The students visit the college only on rare occasions, so they don't often have the chance to meet each other. The building is very open and the doors are approached from a number of different directions, making the large area of glass surrounding the entrance doors (which is seen from different vantage points) particularly well suited to stained glass.

Linda Lichtman, Charter Oak State College, 1999, entrance area, detail above door

The college asked me to incorporate the charter oak, Quercus Alba (or white oak), as the tree has a particular significance in Connecticut and also gives the college its name. I used collage technique to develop the abstract designs based upon ideas about landscape, and incorporated figurative images such as the oak leaf. The designs were executed in hand-blown glass with areas of colour etched away; coloured enamels and glass paint were then fired onto the glass. I used a combination of painterly and graphic techniques – hard edges and painterly brushstrokes. Derix Studio in Germany, who fabricated the windows, did a beautiful job with the acid-etching and airbrushed enamels, while I did the painted enamels and tracing (black lines).

The Dana Farber Cancer Institute in Boston is a research and day-treatment centre affiliated with the world-renowned Brigham and Women's

Hospital. The radiation oncology and nuclear medicine clinics are below street level, where there is no natural light. The doctors and other members of staff, with whom I talked at length, had a strong vision of what they wanted from the glass, that is, to feel as much as possible that they were surrounded by nature. There are 28 different areas in the building where the stained glass is situated, including conference rooms, treatment rooms, radiation suites, waiting areas and ceiling areas in the elevator lobbies. The project title is Light Garden. The glass is hand-blown; to this I applied additive and subtractive techniques such as acid-etching, sandblasting, painted enamels, glass paints and stains. Most of the sites use a single sheet of glass, with some leads used as divisions in larger windows. The designs are intended to evoke feelings of being surrounded by different aspects of landscape. Initially, I had the idea of doing one large painting, dividing it up and selecting parts of it for different locations in the interior. I created a unique painting for each site that was a part of three or four 'families' or 'species' of paintings, hence the title Light Garden. Although there are some identifiable images of water or fish, these are evocative rather than descriptive. Hopefully, people will engage with the windows in their own way, allowing their minds to be taken to another place. Art works in healthcare situations should be soothing and calming, but not boring. The work needs to be stimulating enough to engage the viewer and sufficiently relaxing to encourage 'dreaming'. It is a hard note to hit.

As early as 2000, I was shown an architectural model of the new Boston

Left: Linda Lichtman, Light Garden, The Dana Farber Cancer Institute, Boston, 1998

Right: Linda Lichtman, Light Garden, The Dana Farber Cancer Institute, Boston, 1998

Linda Lichtman, Boston Airport Transit Station, 2004, detail of west window

Right: Linda Lichtman Boston Airport Transit Station, 2004, view of east window from inside station

Airport Transit Station, for which I won the commission from an international competition of several hundred artists to make a new work in glass. Construction had not yet begun and the model was very small, making the building look very isolated. My first consideration was to choose where in the building I should place my work. I realised that my glass work needed to be the full height of a window (about 12 metres) in order to be fully integrated with the architecture, which is mainly glass and steel. The two windows are situated so that they immediately engage with the public. The window on the east side is positioned to be seen by visitors as they enter the building from the airport. The west window is seen mainly by people from the neighbourhood who commute via transit. Verticality is a strong element in the designs. The large areas of glass are divided into smaller, more intimate areas. I find that working in this way can give my work intimacy and variety: airport buildings may be large but people are still the same size, so public art needs to be on a human scale. I worked with the Mayer Studio in Munich on the airport project, which was executed on toughened float glass with transparent enamels. We placed translucent white enamel behind and beside some of the colours to intensify them, and to soften the transition from painted to clear glass. Although sandblasting the glass was a possibility, we used the white enamel, which is softer and less flat.

The idea of drawing on glass interests me. I think of my stained-glass works as drawings on glass, done in such a way that they work on glass and are not merely translations from drawings on paper. My designs are dense and detailed; I constantly add and subtract colours. The windows are like complex tapestries executed in a number of different techniques. The edges of these designs are intentionally loose, to convey a feeling of softness that sometimes suggests textile hangings as well as glass.

My work appears in public and (secular) institutional buildings only. By adding detail and evocative abstraction, I hope the windows empower individuals who use the buildings. I believe that my artwork can serve to humanise stark environments. At night, when viewed from the outside, the work adds another dimension to these buildings, announcing human occupancy in a bold voice.

Ellen Mandelbaum

'Landscape and light have been at the heart of my work. I am increasingly aware of the importance of space in stained glass.'

Seeing my glass in the landscape and in the light has been at the heart of my work. The Marian Woods Retirement Home for five orders of nuns is set in a beautiful wooded estate in Hartsdale outside New York City. The Sisters who commissioned the chapel windows wanted them to interact with nature, for nature to form part of the experience of the stained glass. There are 28 windows in the chapel, which consists of a central octagonal sanctuary area surrounding smaller chapels, a glassy entryway, a sacristy and a reconciliation room. It was important for me to find symbols that were congruent with my own feelings about art and my feelings about this particular space. My designs did not contain anything which violated my own sensibilities as a 21st-century artist; at the same time I was eager to find form for the belief of those who lived in the home. I had a great sense, working on this coherent and wonderful project, of the hierarchy and orderliness of the Catholic Church, and the richness of its art tradition. The rainbow colours in the Central Sanctuary Chapel were the starting point for the colour scheme; I stayed with this spectrum of colours, as the rainbow has a strong and compelling character. The theme of the windows was Creation, the Resurrection and the Wind of the Spirit. I used more subtle colours for the small chapels. In order to relate my designs to the land-scape, I sketched on transparent film, overlaying these drawings on photographs of the landscape. The chapel had not been built then, so this procedure enabled me to check the relationship of the site with my design.

Ellen Mandelbaum, The Marian Woods Retirement Home, 2001

It was a challenge designing windows for the entry area, which was like a greenhouse; it felt like designing glass for empty air. The emblems of the five orders of nuns were placed in this space. It only needed a small amount of paint and yellow stain to enhance it. The glass, particularly the colourless glass, was carefully selected for natural movements within it. The movement of the leads was also an important feature of the windows. The nuns told me they found it a 'prayerful' space, which I regard as a great compliment. I find it to be a serene space, and often visit, especially since 9/11. The windows were made by Rohlf's of Pelham, NY.

Ellen Mandelbaum, Adath Jeshurun Synagogue, 1995, Minnetonka, Minnesota, windows in main room, and detail (below)

It is a great advantage to have a strong personal vision before starting to design for glass. I developed my style of work through painting, my original training, approaching colour and painting on glass from a painting tradition rather than a stained glass one. I taught art history for some time. Although I was out of sympathy with much of the minimal art of the contemporary period, I found it could also be instructive. A large field of blue on canvas becomes more powerful as a large field of blue glass: the light increases and spreads the area of colour, sometimes flooding the floor with coloured reflections. I came to stained glass through hobbies classes and fell in love with the medium, receiving further training and encouragement from established artists who gave workshops in the US.

Ten worshippers, a minyan (specifically, ten males over thirteen years of age), are needed for morning prayers in a synagogue to begin; the ten windows in the Adath Jeshurun Synagogue, 1995, in Minnetonka, Minnesota, are a metaphor for this observance. The areas of blue and green glass at the top of the windows are a canopy of colour, referencing the idea that morning prayers can begin when the congregation can see the difference between blue and green. The movements which flow from left to right continuously within the clear-glass areas, were inspired by the river of light Abraham is said to have seen. The ten windows increase in size. A painted white rectangle, the size of the first window, is repeated as a constant in each window, representing a prayer shawl; it helps to focus the mind inward.

I am increasingly aware of the importance of space in stained glass. The Act of Creation is the subject of the 18-foot-square window in the wall opposite these windows, the large waterfall depicted around the door acting as another focal point in the interior. The smaller, opal-glass panels within the doors show individual acts of creation inspired by Genesis – mountains, grasses and light. I was very aware of the varying degrees of transparency and of the density of the glass in this commission. The synagogue is set in a wonderful landscape, and part of my task was to bring an open view of the lake outside into my glass design, though there was also a need to obscure the view in a couple of the windows. The white rectangular shapes in the main windows were achieved by firing a transparent high-fire white paint onto the glass to 'shelter' people, thus making the space more religious. I use a number of traditional stained glass techniques in my work, including black glass paint and yellow stain as well as the white high-fire paint, through I rarely use etching or sand-blasting, preferring to rely on movements within the glass to enhance the design. The Keith Studio in Minnesota fabricated this project.

Ellen Mandelbaum, Adath Jeshurun Synagogue, 1995, Minnetonka, Minnesota, Act of Creation window

The South Carolina Aquarium is an institution devoted to the under-standing and conservation of the area's natural aquatic habitats. The displays in the building show the state's diverse natural range, including waterfalls and mountains as well as the salt marshes which run into sea. The original plan was to install a waterfall to hide the ugly view of a garage just outside the 18-foot-wide by 30-foot-high window at the end of the large hall and huge lobby. However, they decided that a stained-glass window would serve the same purpose and would be cheaper and more inspiring than a waterfall. The window is an expressive vision in glass and

*Above: Ellen Mandlebaum, the South Carolina
Aquarium, 2000, ground-floor window*

*Right:Ellen Mandlebaum, the South Carolina
Aquarium, 2000 (detail)*

light of the subjects on display. Visitors can thus view the exhibits and then see the mountains and marshes reinterpreted in the windows in an artistic, visual way. The salt marshes are a particularly interesting and unusual feature of the area.

It was very important for me, partly because of my original training as an easel painter, to able to view the whole window while I was working on the glass. Although in two parts on two floors, when lit it is seen from the outside at night as one entire window 540 feet square. I chose the Mayer Studios in Munich to work with, partly because they have a window this size in their studio. The window is painted, and some of the imagery was silk-screened onto the glass using American Reusche enamel. Silk-screening onto antique glass poses problems as the surface is uneven, but the studio managed to achieve the effect I wanted.

I have been lucky throughout my life in having generous art teachers and co-workers. I love making art that is part of a building used by real people, who can enjoy life more fully as a result of living with my work.

Peter Mollica

'I want my stained glass to add interest to a building and delight the people who use it.'

Stained glass provides a focal point in an interior. However, windows must be designed so that they do not overpower the space. This is especially true of a chapel, which is a small room whose point of focus is an altar. The three 9-foot-high window lights in the St Catherine of Siena Chapel at the St Rose Dominican Hospital in Henderson, Nevada offer an ideal situation for stained glass. The traditional altar and tabernacle are placed to the left, and thus the windows are in a clear line of vision, meaning that the glass supports the service and does not compete with the priest for attention. I wanted my windows to add something to the spiritual feeling of the room.

My designs were inspired by the city of Siena and stories in the life of St Catherine. The pointed tops over the round arch in each light refer to the

Peter Mollica, St Catherine of Siena Chapel, St Rose Dominican Hospital, Henderson, Nevada, 2000

pointed gables over the portals in the west façade of Siena Cathedral. The gold discs reference the first orange tree brought to Italy by St Dominic. St Catherine, in contrasting the initial bitterness of the fruit with its later sweet taste when cooked, found metaphors linking this to patient, faithful service to one's neighbour. This story seemed particularly appropriate to a hospital. Another story recounts that when St Catherine received the stigmata she prayed that the wounds would be visible to no one else, whereupon she found the blood-red rays changed to 'radiant brightness'. This provided an irresistible visual image: there are five very narrow pieces

of red glass in the windows, which change to white. The Dominicans, I discovered, are devoted to the 15 decades of the Rosary, giving me the opportunity to use a number of opalescent and clear roundels, 'jewels' that I like using in windows. The designs are abstract, which makes them mysterious; mystery is for me the most alluring thing about spirituality. There are no crosses or other obvious Catholic symbols in the windows or the chapel, so that it can be easily adapted to accommodate the religious services of other faiths or Christian denominations.

The Nevada light is very intense: the interior gets direct afternoon sunlight for most of the year. The blue glass helps to soften the effect of this while producing strong light projections. I like this aspect of stained glass; these projections are something I plan, here using clear 'antique' blue glass.

I think of my commissioned glass work as decoration for architecture. I was studying maths and physics before becoming interested in glass; I then worked for a glass artist for four years doing mainly figurative work. In 1968 I moved to Berkeley, California and opened my own studio. Stained glass should respect the intentions of the architect – whether the building has been designed as a meditative space or a container for exuberant celebration. It should also assist, in some aesthetic or spiritual way, the people who use the space. I want my stained glass to add interest to a building and delight the people who use it.

Above: Peter Mollica, St Catherine of Siena Chapel, St Rose Dominican Hospital, Henderson, Nevada, left-hand light

Above right: Peter Mollica, St Catherine of Siena Chapel, St Rose Dominican Hospital, Henderson, Nevada, left-hand light (detail)

Robert Morris

'The ripple design also holds a metaphorical resonance to the notion of message, word, sound, light and waves.'

I have always liked Romanesque churches; although they are not as grandiose as Gothic churches and cathedrals, they have a more powerful sense of mass. So I responded in a positive way to an invitation to design windows for the Cathedral of Saint Pierre in Maguelone, France.

The cathedral is situated in a woodland area on the edge of the Mediterranean, in the Languedoc region. There were challenges presented by sacred historical architecture on this unique site, and also the

Robert Morris, Maguelone Cathedral, one window

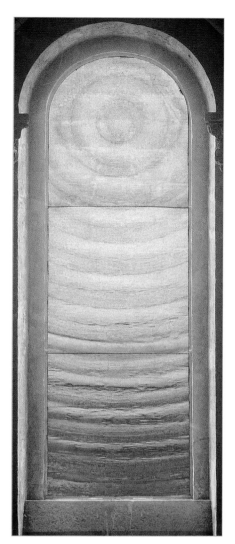

subtle, intangible demands of the religious ambience of this space. There is something slightly unnerving about placing work in such a historical building. Lack of belief does not impede an artist; indeed, it is not known if the medieval workers who laboured to build this cathedral were believers. One has only to consider Donatello, a non-believer who expressed his genius in a religious context.

Considerations about the light changing throughout the day, and the possibilities for coloured glass to modulate the interior space and respond to this changing light, were just a few of those I had to confront at the Maguelone; all were challenges unique to that place. The glass is slightly tinted; a light blue and a light honey-coloured glass were used. The inside surfaces have an acid wash, which gives a certain iridescence in the lower light of dawn and dusk. There are 17 windows in total.

I did not draw on any of my previous work, although this has been very varied, including painting as well as installations and performance pieces in the early 1960s. This commission was a new challenge, and my response was new. I went through several design ideas for the windows before making a final decision. It was very important that the glass in the windows should resonate with the space and mass of the interior and not call undue attention to itself. The motif of the ripple seemed appropriate since the church was so close to the sea; the ripple design also holds a metaphorical resonance to the notion of message, word, sound, light and waves. The contours of the glass were achieved by slumping it over a mould in a kiln. It was a major problem fixing the glass into the openings, refitting the jambs of all the windows; according to an architectural historian, there had not been glass in the original openings.

Although I was invited to design windows for this church, the French authorities were not enthusiastic about this project; there were bureaucratic delays at every stage. It is fair to say that the windows could not have been realised without the ingenuity, research, experimentation and dedication of Gilles Rousvoal at the Duchemin Studios in Paris. I am very grateful to him.

David Rabinowitch

The late Romanesque Cathedral of Notre-Dame-du-Bourg at Digne-les-Bains in Provence, France was built between the 12th and 15th centuries. Influenced by the Cistercians, it has some remarkable features: the apse of the cathedral is flat, the nave has windows on one side only, and it's a completely open volume. When I began work there in 1993, the church was gutted, completely empty. The only prominent elements remaining were faded fresco tondos and a magnificent rose window. From the beginning, I wanted the new windows to integrate these round formal motifs, including those of the Romanesque arches.

The idea of using single glass roundels came to me when I first visited the Duchemin Studios in Paris, who would make the windows. On a window sill in a back room I noticed a small disc, used as a colour sample, and I knew at once that this could serve as the main element of the construction. I asked how large they could be made. The limit, we learned, was about 70 cm. Amazingly, this fitted exactly within the openings I had to work with. I could use some discs tangent to the window edges and some bounded by a margin.

David Rabinowitch, Notre-Dame-du-Bourg, Digne-les-Bains, Provence, France, 1994, three-light east window

The 70 cm roundels were the largest the glassmakers had ever made. Much thought went into working out how to 'suspend' them and the surrounding panes without using lead for support. I wanted the surrounding glass to be without colour or metal division, so as to preserve the purity of the discs, and their place at the centre of the design. Initially, the studio said it would be impossible not to use lead; but in the end they found a way: using resin to bind the discs and ground-glass sections onto a plane of clear glass set behind the whole, which also served the need to

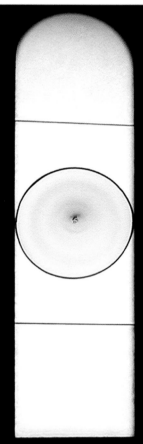

Right: David Rabinowitch, Notre-Dame-du-Bourg, Digne-les-Bains, Provence, France, 1994, centre light in east window

Far right: David Rabinowitch, Notre-Dame-du-Bourg, Digne-les-Bains, Provence, France, 1994, right-hand light in east window

Below: David Rabinowitch, Notre-Dame-du-Bourg, Digne-les-Bains, Provence, France, 1994, Bishop's window

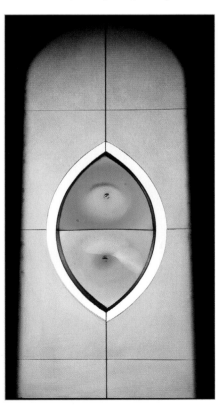

protect the windows on the outside. The technique was brilliant. Gilles Rousvoal at Duchemin said afterwards that the concept had taken hold quickly: other artists working in churches today have begun making windows without lead.

The opaque glass is divided in two ways. In the triad in the apse, the panes abut each other, creating a subtle line. In the triad in the nave, the panes remain separated from each other and from the disk by a space of about 5 cm. These divisions set up a linear rhythm throughout the church.

I made nine windows for Digne: two serial triads – one in the apse and one in the nave – and a group of three individual windows: one for the Virgin, one for the Birth, and the Bishop's window. This distinction between the different kinds of triads was important: two groups that were each a series, related but different, and then a group of three entirely distinct constructions. The serial triads in the nave and the apse are alike in that both use the same colour sequence – mauve, green and yellow – but in the nave the hues are much more intense. The ground-glass panes are also divided differently. The three individual windows, all of which are in or near the south transept, depart from the serial pattern completely in using different forms and conventional colour symbolism. The central element in

the Bishop's window is a divided mandorla in crimson. In the Virgin's window, four blue disc sections are vertically arrayed. The window of the Birth has two clear discs, slightly ovoid, one disposed horizontally, the other vertically. The choice of yellow, green and lavender (or purple) in the serial windows came from the wish to use colours I saw as being characteristic of the region and not for any overt symbolic value.

It should be mentioned that the colours are not fixed but change dramatically depending on the light and where you're standing. Tonal variations are also due, of course, to the handmade glass, which varies in thickness and consistency. Incidentally, the roundels are not blown but spun from the end of a rod.

I did use glassblowers to make a group of coloured ceremonial vessels for the church: cruets for holy oil, a chalice, and the service for the host. Glass is one of the orders of material used for my 'intervention', as the French call it, in the cathedral. Distinct orders of material serve to unify things separately from any means of formal or symbolic integration. Besides glass, there is the order of stone: altar, ambo, cross, holy-water font, bishop's throne, tabernacle and eternal flame; the order of metal: candleholders, vases and the sign system in the floor; the order of wood: seating, table and lectern; and the order of cloth, represented by the tapestry hanging above the tabernacle in the north transept, called 'The Triumph of Faith'.

Finally, I persuaded the authorities to rescue an ancient baptismal font buried under the crypt and to place it in the south transept, and to procure a Virgin and Child – an 18th-century Provençal sculpture – which we put on the wall in that volume below the Virgin's window on a special base I made. The other window in that transept is the window of the Birth. You could say that the windows and objects in each volume are thematically integrated. The south transept is associated with the birth of Christ, the north with the death and resurrection.

David Wilson

'I like to see the glass as a component of the building itself, integrated in such a way that if it were not there the building would be less of a building.'

I became interested in the possibilities of glass in my last two years in art college at Middlesbrough in the UK then later when studying under Tom Fairs at the Central School of Art in London. Family connections later led to a job with the Rambusch Decorating Company in New York. Although the work was not always aesthetically stimulating, I developed some sound practical skills at Rambusch, in particular the process of architectural model-making, which has been very useful. Eventually, I ran the stained-glass studio before setting up my own studio in the country in upstate New York.

David Wilson, Kenan-Flagler Business School, University of North Carolina, Chapel Hill, NC, 1997 (detail), Note the reflections on the walls

Designing is a problem-solving situation which operates on a number of different levels. There is usually an elegant, reductive solution to each problem, which should seem inevitable without needing to invoke some mysterious force called art. It is essential to consider how glass will work with the architecture, and how it can transform a space. Working on my own taught me the important art of compromise, by which I mean that you get to a point where you accommodate the client's interests without giving up any of your own ideas. Most of my early commissions were for churches, where it is also necessary to satisfy certain liturgical elements. Public art projects offer more opportunities for solving purely architectural problems, considering how the building and glass art relates to light, and exploring more visually liquid, clear-textured, prismatic and reflective material.

Building architectural models has become part of my process of designing. These models are both a design tool and a sales tool, and making them facilitates understanding of a space that has not yet been built, enabling me to visualise the scale of a project and to study how the glass will work within it. The model for the four-storey atrium at the Kenan-Flagler Business School at the University of North Carolina also gave me the opportunity to present several different sets of ideas to the client. Although the repeating elements in this design are partly for economy, I also like the visual rhythm they produce; it creates a harmony, making the windows sit within the architectural setting, not fight against it. The quality of the sunlight coming through the glass is as significant a part of the project as what is happening beyond the window. The landscape surrounding this building is integrated into the design of the glass. The use of bevelled and dichroic glass create an element of visual mystery as they change and manipulate the light. As well as acting as a reflective surface, they also project light and colour in precise images onto the adjacent walls.

The 3,000 square feet of glass for the Robert C. Byrd United States Courthouse in Charleston, West Virginia was the largest project I had then undertaken: it took a year to fabricate. The building by Skidmore, Owings

& Merrill references art deco and Prairie-style architecture, I wanted the glasswork to reflect this and also to retain a certain amount of transparency. People who pass through courthouses can be in an anxious state, so a sense of calm and decorum is appropriate in the design of the surroundings.

A formal, geometric pattern using a lot of clear, transparent glass was the most apt solution for this site. I chose a subtle orange glass; the colour evolved when using an orange crayon to sketch out ideas at the same time as I was working on the model. The black squares, inverted triangles, and groups of diagonal bevels set in squares were motifs which worked well together, reflecting elements in the architecture and thus balancing each other. This project received a General Services Administration (GSA) design award and was a stepping stone for us in moving on to other, larger projects.

David Wilson, Newark Liberty International Airport, Newark, NJ, 2002

Newark Liberty International Airport Monorail Station (clients: Port Authority of New York and New Jersey) is an interchange station, connecting trains for the city and north-east rail corridor with the airport terminal. An important element in the design of these clerestory windows was a sense of flight, together with train tracks: a train-to-plane, plane-to-train feeling, which explains the long diagonal shapes. The choice of colour was an intuitive decision, but green is the colour of spring, and it is also a soothing colour. The security staff, who work in a number of monorail stations throughout the airport, said the light here was less harsh and the

Above: David Wilson, Stamford Courthouse, Stamford, CT, 2002, one of two windows in the main lobby

Above: David Wilson, Corridor Wave Wall, Corning Incorporated, New York City, 1991. Photograph taken by David Sundberg © Esto

glass art made it a restful environment to work in. The project contains 18,000 1½ inch-square bevels. The design phase, beginning in 2000, was conducted through the Port Authority's architecture and engineering division, located on the 73rd floor of World Trade Center Tower 1. Our installation was originally scheduled for the fall of 2001, but after 9/11 it was delayed to the spring of 2002. The Port Authority design team I worked with all escaped the building, and, fortuitously, some months earlier I had retrieved my project models. Two or three panel mock-ups were destroyed with the building.

The windows at Stamford Courthouse were installed in the same year as Newark, although they were designed 10 years earlier and then delayed, mainly for political reasons. These windows cover the east and west elevations of the building's expansive glass lobby. It is very much a window about light, clearness and transparency. Individual glass panels, each 3 foot square, are hung on stainless-steel pins bolted through the vertical supports of the Pilkington Planar structural-glass glazing system, thus contributing to a floating, spacious effect. Bright sunlight projects light through the glass to reflect very precise images onto the floor and polished granite walls. Although an architectural element in its own right, this window is in some ways a lace curtain of glass, absorbing architectural details and the immediate environment into itself. The design is formal; all superfluous details have been removed, reinforcing the restrained identity of a courthouse.

The boardroom glass art in the New York City Office of Corning Incorporated, installed in 1991, was relocated in 2000. A long curved partition, separating the offices from the corridor areas, became a new commission. I used the same modular idea as in the original office of nine years earlier, glass divided into 12-inch squares, but this time to accommodate the curved 'wave wall'. Corning saw itself as having evolved from a glass company into a fibre-optic company and then an internet company. The design needed to pulsate with energy to reflect these changes. Thin slivers of dichroic glass make use of the full spectrum of colours, together with textured and reflective glasses. Kevin Roche, the architect who I have worked with on a number of projects, is fascinated by reflective and refractive materials, and he has always challenged me to consider using glass in different ways. The screen changes all the time as you walk through the space; there is light on and reflecting off the surface, together with light behind it. The adjacent wall is covered entirely with a mirror to increase the reflections.

An important influence on my work was Robert Sowers. He wrote eloquently and enthusiastically about glass in his book *The Lost Art*, which I discovered while at art school. When I came to the USA, he was executing a number of commissions at the Rambusch studios, and we subsequently became good friends. An exhibition of Frank Lloyd Wright's stained-glass work, which I saw on first coming to New York, also greatly impressed me. The challenge for me is still to use this traditional, proven technique, which has so many practical advantages, to create works which are relevant to contemporary architecture. Another challenge is using dichroic glass. The changing nature of this material, which arises from its shifting, dual colour and its reflective qualities, makes it a visually engaging component in a window, intriguing the spectator and stimulating further investigation. I started by using very small amounts, as it can be overpowering. However, in current projects I am cautiously using it on larger areas. I may also further investigate having glass texture specially made to my requirements, having done this to some extent with Lamberts in Germany.

Doreen Balabanoff

The Freeport Grand River Health Centre in Kitchener, Canada is a long-term hospital care facility. The building wraps around a courtyard – the corridor areas facing onto it are used as a community street, an architectural necessity for coping with Canadian winters. The quiet south corridor was the area I decided to focus on for the Eight Tone Poems. It has north-facing windows, and there are no major activity centres anywhere

Doreen Balabanoff, Eight Tone Poems, Freeport Grand River Health Centre, Kitchener, Canada

along it. The project, eight coloured windows alternating with clear ones, builds upon this quietness to create a contemplative space. The brief was to acknowledge hospital donors. Each donor category has its own font and scale, to denote levels of giving. I used a selection of Canadian poetry in order to create a context resonant with dignity and meaning. The variety of 'quiet imagery' in the poetry creates a rich and layered resource for long-term enjoyment, discovery and contemplation. The poems were manipulated as compositional elements – their size, shape and content all working together in each window.

The project was technically very difficult, though it looks simple. Mask-cutting for the acid-etching was done via computer technology, but the letters were hand-picked out of the masking material. Several poems had very small text; keeping the masking on in the acid was difficult.

The thin layer of flashed colour etched at a different speed for each hue: some colours, like turquoise, were practically impervious. Variation in thickness of the flash was also a factor.

Poetry is a wonderful medium in a public commission, as it can be read

and reread every day. However, there was no community involvement in the selection of the poems, and there were some unexpectedly hostile reactions to some of them, particularly to one poem about death that eventually had to be replaced. Another unforeseen problem was that the project appeared to be a luxury item at a time of cutbacks; and this under-mined its main purpose, which was to serve as an aid to fund-raising. Although it was a difficult and at times painful experience, this project taught me a lot about sensitive design practice and the need to consider a commission from multiple perspectives.

Stuart Reid

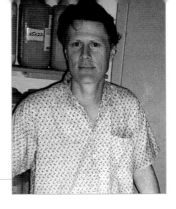

Homage to Mozart is an art work for the Salzburg Congress Building in Salzburg, Austria. It celebrates the harmonious interplay of the senses with the intellect (the sensual and the rational). In this way, it is an homage to the genius of Mozart. As an architectural art work, it is designed to provide a luminous threshold to pass by on ascent/descent from the Congress halls via the escalator or stairs.

Repetitions in the design reflect the fluidity of the viewing experience. I have used abstract forms that subtly suggest multisensory experiences: the sound and sight of water, the movement of clouds across the sky, fabric billowing in the wind. Colours are chosen for their purity, serenity and evocative associations (the evening sky, flowing water, the blue-violet of an iris).

The project, executed at Derix Studios, was complex and difficult – involving working on huge sheets of float glass laid out on the floor for hand-painting or sprayed in a booth. Nuanced tonal and colour variations involved complex masking and layers of spraying, and consistency across the panels was tricky, with firing at different times.

Stuart Reid, Homage to Mozart, Salzburg Congress, Ssalzburg, Austria, 2001, 20 x 40 ft, enameled float glass with areas of laminated acid-etched mouthblown sheets

Ernestine Tahedl

Fruits of the Spirit is a series of eleven windows in St Peter's Estonian Evangelical Lutheran Church in Toronto. There is a religious theme to the windows, but the designs are also a celebration of the Estonian heritage. I was inspired by the colours and the simple designs of Estonian weaving: the windows can be viewed as a woven belt encircling the congregation in their place of worship. Although the stained glass is a unified design, each window can be seen as a separate entity. The windows on the north side are lighter in colour, partly to compensate for less intense northern light. I have used opaque white glass at the top to screen the roof overhang. The different thicknesses of lead are an important feature in the design: the thicker leads form a strong movement, reinforcing the link between the individual windows, while the thinner leads, which divide the colours, suggest the interweaving of threads.

Above: Ernestine Tahedl, Fruits of the Spirit, St Peter's Estonian Lutheran Church, Toronto, 1994

Right: Ernestine Tahedl, Fruits of the Spirit, St Peter's Estonian Lutheran Church, Toronto, 1994

I trained as an artist in Austria and collaborated with my father on stained-glass commissions before emigrating to Canada in 1963. I now work mainly as a painter, and derive inspiration for my landscape-based painting from travels on the American Continent. The concept of multiple canvases and panels has always interested me, so stained glass is an appropriate medium for my work.

Iceland

The history of stained glass in Iceland is a short one. Although glass was imported for churches in medieval times, there is no evidence that any of it was coloured; no Icelandic artist was working in stained glass before the 1950s, when it was introduced to the country by Gerdöur Helgadóttir and Nina Tryggvadottir.

Aged 19, Helgadóttir left Iceland in 1948 to study in Paris. She was one of a group of artists interested in stripping art down to its fundamentals, an approach that had been explored in mainland Europe during the 1920s. She moved from iron sculpture to a concern with light, which led to glass being included in her sculpture and ultimately to designing stained glass. She designed windows for churches in Iceland and Germany until her early death at the age of only 47.

Icelandic artists have frequently travelled abroad to study. The relative proximity of Edinburgh has made it an obvious place to choose. The art college has a thriving glass department, and from that base artists have also been able to access the wider UK art scene.

Sígridur Asgeirsdóttir, Langholtskirkja, Reykjavik, 2003

Sígridur Asgeirsdóttir

'A stained-glass window should not take over a space, it should never dominate. It needs to have some humility and the ability to be invisible at times.'

When working on commissions you have, as a matter of fact, to take various aspects into consideration before forming definite ideas about the design. This includes the building itself and its surroundings, its exterior and interior, colours and light within and outside the building, the seasonal change in light, the nature of the activity or business carried out there, and so on. I must say that it is always my intention to have my stained-glass windows in harmony with its surroundings; a stained-glass window should not take over a space, it should never dominate. It needs to have some humility and the ability to be invisible at times.

In the case of Langholtskirkja, a church in Reykjavik, we decided after consulting the congregation that the most important thing for the church was to make it more humane – to warm up the architecture. It is a big concrete building with strong structural elements. There is a large triangular window at each end and there are windows along the sides. The windows cover altogether about 170 square metres. We agreed with the minister and the congreagtion that my departure point and inspiration for the design of the choir window would be from the verse from St Matthew, 'Come unto me all ye who labour and are heavy laden and I will give you rest'. For the west window we chose a text from Filippa Bréf Rejoys. The side windows would form a bridge of colours between the two main

Right: Sigridur Asgeirsdóttir, MasterCard headquarters, Reykjavik, 2001

windows, and below the side windows the two texts would run along the wall in steel letters to complement the colour of the organ pipes. I used warm flowing colours in a rather painterly fashion, and a burst of yellow flowing into white in the centre to designate the hope of the Resurrection. There are a number of other abstract symbols incorporated into the design, which people can interpret how they like. There the eye is intended

to roam freely over the surface of the glass. The lead line acts as an independent line drawing on top of the painterly flow of colour.

The choir window was executed and installed by Derix Studios in Kevelaer, Germany, in 1998 and the side windows in 2003.

The Icelandic landscape is and has always been a dominating influence in my work; so has the contrast of light according to the seasons. Our nature and landscape is both forceful and beautiful; hot springs, geysers, deserts of black volcanic sand, pools of very intense blue water, powerful waterfalls, moving glaciers whose edges are carved with sand: all these have been an inspiration in my work. The quality of the light is also very special, changing drastically from season to season, summer to winter. During summer we have long hours of light – the midnight sun – and in autumn and winter long hours of darkness. Black, in particular, is a very rich colour in the Icelandic landscape. A huge bulk of my work – which I refer to collectively as the 'black pieces' – is dedicated to this rich, beautiful colour. There is no emotion that you cannot describe with it, nor any physical occurrence.

The four panels in the MasterCard headquarters in Reykjavik are plates of glass not fixed into a window space but free-hanging from the ceiling. The work is mobile and can thus be turned according to the different seasons to affect the strength of light coming from outside. The main colour is black, painted with strong brushstrokes describing the interior of Iceland.

When asked to design a window in the new building of the National and University Library in Reykjavik, I wanted to describe its timeless quality; it has continuously collected and looked after precious material over a long period of time. The library houses original manuscripts on various aspects of Icelandic culture and other source material from our national history, and is at the same time a modern centre for knowledge and information, utilis-ing electronic technology for that purpose. For me it is a very special place,

Above: Sígridur Asgeirsdóttir
Masonic Hall Reykjavik, 2002

Right: Sígridur Asgeirsdóttir,
National and University Library,
Reykjavik, 1994

part of the soul or inner being of Iceland, and I felt a great responsibility when asked to design a window for the library's new building, which was formally opened in December 1994. To describe its timelessness, I used blue glass – the colour of the sky, of eternity – as the overall colour, together with small fragments of glass, broken from thick slab glass – the stars, single moments or events in the continuity of eternity.

The commission for the Masonic Hall came from a very different kind of client, a well-established secular organisation not open to the public. The original request included a heraldic shield in the centre of each of the six windows, designating the different lodges in the organisation. I felt it would be far more interesting for the windows to use the shields to make a type of tapestry in glass instead of simply framing them with some design. Thus the shields form a pattern that repeats itself across the windows, while some areas have been softened, sandblasted away, to emphasise the mystery that surrounds the Freemasons.

Leifur Breidfjörd

*'The most rewarding
situation is to make
good architecture
look even better
with the addition
of stained glass.'*

I was encouraged by the principal of the Icelandic College of Art to study stained glass in Edinburgh, where I was fortunate to have Sax Shaw as a teacher. Through him I came to understand the important relationship between art and architecture. I was excited by European stained glass, much of which was new to me. Initially, Art Nouveau made a great impression. I later studied with Patrick Reyntiens and liked his work and also that of John Piper. I travelled in Germany and saw the work of the German stained-glass artists, which was a complete contrast. The German architectural approach appealed to me, and, like many at that time, I was influenced by Schaffrath.

Fine art has always been important to me. I still devote a lot of time to painting and drawing. Alan Davis, American abstract expressionism and British neo-romantic artists such as Graham Sutherland have been persistent influences. Sutherland's creative identification with nature, his metamorphosis of natural forms, so different from the respectful approach of Icelandic landscape artists, has greatly influenced me: natural forms, either veiled or direct – leaves, stalks, bursting pods – constantly appear in my work. However, an immense range of visual work outside of art has had an influence on my work.

The scale of an art work in architecture must be right from both inside and outside the building. There are four sides to stained glass: daytime inside and outside, and night-time inside and outside. Stained glass should

*Leifur Breidfjörd, National and University
Library of Iceland, Reykjavik, 1994*

also allow a warm or cool light into an interior as required; these factors are taken into consideration before I start working on the design and thinking about the colour. A close working relationship with the architect is also important; the most rewarding situation is to make good architecture look even better with the addition of stained glass. I usually use the traditional leaded-glass technique, frequently applying black glass paint to emphasise or soften lead lines; but I also experiment with different techniques in glass. I have made stained-glass sculpture and free-standing and free-hanging works. Many of my free-hanging works have been inspired by the idea of the kite, and suspended within an interior – glass, heavy yet fragile, suspended, floating in the air. Although my large commissions are executed in glass studios, working physically with glass is very important to me; I do commissions for private houses and smaller panels in my studio in Reykjavik, which enables me to develop new ideas and techniques.

I did all the preliminary sketches for the National and University Library of Iceland in Reykjavik in 1994, while it was still being built. It was good to be able to design the window on site: I could walk around the building and imagine how it would look, sketching the window as seen from different angles and getting a feel for the architecture. The design is based on the spirit of man. The work depicts three heads: the left head represents the past, with text from old Icelandic manuscripts; the central head shows the present, with text from contemporary Icelandic poetry under computer signs; the right shows the future, an unwritten sheet. Picasso and early Etruscan art influenced the design of these heads. Opalescent and semi-opalescent glass was used – etched and sparingly painted – together with some transparent glass and some small glass prisms.

In 1996, new, shared premises were built for the British and German Embassies in Reykjavik. I was asked to do a stained-glass window for the meeting room. The outside view is particularly important here, as the interior is lit up from the outside at night. The design shows a free interpretation of the British flag on one side and the German on the other, with the Icelandic flag tying them together. The window is made mostly of opaque glass and opalescent white glass shading into clear glass.

Hallgríms Church in Reykjavik is the largest church in Iceland. The design of the west window is based on themes from the Book of Revelation and the life and poetry of the Reverend Hallgrimur Petursson, to whom the church is dedicated. The secular world is shown in the lower part of the window, with heaven above. The three segments of the lowest part of the window show the Passion of Christ, the Crucifixion and the Resurrection, symbolised by the phoenix. Dominating the upper part of the window is Christ in glory, with the angel of doomsday above. At the top of the window is the symbol of eternity and eternal life, with the dove and Holy Trinity. Symbols of the gospels are at the sides. The quatrefoil forms in the window refer to the Middle Ages, and the colour palette, although contemporary, also echoes a Gothic colour scheme.

Leifur Breidfjörd, Hallgrims Church, Reykjavik, 1999, detail

Japan

Stained glass in Japan dates back to the Meiji period (1868–1912), when Japan was opening up to foreign influences. Its development did not synchronise with that of architecture; its use was confined to churches and for ornamenting hotels and restaurants, a role it continues to fulfil today.

Japan has some of the world's finest contemporary architecture and sculpture. Although contemporary Japanese architects use light imaginatively, exploring its effect on different surface textures together with large areas of glass in their buildings, they have seldom incorporated work by artists using glass. Architects do not have many opportunities to see work that would be appropriate to their buildings.

The Japanese have a great respect for materials, in part the consequence of Shinto beliefs. This can be seen in the lack of the rigorous distinction between the fine and applied arts that European designers have had to contend with. Ceramics have always held an important place in Japanese culture. It would appear that this approach has encouraged the craft and making side of stained glass, which has incorporated novelty glasses, prisms, lenses and lumps of glass, often at the expense of some designs: unfortunately, there is considerable demand for floral designs moulded into conventional patterns.

In Europe and the USA, there is a vigorous painting tradition, which to a certain extent influences colour, form and drawing. However, painting and murals do not accord with traditional Japanese houses: tatami-mat walls are not designed for hanging paintings on. Nevertheless, there are some excellent public buildings and an encouraging amount of interesting public sculpture, where interest in the material and the art form have successfully meshed together. Stained glass at present sits uneasily within this tradition. The principal stained-glass artists work in disparate locations across the country; there is little contact between them. Large-scale commissions for public buildings are not competitive, selection of the artist often being arrived at in a random way.

However, despite these caveats, there is architectural glass in Japan to excite interest. Most Japanese artists working in glass have had some contact with European glass; some have trained abroad or have benefited from workshops and lectures from established artists visiting Japan.

Some artists respond to the softer light in Japan, using quieter colours; others find the Japanese tradition of bright, vibrant colours (kimono fabrics, lacquer work) to be an influence. There are artists working in the traditional leaded technique who have successfully harnessed it to reinterpret a traditional Japanese aesthetic: windows for a modern, but traditional-style residence and at Miyazaki Airport (a floral theme rendered in a contemporary way) by Toshio Takami are good examples. There are small-scale interventions by Michiyo Durt-Morimoto in tea houses and restaurants, which have walls sub-divided into small squares that were once glazed with rice paper, now with glass. Durt-Morimoto has also used a mosaic technique of squares and rectangles to great effect in long panels interlaced into the façade of the City Community Hall in Kobe – a subtle intervention of colour in a concrete and chrome interior.

Michiyo Durt-Morimoto, City Community Hall, Kobe. Glass mosaic panels placed adjacent to windows in main areas

The Inazawa City Community Centre by Ryouichi Mitsuya is an example of an artist pushing the technical possibilities of the medium, combining transparent and translucent materials with real ingenuity. Sachiko Yamamoto has developed her own technique, which consists of thousands of tiny pieces of glass sandwiched between sheets of float glass. Light is reflected and refracted off the multiple surfaces in a way that echoes the traditional Japanese preoccupation with minute detail, but relates well to the contemporary aesthetic of modern Japanese architecture.

Kazumi Ikemoto

'The quality of light makes a glass image mysterious; a glass image is richer than a painted image.'

I worked in stained-glass studios in Japan and Milan after studying painting at art college in Tokyo; although the work was rather mundane I realised that glass as well as paint on canvas was a medium in which to express ideas. This was a valuable discovery.

Kazumi Ikemoto, Tennoji School, 1984

Kazumi Ikemoto, Mitsuihomori Hotel, 1985

An early commission for a window for the Mitsuihomori Hotel allowed me to interpret some of my ideas about the movement of wind and water into glass. This is something that has always interested me, and is sometimes interpreted as a particularly Japanese sensibility, although I am not aware of it. I used a limited range of colours, with a number of variations within the blues, a narrow line of red that appears to lie behind the image, together with a dark border. A frame within the frame of the window is a device with which as a painter I feel comfortable. The border both contains the image and allows it to flow from the window out into the surrounding space.

The window for the Tennoji School is also about movement. The family business was in weaving fabric for kimonos. The folds, movement and texture of fabric used to fascinate me as a child. I wanted to interpret this soft feeling of flowing and folding in the hard medium of glass. The window as a whole is viewed with the staircase in front of it, so it was necessary to have a design with a strong movement to counteract the diagonal of the staircase. The window is intended to be a relaxing and soothing

Left: Kazumi Ikemoto, Tennoji School, 1984 (detail). Note the use of hand-blown, reamy glass to obscure the view outside

Above: Kazumi Ikemoto, City Hall, Osaka, window over entrance

image. The students at this school have to work extremely hard; there is a lot of pressure on them to pass exams.

I developed this imagery further in the semicircular window over the entrance to the City Hall in Osaka. Here wide and narrow bands of fabric are contrasted. There is a greater level of activity concentrated into a smaller area, so the general effect is more three-dimensional, more intense. The window is mainly white opalescent glass, which sheds a softer, less direct light on the interior than would transparent glass. I admire the architecture and glass work of Frank Lloyd Wright. His designs for stained glass are so well organised; the various forms elegantly interlock. His ideas influenced my design for the ceiling window in the entrance area of the Mutsugawa High School near Tokyo.

The various parts of this structured, geometric design interlock to form a

symbol of the different classes and groups within the school: separate entities which come together to form a whole.

Birds and rabbits have figured in Japanese mythology and paintings since the 12th century. They are symbols of happiness and pleasure, an aspect of the benign fantasies of childhood. The rabbits in my work are anthropomorphised, taking a partially human form. However, I only use them in autonomous panels: these images are too powerful for a building.

At present I am making large bowls. The vessel shape allows images and stories to flow around a form, to be interconnected in a way that is more difficult in an architectural piece. I trained as a painter and may return to painting again, although glass is a medium that offers possibilities. The quality of light makes a glass image mysterious – richer than an image painted on canvas.

Kuni Kajiwara

'The beauty of glass – the colours, the transparency and the silkiness of the material – is a miracle for me.'

My Japanese background has given me a spiritual feeling for materials. The beauty of glass – the colours, the transparency and the silkiness of the material – is a miracle for me. When I came to Britain, I knew that I wanted to be an artist but was undecided about which medium to work in. I experimented with interior design and graphic design, and found enjoyment in the physical act of drawing and in working in watercolour, before finally I discovered glass. The brightness and clarity of glass colours, and the quality of the material, were what initially attracted me.

Kuni Kajiwara, Saiseikai Hospital, 1990, dalle-de-verre window in entrance area. The artist has used this usually heavy medium to look rich and also lightweight

I was brought in at an early stage in the design for the Saiseikai Hospital, as the architect wanted some art work and was very sympathetic to my ideas about glass. I was thus able to dictate the size and shape of the window, which is in the entrance area and is the full ceiling height, a more satisfactory shape for a window than being part of a wall. I live in a small town surrounded by mountains in south Japan. Landscape and natural forms are a strong part of my visual vocabulary. The theme of the window is landscape and water. I like the basic simplicity of the dal-de-verre technique with which this window was made – the chunky solidity of the thick glass, its dense areas of colour contrasted against the rough simplicity of the concrete. The window is south-facing, so the strong morning light throws intense, coloured shadows onto the floor, bringing beautiful coloured light right inside the building.

Kuni Kajiwara, Saiseikai Hospital, 1991, 2nd window, glass appliqué, backlit panel

The second glass work for the Saiseikai Hospital is a narrow vertical backlit panel, placed between two large windows. I enjoy experimenting with different techniques and felt the hospital environment needed variety. The theme of moving, flowing, energy-giving water – a positive image for a healing environment – is appropriately realised in glass appliqué. The white lines of light between the pieces of glass retain the lightness and delicacy of the material and emphasise the flow of the design.

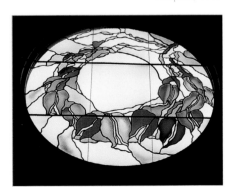

There is a lot of surface light on the window in the Takachiho Town Hall Hospital from the glass in the large adjacent windows. The window is situated at the end of a long corridor and faces on to a brick wall. In Japanese mythology, the sun god was born in Takachiho, so the design is inspired by this story. I have used the same dal-de-verre technique as in the Saiseikai Hospital – it was necessary to obscure the view of the wall – but on this occasion with greater contrast in the sizes of the glass pieces.

The circle is an important image in Japanese culture; it symbolises many things, many aspects of Buddhism, which is the other major religion beside Shinto. A circular face is also a type of humorous Humpty Dumpty character symbolising good luck. I enjoy designing circular windows. I am also intrigued by the Australian Suzukak plant: the brilliantly coloured fruit has a hard shell which bursts open when ready, exploding its very fine seeds into the world. This image of giving birth seemed appropriate for the circular window at the Maternity Hospital at Suzukake.

Most of my work is commissioned, but when I have time in between commissions I work on free-hanging panels. I have a small stained-glass museum in Hita, where I display a number of panels by European artists as well as my own work, which I need to change regularly. I enjoy the challenge of trying new ideas and techniques; the colour and beauty of glass are a constant attraction.

Ryouchi Mitsuya

'I hope that people who experience my work will have their sensibilities heightened, will experience life more fully.'

My introduction to stained glass came through one of the very popular stained-glass hobbies courses in Japan. I later worked for a year for Sal Fiorito, a stained-glass artist in the USA; it was a useful experience through which I learnt a lot. I recognised the potential of the medium during that period, after seeing a book on Ludwig Schaffrath's work, who I later heard lecture in Japan. His work for me has an affinity with Oriental art, and has been the greatest influence on my own work. On my return to Japan, I worked for nine years in a studio in Nagoya, which gave me time to study Japanese art, before setting up my own studio.

Ryouchi Mitsuya, entrance door in Ishiwatari private house, 1981. Note use of opalescent areas to obscure visibility

Japanese architecture was, and still is, designed on a strong horizontal and vertical axis. Smaller areas are subdivided into squares and rectangular spaces. Sliding partitions, which function as both doors and windows, are a feature of traditional Japanese houses, and many modern houses also incorporate them. The two doors in the Ishiwatari residence are designed to work visually both when the doors are closed and open: when the two panels slide across each other, the design of each panel reinforces that of the other. Traditional Japanese screens are subdivided into very small squares. This design is based on small squares but plays with the idea of

Above: Ryouchi Mitsuya, entrance area to Meito Fukushi Kaikan House public welfare offices, 1981. There is a traditional respect for natural materials in Japanese culture. Here note the use of brown glass to reflect wood in the interior

Right:Ryouchi Mitsuya, ceiling in Civic Art Gallery, Takasaki, 1994. Note use of blue glass to convey idea of water and the prisms which throw light onto adjacent walls

movement and with fragments of screens. The opalescent and transparent textured glasses mimic the traditional paper used in Japanese screens. The light is softened and diffused in a similar way, but using stronger, contemporary materials.

I used opalescent glasses and a little transparent glass in the windows for the Meito Fukushi Kaikan House, the location of the local public welfare offices. The colours – brown, yellow and orange – are in harmony with the wood building materials; the positioning of the vertical lines of colour was carefully orchestrated to harmonise with the verticals in the architecture, to create a restful atmosphere.

The design for the ceiling windows at the Civic Art Gallery in Takasaki was inspired by a view of the ocean seen from below the surface, a unique and fascinating experience I had recently observed while scuba-diving. The idea of looking up and through the surface of water is an appropriate image for glass in a ceiling; both materials are delicate, fluid and transparent. I used a number of prisms leaded into the glass, which throw light onto the adjacent walls: the architect was initially concerned about too much colour being reflected on the floor, and thus did not want coloured glass in the ceiling windows. A band of mirror all the way round the top of the walls reflects the ceiling and draws the colour subtly down into the building's interior.

Ryouchi Mitsuya, Inazawa City Community Centre, 1995. This window demonstrates the experimental use of a combination of transparent and translucent materials on both a small and a large scale, which reflects a Japanese aesthetic – sliced marble, fused and polished blue glass, and lens – and which engage the observer with the view outside in a different way

The window in the Inazawa City Community Centre is divided into nine 40 cm square lights, divided by thick mullions.

The window is a mixture of natural and man-made materials. Each square consists of a triangular 2 cm slice of translucent marble combined with a triangular shape in clear glass. I wanted to use a natural material. Marble originally formed thousands of years ago by movements in the Earth's crust incorporates something of the ageing process that is inherent in all natural materials. The glass areas consist of thin sheets of blue (flash) glass – the colour only on one side – fused together in overlapping layers; the fused block of glass was then ground and polished. Finally, there was a further addition of triangular blocks of clear glass with a polished lens cut into the centre of each one. The result is a subtle contrast between firstly the very fine geometric lines of colour in the man-made glass, secondly the lenses, each of which meticulously encapsulates the view though the window, and finally the delicate, fluid, organic lines of the marble.

My ideas are stimulated by a commission, by a particular architectural situation, and by the variety of ways in which glass can be used, sometimes combined with other materials such as marble and steel, to suit specific situations. A series of sculptures outside the Toyokawa City Library, which enclose rocklike glass forms held in columns of slender metal rods, show some of the possibilities I am now exploring in glass.

I want my glass works to harmonise with both the architecture and the architectural space, to flow into the space that surrounds them. The delicacy of glass celebrates the transient, effervescent qualities of nature – flowing water, the sparkle of bubbles. I hope that people who experience my work will have their sensibilities heightened and will experience these aspects of life more fully.

Yoko Miyata

'I am fascinated by the many possibilities that glass offers and the different techniques that can be used in combination with each other'

I am fascinated by the many possibilities that glass offers and the different techniques that can be used in combination with each other. The five stair-well windows for the Sukoyaka Centre, a public health centre in Kure City near Hiroshima, are in the traditional leaded-glass technique, and take advantage of the softness and malleability of lead to accommodate glass of varying thickness. The twisting glass column running down the centre of all the windows – the tree of life growing out of the earth at the base of the building to the future and beyond at the top – is a relief form created using

Yoko Miyata, Sukoyaka Centre, a health centre in the city of Kure near Hiroshima. This is an example of stacked glass used in combination with leaded glass in which the two very different techniques have been successfully combined

layers of float glass. These are cut to shape and stacked on top of each other; there are also a large number of narrow glass bevels used horizontally. The stacked glass and the bevels reflect and refract light in a way that complements the transmitted light in the stained-glass areas. Blue was chosen – the colour of water, which is the start of life on Earth, and of the sky. For reasons of economy, the stained glass only occupies two thirds of the window area; but this offers the residents the advantage of having an area of clear glass to look through, and thus somewhere to look out onto to help them feel connected with the outside world.

I was made aware of the possibilities of glass in architecture by Ludwig Schaffrath, who taught a course that I attended in Japan. The scale of his work is inspiring. He encouraged young artists to develop their own ideas, and in my case he emboldened me to develop my ideas on a larger scale. My introduction to glass was through using transparent coloured resins, which have wonderful qualities of light and colour. Glass has both of these qualities, but also others too. Although large areas of glass are an integral part of the built environment, glass can still be encountered in our everyday lives as something special – a piece of broken glass on the ground, for example, which sparkles and catches the light in a magical way. I want to create something of this magic of glass in my work. My original training was in general arts: acting, dancing and performance, and this experience has helped and informed my glass work, particularly the performance pieces, which involve movement, water and light: all are qualities associated with glass. I want people to respond to my work in an emotional not an intellectual way.

Yoko Miyata, window in private residence.

Michiyo Durt-Morimoto

'I am an artist and a maker; there is great satisfaction and enjoyment to be derived from actually making windows you've designed.'

The realisation that I wanted to work on a large scale as an artist occurred during my time at art college in Kyoto. I had already begun thinking about my work in connection with architecture when a professor in the architecture department of the university recognised a luminous quality in my paintings and suggested I work in stained glass. As Japanese artists do not generally work on a very large scale, there were no role models for me there, so I decided it was important for me to study in Europe. In 1966, I studied for two years in the École Nationale Supérieure d'Architecture e des Arts Visuels de la Cambre in Belgium, which enabled me to work on a large scale and also to experiment with monumental painting, lithography and stained glass. I then worked for a year in the stained-glass workshop of the Belgian artist Michel Martens in Bruges, a congenial city that I enjoyed living in. Although he later worked as a sculptor, situating glass in landscape, Martens was then designing and making stained-glass windows, mainly for churches, the majority of the commissions arising from war damage. I learnt both the craft of stained glass in his studio and also the satisfaction and enjoyment derived from actually making the windows which I had designed. Thus, I became both a glass artist and a maker. When I returned to Japan in 1969, I was able to build a small studio near my house in Kobe. After 18 years of working there on a number of large commissions I employed several assistants and built a larger studio.

Michiyo Durt-Morimoto, a series of windows at different levels in the entrance of Mikage Orphanage, Kobe, 1990

The windows at the Mikage Orphanage at Kobe are grouped together above and around the entrance and on the first floor. They are visible from different angles, and the lower windows can be viewed through the upper ones; they needed to work together as a group and also individually from various viewpoints. I did not want an image with an obvious explanation;

I felt an abstract design, open to various interpretations, was more appropriate. For me, stained glass works better when the palette of colours is restricted, as in these windows. The blue areas are full-sized sheets of hand-blown glass: I did not want to cut this glass into smaller pieces, as the subtle variations of tone within each sheet were wonderful and are more apparent when a sheet is seen in its entirety. The small oval shapes – thin slices of natural stone with their soft, organic gradations of tone and colour – make a contrast with the larger glass areas of colour.

Right: Michiyo Durt-Morimoto, one side of glass-mosaic wall around Dandelion Sports Club, Matsuyama, 1993. Note the unusual integration of reflection with the glass because of the high water level in the pool

Below: Michiyo Durt-Morimoto, mosaic wall around Dandelion Sports Club, Matsuyama, 1993 (detail)

The inspiration for the large windows which surround the swimming pool in the Dandelion Sports Club in Matsuyama was the landscape and village around our house in France. The small medieval town of Curemonte is surrounded by hills. I treated the rhythmic elements of this landscape like a draughtboard, alternating colours and tones to create the effect I wanted. My own preference is to use colour very spontaneously, but in this project I have been influenced by Michel Martens's very orchestrated approach to colour. The windows are executed in glass mosaic (glass bonded onto float glass) to achieve a very light, delicate effect.

The trees surrounding the club are visible through the glass and form part of the design; the water level of the pool is the same as the floor, enabling coloured light to reflect on the water uninterrupted by different floor levels.

The roof of the Nishi-Nagato chapel (a hotel chapel built for intimate wedding ceremonies) has been designed to resemble a large shell, a spiral of metal and glass. This circular ceiling window is the light source in the chancel. The chapel is on the edge of the sea, so I restricted my palette to two shades of blue; and the circular and swirling patterns of the leading also echo the movements of the waves and the spirals of the shell-shaped roof above. People entering this area are bathed in soft blue light, which evokes a feeling almost of being immersed in the sea. This place is at the converging point of the Japan Sea, which is an

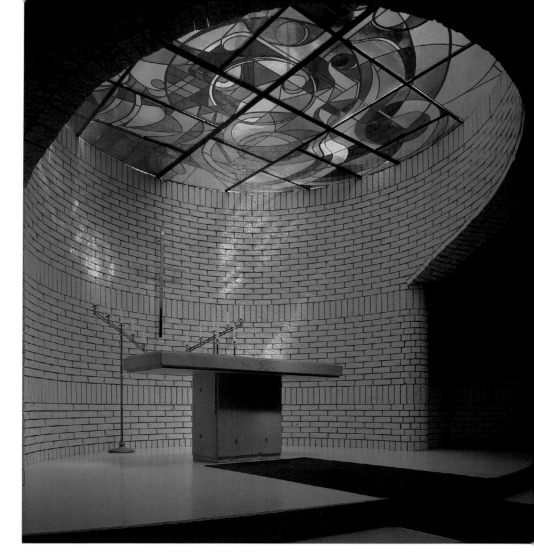

emerald-green colour, and an inner sea called Hibaki-nada, which is a cobalt-blue.

Much of my recent work consists of smaller projects in schools, restaurants and private houses. Subdividing a wall area into small squares of glass, has become a popular feature in Japanese buildings; it echoes a traditional feature of Japanese architecture, with its emphasis on vertical and horizontal lines.

Such subdivision enables a variety of colours and textures of glass to be easily balanced, and of course colours can be selected that are in sympathy with different aspects of the interior. I am especially interested in introducing stained glass into traditional Japanese architecture. At present, I am involved in the conservation of a wooden house, known as a Machiya-Minka, in the old part of Kyoto. For the last hundred years, glass has been used to replace paper in old houses; there are also latticed elements (ranma) in interiors where coloured glass may play a role. Stained glass can nuance the light, recreating the soft shaded-light effects which characterise the usual series of rooms in Japanese domestic architecture.

Hiroko Nakamura

'A stained-glass window is essentially a painting.'

Stained glass does not enjoy the long tradition in Japan that it has in Europe, so it is a challenge as a glass artist to find the best way to relate stained glass to Japanese architecture and Japanese sensibilities. The colour of the sunlight, the atmosphere and even the density of the air here is different from Europe. Although many people here regard stained glass solely as a European art form associated with Gothic cathedrals, the applied arts have always commanded as much, often greater, respect in Japan as painting and sculpture. Only relatively recently, during the Meiji period, when Japan was opening up to the rest of the world and there was a yearning to adopt European values, was there an attempt to elevate painting and sculpture above art forms which involved craftsmanship.

I originally studied aesthetics and art history, then did a short course in stained glass, working in a stained-glass studio in Tokyo, before studying in France for two years. In France I learnt how to make cartoons for stained glass. When I started designing and making stained glass it seemed important to decide which was the most important element: the colour, the lead line or the painting on glass. However, I later realised that this was a meaningless decision. A stained-glass window is essentially a painting, which is something most European glass artists would take for granted, but, as a Japanese artist, took me time to discover. It is important when designing stained glass, to put technical decisions on one side and concentrate on making a good painting. Glass is such a beautiful material, it is easy to forget that if the design is not right it will not work.

Above: Hiroko Nakamura, Seki Country Club, 1995

Right: Hiroko Nakamura, Seki Country Club, 1995 (detail)

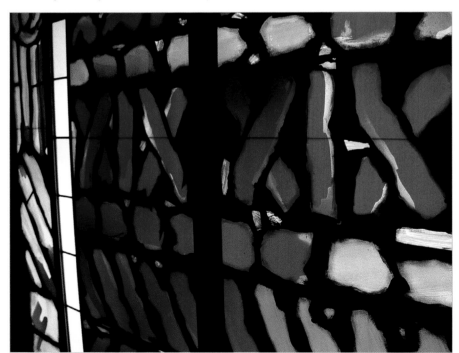

The glass doors in the Seki Country Club lead from the corridor into the conference/ceremony room. The richly coloured glass has been acid-etched and heavily painted. It is intentionally massive and heavy-looking, to give it an ornate ceremonial feel, like that of a traditional Japanese gateway. A lot of Japanese artists use very soft colours, but strong bright colours are also part of Japanese culture. Kimonos are very colourful, and, although much of the colour has now faded in traditional architecture, temples particularly were once very brightly coloured. I want my work to have impact, and bright colours are one way of achieving it.

The people of Osaka are more flamboyant than Tokyo people; their culture is more opulent and luxurious. The bold dramatic shapes and colours in the windows at the Mitsui Urban Hotel in the Osaka Bay Tower reflect this extroversion. The strong movements in the design echo the gorgeous, ostentatious costumes of the Kabuki theatre which originated in this area, as well as the wave movements of the nearby sea. The parallel lines at the top and bottom of the window reference the traditional horizontal structure of Japanese houses. I consciously intend my work to have a Japanese feel. I want to make Japanese stained glass.

The Juroku Bank Building in Gifu requested the famous Nagara river as a main theme for the long window in the reception area. Salvia flowers, a symbol of the city, have also been incorporated. Groups of squares, a traditional feature of Japanese architecture, provide a structure and another focal point to counterbalance the vigorous, flowing movement of the blue water. Blue is a very special colour for me: it was the chance discovery of a blue cut-glass cup in a cupboard when I was a child that stimulated my interest in glass. Since then blue has always been my basic colour.

I was very impressed and influenced by John Piper's windows, which I saw on visits to England before I had even begun to study stained glass. His windows have a narrative element in them, and his imagery is very rich. I want to make stained glass that also remains in people's minds.

Architectural glass is gaining in popularity. With the increasing use of glass as a building material, new techniques are being introduced, for instance, bonding and fusing glass together instead of using lead. However, the traditional leaded-glass technique still offers the best possibilities to an artist for interpreting painterly ideas onto glass. It is the technique I shall stay with.

*Above: Hiroko Nakamura,
Mitsui Urban Hotel, Osaka Bay
Tower, bar area, 1993*

*Right: Hiroko Nakamura,
Juroku Bank, 1993*

Toshio Takami

I originally trained in graphic and fashion design, it took some time to develop my particular style for working in stained glass, as there were a number of technical problems to overcome when translating my ideas into glass.

I was initially influenced by the work of European and American glass artists. The Arai Residence in Fukuoka City was my first stained-glass project that, although absorbing European influences, is quintessentially Japanese. The Arai residence is a modern apartment with an elegantly proportioned traditional Japanese tea room/guest room on the top floor, which opens onto a traditional Japanese garden. It was a challenge to make something sufficiently beautiful to complement the perfect proportions of the room and garden. I worked for a long time on the designs, before the final idea came to me in a dream. The circle is a very significant shape in Japanese art, symbolising many aspects of Zen Buddhism: kindness, completeness, harmony in the world. In these windows the circles are intentionally broken, so that the spectator can complete them. I like the Japanese painter Isson Tanaka, whose mono-chromatic paintings gave me the confidence to use colour in a more restrained way. In these windows colour is used sparingly; there are large areas of plain colourless glass, since it is important to see clearly into the garden. It is often assumed that Japanese artists are influenced by calligraphy. I am not conscious of this, although the rhythm and flow of calligraphic lines may influence my ideas. Paper screens can be drawn across in front of the windows in strong sunlight; interesting shadows are thus formed on the floor. The screens also subtly change the appearance of the work: the overall image is softened, coloured areas

Toshio Takami, Arai residence, Fukuoka, 1988. This is an excellent example of the leaded-glass technique working in a traditional Japanese house. The use of large clear-glass areas makes the lead seem entirely appropriate, where it might otherwise have looked heavy

become shadows, lead lines are muted and the images become ethereal.

The window in the entrance hall of the Uemoto residence is another work with a restrained use of colour. The theme for the design was flowing water, which is sometimes associated with the image of a dragon rising up to the sky. Unlike many cultures, where the dragon is a destructive, negative figure, in Japan and China dragons are very positive images; the dragon is the benign god of water.

I was able to discuss with the architect the sizes and positions of the windows for the waiting-room area at the Tanaka Clinic in Tagawa City before it was built. This was a great advantage, as the four long, narrow windows with areas of wall in between give a feeling of spaciousness that one large window would not do. The theme for the windows is the four seasons. Each season is represented by a different background colour and one species of flower, depicted without the leaves so that the differences in the flower shapes are emphasised.

Above: Toshio Takami, window in private residence, 1990

Right: Toshio Takami, windows in the Tanaka Clinic, Tagawa, 1991

The 23-metre-wide window at the Miyazaki Airport building can be seen clearly from the boarding gates and at close quarters from the 3rd floor. The clients requested a floral design. Flowers play a significant part in Japanese culture; they do not have the feminine associations that they tend to have in Europe. Hibiscus, bougainvillea and poinsettia flowers are all native to this area. I did not want to depict flowers in the bright colours of traditional Japanese paintings, preferring to express their splendour and delicateness in black and white; the viewer can then put their own colours into them. This is the special message of this work. The strong colours are reserved for the large abstract shapes. I wanted an abstract element, the blues and greens here representing the blessings of nature.

As an artist I feel a special responsibility to make work that has a spiritual meaning; a work should be life-enhancing and convey goodwill. The death of my son at the age of 18 has had a profound influence on my life and work. His cheerful disposition throughout a long illness made me profoundly aware that human relationships 'in our hearts' are the most important thing in life.

I am very conscious of the effect of my work on the people who view it; I now feel more comfortable undertaking commissions for buildings which have a healing or spiritual function. However, recently I have been working on a number of small exhibition pieces, developing my own ideas rather than doing commissioned work based on a client's request.

Shigeto Wakabayashi

In Japan being a glass artist is not considered a career. My first job was in computer robotics. My introduction to stained glass came through a display of glass at a computer exhibition, which opened my eyes to the possibilities of this material. I learned my craft mainly through part-time art courses and by making windows from other artists' designs. The latter was a very beneficial, useful experience; developing techniques for translating another artist's ideas and designs can influence your own.

Shigeto Wakabashi, glass and metal screens Hotel Kaiyo, Tokyo, 1992

Stacking layers of clear glass to build up a wall of glass – a technique I developed early in my glass career – can replace sandblasting as a way of making an area of glass more interesting while still allowing plenty of light to pass through. The image is formed by clipping the edges of each piece of glass in the stack.   These breaks reflect and refract light, trapping it in an intriguing, unusual way. A number of pieces were made in this way for the Hotel Kaiyo in Tokyo.

The architect who designed the Del Hatsudai apartment block in the Shinjuku area of Tokyo wanted the glass work to help bring a Mediterranean feel to the area. The six separate, deeply recessed windows are on the theme of sea, wind and oceans, and can be viewed as separate entities as well as a whole window.   The predominant colour is blue, and I have used a number of different types of two- and three-dimensional glass to convey ideas of sunlight, the effects of light on water and the rockiness of the shoreline.

The two long 15-metre-high windows for the Katsushika City Museum in Tokyo were made from sketches by the painter Tsuneo Kera. The museum is devoted to planetary observation and natural history, and these windows reflect these disciplines. The intensely bright colours emphasise the dynamic aspects of planetary discoveries.

Above: Shigeto Wakabashi, one of six windows in Del Hatsudai apartment block, Tokyo, 2000

Right: Shigeto Wakabashi, Katsushika City Museum, Tokyo, 1991

Sachiko Yamamoto

I enjoy designing for glass, as the material is beautiful and I get great pleasure from working with it. My original training was in architecture. However, so much of an architect's time is spent in organisation and administration compared to time spent in creative work that when I returned to work after bringing up my children, I investigated other ways to work creatively. I wanted to work with my hands as well as designing – the physical contact with the material is important for me – so I enrolled on the architectural glass course offered by Swansea Institute in Wales. The course covered all the basic glass techniques, and the facilities at the college were very good. I had no preconceptions about the tradition of stained glass, having come from a different background and a different culture.

Glass was an exciting discovery for me. Initially, I experimented with bright colours influenced by the colours of the Welsh landscape, the intense green fields and bright blue skies. However, in Japan the light is softer, the landscape colours are softer and the sky is never such an intense

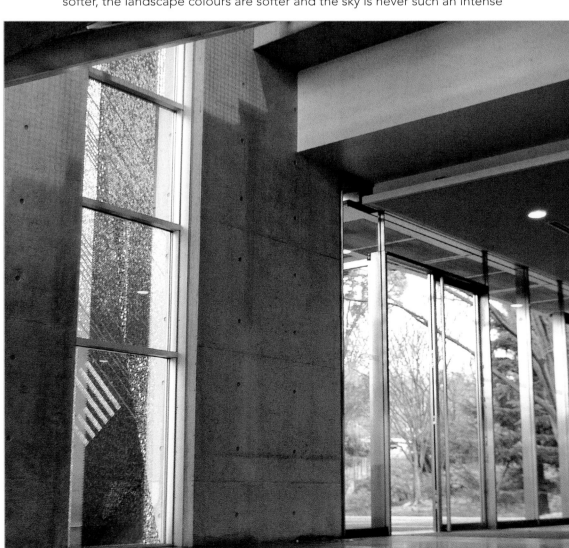

Sachiko Yamamoto, Kogakuin
University, Tokyo, 2000

blue. Japanese interiors also use colours and textures that bring out the quality of materials and surfaces rather than hide them. Light in architecture is controlled differently in different cultures. In English houses light enters through windows cut into walls, while in Japanese houses light penetrates the interior in a controlled way, by being filtered through large screens. These screens, made from translucent rice paper bonded to wooden frames, soften and diffuse the light, functioning both as windows and room dividers. The technique of sandblasting and acid-etching onto glass, whereby glass becomes whiter and more opaque, is a way of controlling light, similar to the way light is controlled in traditional Japanese houses. Many contemporary Japanese architects use sandblasting and acid-etching to achieve this effect. However, in a small studio in a residential area it is difficult to house a sandblasting machine or use hazardous acids, so I sought different ways of modifying the light.

I have always been fascinated by the sparkle yielded from very small pieces of glass placed close together. Having experimented for some time, I now trap 10 x 5 mm pieces of glass between two sheets of glass. Glass set at an angle catches light in a very particular way; small spaces left between the individual pieces of glass gives a kinetic quality to the work which will look different depending on the position of the viewer. If the glass is only coloured on one side, the differences are even more noticeable. Gold leaf, which is both a colour and a reflective surface, bonded onto one side provides additional richness.

A tapestry of glass was the appropriate treatment for the long, narrow window overlooking a courtyard and extending through several floors at the Kogakuin University on the outskirts of Tokyo. Although the overall colour is blue (the colour of the university logo), my technique allows other colours to be subtly incorporated. Some of the glass is gold-plated on one side, reflecting light strongly from certain angles. The diagonal lines of the university logo have also been incorporated into the design. Training as an architect makes one very aware of architectural spaces and the way materials can be best used in sympathy with architecture. I feel the leaded-glass technique, which is very suited to European buildings, is not appropriate in Japan, where a lighter, more delicate technique is required in a building such as this one, which is finished in polished concrete.

The glass screen in the visitor centre at the Nagoya Port Wildflower Garden in Nagoya is executed in the same technique. The flower garden outside the centre inspired my design, and the rainbow symbolised a

Below: Sachiko Yamamoto, Nagoya Port Wildflower Garden, Nagoya, 2002

bridge leading to the bright future. Blue is the main colour – the colour of the blue bonnet flower, the emblem of Texas, home of Nagoya Port's sister garden. Although the blue glass appeared very strong while I was working on the panels in the studio, I had to add more blue to the panels on site as much of the colour was drained away by the bright, intense light in the courtyard. The 160,000 small pieces of glass have been applied in a random pattern rather than geometrically, creating the atmosphere of a flower field in a wild environment.

The project in St Andrew's Church, Tokyo, 1996 consisted of three windows: green and red windows on each side of the altar and a blue window above the entrance. They symbolise the three primary colours of light, which represents God. A mosaic design of coloured squares was used for the three abstract windows: the Sea of Galilee, the Tree of Life and the Tree of Knowledge. This allows for subtle variations in the overall colour, and enabled me easily to rethink my decisions about colours while

making the window. The small spaces in between each square allow more light to penetrate, thus retaining the light, bright feel of the interior, as well as emphasising the particular quality of the glass and the depth of the work. The gold leaf on the back of some of the squares reflects a very warm light into the interior and reads as an abstract, coloured pattern outside the church. I wanted the life outside the church to become part of the window design. The views of the buildings through the window on one side, and trees changing throughout the year on the other, are an important part of the church's interaction with the community.

My background in architecture is an advantage when working in an architectural context as a glass artist. I want to continue exploring the possibilities of glass used in architectural space. I have already had very successful projects where the clients were involved in making the windows: a congregation, for example, participated in making panels for their church. I hope my future work will contribute to the community by involving them in the fabrication. I like to share the excitement of making things with others.

Picture Credits

The author would like to thank the artists for kindly supplying slides and photographs of their work. All photographs were taken by artists, apart from a few taken by the author. The author gratefully acknowledges the photographers listed below for permission to use their pictures.

Britain and Ireland
Mark Angus: by artist. **Kate Baden Fuller:** Bagshaw Mobile sculpture by Rod Forss; others by artist. **Alexander Beleschenko:** Herz Jesu church and portrait shot by Raffaella Sirtoli Schnell; others by artist. **Tom Denny:** Tewkesbury Abbey and St Peters Martley by David Gilliland; Gloucester Cathedral by the artist. **Amber Hiscott:** by artist. **Douglas Hogg:** window by Doug Corrance, Edinburgh; others by artist. **Catrin Jones:** all pictures by Tim Pegler except Bristol Children's Hospital Prayer Room by Jerry Hardman-Jones. **Graham Jones:** copyright the artist. **Ruth Kersley Greisman:** slides and photos by Michael Greisman; laser print of interior no 150 by Rosalind Schogger. **Lawrence Lee:** slides taken and owned by author. **Jane McDonald:** Coventry Cathedral by Etienne Clement; Middlesex Hospital: Bill Robertson; Abbey by Mike Thrift. **Kate Maestri:** all by Philip Vane. **Keith New:** slides taken by artist, owned by author. **David Pearl:** by artist. **Patrick Reyntiens:** Southwell Minster by Barley Studios, York. **Anne Smythe:** Midsummer Place by Paul Highnam; others by artist. **Caroline Swash:** Philip Vile. **Sasha Ward:** Popley Fields Community Centre by Charlotte Wood; Sheriff's court by Kate Gadsby. **Peter Young:** by artist.

Germany
Wilhelm Buschulte. Günter Grohs: Wernigerfrode by Wolfgang Koglin. **Renate Gross:** all by Martin Duckek. **Johannes Schreiter:** St Marien, Dortmund by Wilhelm Derix; Royal London Hospital by Foto Lichwerk, Wiesbaden; others by artist. **Ursula Huth:** Georg Haldenwang school by Juan Villaroya; Furukawa Bashi Hospital and Mukuhari flats by Hirotaka Akiyama. **Tobias Kammerer:** St Nicholas by Dr Wolfgang Kessler, Mainz-Ebersham by Mr Schuppelius, Taunusstein; others by artist. **Joachim Klos:** Catholic Church Veert church by Heinz Engelskirchen; others by Sebastian Klos. **Jochem Poensgen:** St Maximilian in Düsseldorf by Frank Wurzer; Catholic church at Dundenheim by Martin Harrison; St Andreas Church in Essen-Rüttenscheid by Silke Helmerdig; St Marie on the Hill in Soest by Silke Helmerdig. **Hella Santarossa:** copyright the artist.

France
Carol Benzaken: André Morin, Robert Wedemeyer, Harry Bréjat. **Thierry Boissel:** taken by artist. **Louis-René Petit:** taken by artist. **Gilles Rousvoal:** copyrightt Duchemin Studies. **Catherine Viollet:** Photos by Jacques Deval; transparencies by Sylvie Gaudin; portrait by Marie-Paule Vadunthun. **Udo Zembok:** ING Bank by Gérard Rocskay.

Spain
José Fernández Castrillo: The Bayer Laboratories by Antonio Lajusticia; Santa Maria del Mar by Antonio Lajusticia; Gaudi's Casa Botines in Leon by Anna Carlota Fern. **Keshava:** taken by artist. **Joan Vila-Grau:** Sabadell Savings Bank by artist; Baptistery church of La Pau by Ramon Manent; Sagrada Familia Jordi Isern all except oval window by Jord Ramon.

Eastern Europe
Zoltán Bohus: by the artist. **Éva Mester:** copyright the artist.

USA
Doreen Balabanoff: by artist. **James Carpenter:** Moire Stair Tower, Bonn, by Andreas Keller; others by Dietmar Geiselmann, Joe Welker, Brian Gulick, Balthazar Korab, Don F. Wong. **Debora Coombs:** All full window shots of St Mary's Cathedral by John Hughel, details by Nicholas Whitman; Marble Collegiate Church by artist. **Linda Lichtman:** Charter Oak College by John Horner; Dana Farber, Boston airport and Hitchner Hall, Maine by Greg Morley. **Ellen Mandelbaum:** Marian Woods by Stephen Ostrow; Adath Jeshurun by Saari Forrai; South Carolina Aquarium by Marilyn Ott (mountain) and Timothy Hursley (exterior view and elongated interior view). **Peter Mollica:** Charles Frizzell. **Robert Morris:** Duchemin Studios. **David Rabinowitch:** Heiner Thiel. **Stuart Reid:** by artist. **Ernestine Tahedl:** by artist. **David Wilson:** Corning, David Sundberg/Esto; all others, Richard Walker.

Iceland
Sígridur Asgeirsdóttir: Gudmundur Ingolfsson. **Leifur Breidfjörd:** Leifur Thorsteinsson.

Japan
Michiyo Durt-Morimoto: by Shigefumi Katö. **Kazumi Ikemoto. Kuni Kajiwara:** Saiseikai Hospital by Hita Jihou; others by artist. **Ryouichi Mitsuya:** Ishiwatari residence and Meito Fukush Kaikan House by Kousaku Nakagawa; Inazawara City Community Centre by Kimiyuki Washizu; Toyokawa City Library by Masaki Yamamoto. **Yoko Miyata:** Iwao Okimatsu - Kate Baden Fuller. **Hiroka Nakamura:** by artist. **Toshio Takami:** Arai Residence in Fukuoca city: Mr. Yoshihiro Fukumori Uemoto Residence; Mr. Masakatsu Mitoma Tanaka Clinic and Miyazaki Airport: Mr.Yuji Shinomiya. **Shigeto Wakabayashi:** by artist. **Sachiko Yamamoto:** copyright the artist.

Other images
Picture of window by Erwin Bossanyi on p.134 reproduced by kind permission of Tate Gallery, London.
Picture of window by Frank Lloyd Wright on p.139 reproduced by kind permission of Victoria and Albert Museum.

Index